Découvrez l'histoire par les archives de presse

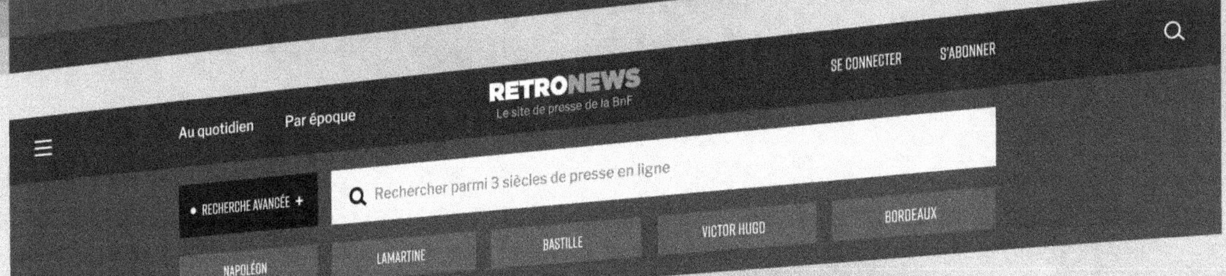

RETRONEWS

Le site de presse de la BnF

www.retronews.fr

LE CORRESPONDANT DES ÉTUDES

BULLETIN MENSUEL

RÉDIGÉ PAR LES PROFESSEURS DES ALUMNATS

Itinéraire du Père Théophile

Du 15 octobre au 2 novembre. — Livry
Du 2 au 14 novembre. — Arras

AVIS

CINQUIÈME ANNÉE

Si la même loi présidait à l'évolution des œuvres de l'esprit et à celles de la nature, le *Correspondant* serait déjà sorti des langes, puisque, avec ce numéro, il entre dans sa cinquième année. Malheureusement, dans les choses de l'esprit, l'enfantement est plus laborieux, la croissance moins appréciable, et bienheureux qui arrive à la maturité !

Souhaitons du moins que le *Correspondant* se développe et ne connaisse plus ces crises de l'enfance qui ont parfois mis sa vie en danger.

Pour qu'il vive et se développe, il faut que chacun y mette du sien. Si, en dehors des compositions critiquées et corrigées, il n'y a pas chez les Supérieurs et les Professeurs la préoccupation d'alimenter la vie intellectuelle du *Bulletin* en lui apportant, soit le résultat de leurs réflexions personnelles en matière d'études, soit le fruit de leurs lectures, la rédaction devient l'œuvre de deux ou trois, toujours les mêmes, qui se fatiguent à la tâche et n'ont même pas la satisfaction de savoir s'ils ont fait œuvre utile, tant les autres paraissent se désintéresser de ce qu'ils écrivent !

Ainsi, pour ne donner qu'un exemple, le P. Henry a fait sur les us et coutumes des alumnats un travail que la plupart d'entre nous ont certainement lu avec plaisir.

Il y avait matière à bien des remarques, à des échanges de vue résultant de divergences inévitables sur bien des points. Ces communications auraient contribué à une rédaction définitive du coutumier. Combien ont songé à prendre la plume pour dire leur avis, et, au besoin, signaler des améliorations à apporter, des retouches à faire, etc. ? Deux ou trois notes très brèves ! c'est tout ce qu'a reçu le P. Henry des divers alumnats. Pour un pareil travail, avouez que c'est maigre.

Sans insister, contentons-nous de répéter que l'intérêt de notre modeste publication ne peut se soutenir et s'accroître que si chacun, dans la mesure de ses forces, sans timidité comme sans amour propre mal placé, apporte à l'œuvre commune son appoint de connaissances et d'originalité.

Vœu du Chapitre

D'ailleurs, le récent Chapitre Général, qui s'est tant occupé des études et de la formation intellectuelle des religieux, n'a-t-il pas adressé une « invitation pressante aux religieux consacrés à l'enseignement de présenter des travaux et de développer le *Correspondant des Alumnats ?* »

Il y aura lieu de voir quelles mesures pratiques s'imposent pour l'exécution de cette volonté formelle du Chapitre, mais il est bien certain, quels que soient les arrangements que l'on prenne, que rien ne peut remplacer la bonne volonté et l'initiative personnelle.

Canevas de devoirs

Aux termes des dernières décisions de 1897, chaque Professeur devait envoyer chaque mois au *Correspondant* au moins un des canevas de devoirs français qui lui paraîtraient le plus intéressants. « De cette façon, ajoutait-on, nous aurons dans quelques années un recueil tout préparé. »

A part N.-D. des Châteaux, la plupart des Professeurs sont restés sourds à cette invitation. D'ailleurs les 16 ou 20 pages du *Correspondant*, que Miribel arrive à grand peine à imprimer chaque mois, n'auraient pas suffi à donner place à ces canevas.

Cette année, avec l'agrément du T. R. P. Picard, nous aurons recours à une autre combinaison.

La voici :

Il y aura, à la fin de chaque trimestre, un numéro spécial où seront réunis tous ces canevas. Ce numéro arrivant au moment des examens, des répétitions de pièces ou de cérémonies dispensera d'une composition. Ainsi les Professeurs, tant d'humanités que de grammaire, ayant envoyé à Miribel leurs deux meilleurs canevas du trimestre, pourront, sans autre préoccupation, se donner tout entiers à la vie de l'alumnat qui ne réclame jamais autant de dévouement et de don de soi qu'au moment des vacances ou des fêtes.

Puisqu'il s'agit de former un recueil original, que chacun fasse appel à ses souvenirs, à ses lectures, à ses petites trouvailles plutôt qu'aux manuels en circulation. A quoi bon rééditer ce qui se trouve partout ?

Six canevas par an ! ce n'est pas énorme. Encore faut-il ne pas s'en dispenser.

Pour cette année, nous ne nous occuperons que de devoirs français, dans le sens le plus large du mot ; rien n'empêchera, une autre année, de faire la même chose pour le latin et le grec.

Cahier d'honneur

Pourquoi, si le numéro spécial dont je parle n'est pas rempli par les sujets de devoirs des professeurs, n'y ferait-on pas figurer certains devoirs d'élèves mieux traités, mieux écrits, plus originaux ? de ces devoirs qu'il est si bon, pour entretenir l'émulation, de coucher de temps en temps sur le cahier d'honneur ? Il ne s'agit, bien entendu, que d'une perfection très relative.

Je ne sais si chaque alumnat a son cahier d'honneur, mais là où il existe, il n'est certainement pas sans influence sur les progrès des élèves.

Tel alumniste qui est devenu, même avant d'être prêtre, excellent professeur de philosophie dans un Grand Séminaire et plus tard prédicateur très suivi, avait, je me le rappelle, donné à ses études une impulsion frappante, du jour où un de ses devoirs avait été mis au cahier d'honneur. Ses condisciples n'étaient pas restés indifférents à ce mouvement ascensionnel qui fut très heureux pour la classe entière.

RÉPARTITION DES COMPOSITIONS 1898-1899

Alumnats d'Humanités

Octobre : BRIAN

1re section : Version latine.
2e — Version grecque.

Novembre : CLAIRMARAIS

1re section : Devoir français.
2e — Version latine.

Décembre

Sujets choisis de devoirs français.

Janvier : BRIAN

1ʳᵉ section : Version grecque.
2ᵉ — Devoir français.

Février : CLAIRMARAIS

1ʳᵉ section : Discours latin.
2ᵉ — Vers latins.

Mars : BRIAN

1ʳᵉ section : Instruction religieuse.
2ᵉ — — —

Avril

Sujets choisis de devoirs français.

Mai : CLAIRMARAIS

1ʳᵉ section : Histoire de l'Eglise.
2ᵉ — — —

Juin : BRIAN

1ʳᵉ section : Sciences.
2ᵉ — —

Août

Sujets choisis de devoirs français.

Alumnats de Grammaire

Octobre : MIRIBEL

1ʳᵉ section : Version latine.
2ᵉ — Thème latin.
3ᵉ — Dictée et définitions d'un certain nombre de mots faciles de cette dictée sans le secours du dictionnaire.

Novembre : TAINTEGNIES

1ʳᵉ section : Version grecque.
2ᵉ — Version latine.
3ᵉ — Analyse de deux phrases françaises, l'une au point de vue grammatical, l'autre, plus simple, au point de vue logique.

Décembre

Sujets choisis de devoirs français.

Janvier : LE BREUIL

1ʳᵉ section : Thème Latin.
2ᵉ — Devoir français.
3ᵉ — Version latine.

Février : SAINGHIN

1ʳᵉ section : Composition française.
2ᵉ — Instruction religieuse.
3ᵉ — Thème latin.

Mars : CHATEAUX

1ʳᵉ section : Instruction religieuse.
2ᵉ — Version latine.
3ᵉ — Arithmétique.

Avril

Sujets choisis de devoirs français.

Mai : ARRAS

1ʳᵉ section : Version latine.
2ᵉ — Arithmétique et sciences naturelles.
3ᵉ — Liturgie.

Juin : MIRIBEL

1ʳᵉ section : Arithmétique.
2ᵉ — Liturgie.
3ᵉ — Petite narration française.

Juillet : CHATEAUX

1ʳᵉ section : Liturgie.
2ᵉ — Version grecque.
3ᵉ — Version latine.

Août

Sujets choisis de devoirs français.

Les deux alumnats d'humanités, obligés de composer jusqu'ici sans relâche à tour de rôle, se réjouissaient déjà de voir Laubat entrer dans les cadres, mais cette nouvelle maison, à peine installée, et où les cours ne pourront guère commencer avant la Toussaint, ne donnera pas encore de compositions cette année. Les seize alumnistes qui formeront son contingent, doivent forcément souffrir un peu de ces retards ; ils prendront cependant part aux compositions de la 2ᵉ section, mais pour ne pas compliquer l'organisation, les professeurs de Laubat ne donneront et ne corrigeront de devoirs pour le *Correspondant* que l'an prochain.

En troisième section de grammaire, le mois de français, introduit cette année, risquait de compromettre la composition latine du premier trimestre : aussi a-t-il semblé préférable de ne donner que des compositions françaises.

Livres recommandés

Il est deux petites brochures élémentaires que les professeurs des classes inférieures pourraient avec profit mettre aux mains de leurs élèves. C'est d'abord une *Méthode élémentaire d'Analyse logique* de P. A. Le Monnier, puis *La proposition latine et la manière de traduire le latin en français* de l'Abbé Bertaud (Poussielgue, 0,50 c. l'exemplaire).

En 1re section de grammaire et même en 2e, n'y aurait-il pas grand parti à tirer du *Tableau d'Analyse logique* (français, latin et grec) de M. Petitjean (Hachette). Qu'en pensent les professeurs ?

P. Théophile.

La première année de Grec

en Grammaire

(Suite et fin)

C — Le Vocabulaire

Ce qui fait la grande difficulté de la langue grecque, indépendamment d'une moindre analogie avec la nôtre que le latin, c'est la multitude de ses mots. Rollin n'y voyait d'autre remède que « de faire apprendre aux élèves les racines grecques mises en vers français et de les leur faire citer à chaque mot qu'ils voient».

Aujourd'hui ce système paraît bien démodé, et les vers bizarres de Lancelot, appris autrefois avec acharnement et non sans succès, n'ont plus guère d'amateurs. D'ailleurs le *Jardin des Racines grecques*, où fourmillaient les inexactitudes, les inutilités, les omissions, avait le grave inconvénient de réunir pêle-mêle des mots de tout âge et de tout dialecte. Sachons gré pourtant au modeste savant d'avoir donné la clef du grec à tant de générations. Pour avoir actuellement perdu de son autorité grâce aux travaux plus avancés de la philologie, il n'en a pas moins le mérite d'avoir frayé la voie à de plus heureux, dont les manuels n'auront peut-être pas, comme le sien, plus de deux cents ans de vogue.

Ce qui est certain, c'est qu'à l'heure présente les mots sont ce que les élèves ignorent le plus. C'est aussi ce qui explique en grande partie leur dégoût pour le grec, car sans la connaissance des mots, toute lecture, en n'importe quelle langue, rebute bientôt par ses obscurités et ses lenteurs.

Pour remédier à ce mal, on a multiplié les *Anthologies* et les *Chrestomathies*, qui se bornent à amener, au moyen de récits choisis, les mots essentiels de la langue grecque. Le Père Passard conseille beaucoup l'*Anthologie* de Maunoury : « Il faut, dit-il, exiger que les enfants sachent parfaitement l'excellent commentaire que l'auteur a ajouté au livre des élèves. Quand on rencontrera dans les auteurs un mot déjà vu dans l'*Anthologie*, on ne manquera pas de demander l'étymologie, les dérivés et les composés. »

Mais le P. Bainvel, un confrère du P. Passard, trouve que cette *Anthologie* ne familiarise pas assez avec les difficultés ; il craint « que l'enfant, en abordant un auteur grec, après être resté longtemps sur l'Anthologie qui lui promettait de les lui rendre tous accessibles, n'éprouve une déception en voyant par expérience que tout le grec n'est pas dans quelques racines » ; il reproche aussi aux étymologies et aux explications grammaticales de Maunoury d'être par trop fantaisistes.

Évidemment, si l'on vise à former dès le début des atticistes irréprochables, ces griefs ne sont pas sans fondement, mais le moment est-il bien choisi pour raffiner à ce point ?

Depuis quelque temps, on revient aux recueils de mots. Le meilleur essai en ce genre, ce sont *Les Mots grecs* de Bréal et Bailly. Ce petit recueil renferme deux parties. La première peut être considérée comme une série d'exercices sur la déclinaison et la conjugaison. La seconde groupe, d'après le sens, les mots se rapportant à un même objet. Ainsi, le chapitre sur la Religion embrassera, dans divers paragraphes, tous les mots qui se rapportent au culte, aux prêtres, aux sacrifices, aux fêtes, etc.

Cette idée de grouper les mots par listes n'est pas nouvelle. Au IIe siècle de notre ère, Julius Pollux, célèbre grammairien et précepteur du fils de Marc-Aurèle, composa en dix chapitres un ouvrage qu'il intitula Ὀνομαστικόν. C'est une nomenclature de mots, les uns synonymes, les autres analogues, rangés sous quelques mots principaux qui servent de titres aux chapitres; l'ordre logique est substitué à l'ordre alphabétique.

Mais comment se servir des recueils de ce genre ? C'est ici que varient les procédés.

« Apprenez par cœur, dit Ragon à son élève, les listes de mots placées en tête de chaque page des exercices... En peu de temps vous serez amplement récompensé de ce léger effort, et vous aurez le plaisir de faire vos devoirs presque sans le secours du dictionnaire. » (*Premiers Exercices grecs*, conseils à l'élève.)

C'est aussi l'avis de Brelet : « Si aux études de morphologie et de syntaxe on ajoute l'étude de listes de mots groupés tantôt par analogie de sens, tantôt par familles, que l'on insiste sur la composition et la dérivation, sur les préfixes et les suffixes, les élèves arriveront peu à peu à se former un vocabulaire et n'auront plus à chercher sans cesse dans leur dictionnaire, travail si fastidieux, si rebutant et qui est, lui aussi, une des causes pour lesquelles nos écoliers montrent souvent si peu d'entrain en entendant prononcer le nom de version grecque. » (*Chrestomathie grecque*, préface.)

Dans sa *Clef du Vocabulaire grec*, Tournier dit également que les quatre premières parties de son recueil — mots déclinables, verbes, mots invariables, degrés de comparaison des adjectifs et des adverbes — sont destinées à être apprises par cœur, ce qui n'implique nullement, ajoute-t-il, qu'elles doivent être récitées à la façon des leçons ordinaires. »

D'autre part, le P. Bainvel doute qu'il soit utile de faire apprendre ces listes de mots aux élèves.

MM. Bréal et Bailly se sont nettement expliqués dans leur préface aux *Mots grecs* sur le mode d'emploi de leurs listes. Ils les considèrent avant tout comme un auxiliaire à la lecture et à l'explication des auteurs. Par exemple, en expliquant l'Évangile ou tout autre livre, vous rencontrez le mot θησαυρός, il éveille naturellement les idées d'argent, d'affaires, de profit, etc. A l'idée principale de trésor rattachez les mots qui complètent cette idée et que vous trouverez au chapitre XI. « Ainsi associées aux explications, ces listes auront une utilité qui sera facilement comprise des élèves, *et rien ne s'opposera à ce que les plus importantes soient ensuite apprises par cœur*. L'essentiel est de donner aux commençants un premier fonds, qu'ils accroîtront ensuite d'eux-mêmes, à mesure qu'ils étendront leurs connaissances. »

On le voit, dans cette méthode, le travail de l'intelligence doit précéder celui de la mémoire. D'ailleurs, chaque chapitre des *Mots grecs* doit d'abord être lu en classe et commenté par le maître. Par là se découvriront certaines analogies entre les mots grecs et leurs dérivés français ; par là aussi, viendront tout naturellement se grouper autour des mots certaines notions historiques, qui intéresseront l'enfant, en lui montrant comment le présent se rattache au passé. C'est aussi pour donner aux leçons du professeur plus d'intérêt que Ragon, dans la partie de ses *Premiers Exercices grecs* destinée au maître, a mis, en regard des listes de mots de l'élève, quelques notes explicatives qui facilitent le travail.

Maintenant, si vous demandez quelle méthode il convient de suivre dans nos alumnats pour l'acquisition du vocabulaire, je pense que celle qui consiste à apprendre par cœur des listes de mots, — tant chaque jour — n'est pas impraticable avec des enfants appliqués à l'étude et désireux d'avancer. Ce qui dans les collèges, au dire de professeurs expérimentés, ne serait pas possible ou ne le serait que rarement, devient faisable avec un nombre restreint d'élèves choisis, comme doivent l'être les alumnistes.

Cependant au lieu d'apprendre à la suite et page par page les mots qui se trouvent dans le recueil de Bréal et Bailly, j'aimerais mieux relier telle famille de mots à apprendre, à tel mot de la version ou du thème qui vient d'être corrigé. C'est toujours une question de mémoire, mais cela paraît moins mécanique.

Si vous suivez l'ordre du manuel, vous exercez sans doute la mémoire et on ne saurait trop recourir à ses services tant qu'elle est fraîche et alerte, mais vous enlevez à votre tâche la vie et l'intérêt qui s'attacheraient à un sujet choisi, groupant autour de lui tous les mots susceptibles d'entrer sans effort dans un cadre donné.

Plus le sujet est simple, je veux dire plus il éveille le souvenir d'idées ou de faits déjà connus, plus aussi les mots se retiennent aisément. C'était la méthode du fameux cardinal Mezzofanti qui arriva, dit-on, à parler et à écrire couramment vingt-huit langues ; il n'abordait jamais l'étude d'une langue que par un texte bien connu; il n'avait plus qu'à se graver dans la tête le nouvel idiome. A ce point de vue, la *Vie de Notre-Seigneur* par Kersten est excellente ; le style en est simple, presque moderne, et le contenu est connu d'avance.

Ce serait se faire illusion de croire que les mots, même appris par cœur, se retiendront longtemps, s'ils ne sont accompagnés d'une foule d'exercices. Aussi Julius Pollux avait-il fait suivre chacun de ses chapitres sur les mots de petits dialogues d'application. A la Renaissance, H. Estienne, dans le but de graver les mots et les expressions, composa aussi des colloques et des dialogues à l'usage des écoliers, un peu dans le genre des manuels de conversation, si nombreux aujourd'hui pour l'étude des langues vivantes.

MM. Bréal et Bailly auraient rendu un grand service aux professeurs s'ils en avaient fait autant comme complément des *Mots grecs* et des *Mots latins*. M. Person s'est efforcé de suppléer à cette lacune en adaptant à ces deux ouvrages des *Exercices de traduction et d'application* (Hachette et Cie). A ceux qui trouvent avec raison que ces exercices ne font pas aux idées chrétiennes une assez large part, il sera facile d'ajouter pour thèmes ou versions, écrits ou oraux, des phrases semblables à celles de M. Person.

Le travail sera encore plus profitable si l'on fait entrer dans un même exercice des substantifs, des adjectifs et des verbes se rapportant au même ordre d'idées, bien que séparés dans les *Mots grecs* : tels par exemple, page 38, les mots relatifs à la nourriture et, page 55, les verbes *manger, boire, traiter,* etc.

D. — Les Exercices.

L'utilité de mettre sous un même titre tout ce qui a trait au vocabulaire nous a fait un peu anticiper; il faut maintenat revenir en détail sur les divers exercices en usage pour apprendre le grec. Ces exercices peuvent tous,

avec des nuances plus ou moins ingénieuses, se ramener aux thèmes, aux versions, aux explications.

1° Thèmes. — Etait-il de mode au XVIIIe siècle de donner à cet exercice une place exagérée et presque exclusive ? On pourrait le croire en voyant Rollin s'insurger contre ce travers. La raison qu'il en donne, c'est « qu'on n'étudie pas le grec pour le parler, mais pour entendre les auteurs. » Il reconnaît pourtant que le « thème grec rend l'enfant plus exact, l'oblige à appliquer ses règles, à écrire correctement. »

N'eût-il que ces avantages, cet exercice ne serait pas à dédaigner. Sans doute, c'est par la version que l'on se met plus immédiatement en contact avec le génie de la langue grecque, mais dans la version quelle part faite à l'esprit de découverte, à une piste plus ou moins heureuse, à ce que l'on appelle « la chance » ! Cela est si vrai que l'on peut traduire longtemps un auteur sans être capable de reproduire ni ses formes verbales ni ses formes syntaxiques. Le thème au contraire fixe l'attention sur toutes les formes, les oblige, pour peu qu'elles soient répétées, à se graver dans la mémoire, et fournit ainsi une base solide à l'explication raisonnée des auteurs.

De nos jours, on est revenu au thème grec, et, du moins dans les classes de grammaire, on lui donne à peu près la même importance qu'à la version. « Il faut donc faire au moins autant de thèmes que de versions, et, le plus possible, joindre l'un à l'autre. Ces exercices doivent se faire à l'aide de l'analyse logique et de l'analyse grammaticale, mot à mot d'abord, puis en français. » *(Essai de Directoire pour les jeunes professeurs).*

Pour cette première année de grec, les thèmes contenus dans les *Premiers Exercices grecs* de M. Ragon sont bien suffisants; il ne faudrait pas obliger l'élève à les faire tous par écrit à l'étude; assez souvent il est bon d'en faire oralement en classe; c'est un stimulant qui manque rarement son effet. Le corrigé de ces exercices par le même auteur est un excellent guide, pourvu que le professeur se le soit assimilé avant la classe et qu'il n'en soit pas l'esclave au moment même de la leçon.

Si, en vue de rompre la monotonie, le professeur donne quelques thèmes de sa composition, qu'il ait soin de ne pas accumuler dans la même phrase les règles à appliquer. Pour réussir en cet exercice, l'élève a besoin de quelque liberté d'esprit. L'exposer à un traquenard plus dissimulé, alors que toute son attention se porte sur un plus apparent, c'est décourager sa bonne volonté, c'est lui couper les ailes en l'amenant à se dire qu'il a bien tort de s'appliquer, puisque la chûte est en quelque sorte inévitable.

Nous parlions tout à l'heure du vocabulaire. Un exercice qui aide beaucoup à retenir les mots, ce sont les *extemporalia*. On appelle ainsi des devoirs instantanés qui consistent à reproduire à un jour prochain les mots et les tours appris dans une période déterminée. Au jour fixé, le professeur arrive en classe avec un thème où il a eu soin de faire revenir sous différentes formes ces mots et ces tours : il dicte en français et les élèves reproduisent immédiatement en grec.

Cet exercice, que j'ai vu pratiquer avec succès dans deux alumnats pour le latin, aurait la même utilité en grec, mais il devrait être un peu plus court qu'en latin. Les élèves mettent une sorte d'amour-propre très louable à ne se laisser arrêter par aucune des formes qu'on pourra leur présenter, et, dans ce but, il s'établit une véritable émulation à qui possèdera le mieux les mots et les tours.

Comme il importe de varier sa tactique, une autre fois, le professeur exercera ses élèves à inventer de petites phrases de vive voix avec les mots qu'ils viennent d'apprendre, mais pour ne pas laisser refroidir l'intérêt, il devra s'être bien mis à même de diriger leurs petites trouvailles.

Pour finir, disons avec M. Bréal que « le thème grec est à la fois un exercice nécessaire et un exercice innocent, s'il est simplement destiné à remémorer les formes grammaticales et à fixer les souvenirs de l'explication ».

2o Versions. — Le premier livre à traduire doit traiter d'une matière déjà familière à l'enfant, car il n'est pas d'une bonne méthode de lui demander au même instant un double effort et d'ajouter la difficulté du sens à la difficulté de la langue.

On s'est demandé si, pour varier l'intérêt, il ne serait pas bon de traduire à la fois plusieurs auteurs. Bien que sur ce point, comme sur tant d'autres, il y ait une grande latitude d'opinions, on peut dire que la majorité des pédagogues incline vers l'unité d'auteur. Ce fut un des préceptes chers à Port-Royal qu'il faut nourrir longtemps les élèves d'un même écrivain. « Une recommandation que nous croyons devoir faire, dit M. Bréal, c'est de ne jamais expliquer à la fois plus d'un ouvrage et de prolonger longtemps la lecture du même écrivain, en sorte que les élèves, s'habituant à une certaine manière de penser et de dire, aient la satisfaction de mesurer eux-mêmes le chemin qu'ils ont fait dans la familiarité de leur auteur. » (Préface aux *Mots grecs*).

Si l'on s'en tient à ce parti qui paraît le plus sage, on ne s'interdira pas pour cela une pratique ainsi exposée par le P. Passard : « Des versions grecques très faciles seront prises dans diverses anthologies. Au commencement, on les écrira au tableau noir ; et au besoin on les expliquera même à l'avance, ou tout au moins on en donnera le sens général, afin de ne pas décourager les enfants par un travail au-dessus de leurs forces. Peu à peu ils en viendront à écrire sous la dictée, à faire eux-mêmes ces versions, et ils seront tout fiers de ce résultat.

« Le mot à mot, le français, *précédés* de l'analyse grammaticale de tous les mots dont les élèves peuvent rendre compte, doivent être exigés dans ce devoir.

« Chaque enfant corrige lui-même pendant l'explication qui est faite en classe, et les copies sont recueillies et remises au professeur pour le contrôle. »

Substitué de temps en temps à la méthode ordinaire de version, cet exercice ne peut être que très profitable.

3o Explications. — En première année de grec, il faut expliquer tout d'abord l'auteur en français, mais insister sur chaque mot, de manière à amener bien vite les élèves à distinguer un nom ou un adjectif d'un verbe ou de toute autre partie du discours. C'est assez dire que le mot à mot doit être clair et très détaillé. On se gardera donc bien ici de traduire incise par incise en conservant l'ordre des mots grecs ; autrement, les enfants qui ont bonne mémoire retiendraient le français, et, quand il s'agirait de répéter, ils confondraient infailliblement les verbes avec les adverbes et même avec les substantifs.

« Dans les premières années, dit Rollin, pour éviter une perte de temps, je n'astreindrais pas les jeunes gens à chercher eux-mêmes les mots dont ils ignorent la signification : le maître expliquerait le texte de vive voix et se contenterait de faire rendre compte de ce qu'il a dit.

La préparation soignée de l'élève par lui-même n'aurait lieu que dans les classes plus avancées. »

C'est peut-être trop simplifier la besogne et l'effort personnel. On voit du moins par là que Rollin ne poussait pas plus loin que de raison le culte du dictionnaire. S'il eût connu nos *Anthologies* et nos *Chrestomathies* actuelles avec leurs lexiques choisis, si commodes et si peu étendus, il en eût sans doute conseillé l'usage.

Enfin, une dernière question. Est-il expédient de traduire de grec en latin ? Rollin n'est pas partisan de cette méthode, car, dit-il, « il y a plus de conformité entre le grec et le français, du moins pour le tour et pour la phrase, qu'entre le grec et le latin. » Cependant, ajoute-t-il, « dans les commencements il ne pas sera inutile de faire rendre aux élèves le grec en latin mot à mot. »

C'est absolument l'inverse de la méthode des R.R. P.P. Jésuites. Ceux-ci veulent que l'élève s'habitue à traduire en latin à mesure qu'il avance dans les hautes classes. Ainsi le P. Passard, après avoir dit que « dans le deuxième semestre de la première année de grec, on pourra essayer le mot à mot latin et français » exige « qu'en troisième on explique l'auteur grec en latin » : il tolère tout au plus qu'on puisse s'aider du français.

Il est bien vrai que la syntaxe grecque est plus simple, plus régulière, et cependant plus variée que la syntaxe latine ; par ce côté elle se rapproche peut-être davantage du français moderne. Mais sous le rapport de la morphologie et de l'allure synthétique les analogies entre la langue grecque et la langue latine sont tellement frappantes que le plus souvent on peut traduire de l'une dans l'autre presque sans rien déplacer. Dès lors il y a avantage à traduire quelquefois du grec en latin et du latin en grec, mais dans les basses classes il faut user sobrement de ce procédé qui parait toujours plus compliqué aux enfants qu'au professeur habitué depuis longtemps à ces analogies.

Dans ses *Exercices de traduction et d'application*, M. Person me semble bien avoir gardé sur ce point la mesure convenable.

Quand les enfants seront un peu familiarisés avec les formes grecques, on les interrogera sur l'analyse des noms et des verbes, on y joindra quelques exercices de lexicologie sur les dérivés et les composés, et si ce travail est bien mené, il contribuera pour sa part à leur inspirer l'amour de

Ce langage sonore aux douceurs souveraines,
Le plus beau qui soit né sur les lèvres humaines.

P. Théophile.

DEVOIRS CLASSIQUES

ALUMNATS DE GRAMMAIRE

Devoirs donnés par les Professeurs de Sainghin

PREMIÈRE SECTION

THÈME LATIN

Rome

Italie ! Italie ! terre sacrée, chérie de Dieu et des hommes ; toi que nous avons appris à admirer dès notre enfance ; toi que tout noble cœur désire connaître et qu'il aime d'autant plus qu'il te connait davantage ; terre de délices et de ravissante beauté, terre environnée des plus doux prestiges, qui nous attires toujours et nous captives par le respect et par l'amour ; toi si grande et si glorieuse dans ton passé, pourquoi te refuser aux magnifiques destinées qui t'attendent encore ? Veux-tu que Celui qui règne au plus haut des Cieux et de qui dépend ici-bas la prospérité des nations, assure la tienne ? Cède, comme le Grand Constantin, à ses ordres providentiels ; laisse Rome au Pontife représentant du Christ et transporte ailleurs la capitale de ton nouvel empire ; l'Europe entière t'applaudira ; et, loin de voir dans cet acte une faiblesse, elle admirera ta force et ta sagesse.

Card. de Bonnechose.

Première copie

Roma

Italia ! Italia ! terra sacra, Deo dilecta et hominibus ; tu quam demirari a teneris consuevimus ; tu quam cognoscere exoptat omne cor ingenuum et quam eo magis amat quo magis te novit ; terra deliciarum et jucundæ amœnitatis ; terra suavissimis illecebris circumdata, quæ perpetuo nostrum allicis animum necnon veneratione ac amore capis ; tu tam prœclara ac *prœteritis temporibus* (¹) tam gloriosa, *quare* (2) ergo *respuis* splendidas res fato afferendas quæ te adhuc manent. Visne ut Ille qui in summis Cœlis regnat et a quo his in terris felices fiunt gentes, tuam felicitatem tutam efficiat ? Cedas, Magni Constantini instar, jussis providentiæ Illius ; relinque Romam Pontifici Christi vicario et aliam in urbem confer tui novi imperii caput ; Europa sane universa tibi plaudet ; et non modo non putabit id infirmo animo factum fuisse verum etiam tuam fortitudinem ac sapientiam mirabitur.

(1) Après tu.
(2) Forme trop affirmative.

COURTE APPRÉCIATION

Appelé à la retraite, le Fr. Arbogaste, en léguant à son successeur une riche collection de copies non corrigées, voulait sans doute lui permettre de passer utilement les derniers jours de la canicule. Je le remercie de son excellente intention, et cela, d'autant plus volontiers que j'ai eu le plaisir de trouver parmi les compositions laissées en souffrance quelques petits chefs d'œuvre de bonne latinité.

Tout autre que moi, à la lecture de ces quarante devoirs, aurait constaté que les études classiques ont été poussées activement dans les premières sections de grammaire. Plusieurs alumnistes (ils sont d'Arras) ont fait leur thème sans dictionnaire : les termes et les expressions qu'ils ont employés, leur mémoire seule les leur a fournis, et il faut avouer que la plupart ont su les choisir avec discernement : ce qui dénote une robuste formation latine.

Inutile d'insister sur les fautes glanées çà et là : elles sont toujours les mêmes : solécismes, obscurités de langage, phrases entortillées, etc... On ne peut pas dire encore cette fois à propos des barbarismes : fit tantum commemoratio ; mais leur nombre diminue tellement qu'il n'en restera bientôt plus que le souvenir.

Ordre des places

4 1/2

Léon Payelle, A

4 1/4

Jacques Mégnin, M

4

Henri Spinael, T. — Henri Barbier, B. — Gustave Vandycke, T. — Ange Guidicelli, M.

3 3/4

J. B. Fougère, B. — Marius Cazelles, B. — Martial Lamounerie, B. — Philippe Teck T. — Paul Tardivel, B.

3 1/2

Félix Déroulez, T. — Victor Anciaux, T. — Ghislain Delhougne, T. — Joseph Rocher, B.— Ernest Ernst ? — Gustave Ranson, A. — Georges Larmignat, A.

3 1/4

Denis Reffé, A. — Ernest Colle, A. — Jean Graugnard, M. — Eugène Colle, A. — Oscar Chichlian, A.

3

Charles Foulon, A. — Emile Charloteaux, T. — Gaston Galoppin, T. — Laurent Krémer, M. Paul Romani, M.

2 3 4

Thomas Manses, T. — Jérôme Righini, T. — Charles Pienssens, T.

2 1/2

Auguste Parageau ? — Joannès Escural, B. — J. B. Bégon, M.

2 1/4

Léon Senaux, M. — Pierre Lemaître, A.

2

Thomas Bois, M.

Corrigé du thème latin

ROMA

Italia ! Italia ! tellus sacrata, Deo necnon hominibus perjucunda ; tu, quam mirari teneris ab annis edocti sumus ; tu quam cognoscere mens quæque sublimis habet in votis et eo majore prosequitur affectu quo melius intelligit ; paradisus deliciarum atque decoris eximii, quæ, ut pote dulcissimis locuples illecebris, jugiter nos ad te allicis, eosdemque reverentia et amore detines ; quippe quum tantam celsitudinem, tantamque gloriam olim adepta fueris, quidni splendida fata tibi in posterum reservata te pudeat abnuere ? Visne ab Altissimo Rege et Ipso gentium moderatore, visne, quœso, tuam firmari prosperitatem ? Haud igitur secus ac Constantinus Magnus, Dei omnia providentis obtempera prœceptis. Euge ! ne dubites Summo Pontifici, Jesu Christi vicem gerenti, concedere Romam, et imperii tibi recens acquisiti urbem Caput alio transmovere. Quapropter in Europa tibi plaudent universi, teque, nedum hac in re imbellem habeant, virtute et sapientia insignem prœdicabunt.

P. GEORGES.

DEUXIEME SECTION

THÈME GREC

LES ENFANTS ET LEURS PARENTS

Les bons parents s'occupent de leurs enfants depuis leur naissance jusqu'à leur accroissement complet et leur laissent une belle réputation plutôt qu'une grande fortune, car comme un banquet sans conversation ainsi la richesse sans la vertu n'a rien d'agréable. Aussi les enfants doivent de la reconnaissance à leurs pères et à leurs mères. L'amour des parents fait naitre l'amour des enfants et l'ingratitude est la preuve d'une mauvaise nature. Est-ce qu'il n'est pas écrit : Un fils sage réjouit son Père, un fils insensé est un chagrin pour sa mère ? Que les enfants écoutent donc leurs parents, ils seront plus heureux que les indociles.

Les maitres conseillent aux enfants les meilleures choses : ne fermez pas les oreilles à leurs conseils; il leur sera agréable d'instruire de tels disciples.

(Mot à mot : français et grec.)
Tous les mots sont dans les *Premiers Exercices* de Ragon.

Critique

Un thème grec pour des enfants qui étudient cette langue depuis quelques mois à peine est surtout un exercice d'attention à la lettre de la grammaire sur laquelle on reporte les yeux pour chaque mot à traduire. Les oreilles et les yeux de ces jeunes élèves ne sont pas encore assez faits pour s'offenser devant un mot barbare, s'ils ont la chance de rencontrer dans leur grammaire une forme analogue. De même l'esprit n'est pas assez en éveil ni assez exercé

pour être immédiatement frappé par un accord défectueux. Le grand nombre de fautes des concurrents vient de là.

Dans trois alumnats on s'est attaché à mettre les accents, ailleurs on les a totalement négligés. Je n'en ai pas tenu compte pour le classement des copies. (1)

(1) Les phrases du thème étaient tirées des premiers exercices de Ragon dont je donne à peu près le corrigé.

Ordre des places

Assez Bien

Patron, T. — Saive T. — Mees, T. — Dunand, C. — Robin, T. — Gauthier, C. — Patras, M. — Riethier, T. — Pons, A. — Villiart, A. — Bois, M. — Debos, M. — Cyrille, C. — Davy, A. — Gauthier, C. — Raffin, M. — Buttin, M. — Revol, M. — Sontag, T. — Grosdemouge, A. — Carlhice, T.

Passable

Teck, T. — Vandenholt, T. — Mignolet, T. — Debondues, T. — Espagilière, B. — Saint-Martin, A. — Bouillon, B. — Falloni, M. — Salaville, M. — Buir, T. — Destiné, T. — Artus, T. — Cléret, T. — Détrois, M. — Fay, A. — Parigi, M. — Vergnies, B.

Médiocre

Cyrille, C. — Chappet, C. — Grégorie, B. — Escude, B. — Bacconet, C. — Donnève, A. — Cayre, C. — Sauvebois, M. — Ourgrand, B. — Badaroux, B. — Jaumard, M.

Presque Mal

Dhers, C. — Grand, C. — Badaraux, B.

CORRIGÉ

Οἱ ἀγαθοί γονεῖς τῶν παίδων ἐπιμελοῦνται ἐκ γενέσεως εἰς τελείαν αὔξησιν καὶ καταλείπουσι τοῖς παισί δόξαν καλὴν μᾶλλον ἢ πλοῦτον μέγαν ὥσπερ γάρ συμπόσιον ἄνευ ὁμιλίας, οὕτω πλοῦτος ἄνευ ἀρετης οὐδὲν ἡδύ ἔχει. Διὰ τοῦτο χάριν ὀφείλού σι οἱ παῖδες τοῖς πατράσι καί ταῖς μητράσι – ἤ γάρ τῶν γονεῶν φιλία, παίδων φιλίαν τίκτει και ἀχα ριστία κακῆς φύσεως ἔλεγχος ἐστι. Ἀρ᾽ οὐ γέγραπται: υἱὸς σώφρων εὐφραίνει τον πατέρα, υἱὸς δὲ ἄφρων λύπη τῇ μητρισι παίδες τῶν γονεῶν ακουῶσι ὄντων, – εὐδαιμονεστεροι ἀπειθησι εσονται.

Οἱ διδασκαλοι τοῖς παισί τα βελτίστα συμβουλεύ
ουσι, μή κλειητε τὰ ὦτα πρὸς τας ἀυτῶν συμβουλάς
ἠδύ ἐσται τοσουτους μαθηθας παιδεύειν.

P. Hubert.

TROISIEME SECTION

COMPOSITION D'INSTRUCTION RELIGIEUSE

I. — Qu'est-ce que le culte extérieur, est-il nécessaire, et quels sont ses avantages ?

II. — Quelles sont les divisions de l'année ecclésiastique ? Expliquez ce qu'elles doivent nous rappeler.

III. — Pourquoi l'Eglise a-t-elle institué des fêtes ?

IV. — Qu'est-ce que les vêpres ? Que nous rappellent les cinq psaumes des vêpres du dimanche ; et pourquoi y a-t-on ajouté le *Magnificat* ?

Première copie

1re Question. — Le culte extérieur est l'expression des sentiments de foi, d'espérance, d'adoration et d'amour que nous rendons à Dieu.

Le culte extérieur est nécessaire 1° parce que l'homme doit à Dieu l'hommage de son corps et de son âme, 2° parce que l'homme, n'étant pas un pur esprit, a besoin des choses sensibles pour s'élever aux choses spirituelles.

Le 1er avantage du culte extérieur est de nous rappeler sans cesse les grandes vérités de la religion ; par exemple : sous les patriarches, il rappelait la création du monde, l'existence de Dieu, sa providence, la vie future ; sous Moïse il rappelait non seulement le souverain domaine de Dieu sur toutes les créatures mais encore sur les nations qu'il récompense ou qu'il punit infailliblement suivant ses œuvres.

Sous l'Evangile il rappelle les vérités révélées aux patriarches et à Moïse ainsi que les mystères de Jésus-Christ.

Le 2e avantage du culte extérieur est de fixer les vérités de la religion et de les mettre à l'abri des attaques et des innovations des hérétiques.

Le 3e avantage du culte extérieur est de rendre les hommes meilleurs en les réunissant pour être instruits de leurs devoirs, car s'il n'y avait ni église, ni dimanche, ni obligation d'assister à la messe, les hommes deviendraient bientôt très corrompus et très méchants.

2e Question. — L'année ecclésiastique se divise en 3 parties : La 1re comprend l'Avent et rappelle les 4,000 ans pendant lesquels le Sauveur fut attendu ; la 2e commence à Noël et va jusqu'à l'Ascension et rappelle la vie de Jésus-Christ ; la 3e s'étend de la Pentecôte à la Toussaint et renferme la vie de l'Eglise.

3e Question. — L'Eglise a institué les fêtes 1° pour nous porter à la reconnaissance envers Dieu et à l'imitation des Saints ; 2° pour nous aider à pratiquer les vertus que nous sommes obligés de pratiquer plus particulièrement dans chaque saison de l'année ; 3° pour nous délasser de nos travaux et les rendre utiles en nous apprenant à les sanctifier.

4e Question. — Les vêpres sont la dernière partie de l'office divin par laquelle nous honorons les funérailles de N.-S. Elles se composent de 5 psaumes, pour honorer les 5 plaies de N.-S. et pour demander pardon des péchés commis par nos 5 sens durant le jour.

Le 1er psaume rappelle la naissance éternelle de N.-S., son sacerdoce et l'empire souverain qu'il a acquis par ses souffrances.

Le 2e chante les merveilles du règne de J.-C. et particulièrement l'institution du S. Sacrement de l'autel.

Le 3e chante le bonheur de celui qui se soumet à J.-C. et nous dit le malheur de celui qui se révolte contre lui.

Le 4e nous invite à louer le Seigneur dont le règne nous rend si heureux.

Le 5e rappelle aux Israélites les bienfaits dont Dieu les a comblés et les invite à le bénir.

On chante le *Magnificat* pour remercier Dieu de ses bienfaits et on emprunte les paroles de la Sainte Vierge pour le lui mieux prouver.

Henri Mience, d'Arras.

Observations

La composition, dans son ensemble a été assez bien réussie : je ne puis que vous adresser mes félicitations. Cependant dans certaines compositions on rencontre de nombreuses fautes d'orthographe qui indiquent une grande étourderie. Veillez donc un peu plus sur votre plume. Encore une fois courage et bonne seconde section.

La 1re copie peut servir de corrigé.

Ordre des places

Très Bien

Henri Mience, A. — René Pozot, C. — Jean Buytaers, A. — Louis Lavoisier, A.

Bien

Duc Alexandre, C. — Albert Loizeau, B. — Arthur Godant, A. — Henri Debos, M. — Guédy Joseph, M. — Jules Larmignat, A. — Luc Cottet, M. — Marcellin Temple, B.

Assez Bien

Jean de Wadder, T. — Georges Porcheret, B. — Blanc Henri, C. — Eugène Jouclard, A. — Joanny Défradas, M. — Joachim Barria, C.

Ferdinand Fresneau, A. — Gabriel Girard, M. — Alexis, T. — François Pierton, T. — Alfred Lammer, T. — Saggesi Antonin, M. — Jules Bernet, B. — Paul Peyrouse, M. — Guillaume Hosseins, B. — Marcel Rive, B. — Emile Vernhié, B. — Fernand Desmarteau, A.

Passable

Désiré Chauvet, C. — Georges Neusch, T. — Gérard Meertans, T. — Enjalbert Jean. C. — Gonton Guez, A. — Armand Valès, M. — Alcide Duret, B. — Ludovic Nadaud, B. — Pierre Robin, T. — Vital Lamon, B. — Onuphre Spinelli, M. — Edouard Deviers, B. — Squalia Fernand, M. — Nettis Nicolas, M. — Ludovic Barbut, M.

Médiocre

Léon Leleu, A. — Albert Pons, M. — Dumoulin Marius, C. — Albert Port, C. — Gervais Bonnefont, ?

Mal

Maurice Marchand, C. — Adrien Bossebœuf, B.

Imp. du Petit Alumniste, Miribel-les-Echelles (Isère). 950

Le Correspondant des Etudes, Octobre 1898, N° 36. — Peticlaude, Gérant.

LE CORRESPONDANT DES ÉTUDES

BULLETIN MENSUEL

RÉDIGÉ PAR LES PROFESSEURS DES ALUMNATS

SOMMAIRE

ITINÉRAIRE DU PÈRE THÉOPHILE

Du 7 au 19 novembre — Arras

Du 19 novembre au 2 décembre — Sainghin

Du 2 au 14 décembre — Taintegnies

Du 14 au 24 décembre — Clairmarais

Du 24 décembre au 7 janvier — Paris

DÉCISIONS

ET

QUESTIONS A ÉTUDIER

Examinateurs

Le *Correspondant* de septembre a déjà fait connaître les vœux formulés cette année en commissions par les supérieurs d'alumnats, et approuvés par le T. R. P. Picard, en ce qui concerne les vacances et le mois de français, préparatoire au latin.

Mais il est encore deux autres points qui n'ont pas été signalés ici. Les voici dans la teneur qui reçut l'approbation du T. R. P. Général :

1º « Afin de stimuler l'ardeur des enfants à l'étude et de donner aux religieux l'occasion de se voir, les supérieurs s'entendront, autant que possible, pour ménager à leurs professeurs la facilité d'aller faire passer les examens tri-mestriels dans les alumnats voisins. Après entente, ils s'enverront les programmes une quinzaine de jours avant les examens, afin que les examinateurs désignés puissent revoir et, au besoin, préparer les matières sur lesquelles ils auront à interroger, condition indispensable pour que les enfants prennent les examens au sérieux. »

C'est dans l'intérêt des enfants comme des professeurs qu'a été prise cette mesure. Quand les enfants s'attendent à être interrogés par les Pères dans l'intimité desquels ils vivent habituellement, ils redoutent moins les examens et n'y attachent guère plus d'importance qu'à une classe ordinaire ou à un examen mensuel : *assueta vilescunt*. Le changement a donc du bon, mais à condition que le nouvel examinateur possède assez les matières sur lesquelles il interroge pour ne pas rester à la surface, et ne pas poser des questions tellement banales que le plus fieffé paresseux y réponde aussi bien que l'élève intelligent et travailleur. Qui de nous n'a connu des examinateurs ayant la réputation de donner des 5 à tout le monde ? Qu'en résultait-il ? Les incapables jubilaient et les élèves sérieux étaient plutôt découragés; sans compter que l'on aurait bien tort de croire que la popularité acquise par ce moyen tourne à l'estime de celui qui en est l'objet. Pour stimuler efficacement les enfants, il ne faut ni débonnaireté déplacée ni sévérité excessive, il suffit d'être juste.

Pour être juste, c'est-à-dire, appréciateur équitable du savoir de chacun, il faut savoir bien soi-même. C'est le sort, hélas ! de toutes nos connaissances, même de celles qui paraissent le plus solidement assises de se rouiller ou de s'altérer, dès que nous restons un peu de temps sans les cultiver ou sans en rafraîchir le souvenir. Voilà pourquoi les supérieurs sont priés d'envoyer au moins quinze jours à l'avance aux examinateurs étrangers, quand ils ont la bonne fortune d'en avoir, les programmes détaillés des matières sur lesquelles ils interrogeront. De cette façon, ceux-ci seront à même de ne rien laisser à l'imprévu ou au caprice.

Des religieux se sont plaints parfois de rester de longs mois sans voir personne et sans sortir.

Ces situations sont souvent le seul fait de l'éloignement et du peu de facilité des communications. Le Midi sous ce rapport est bien moins privilégié que le Nord ; mais l'épanouissement et l'entrain qu'une petite sortie ménagée à propos procurera souvent pour tout un trimestre à un religieux, valent bien la peine que l'on se gêne pour lui faire plaisir, et que chacun montre une vraie bonne volonté dans les combinaisons pratiques, sans lesquelles ces déplacements sont impossibles.

Notes d'examen

2º «Pour arriver à une base sérieuse d'appréciation aux examens trimestriels, on fera entrer dans un total distinct les notes des leçons de mémoire et celles des devoirs écrits ou des explications orales. »

« Les enfants admis à l'essai seront renvoyés quand ils n'auront pas obtenu, comme moyenne de l'examen, au moins la note *passable* (2 1/2) pour les devoirs écrits et les explications orales, et quand l'ensemble des devoirs du trimestre restera également au-dessous de cette moyenne. Si l'examen était accidentellement mauvais et que l'ensemble des devoirs du trimestre fût suffisamment bon, il y aurait lieu de se montrer indulgent. »

« On fera le total en ayant recours aux mêmes coefficients qu'en humanités, c'est-à-dire comme il suit :

Instruction religieuse.......	4
Latin......................	3
Français...................	3
Grec.......................	2
Géographie et histoire......	2
Liturgie...................	1
Sciences...................	1

Cette décision a eu pour but de mettre de l'unité dans l'appréciation et le compte-rendu des examens. Dans l'envoi de ce compte-rendu, telle maison faisait figurer indistinctement sur une même ligne leçons de texte, devoirs, explications ; telle autre, tout en mettant à part ces deux ou ces trois choses, réunissait ensuite les totaux partiels et en évaluait purement et simplement la moyenne. De la sorte, les enfants les moins intelligents, mais doués d'une bonne mémoire, arrivaient souvent à avoir de très bonnes notes et, eu égard aux résultats des examens, on pouvait facilement croire que les professeurs avaient exagéré quand aux réunions hebdomadaires, ils avaient jeté les hauts cris contre ces enfants pendant tout le trimestre.

Grâce aux indications qui viennent d'être données, ces confusions seront évitées. Mais il faut aussi tenir compte, dans l'évaluation d'un examen, de l'importance des matières. Si, par exemple, un élève faible en latin et en français, mais très fort en calcul et en géographie, obtient de ce dernier chef, une moyenne supérieure ou égale à tel de ses camarades qui n'a eu qu'une note insignifiante pour ces connaissances positives, mais en revanche a parfaitement réussi les explications latines et françaises, il y a là une manière d'apprécier qui ne tient pas assez compte du degré de culture d'esprit indiqué par ces matières elles-mêmes. De là l'évaluation plus rationnelle par coefficients.

Les quelques explications qui vont suivre sur la pratique de cette méthode, ne seront sans doute pas nécessaires au plus grand nombre des professeurs, mais il suffit qu'elles soient utiles à quelques-uns pour ne pas les omettre.

On sait qu'en algèbre, on nomme coefficient d'une quantité une autre quantité servant à multiplier la première.

Partant de cette définition, le coefficient appliqué à une matière quelconque d'examen, sera un nombre fixé d'après l'importance hiérarchique de cette matière par rapport aux autres, nombre avec lequel il faudra multiplier la note obtenue par l'élève en cette matière.

Ainsi, pour ne donner qu'un exemple, l'instruction religieuse ayant pour coefficient 4 et le français 3, si Paul obtient à son examen :

en instruction religieuse   4 1/2
en français..............   5

il aura, en se servant des coefficients ci-dessus :

Instruction religieuse : $4\ 1/2 \times 4 = 18$ points
Français : $5 \times 3 = 15$ points

Pour faire la moyenne, après avoir multiplié comme ci-dessus la note obtenue en chaque matière par le coefficient correspondant, on additionne ces divers produits et on divise leur somme par la somme des coefficients employés. Le quotient ainsi obtenu donne la moyenne cherchée.

Voici un tableau indiquant la marche à suivre :

Examen de Paul

MATIÈRES	NOTES	COEFFICIENTS	PRODUITS
Instruct. relig.	4 1/2	$\times 4 =$	18
Latin	4	$\times 3 =$	12
Français	5	$\times 3 =$	15
Grec	2 1/2	$\times 2 =$	5
Géographie	1	$\times 2 =$	2
Histoire	3	$\times 2 =$	6
Liturgie	3	$\times 1 =$	3
Sciences	2	$\times 1 =$	2
		18	63
		Somme des coefficients employés	Somme des notes multipliées par leurs coefficients

La moyenne de l'examen de Paul sera donc $\frac{63}{18} = 3\ 9/18$

Les différences pour l'évaluation des résultats entre cette méthode et l'ancienne sauteront aux yeux, sans qu'il soit besoin d'insister.

Catéchisme en préparation

Aux réunions de 1897, je fus chargé de revoir l'Abrégé du Catéchisme du Concile de Trente, fait autrefois par le P. Alexis, de le compléter — car ce Père, de regrettée mémoire, n'avait pu le mener qu'environ aux deux tiers — et d'examiner la question d'un questionnaire par demandes et par réponses à y joindre.

Ce travail est à peu près terminé et, grâce aux soins de la Maison de la Bonne Presse, j'espère qu'un gracieux volume de 350 à 400 pages pourra, dès l'année prochaine, être mis entre les mains de nos alumnistes. Les épreuves vont être tirées par fascicules très prochainement.

Ces épreuves, qu'il n'est malheureusement possible de tirer qu'à un nombre très restreint d'exemplaires, seront envoyées à quelques religieux plus à même par leurs études antérieures ou leur habitude de l'enseignement, de remanier le texte, s'il y a lieu, et d'en faire un abrégé à la fois très précis pour la doctrine et très clair pour l'exposition. J'ose espérer que le P. Edmond, si versé en ces matières et notre maître à tous en l'art de bien dire, ne nous refusera pas son précieux concours.

Si une nécessité d'ordre matériel et aussi — pourquoi ne pas le dire ! — l'assurance plus grande d'avoir des correspondants qui se considèrent comme chargés de réviser le texte proposé, nous ont amenés à adresser ce texte seulement à quelques religieux, il va de soi que les autres sont non-seulement admis à proposer des corrections ou des modifications, mais en sont même très instamment priés.

Pour le questionnaire par demandes et par réponses, il m'a été très difficile d'utiliser celui de Mgr Doney qui est généralement trop sommaire et ne paraît pas rédigé pour des enfants. J'ai comparé divers textes et me suis efforcé de prendre ce qu'ils avaient de meilleur, le plus souvent j'ai marché de moi-même, mais je ne sais jusqu'à quel point j'ai réussi. En des questions si délicates, on ne saurait avoir trop de lumières, et c'est pourquoi j'en attends un peu de tout le monde.

Question de la grammaire

Les réunions prochaines, qui se tiendront probablement après Pâques pour les professeurs et en fin juin pour les supérieurs, auront à se décider pour l'adoption d'une grammaire, question restée pendante en 1897.

Il importe que les professeurs s'en préoccupent dès maintenant. En dehors de ce qu'ils pourront écrire dans le *Correspondant*, je leur serai reconnaissant des indications qu'ils voudront bien me donner sommairement sur ce point et sur d'autres qu'ils jugeraient utiles de proposer aux délibérations des réunions. Il faudrait qu'en janvier, le bulletin pût donner le programme des questions à traiter. Chacun aurait ainsi plus de loisir pour préparer ces réunions et en assurer le succès.

Le P. Robert signale aujourd'hui une *Grammaire de la langue de l'Eglise* dont il a bien voulu traduire la préface de l'allemand. Les idées émises dans cette préface répondent bien aux vues souvent exposées dans nos réunions. Prendre pour base les règles du latin classique dont les plus éloquents des Pères de lE'glise tendent à se rapprocher, puis montrer les points où les divergences, surtout de syntaxe, se produisent le plus ordinairement chez les écrivains ecclésiastiques, c'est un travail utile et presque nécessaire, étant donné notre programme d'études. Reste à savoir comment M. Stoff a réalisé le but qu'il s'est proposé. C'est par de nombreux extraits, que nous attendons encore de l'obligeance du P. Robert, que nous nous en ferons une idée.

Canevas de devoirs

Prière de les envoyer à Miribel au plus tard pour le 1er décembre, afin que le prochain numéro en donne la série accompagnée, s'il y a lieu, de quelques devoirs d'élèves bien traités.

P. THÉOPHILE.

Grammaire théorique et pratique

DE LA

LANGUE DE L'ÉGLISE

à l'usage des Séminaires, Ecoles monastiques, etc.
PAR L. STOFF, *Inspecteur des écoles de l'arrondissement de Cassel (Allemagne)*

Préface

C'est en 1873 que j'ai mis la main à cette grammaire. Je fus chargé alors d'enseigner le latin dans une sorte de petit séminaire à des enfants de 10 à 14 ans. Au bout de quatre ans, les élèves devaient être capables de comprendre et d'expliquer le texte des Saintes Ecritures et des prières liturgiques.

Je trouvai entre les mains des enfants la *grammaire facile et pratique de la langue de l'Eglise* éditée par Dominique Mettenleiter, Regensburg, 1866. Cette grammaire, avec ses matières disposées sans ordre, répondait mal au but que s'était proposé l'auteur. Je résolus donc de profiter des expériences déjà faites et de mettre cet ouvrage en état de rendre tous les services qu'on pouvait en attendre.

La plainte générale qu'il n'existe pas d'ouvrage pratique pour l'enseignement de la langue de l'Eglise, me poussa à retoucher mon manuscrit et à le livrer au public, mais avant tout, je voulais avoir les suffrages d'un homme compétent. Je m'adressai à M. Ernst, directeur de séminaire à Fulda, le priant d'examiner le manuscrit que je lui adressais. Ce connaisseur judicieux me le renvoya au bout d'un an avec ses appréciations et ses éloges. Pourtant, ce ne fut que quatre ans après que je me résolus à livrer mon travail à l'impression, ayant voulu auparavant l'expérimenter en classe.

Quelques considérations sur le but et le plan de l'ouvrage ne sont pas hors de propos:

J'entends par langue de l'Eglise celle dont l'Eglise d'Occident se sert dans sa liturgie et dans l'enseignement de ses dogmes. C'est donc un idiome issu des sources de notre foi, sources qui se trouvent surtout dans la Vulgate et les écrits des Saints Pères. Mais le texte latin officiel de la Sainte Ecriture contient un grand nombre d'*hébraïsmes* et d'*hellénismes*, à cause de ses rapports intimes avec l'hébreu et le grec. Le respect de la parole divine a fait conserver ces idiotismes dans la langue liturgique et souvent dans la langue des Pères. Aussi Saint Augustin demande-t-il que l'on connaisse ces particularités d'élocution avant d'aborder l'étude des saintes Lettres : *Admonendi sunt*, dit-il, (*de Doct. Christ. III, 3) studiosi venerabilium litterarum, ut in scripturis sanctis genera locutionum sciant, et quomodo apud eas aliquid dici soleat, vigilanter advertant memoriterque retineant.*

Ajoutons du reste qu'un grand nombre d'écrivains ecclésiastiques se rapprochent ordinairement du style pur et classique. Cette élégance de style se remarque aussi dans les décrets officiels de l'Eglise, entre autres dans les décrets du Concile de Trente.

Cette grammaire ne se borne pas d'ailleurs à une simple nomenclature des particularités de la langue ecclésiastique. Tout en partant de la langue classique comme base, elle signale les modifications ou les formes spéciales des écrivains ecclésiastiques, joignant aux règles des exercices qui indiquent nettement à l'élève les caractères de la langue de l'Eglise....

Les particularités de la langue de l'Eglise au point de vue du lexique sont, à part quelques nouvelles expressions, peu importantes. D'ailleurs, tout terme classique peut avec son sens premier être employé dans la langue de l'Eglise. J'ai du reste l'intention de réunir, dans un petit volume à part, les termes techniques les plus importants de la langue ecclésiastique.

Mais les différences les plus sensibles entre la langue classique et la langue de l'Eglise portent surtout sur la syntaxe et le style. Aussi, cette partie a-t-elle été l'objet de tous mes soins....

Je n'ai pas besoin de déclarer ici que je ne considère pas comme langue de l'Eglise une espèce de jargon, appelé vulgairement *latin de cuisine*. La langue des écrivains ecclésiastiques n'est pas moins classique dans son genre que la langue de Cicéron et de ses contemporains. Qu'on lise seulement Tertullien, Lactance, Saint Ambroise, Saint Augustin, Saint Jérôme, Saint Léon le Grand, etc.

Celui qui veut apprendre une langue à fond doit se familiariser avant tout avec les flexions. C'est dans ce but que j'ai ajouté aux paragraphes consacrés à cette étude quelques exercices latins à traduire en allemand. Dans la syntaxe, je n'ai cité que les exemples nécessaires à l'intelligence de la règle. Les exercices tirés des auteurs chrétiens y sont fort nombreux. Comme les premiers, ils doivent être traduits du latin en allemand. Ma grammaire n'a pas précisément pour but d'apprendre à écrire en latin, mais surtout de mettre l'élève à même de comprendre exactement ce qu'il lit. (¹)

Quiconque étudiera cette grammaire comme il faut, parviendra aisément, à l'aide du lexique, à comprendre les livres liturgiques et les écrivains ecclésiastiques. De plus, *les élèves studieux pourront ensuite passer à l'étude des auteurs classiques, qui ne sauraient plus leur offrir de sérieuses difficultés.*

En finissant, je prie les personnes qui voudront bien se servir de cet ouvrage, de me communiquer en toute liberté les corrections qu'elles jugeront nécessaires, afin qu'elles puissent être mises à profit dans une nouvelle édition.

Cassel, 10 mai 1896

---

(1) Il serait facile, au cas où cette grammaire réaliserait ce que nous voulons, d'ajouter aux nombreuses versions qu'elle contient un nombre à peu près égal de thèmes correspondants. L'élève étant déjà un peu familiarisé avec les écrivains ecclésiastiques, on lui mettrait entre les mains le texte même de ces écrivains et des thèmes puisés aux mêmes sources. Il s'agit d'abord, bien entendu, de thèmes d'imitation, et ces thèmes seraient alors des récits, des descriptions, de petits discours, etc. sur des matières analogues à celles qui font l'objet de l'ouvrage latin.

A MES CONFRÈRES

Les Professeurs des Alumnats

Un travail de longue haleine est assez difficile en ce moment, il est bon néanmoins d'envoyer quelques lignes au *Correspondant*. Quel titre donner à cette petite causerie ? Je le cherche encore, et pour ne pas chercher jusqu'à la fin de l'année, j'entre de suite en matière.

Les alumnats sont une des plus belles œuvres du siècle ; nos Pères, nos amis le disent ; les résultats le prouvent. Les études y sont en progrès, nous avons la confiance que ces progrès iront grandissant. On n'est pas trop mécontent des élèves que nous envoyons dans les grands séminaires.

Nous, professeurs nous sommes plus sévères que nos Pères et nos amis. Les résultats eux-mêmes, si consolants qu'ils soient, n'arrivent pas toujours à nous satisfaire. Ce n'est pas que nous voulions critiquer l'œuvre, son esprit, ses programmes, mais nous avons un grand désir d'avancer, d'arriver à mieux, d'atteindre si c'était possible l'idéal que nous nous proposons. Cet idéal de l'alumniste nous a été tracé par le Père d'Alzon. Nos désirs sont donc excellents. Si nous constatons quelques brèches, nous cherchons les moyens de les réparer.

Tous les professeurs passés et présents, je me mets du nombre, se plaignent des lacunes, des ignorances, des défauts d'attention et de réflexion chez leurs élèves. Tous les professeurs futurs suivront cet exemple. Ces plaintes sont fondées, nous ne pouvons remédier à tout, néanmoins nous pouvons combattre bien des défauts. Mon but n'est pas de dire aux professeurs : vous avez raison, et aux élèves : vous n'avez pas tort. Mettons toutes choses au point, exposons ces desiderata qui reviennent chaque jour et indiquons quelques remèdes. Peut-être aurais-je pu choisir comme titre : *Lacunes et Remèdes.*

L'éducation et l'enseignement offrent de sérieuses difficultés, ne l'oublions pas. C'est un labeur de tous les instants, un travail obscur et, j'allais dire ingrat : dans nos alumnats cette épithète serait mal placée. Le professeur doit être d'un dévouement à toute épreuve. Nous ne dirons pas avec la chanson :

Les enfants, qu'ils sont assommants,
C'est un martyre, que de les instruire.

Non, nous prendrons l'œuvre par son côté le plus élevé, nous inspirant des conseils donnés par notre vénéré Fondateur dans sa belle circulaire sur l'Enseignement. Nous nous estimerons heureux d'être choisis pour former des prêtres et des apôtres.

Nos élèves manquent d'attention et de réflexion ! C'est la première et grande plainte de tous les professeurs, chez nous comme dans les autres institutions. Ce défaut inhérent à l'âge se corrigera avec le temps. Mais devons-nous attendre ce travail si lent des années et de l'expérience ? Une discipline sévère et juste, l'esprit de suite, la vigilance constante des maîtres rendront certainement les élèves plus attentifs et plus réfléchis. Nous ne pouvons prétendre donner à des élèves de 15 à 17 ans le sérieux qu'ils auront dans l'âge mûr, mais nous pouvons beaucoup diminuer l'irréflexion et l'inattention.

Que dire des lacunes constatées par les professeurs eux-mêmes ? Par lettre et de vive voix nous nous communiquons nos observations avec simplicité et charité et cherchons les moyens d'obvier à ces défauts. Loin de nous donc la pensée de critiquer le travail et la méthode de ceux qui nous ont précédés, qui ont donné à nos enfants leur première formation. Pour n'être pas trop long, prenons certaines branches de l'enseignement.

Les Grammaires.—Il faut y revenir jusqu'en rhétorique. Bien souvent les paradigmes, surtout en grammaire grecque, sont presque oubliés. Ce serait mal d'écrire : ne sont pas sus. Mettons tout sur le compte de l'oubli. C'est tout naturel, c'est à force de répétition, d'application que les élèves possèderont leurs règles. Une leçon très bien sue sera vite oubliée si on n'y revient plusieurs fois.

On constate que depuis une dizaine d'années les nouveaux élèves nous arrivent des écoles moins forts en français et en orthographe. Beau résultat de programmes qui promettaient monts et merveilles ! C'est donc une obligation pour nous de revenir sans cesse sur les grammaires.

L'Histoire et la Géographie. — Nos programmes sont chargés, disons le franchement, surtout pour l'histoire. Que de lacunes, d'ignorances chez des élèves forts en latin et en grec. Cependant il est des choses qu'ils ne devraient pas ignorer, même avec nos programmes actuels. Un jeune humaniste ne pouvait rien dire sur Constantin, un autre faisait Charlemagne fils de Pépin le Bossu ! Un élève entendant lire la vie de Mgr Berthaud plaçait l'évêché de Tulle en Allemagne. Soyons charitables, ces braves enfants avaient oublié. Ils se disent sans doute que l'étude, l'âge, la lecture leur donneront toutes ces connaissances. N'attendons pas si longtemps pour exercer leur mémoire, pour leur faire retenir les grands faits, les grandes lignes de l'histoire. Dirai-je que beaucoup ont presque complètement oublié la géographie de la France ?

Les Sciences. — Grave sujet qui nous attire les observations des religieux d'Orient et d'Occident. Si la main du maître n'est pas très ferme, si le supérieur ne seconde pas de tout son pouvoir les efforts du professeur, l'élève par une pente très naturelle, perdra son temps, ne donnera aucun résultat. Pour couvrir son ignorance, il se servira de cette expression assez à l'ordre du jour: Je n'ai pas la bosse des mathématiques... Ce sujet a fait dans la *Revue de l'Enseignement chrétien*, l'objet d'une étude très intéressante ; ne pourrait-on pas y revenir dans le *Correspondant* ? J'ai entendu dire qu'il fallait avoir oublié sept fois sa géométrie pour la posséder parfaitement. N'est-ce pas très discutable ? En tout cas, à moins de très rares exceptions, nos élèves peuvent suivre avec succès le cours élémentaire de sciences tel qu'il est fixé dans nos programmes. Seront-ils capables d'enseigner à leur tour ces mêmes matières ? c'est une autre question. Peut-être qu'un confrère, plus compétent que moi sur ce sujet, pourrait nous donner des conseils utiles.

Nous constatons des lacunes, c'est vrai, mais nous travaillons à les combler. Nous sommes plus sévères dans les admissions et nous arrivons à n'avoir plus ces lourdes et longues queues qui arrêtaient la marche. Si intelligents que soient nos élèves, ils feront peu de chose sans nous ; ils savent qu'ils peuvent compter sur notre dévouement le plus absolu.

Rappelons-nous d'autre part que nous ne ferons rien sans eux. Il faut obtenir de ces chers enfants, du travail, de l'application, du soin, de l'attention. Négliger cet esprit de suite, ce fini au moins relatif dans leurs travaux, serait leur rendre un très mauvais service. Des alumnistes assuraient le P. Alexis de leur bonne volonté : « Je serai satisfait, répondit-il, si vous avez seulement de la volonté. » D'ordinaire cette volonté ne manque pas, mais c'est au maître de la diriger, de la fortifier.

Ne craignons pas d'exiger beaucoup. L'élève est juste. Il pourra trouver sévère un professeur très exigeant pour les leçons, les devoirs, le soin des copies, mais il estimera ce professeur, il lui devra de devenir un homme.

La jeunesse est légère, vérité vieille comme le monde. Nécessité de revenir souvent sur les mêmes points, de récapituler chapitres et grandes divisions, de revoir certaines matières comme les grammaires, les sciences.

Nos classes ne doivent pas être des cours, on nous l'a souvent répété. Que les interrogations soient très nombreuses, apprenons à nos alumnistes à donner eux-mêmes la réponse à nos demandes. Cette méthode les tient en éveil, donne de la vie à la classe, les anciens se rappellent les catéchismes qui se faisaient dans la cathédrale d'Osma au temps du Jubilé. Comme c'était vivant ! Certes je ne demanderais pas une classe aussi bruyante, mais des interrogations nombreuses donnent de la vie, font connaître les élèves, produisent les plus heureux résultats. Ajoutons que cette méthode évite d'avoir pendant nos classes des élèves absolument passifs.

Que le professeur parle pendant une heure, ces bons enfants resteront calmes, tranquilles, n'osant pas lever les yeux, heureux de n'avoir rien à dire. Ils écoutent peut-être, nous le croyons par charité, mais je suis porté à penser que leur intelligence ne travaille pas et que leur activité n'est pas éveillée. Heureux mortels qui attendent que les alouettes tombent toutes rôties ! Je sais, nous le constatons, qu'il peut se rencontrer des élèves silencieux, ne perdant pas une parole du maître, s'assimilant son enseignement, mais les bœufs muets de Sicile sont bien rares.

Arrêtons ici cette petite causerie. Certains points pourraient devenir le sujet de longs développements.

Déjà le *Correspondant* nous a donné des notes précieuses sur l'enseignement des grammaires, du grec, de l'instruction religieuse, pourquoi ne pas mettre en commun notre petite expérience sur les matières qui font l'objet de notre enseignement ? Le *Correspondant* deviendrait ainsi par ses conseils, ses travaux, ses compositions un stimulant et une lumière pour tous.

Brian, 22 octobre 1898.

P. Henry.

L'ÉVANGILE EXPLIQUÉ

EN PREMIÈRE SECTION DE GRAMMAIRE

Premier dimanche de l'Avent

Aperçu général. — Notre-Seigneur vient de parler de la ruine de Jérusalem, image du cataclysme et de la désolation qui se produiront à la fin du monde. (Luc. XXI, 5-24) Il est ainsi tout naturellement amené à parler de ce dernier évènement, dont il marque les signes avant-coureurs (25-26), puis à décrire d'un mot la venue redoutable du souverain Juge. (27)

Mais Jésus est trop bon pour laisser ses disciples sous le coup de ces descriptions, d'autant plus effrayantes qu'elles viennent de passer sous leurs yeux avec la rapidité de l'éclair. Il y revient pour les exhorter à y voir l'aurore de la délivrance (28), comme la vue du figuier se couvrant de feuilles et de fruits est pour eux la joyeuse annonce de l'été. (30-31)

La conclusion de ce discours est qu'il faut croire à la parole de ce Maître infaillible, dont rien ne saurait déjouer les prévisions. (32-33)

Ce n'est pas sans raison que l'Eglise nous fait lire cet Evangile à l'entrée de l'Avent. Elle veut nous inviter à profiter du miséricordieux avènement du Sauveur dans l'étable, pour n'avoir pas à trembler quand il viendra sur les nuées du ciel avec la majesté du Juge.

Explications. — Reprenons maintenant chaque verset en particulier pour tâcher d'en saisir, autant que possible, la forme et le sens.

25 — Ἔσονται σημεῖα ἐν ἡλίῳ καὶ σελήνῃ καὶ ἄστροις, καὶ ἐπὶ τῆς γῆς συνοχὴ ἐθνῶν ἐν ἀπορίᾳ ἤχους θαλάσσης καὶ σάλου,

26. — Ἀποψυχόντων ἀνθρώπων ἀπὸ φόβου καὶ προσδοκίας τῶν ἐπερχομένων τῇ οἰκουμένῃ· αἱ γὰρ δυνάμεις τῶν οὐρανῶν σαλευθήσονται.

Il y aura des signes dans le soleil, dans la lune et dans les étoiles, et sur la terre accablement des nations, à cause du bruit confus de la mer et des flots ;

les hommes mourant de frayeur dans l'attente de ce qui doit arriver à l'univers, car les vertus des cieux seront ébranlées.

Dès le début du premier verset, nous nous trouvons en présence d'une anomalie de syntaxe. A n'en juger que par la règle classique τὰ ζῷα τρέχει, il y aura des signes devrait se rendre par ἔσται σημεῖα, comme S. Luc l'a fait ailleurs (XXI,11 ; Act. v,12 ; II Cor.12,2) Mais il faut se rappeler que les écrivains du Nouveau Testament, même S. Luc, le plus classique de tous, ne parlaient pas le grec attique, mais seulement la langue, dite « commune » plus répandue, plus simple, plus mêlée de locutions locales, singulier mélange de force hébraïque et de grâce hellénique (Baunard, L'Apôtre S. Jean ch. III).

Au reste, les classiques eux-mêmes mettent quelquefois le verbe au pluriel après un sujet au pluriel neutre, quand ils veulent insister sur l'idée de pluralité, comme dans cette phrase : Πολλὰ λόγια ἐλέγοντο, *on citait une multitude d'oracles.*

Quels seront ces signes qui se produiront dans le soleil, la lune et les étoiles ? S. Luc ne le dit pas, mais S. Matthieu (XXIV,29) et S. Marc XIII,24-25) suppléent à son silence. *Le soleil, nous disent-ils, s'obscurcira, la lune ne donnera plus sa lumière, les étoiles tomberont du ciel.*

Prises à la lettre, ces paroles indiquent qu'il se produira alors des éclipses extraordinaires. Quant à la chute des étoiles, c'est une figure empruntée aux idées en cours parmi le peuple au temps de N. S. Habitué qu'il était à considérer le firmament comme une voûte solide, il se représentait naturellement les étoiles comme des clous d'or fixés à cette voûte ; or l'Evangile, qui n'est pas un traité d'astronomie, devait s'accommoder au langage et à la portée d'esprit du peuple auquel il s'adressait. La chute des étoiles indique donc d'une manière expressive les bouleversements qui se produiront dans le ciel. Chose curieuse ! les païens ont eu recours aux mêmes images pour peindre les convulsions du monde à l'agonie ; écoutons Lucain :

> Antiqua repetent iterum chaos omnia, mixtis
> Sidera sideribus concurrent, ignea pontum
> Astra petent... (Phars. I, 72).

(A suivre)   P. Théophile.

DEVOIRS CLASSIQUES

ALUMNATS D'HUMANITÉS

Devoirs donnés par les Professeurs de Brian

PREMIÈRE SECTION

VERSION LATINE

Pourquoi l'homme voit double quand il a l'esprit troublé

Libet hoc loco illorum reprehendere vanitatem, qui, dum volunt ostendere sensus falsos esse, multa colligunt, in quibus oculi fallantur; inter quæ illud etiam, quod furiosis et ebriis omnia duplicia videantur : quasi vero ejus erroris obscura sit causa. Ideo enim fit, quia duo sunt oculi. Sed quomodo id fiat, accipe. Visus oculorum intentione animi constat. Itaque quoniam mens oculis tanquam fenestris utitur, non tantum hoc ebriis aut insanis accidit, sed et sanis et sobriis. Nam si aliquid nimis propius admoveas, duplex videbitur ; certum est enim intervallum ac spatium, quo acies oculorum coït. Item si retrorsum avoces animum, quasi ad cogitandum, et intentionem mentis relaxes, tum acies oculi utriusque diducitur, tunc singuli videre incipiunt separatim. Si animum rursus intenderis, aciemque direxeris, coït in unum quidquid duplex videbatur. Quid ergo mirum, si mens veneno ac potentia vini dissoluta, dirigere se non potest ad videndum, sicut ne pedes quidem ad ambulandum, nervis stupescentibus debiles ? aut si vis furoris in cere-

brum sæviens concordiam disjungit oculorum ?
Quod adeo verum est, ut luscis hominibus, si
aut insani, aut ebrii fiant, nullo modo possit
accidere, ut aliquid duplex videant. Quare si
ratio apparet, cur oculi fallantur, manifestum
est non esse falsos sensus ; qui aut non falluntur, si sunt puri et integri ; aut, si falluntur,
mens tamen non fallitur, quæ illorum novit
errorem.

LACTANCE.

Durée de la Composition, 2 heures et demie.

Première copie

Il me plait de combattre ici l'erreur de ceux
qui, voulant montrer que les sens ne sont pas
fidèles (¹) *rassemblent* (¹) un grand nombre de
cas dans lesquels les yeux *sont en erreur* (²) ;
parmi lesquels *celui-ci que* (²) les hommes fous
et ivres voient tout double, comme si la cause
de cette erreur n'était pas évidente. Cela provient de ce que *il y a* (³) deux yeux. Mais apprenez comment cela se fait. *La vue des yeux
dépend de l'attention de l'esprit.* (⁴) Parce que
l'esprit se sert des yeux comme de fenêtres,
cela n'arrive pas seulement aux hommes fous et
ivres, mais encore aux *sains* et aux *sobres*. (⁵)
En effet si vous *approchez trop près d'une
chose* (²), vous verrez double. L'espace et la
distance où les regards des yeux se rassemblent *est marqué* (⁶). De même si vous *rentrez
votre esprit* (²) en vous-même comme pour
penser et si vous donnez du relâche à l'attention de l'esprit, alors les regards des yeux sont
séparés, alors chaque œil semble voir séparément. Si de nouveau vous fixez votre esprit et
dirigez les regards ce qui était double s'unifie.
Quoi d'étonnant qu'un esprit troublé par le *venin*
(⁷)et la force du vin ne puisse diriger ses regards
lorsqu'il ne peut diriger ses pieds *faibles à cause
de l'engourdissement des nerfs* ?(⁸) Quoi d'étonnant que la *force de la fureur* (⁹) *résidant dans
la raison* (¹⁰) *divise la concorde des yeux* (¹¹).
Cela est si vrai que pour les hommes borgnes,
qu'ils soient fous ou ivres, il ne peut arriver,
en aucune manière, qu'ils voient double. C'est
pourquoi si la raison pour laquelle les yeux
sont en erreur (²) est évidente, il est clair que
les sens sont fidèles. Ils ne trompent pas s'ils
sont purs et intacts. S'ils trompent, l'esprit qui
a connu leur erreur n'est pas trompé.

(1) Expressions trop vagues.
(2) Tout cela n'est pas correct.
(3) Il faudrait « *nous avons* ».
(4) On ne sait pas au juste ce que vous voulez dire.
(5) Tous ces adjectifs ne vont pas bien seuls.
(6) Il faudrait « *sont marqués* » L'expression demeurerait
d'ailleurs impropre.
(7) Terme impropre.
(8) Traduction trop servile.
(9) Ces mots ne vont pas bien ensemble.
(10) Contresens.
(11) « Diviser la concorde... » n'est pas français.

Observations

Ce passage extrait du traité de Lactance,
« *de l'Ouvrage de Dieu* » n'offre guère de difficultés graves, au moins dans son ensemble.
Le sens général apparaît après une ou deux lectures attentives; mais, où l'on sent l'écueil c'est
quand on en vient au détail des phrases, des
propositions, des mots mêmes. Lactance est un
styliste, très amateur de la tournure élégante,
du terme qui peint à la fois le plus exactement
et le plus artistement sa pensée; il connait

toutes les délicatesses de la langue latine : ce
n'est pas pour rien qu'on l'a appelé le « *Cicéron
Chrétien* ». D'ailleurs le phénomène qu'il décrit
ici le force à descendre dans certaines explications presque subtiles : le terme précis y est
de rigueur, sous peine de ne rien expliquer ou
de n'être pas compris. Le traducteur devait
donc allier l'exactitude et la précision à l'élégance. C'est ce que peu de nos jeunes rhétoriciens ont su faire. Leur traduction, quand elle
n'est pas absolument fautive, reste dans un
vague et une obscurité favorables aux plus
regrettables équivoques. Elle ne sort d'ailleurs
que rarement d'une médiocrité de style voisine
de l'insignifiance. Deux ou trois élèves à peine,
et encore à de courts intervalles, ont su donner
une forme originale et bien française à la pensée de l'auteur.

S'il me fallait répartir en quelques catégories bien tranchées les trente-deux copies que
j'ai examinées, six élèves atteindraient la note
assez-bien ou s'en approcheraient, — seize
oscilleraient entre les diverses nuances du
passable, — et dix s'échelonneraient par des
degrès successifs du *médiocre* au *très-mal*.
Pour ces derniers le crescendo monte progressivement de quatre à douze contresens.

On le voit, le bilan n'est pas des plus consolants, et il faudra du travail pour arriver d'ici
au bout de l'année scolaire, à la traduction non
seulement irréprochable, mais élégante.

Quelques observations plus particulières

Presque personne n'a compris la phrase :
« *Visus oculorum intentione animi constat* »
Je me suis payé le luxe de relever en un tableau
les différentes traductions qui en ont été données. Elles sont toutes aussi fantaisistes qu'in-
compréhensibles. L'étude du contexte était
indispensable pour comprendre le vrai sens.

On a échoué à *certum est intervallum... quo
acies oculorum coït* tout autant qu'à *acies oculi
utriusque diducitur*. Le naufrage a été à peu
près général à *quid ergo mirum... Le sicut ne
pedes quidem... a été surtout fatal. Il en est
même qui ont sombré au milieu de la petite
phrase : Ideo enim fit, quia duo sunt oculi.*
Pour ce qui est des mots souvent mal traduits, citons : *vanitatem, furiosis, visus oculorum, acies, veneno, nervis stupescentibus,* etc.
Ce sont ces nombreuses inexactitudes de
détail qui ont donné aux différentes traductions
ce quelque chose de vague et de *flou* que je leur
reproche.

Ordre des places

3 1/2

François Tourbez, C.

3 1/4

Victor Ramyr, C. — Onésime Rossat, B. —
François Sollier, B.

3

Gaston Byache, C. — Arsène Pauchet. C.

2 3/4

Félix Boyer, C. — Jean Deléglise, B. — Firmin Mermot, B.— Oscar Lathoud, B.— Marcel
Six, C.

2 1/2

Lucien Coudero, B. — Mamert Destouches, C.
Ludovic Pellet, B. — Sidoine Fournier, C. —
Théophane Trannoy, C.

2 1/4

Albert Bideaux, B. — Charles Burgard, C.—
Dominique Chelle, B. — Marius Genevès, B. —
Augustin Ledé, C. — Antoine Serge, C.

2

Luc Courtin, B. — Louis Bonnet, B. Cyrille
Thomas, B.

1 1/2

Joachim Parrau. B.

1 1/4

Félix Bernard, B. — Mathieu Bourgeois, C.

1

Joseph Larue, C. — Adolphe Unterleidner,
C.

1/2

Valentin Prat, C. — Raymond Sontag.

Corrigé

POURQUOI L'HOMME VOIT DOUBLE QUAND IL A L'ESPRIT TROUBLÉ

Il me parait à propos 'e confondre ici la futilité de ceux qui, pour prouver que les sens se trompent, vont chercher une foule de cas où, selon eux, les yeux seraient induits en erreur. Ils citent entre autres l'exemple des gens pris de fureur ou d'ivresse qui voient tout double, comme s'il n'y avait pas à cette illusion une cause manifeste. La cause, c'est que nous avons deux yeux. Un mot d'explication.

Les yeux voient, mais sous la direction de l'esprit ; ils sont en quelque sorte les «fenêtres» par lesquelles il regarde. De là vient que la vue double ne se produit pas seulement chez les personnes égarées par la fureur ou l'ivresse, mais même chez celles qui ont l'esprit sain et n'ont absorbé aucune boisson. Regardez un objet de trop près, vous le verrez double, car il faut aux rayons visuels pour se réunir une certaine distance, un intervalle déterminé. De même, rappelez en vous votre esprit, comme pour réfléchir, suspendez son attention, aussitôt les rayons visuels s'en iront chacun de son côté et chaque œil verra séparément. Appliquez à nouveau votre esprit, donnez une direction à vos pupilles et ce que vous voyiez double redeviendra simple. Est-il étonnant que l'esprit troublé par l'action dissolvante du vin ne puisse pas régler la vue alors qu'il ne peut même pas diriger dans leur marche les jambes qui chancellent sur leurs muscles alanguis ? Et quoi d'extraordinaire à ce que la violence de la frénésie en se déchainant sur le cerveau brise l'harmonie des rayons visuels ? Si donc on connait la raison qui induit les yeux en erreur, c'est une preuve que les sens ne sont pas trompeurs par eux-mêmes. Qu'ils soient en bon état et sans défaut, ils ne s'égareront pas ; et, supposé même qu'ils s'égarent, l'esprit, lui, ne se trompe pas, car il s'aperçoit de leur erreur.

P. ARTHUR.

DEUXIEME SECTION

VERSION GRECQUE

MORT SOUDAINE D'UN USURIER QUI AVAIT SI BIEN CACHÉ SON OR QUE SES HÉRITIERS NE PEUVENT LE DÉCOUVRIR.

Ἀνήρ τις ἦν ἐπί τῆσδε τῆς πολεως, τέχνην ἔχων τὰ δανείσματα, καὶ τὴν ἐκ τῶν μιαρῶν τόκων ἐπικαρπίαν· τῷ πάθει δὲ συνεχόμενος τῶς φιλαργυρίας, φειδωλὸς ἦν καὶ περὶ τὴν ἰδίαν δαπάνην, οὐ τράπεζαν αὐτάρκη παρατιθέμενος, οὐχ τέκνοις παρέχων τὴν αναγκάιαν τοῦ βίου διαγωγὴν· πάντα δὲ τρόπον ἐπινοῶν, ὅθεν ἄν πλέον τὸν ἀριθμὸν προαγάγοι τῶν χρημάτων. Οὔτε μὴν ἀξιόπιστόν τινα φύλακα τοῦ βαλαντίου ἐνόμιζεν, οὐ τέκνον, οὐ δοῦλον, οὐ τραπεζίτην, οὐ κλεῖν, οὐ σφραγῖδα. ταις δὲ των τοίχων ὀπαῖς τὸ χρυσίον ἐμβάλλων, καὶ τὸν πηλὸν ἔξωθεν ἐπαλείφων, ἄγνωστον πᾶσιν εἶχεν τὸν θησαυρὸν, τοπους ἐκ τόπων ἀμείβων, καὶ τοίχους ἐκ τοίχων, καὶ τὸ λανθάνειν πάντας σοφιζόμενος ἐυμηχάνως. Ἀθρόον ἀπῆλθε τοῦ βίου, οὐ δενι εχ τών οἰκείων ἐξαγορεύσας ἔνθα ὀχρυσὸς κατώρυχθο. Κατωρύχθη μὲν οὖν κἀκεῖνος τὸ κρύψαι κερδάνας· οἱ δὲ παῖδες οὐτοῦ, πάντων ἔσεσθαι τῶν ἐν τῇ πόλει λαμπρότεροι διᾶ πλούτων ἐλπίσαντες, ἠρεύνων πανταχοῦ, παρ'ἀλλήλων διεπυνθανοντο, τούς οἰκέτας ἀνέκρίνον, τὰ ἐδάφη τῶν οἴκων ἀνώρυττον, τούς τοίχους ὑπέκενουν, τὰς τῶν γειτόνων καὶ γνωρίμων οἰκίας ἐπολυπραγμόνουν· πάντα δὲ λίθον, τὸ τοῦ λόγου, κινήσαντες, εὗρον οὐδ'ὀβολόν. Διάγουσι δὲ τὸν βίον ἄοικοι, ἀνέστιοι, πένητες, ἐπαρώμενοι πολλὰ καθ'ἑκάστην τῇ τοῦ πατρὸς ματαιότητι.

(St Grégoire de Nysse. Hom. contre les usuriers, parag. IX)

Première Copie

MORT SOUDAINE D'UN USURIER

Il y avait dans cette ville un homme dont le métier consistait à prêter de l'argent à usure *et à accepter* [1] *le produit des intérêts illégitimes. Épris* [2] de l'amour des richesses, il était *avare* [3] même pour ses propres *besoins* ; [4] les mets de sa table étaient insuffisants, et il ne procurait pas à ses enfants les choses nécessaires à la vie ; mais il cherchait tous les moyens possibles pour augmenter encore *plus* [5] la quantité de ses richesses. Il *n'estimait* [6] *personne* digne de foi pour garder sa bourse, ni fils, ni serviteur, ni banquier, ni clef, ni cachet ; [7] il mettait son argent dans des ouvertures, [8] qu'il pratiquait dans les murs, mais qu'il recouvrait ensuite d'argile ; ainsi son trésor était caché aux yeux de tous ; il changeait successivement la place ainsi *que le mur,* [9] et il imaginait toujours des expédients *rusés* [10] pour arracher son trésor aux regards de tout le monde. Notre avare vint à mourir subitement, sans avoir révélé à aucun des gens de sa maison l'endroit où était enfoui l'argent. Il fut enfoui lui aussi après avoir mis à profit d'avoir caché son or. [11] Mais ses enfants, *espérant* [12] devenir par ces richesses les hommes les plus remarquables de toute la ville fouillèrent de tous côtés, et consultèrent les uns les autres, interrogèrent les domestiques, *déterrèrent les fondements* de la maison, (¹³) *nettoyèrent* (¹⁴) les murs et fouillèrent avec soin les habitations des voisins et des amis. *En un mot* (¹⁵). ils remuèrent chaque pierre, comme *l'on dit*, (¹⁶) sans trouver une seule obole, Pauvres, *privés de gîte et de foyer*, (¹⁷) ils passent leur vie en faisant chaque jour mille imprécations à (¹⁸) la *frivolité* (¹⁹) de leur père.

Ce devoir rend assez fidèlement le sens du texte, quelques inexactitudes de traduction; plus d'aisance et d'élégance dans le style, n'aurait rien gâté.

(1) Terme impropre, traduction faible et très inexacte.

(2) Ne rend pas avec assez de force. Συνεχόμενος, possédé, tourmenté.

(3) Mieux parcimonieux.
(4) Impropre.
(5) Inutile.
(6) Lourd.

(7) Δε omis.
(8) Trous.
(9) Trop vague, mal exprimé. Ne rend pas assez clairement la pensée. Il le plaçait dans un autre mur.
(10) Inutile, n'ajoute rien à expédient.
(11) Sent trop le brutal mot à mot: peu clair, on ne voit pas trop ce que vous voulez dire.
(12) Lourd, mieux l'imparfait de l'indicatif.
(13) Ils la renversèrent alors, impropre, presque contre-sens.
(14) Impropre.
(15) Hors du texte.

(16) Λογου, le proverbe.
(17) Mal rendu.
(18) Peu français.
(19) Impropre, sottise.

Critique

L'homélie de S. Grégoire de Nysse contre les usuriers, prononcée problablement vers l'année 379, nous offrait le sujet de composition. Un avare meurt sans avoir découvert à personne le lieu où il a enfoui son or, et laisse ses enfants dans la misère.

A part peut-être un passage, point de sérieuses difficultés. Mais qu'il faut se défier des versions en apparence faciles! Parce qu'on voit assez vite un certain sens, on est porté à s'en tenir pour satisfait, et, souvent on tombe dans les pièges du texte, sans s'en apercevoir, ou bien on n'apporte pas aux détails de la traduction le soin qui est nécessaire. C'est un peu ce qui est arrivé.

Il faut comprendre le texte, c'est essentiel; mais il est important aussi de rendre avec élégance la pensée de l'auteur. Trois ou quatre copies seulement unissent à l'intelligence du texte, et je le dis tout-bas, une certaine aisance dans la traduction. Quelques autres s'efforcent d'êtres dégagées, mais elles tombent dans le commentaire. Ces restrictions faites, disons qu'en général, le style est vague lourd et pénible. Heureux encore, quand on ne rencontre pas de ces phrases embarrassées dont on cherche en vain le sens et qui cotoyent de trop près l'absurde. Hélas, on ne les rencontre que trop souvent dans les dernières copies. Oh! ces dernières, qu'elles sont lamentables. Le sens y a été fort maltraité; c'est un carnage épouvantable, phrases mutilées, membres hachés, propositions plus ou moins blessées. Et la grâce du style, je n'en parle pas, d'ailleurs, allez donc demander du style à des élèves qui n'ont pas encore une orthographe assurée, et qui trouvent moyen de faire huit ou dix contre-sens dans une version si facile. Conclusion,

travail acharné, efforts sérieux à apporter dans la traduction.

Quelques remarques maintenant sur les passages les plus malmenés, ceux qui ont été des écueils pour un grand nombre de concurrents.

Rien de plus simple, de plus inoffensif en apparence que ce petit mot τῆσδε et cependant il en a fait sombrer quelques-uns. Avec un peu de réflexion on aurait pu certainement reconnaître dans ce terme le génitif féminin singulier de l'adjectif démonstratif ὅδε, ἥδε, qui n'est autre que l'article suivi de la particule δε ayant le sens du latin hic, hæc, *cette* et non pas *une*.

Τῷ πάθει συνεχόμενος — Πάθει n'est pas un complément indirect proprement dit, mais un complément circonstanciel. Tourmenté par la passion et non pas ayant ajouté à cette maladie.

A remarquer en passant que συνεχόμενος veut dire ici, être tenu par, être en proie à, et non « ajouter à ».

Il me semble que διαγωγήν signifie *entretien*, et pas du tout, ici du moins, *direction* et *amusement* comme le prétendent plusieurs. Ce mot vient de διάγω qui a le sens de conduire jusqu'au bout » et « d'entretenir. » Il fallait ici s'inspirer de l'idée de l'auteur, de la manière d'agir de notre avare, en un mot, avoir l'intelligence du texte, et ne pas s'en tenir au sens mort et matériel du terme.

Je me demande encore comment on a pu traduire επινοῶν πάντα τρόπον par *il souillait toute chose, il souillait sa conduite, il dispose tout à sa guise.* Vraiment il faut avoir l'esprit en l'air, car tous les dictionnaires affirment, que le verbe επίνοω a le sens d'imaginer. *Imaginant tous les moyens.*

Une analyse sérieuse aurait indiqué que ἀξιόπιστον était un adjectif se rapportant à φύλακα et non un adverbe.

Etourderie, confusion d'accents, ἄθροος avec l'esprit doux et l'accent sur α veut dire *sans bruit*, c'est vrai : mais ἀθρόος dont l'α est affecté de l'esprit doux et l'ό accentué, qui au neutre est souvent employé comme adverbe signifie *tout d'un coup, subitement.*

Κατωρύχθη. Grave injure à l'adresse de la grammaire, quiproquo incroyable! Certains élèves seraient embarrasses en décomposant ce temps de montrer les désinences, les caractéristiques de la forme d'un parfait actif ou moyen et cependant ils traduisent par *avait enfoui.* On ne devrait pas ignorer les conjugaisons à ce point. Τὸ κρύψαι κερδάνας, ces quelques mots ont été pour tous une pierre d'achoppement. Les plus avisés donnent un brutal mot à mot. On pouvait, il me semble, traduire par *ayant réussi à cacher.*

Τὸ τοῦ λόγου Ces trois mots ont mis à la torture bien des traducteurs. On pouvait sous-entendre κατα, *comme le dit le proverbe,* car λόγος qui a un sens très varié, signifie proverbe.

Quelques-uns, généralisant le sens de la dernière phrase veulent que tous les individus sans foi ni lieu, par leur faute peut-être, maudissent la frivolité de leur père.

Classement des copies

3 1/4

Baudart, C. — Mégnin, B. — Rousseau, B. — Spinaël, C.

3

Miquen, B. — Payelle, C. — Romelacre, C. — Talve, C.

2 3/4

Barbier, C. — Carbonnier, C, — Dauby, C. — Giudicelli. B. — Chaffard, B. — Graugnard, B. — Janin, B. — Lemaître, C. — Préssens, C.

2 1/2

Bicais, C. — Bois, B. — Bruguel, C. — Charloteaux, C. — Garde, B. — Lontreuil, C. — Pavageau, C. — Ranson, C. — Teck, C.

2 1/4

Bégon, B. — Déroulez, C. — Foulon, C. — Galoppin, C. — Barthe, B. — Sérine, B.

2

Hudry, B. — Müller, C. — Preyre, B. — Vandycke, C.

1 3/4

Séneaux, B. — Petit, B. — Chambon, B.

1 1/2

Perrier, B. — Rouan, B.

1

Romani, B.

Corrigé

Il y avait dans cette ville un homme dont toute l'industrie était l'usure et le produit de criminels intérêts. Tourmenté par la soif de l'or, il dépensait pour lui-même avec parcimonie, se nourrissait à peine, ne donnait pas à à ses enfants ce qui était nécessaire au soutien de leur vie et imaginait mille ressources pour augmenter le nombre de ses écus. Pour lui, point de gardien assez fidèle de sa bourse, ni enfant, ni esclave, ni banquier, ni clé, ni sceau ; mais il pratiquait des trous dans les murailles pour y jeter son or, puis il les recouvrait de boue, ainsi il conservait son trésor sans qu'on put jamais le découvrir, changeant souvent de cachettes et de murs et réussissant à force d'adresse à tromper tous les regards. Il mourut soudainement, sans avoir révélé à aucun de ses proches le lieu où son or était enfoui. On l'enterra, cet avare qui avait si bien réussi à retrancher son trésor. Ses enfants qui croyaient tenir le premier rang dans la ville, grâce à leur richesse, cherchèrent de tous côtés, s'interrogèrent les uns les autres, questionnèrent les domestiques, fouillèrent le sol des maisons, creusèrent les murs, visitèrent les demeures de leurs voisins et de leurs connaissances. Enfin, après avoir, comme dit le proverbe, remué toute pierre, ils ne trouvèrent pas même une obole. Ils vivent aujourd'hui sans maison, sans abri, pauvres, et maudissant chaque jour la sottise de leur père.

P. PATRICE.

ALUMNATS DE GRAMMAIRE

Devoirs donnés par les professeurs de Miribel

PREMIÈRE SECTION

VERSION LATINE

Saint Jérome a ses détracteurs

Post priorem epistolam, in qua de hebræis verbis pauca perstrinxeram, ad me repente perlatum est quosdam homunculos mihi studiose detrahere : cur adversum auctoritatem veterum, et totius mundi opinionem, aliqua in Evangeliis emendare tentaverim. Quos ego cum possem meo jure contemnere, asino quippe lyra superflue canit, tamen ne nos superbiæ, ut facere solent, arguant, ita responsum habeant, non adeo me hebetis fuisse cordis, et tam crassæ rusticitatis, ut aliquid de dominicis verbis, aut corrigendum putaverimus, aut non divinitus inspiratum. Scio te, cum ista legeris, rugare frontem, et libertatem meam rursum seminarium timere rixarum. Rogo, quid a nobis libere dictum est ? Unum miser locutus, totius oculos Urbis offendi, cunctorum digitis notor. « Multiplicati sunt super capillos capitis mei qui oderunt me gratis, et factus sum eis in parabolam », et tu putas me aliquid deinceps locuturum :

Verum, ne Flaccus de nobis rideat :

                              Amphora cœpit
Institui ; currente rota, cur urceus exit ?

revertimur ad nostros bipedes asellos, et illorum in aure buccina magis quam cithara concrepamus. Ad extremum illi gaudeant gallicis cantheriis ; nos solutus vinculis et in salvatoris ministerium præparatus Zachariæ asellus ille delectet ; qui, postquam Domino terga præbuit, cœpit Isaiæ consonare vaticinio :

« Beatus qui seminat secus omnem aquam, ubi bos et asinus calcant. »

S. Jerôme à Marcella. Lettre XXV (Passim).

Tome II. Edition Perisse frères, 1837.

Première copie

Saint Jérome a ses détracteurs

A la suite de ma première lettre, où j'avais un *peu parlé des écritures hébraïques,* (1) j'ai soudain appris que quelques gens de rien s'acharnaient à me déprécier. *J'aurais,*(2)parait-il, contrairement à l'autorité des anciens et à la croyance générale, essayé de corriger quelques textes des Saints Evangiles. *Quand même je pourrais* (3), à bon droit, ne pas faire cas d'eux, car pour un âne il est *superflu que la lyre chante* (4), cependant, afin que, selon leur habitude, ils n'accusent pas *mon silence d'orgueil* (5), qu'ils sachent que je n'ai pas eu un esprit assez simple et une ignorance assez crasse pour croire que quelqu'une des paroles du Sauveur n'a pas été divinement inspirée ou devait *être corrigée* (6). Je n'ignore pas, qu'en parcourant ces lignes, tu fronceras les sourcils et tu redouteras que *ma liberté* (7) ne soit une source de querelles. Mais, je te le demande, qu'ai-je donc dit de si libre.

Tout le monde me montre du doigt pour avoir prononcé *une misérable parole* (8) dont *tous les yeux* (9) de Rome auraient été scandalisés.« Mes ennemis se sont multipliés sur ma tête et je suis devenu pour eux comme *une parabole* (10) » et tu crois qu'ensuite je dirai quelque chose.

Mais, pour qu'Horace ne se moque pas de nous : L'amphore *est construite,* (11) la roue tourne, pourquoi ne sort-il qu'une tasse ?, je reviens à nos ânes à deux pieds et je fais retentir à leurs oreilles la trompe du *bouvier* (12) plutôt que la cithare. Enfin, qu'ils se contentent de leurs *bidets gaulois,* (13) nous, nous *réjouissons* (14) de ce petit âne de Zacharie, délivré de tous liens et prêt pour le service du Seigneur ; et qui, après avoir reçu le Sauveur *en croupe,* (15) s'est *accordé* (16) avec la prophétie d'Isaïe : Bienheureux celui qui sème le long de tout ruisseau où passent le bœuf et l'âne. »

FRANÇOIS CARTIER, *N. D. des Châteaux.*

(1) Contre sens ; *Perstrinxeram* est annihilé dans l'expression *peu parlé*
(2) *Cur* traduit par *de ce que,* donne le motif de la proposition complétive et fait mieux ressortir la raison de l'acharnement dont se plaint Saint Jérôme.
(3) Tournure lourde et ne dépassant pas le mot à mot.
(4) Terme dénué de vigueur.
(5) Expression amphibologique.
(6) Cette interversion du texte nuit à la correction de la phrase.
(7) Il fallait ici spécifier la *liberté d'expression*
(8) Avec ce contresens disparaît toute la finesse ironique de la pensée de Saint Jérôme.
(9) Métaphore passablement risquée.
(10) Traduction trop littérale du mot *parabolam*
(11) Cœpit restreint le sens propre de instítui ; il ne s'agit que de l'intention et non du fait accompli, c'est une amphore qu'on veut façonner etc.
(12) Comparaison locale peu élégante.
(13) Terme de comédie à bannir du langage soigné.
(14) Pourquoi ce pluriel ?
(15) Expression d'une distinction suspecte dans le cas présent.
(16) Le sens figuré du mot consonare n'est pas assez accentué.

A Miribel est échu l'honneur de corriger, au début de l'année scolaire, le devoir de version latine, devoir le plus important et partant le plus à même de faire ressortir la valeur des alumnistes Pour le choix du texte, je me suis arrêté à une lettre de S. Jérôme, répondant à ses détracteurs avec cette verve et cette ironie dont il cinglait si vigoureusement les envieux de son temps. Le caractère de l'écrivain s'y reflète bien, et il est moins pénible de voir le saint Docteur aux prises avec la masse de ses calomniateurs, plutôt que de s'attaquer à des individualités. qu'il ne pouvait toujours traiter, cela se comprend, *cum odio vitii et dilectione hominis.* Ce morceau m'a paru, même au début de l'année, à la portée d'élèves, qui, au cours d'une bonne cinquième, ont déjà été mis en contact avec S. Jérôme et Sulpice Sévère. le *Salluste chrétien,* dont ils ont pu apprécier la pureté, l'élégance de style et aussi les difficultés. Le texte était-il long ? je ne le crois pas à en examiner la disposition typographique.

D'autre part, je ne compte pas les deux citations d'Ecriture Sainte, d'une valeur de cinq lignes que les élèves familiarisés avec les psaumes devaient traduire sans encombre.

Du reste, sur 50 copies, 37 sont complètement terminées ; à deux autres il ne manque qu'une phrase ; le reste, (c'est-à-dire 11 copies), appartient au même alumnat, avec un écart très considérable entre le premier et le dernier des non-classés, au point de vue de la quantité donnée. A mon avis, l'ensemble de ces élèves a besoin de s'astreindre à produire rigoureusement dans le laps de temps indiqué, la somme de devoirs que réclame le professeur. On peut beaucoup obtenir des enfants en se montrant ferme et intransigeant sur ce point : la lenteur dans le travail est funeste aux élèves intelligents. On peut m'objecter la difficulté pour les étrangers de rendre la pensée de l'auteur avec les idiotismes français correspondants et une correction de style irréprochable : je l'admets en principe, mais la consonnance de la plupart des noms d'élèves ci-dessus, semble indiquer que nous ne sommes pas actuellement en présence de ce cas.

La version n'a pas été traitée d'une manière remarquable ; mais il n'y a pas lieu de s'en étonner, à la reprise des cours; cependant l'ensemble dénote pour le plus grand nombre la possibilité de terminer heureusement les classes de grammaire. S'il était permis d'établir un jugement définitif, sur l'examen d'un seul devoir, à côté de promesses sérieuses pour l'avenir, j'aurais à constater des faiblesses telles qu'on ne devrait jamais en rencontrer dans les alumnats. Mais il faut sans doute tenir compte de la surprise inévitable qui, à certaines heures, paralyse les moyens intellectuels de quelques élèves. Dans ce devoir, beaucoup adoptent comme méthode de traduction, la plus facile et celle qui produit le plus d'effet à la lecture. Avec le temps. ils arriveront à se bien pénétrer du texte, puis à le rendre en français, en conservant autant que possible la couleur du style de l'auteur sans s'astreindre toutefois à une exactitude littérale et sans suivre pas à pas le mouvement de la phrase. Ils doivent cependant dès maintenant éviter l'écueil du *commentaire* et de la *narration,* dont certaines copies offrent le spécimen. Les Professeurs du reste, s'attachent tous à former le goût des élèves en leur traçant journellement les obligations du véritable, fidèle et élégant traducteur ; à ceux-ci de profiter de leurs avis.

La première copie doit son rang au petit nombre d'accrocs faits au sens, bien qu'elle ne vaille pas, comme allure de traduction, certains autres devoirs, mais elle conserve sur eux, l'avantage d'avoir évité des contre-sens, parfois grossiers. Je me bornerai à signaler rapidement au passage les quelques difficultés de sens ou d'expressions du texte, pour mettre en évidence les surprises qu'elles ont réservées aux jeunes traducteurs. Le mot *homunculus* qui dans la pensée de S. Jérôme me parait viser l'étroitesse d'esprit de ses envieux, a rencontré de plaisantes interprétations dans les termes *bonshommes, faquins.* Je regrette que la dernière partie de la phrase *cur,* n'ait pas été rattachée comme proposition complétive, à la principale ; la pensée y perd au point de vue de la force et de la logique. Avec *studiose detrahere,* on inflige à l'écrivain, le *retranchement de sa réputation.* Mais l'honneur des traductions les plus fantaisistes revient à la saillie primesautière que l'auteur rend en son style pittoresque et mordant. *Asino lyra superflue canit.* Tantôt l'âne a des *enchantements très grands au son de la lyre;* quelquefois transformé en âne savant, en disciple d'Apollon malheureusement méconnu: *il joue inutilement de la flûte.* Plusieurs copies plus réservées donnent à ce proverbe une interprétation figurée. D'aucuns attribuent à S. Jérôme, un cœur *hébété, hebetis cordis*, parce qu'il ne veut pas corriger les *paroles du dimanche, Dominicis verbis*. Beaucoup d'élèves, ne tenant pas compte de la suscription de la lettre « S. Jérôme à Marcella » traduisent avec la liberté de langage propre au latin, mais que le français récuse. Plus loin sous une plume flamande sans doute, je trouve dans *seminarium rixarum*, un *nouveau pépinière de rixes*.

Dans la citation du psaume 58, le mot *super* a été mal rendu dans un grand nombre de copies où les ennemis se multiplient *sur les cheveux de S. Jérôme*. A la traduction du texte d'Horace était réservée la palme du comique. Ici on lit : *la voiture roulait, pourquoi le vase déborde-t-il ?* Là, *pourquoi ne roule-t-elle pas puisque le rouleau roule. Une cruche commence à s'instruire, la roue tourne, pourquoi s'en va-t-elle ;* un autre plus hardi traduit *Flaccus* par le mot *âne*. Par contre une section tout entière a parfaitement saisi l'allégorie du poète latin : avec la justesse propre aux seuls *initiés* elle l'appelle de son nom *Horace,* et sur un ensemble de huit ou neuf élèves, cinq ou six donnent une traduction que leur envierait plus d'un rhétoricien.

S. Jérôme revient plus loin à ses *ânes bipèdes* Ce n'est pas l'avis de l'élève qui traduit : *Nous sommes retournés à pied auprès de nos ânes.* Ces mêmes ânes infortunés, sont condamnés à entendre retentir à leurs oreilles, les sons des instruments les plus variés, depuis le modeste cornet du bouvier jusqu'à l'éclatant cor de chasse, en passant par l'harmonieuse *guitare*, la mandoline seule est oubliée, elle est trop récente! Une difficulté se présentait, *gaudeant gallicis cantheriis*. Cet endroit le plus difficile à traduire a provoqué de véritables catastrophes de traduction. On y voit un duo où l'âne donne la réplique au coq *gallicis ;* mais cette interprétation est le fait de 2 ou 3 étourdis. Le mot *cantheriis* amène un déluge d'expressions singulières: *haridelles, bidets, rosses gauloises. chevaux à souliers,* voire même des contresens par exemple *étançons, appuis,* etc. Enfin la dernière phrase généralement traduite mot à mot a rencontré bien des contradictions. C'est ainsi que tantôt l'*âne commence à être d'accord avec Isaïe ayant les jambes tortues* (sic) tantôt, *il braie selon la prophétie* et finalement cet émule de l'ânesse de Balaam, se mêle lui aussi de faire des prophéties.

Une copie porte la mention : (devoir fait sans dictionnaire). Cet avis m'a fort peu ému de prime abord, et l'examen attentif de la susdite copie a justifié mon manque d'enthousiasme. Il y a de la marge, entre l'usage modéré et intelligent du dictionnaire et son complet abandon. L'élève qui use de ce dernier procédé atteste je le veux bien, une *robuste latinité*.

Je le félicite de posséder le vocabulaire latin au point de demander au seul secours de sa mémoire, le sens de mots tels que *cantheriis, urceus,* etc. Par contre en ouvrant son dictionnaire (Châtelin) il aurait pu dans *seminarium rixarum,* au lieu de *répertoire de disputes,* lire à l'actif de S. Jérôme, l'expression *germes de discordes* qui n'eût pas déparé sa copie. Bref le système peut être discuté et si le dictionnaire est inutile à quelques rares privilégiés, il offre à bien d'autres un secours précieux. Sans aborder ici la question, je me permettrai d'assurer pour mon propre compte, que je tiens en toute autre estime le travail

d'un enfant sérieux qui, consultant son dictionnaire se rend compte à l'aide d'exemples des grands auteurs, des emplois divers des mots avec leurs nuances respectives, pour s'en servir à l'occasion d'une manière intelligente.

C'est ainsi qu'au lieu de termes restreints, employés d'une manière identique à tout propos, il lui est permis de donner à sa phrase, la richesse et la variété d'expressions que comporte la bonne et élégante latinité. En fin de compte, la connaissance et la possession d'une langue ne consistent pas dans l'application purement mécanique des règles de la syntaxe d'accord.

En résumé, je répète en terminant ce que je dis plus haut. La plupart des élèves peuvent et doivent réussir ; ils le peuvent d'autant mieux que leur principal effort porte sur l'étude de la langue latine. Pour ma part, je demeure convaincu que la bonne volonté et la discipline dans le travail leur ménagent des succès mérités auxquels j'applaudirai le premier, avec bonheur.

Ordre des places

2 3/4

François Cartier, C. — Félix Escudé, B.

2 1/2

Fortuné Badaroux, B. — Pétrus Domène, A. — Florimond Fay, A.— Antonin Grosdemange, A. — Alexandre Grégoire, B. — Ignace, B. — Julien Ourgand, B. — Alphonse Parsy, A. — François Tanguy, A.

2 1/4

Augustin Coudre, B. — Désiré Delory, S. — Jean Saint-Martin A. — Gaston Vergnes, B. — René Willart, A.

2

Isidore Boulière, B. — Gustave Géneau, S.— Isidore Gonthier, C. — Michel Lemoine, S. — Albert Pons, A.

1 3/4

Julien Baconnet, C. — Augustin Cazenave, S. — Nestor Doully, S. — Achille Delfortrie, S. — Cyprien Demarez, S. — M. J. Espargilière, B. — Joseph Hautman, S.

1 1/2

Marcellin Cayré, C. — Baptiste Dhers, C. — Albert Gauthier, C. — Albert Grand, C. — Cyrille Jourdan, C.

1 1/4

Constant Cléret, T. — Adolphe Dunand, C. — Martin Mignolet, T.

1/2

Gabriel Savourat, S.

Copies non terminées

2

Aquilin Bouillon, B.

1 1/2

Maurice Chappet, C. — Joseph Law, T. — Guillaume Riether, T.

1 1/4

Augustin Destiné, T. — Albert Robin, T. — Aloys Sontag, T.

1

Jules Artus, T, — Léonard Burr, T.— Joseph Mees, T. — Théophile Vendenholt, T.

3/4

Victor Anciaux, T. — Engelbert Teck, T.

Corrigé

Saint Jérome a ses détracteurs

Depuis ma dernière lettre, dans laquelle je vous expliquais quelques mots hébreux, j'ai appris soudainement que certains petits esprits s'acharnent à me décrier, et se plaignent de ce que, au mépris de l'autorité des anciens et de l'opinion générale, j'ai eu la témérité de corriger quelques endroits dans les Evangiles. Je pourrais fort bien mépriser cette catégorie de gens, car il est inutile de jouer de la lyre devant un âne ; mais de peur que, suivant leur coutume, ils ne m'accusent d'orgueil, je répondrai que je ne suis ni assez inepte, ni assez stupide pour croire, ou qu'il y a quelque chose à corriger dans les paroles du Seigneur, ou que tout n'est pas inspiré dans les Evangiles.

Je n'ignore point qu'en lisant ces lignes, vous froncerez le sourcil ; que vous craindrez que ma liberté d'expression ne devienne un nouveau sujet de querelles. Je le demande, que m'est-il donc échappé de trop libre ? Malheureux ! je n'ai dit qu'un mot, et voilà que j'ai encouru l'indignation de toute la ville, voilà que tous me montrent au doigt. Ils sont plus nombreux que les cheveux de ma tête, ceux qui me haissent sans motifs, et je suis devenu pour eux un sujet de risée et vous pensez que je dirai quelque chose encore ?

Mais de peur que Flaccus n'aille rire de moi et dire : « On ébauchait une amphore ; la roue a tourné, pourquoi ne vient-il qu'une tasse ? » revenons à nos ânes bipèdes, et au lieu de jouer de la harpe devant eux, sonnons de la trompette à leurs oreilles. Enfin, qu'ils se plaisent à donner au Christ un de ces chétifs chevaux des Gaules ; quant à nous, aimons à dire qu'il prit cet ânon dégagé de tout lien, préparé suivant Zacharie pour le Sauveur, et qui, en servant de monture à Jésus, justifia cette prophétie d'Isaïe : «Heureux celui qui sème sur les bords de toutes les eaux où travaillent le bœuf et l'âne.

d'après Collombet.

P. Emilien.

DEUXIEME SECTION

COMPOSITION EN THÈME LATIN

riomphe de Jésus-Christ dans l'Eucharistie

Quel spectacle se présente à mes yeux ? Que signifient ce brillant appareil, ces rues jonchées de fleurs, ces murailles vêtues de riches tapisseries, ce concours de peuples qui se rassemblent de toutes parts ? Un monarque puissant va-t-il paraître dans cette ville avec l'éclat de la royauté ? Je ne me trompe pas : le roi des rois est porté en triomphe dans les rues et dans les places publiques. Jésus-Christ triomphe aujourd'hui avec bien plus de gloire que tous les héros de l'antiquité. Son triomphe n'est pas renfermé dans l'enceinte d'une seule ville. Il s'étend jusque dans les provinces, les villes, les bourgades, et les campagnes mêmes où son nom est adoré. Il ne traîne pas à sa suite des rois captifs ; mais les grands du royaume, les magistrats les plus distingués, les pontifes sacrés de la religion forment son cortège.....

Première copie

De Jesu-Christi triumpho in Eucharistia

Quod spectaculum oculis meis se prœbet? Quid indicant hæc splendida pompa, hæc (¹) viæ floribus stratæ, hi muri aulœis vestiti lautis, hic populorum concursus undique convenientium? An (²) rex potens cum dignitatis regiæ splendore (³) hac in hurbe se *ostenturus* (⁴) est ? Non fallor. Rex enim regum per vias foraque *triumphale* (⁵) apparatu portatur. Jesus Christus hodie multo præclarius quam antiquitatis heroes triumphat. Triumphus autem ejus in una urbe (⁶) non continetur. Usque in provincias, urbes, *planitiesque* (⁷) ipsas ubi adoratur nomen ejus, *se extendit* (⁸). Non post se reges captivos trahit ; principes autem regni, clarissimi magistratus, religionis pontifices sacri ei comitantur.

(1) Barbarisme. Il faut *hæ viæ*.
(2) *An* employé comme synonyme de *Ne* ou de *Num* est postérieur à l'époque classique. (Brelet n° 421, Rem. II).
(3) Il serait plus régulier de sous-entendre *cum*. On trouve cependant : *Cum pulcherrimo vestitu.* (Brelet, n° 337, Rem II).
(4) Barbarisme. — Ecrivez : *ostensurus*, du supin ostensum De là les mots français : ostensible, ostensoir. Ostentation vient du fréquentatif, ostentatum, ostentare.
(5) Barbarisme. — Ecrivez *triumphali* sur *forti*.
(6) *Dans l'enceinte de* pouvait se rendre d'une manière plus expressive par : *unius urbis ambitu.*
(7) Terme impropre. — Le mot *campagnes* dans l'énumération française est opposé à *villes, bourgades ;* il fallait le traduire avec ce sens, c'est à dire par *ager* ou *rus.* planities de *planus* est opposé à *montes.*
(8) *Se extendere*, pris au figuré avec un nom de choses, est incorrect en prose. Traduisez par : extendi per, diffundi per.
— Assez bonne copie. Les quelques incorrections qui la déflorent n'en rabaissent pas trop les qualités générales : bon choix des mots et des expressions, construction aisée et même élégante de la phrase.

Critique

Correction absolue des mots et des expressions contenues dans le thème, précision dans le choix des termes et des tournures employées, telles devaient être les qualités essentielles d'une bonne copie. De plus, nos jeunes latinistes, après un an d'exercices variés et quotidiens, doivent avoir acquis une connaissance suffisante de la langue latine, pour qu'on puisse exiger d'eux une certaine élégance dans les mots, les tournures et la construction de la phrase latine.

Ont-ils satisfait l'attente des professeurs ? Le classement des copies qu'on va lire répondra à cette question.

Voyons les difficultés que présentait le thème et indiquons en général les fautes qu'il fallait éviter.

Les distraits ont omis le titre. Plusieurs l'ont traduit de cette façon : *De in Eucharistia Jesu Christi triumpho.* Il est élégant d'intercaler un complément secondaire entre un mot et son complément principal ; mais ici le rapprochement des deux prépositions *de* et *in* est choquant. Dites : *De Jesu Christi triumpho in Eucharistia* ou *Triumphus Jesu Christi*.....

Quale, quod, quodnam, quantum spectaculum, quid spectaculi, à quelques nuances près. traduisaient bien les premiers mots : *quid spectaculum* est incorrect; ne pas confondre *quid* et *quod* interrogatifs, l'un est pronom et l'autre adjectif. *Visio et species* ne valent pas *spectaculum*.

On ne devait pas travestir les expressions consacrées : *Quid sibi vult, quid indicant,* de cette façon : *Quæ sibi volunt, quæ indicant,* ou *indicantur hac splendida pompa.*

Hæ viæ, et non pas *hæc viæ* ; le c démonstratif ne s'ajoute aux formes terminées par une voyelle : *hæ, istæ, illæ, illo, illa,* etc, que dans le style familier. Dans le style littéraire et classique on n'emploie que les expressions : *hicce, hocce,* etc.

Induti textilia est un héllénisme à éviter en prose. *Mænia* (de munire) traduit murailles dans le sens de remparts et non dans le sens de murs de maisons.

Induti aulœorum, Sparsi florum sont des solécismes impardonnables.

Congregant, aggregant, veulent dire : Rassemblent, et non pas : Se rassemblent. Mettez : Se congregant, ou congregantur.

Qu'eussent pensé les Romains contemporains d'Auguste de cette phrase, d'une latinité plus que douteuse : Ivetne omnipotem regem in urbem micantem dignitate regiœ prodire ? — Variantes : It comparere, ou : Eat apparendum. La traduction : num rex apparebit.... contient deux fautes ; il faut : Rexne potens ; *apparebit* ne traduit pas fidèlement *va-t-il paraître.* Il fallait ajouter *mox* ou *brevi.*

Visurus est in hac urbe est un barbarisme. Visurus est actif et veut dire *devant voir, qui doit voir* ; il lui fallait un complément direct.

Videndus est est aussi incorrect. Le participe en *dus* marque l'obligation ou la convenance, et jamais l'intention de faire une chose ou la proximité d'une action. *Urbs videnda est* signifie : Cette ville mérite d'être vue ; il faut la voir.

Non me decipio, je ne me trompe pas, je ne suis pas dans l'erreur, n'est pas latin. *Non me fallo* est moins usité que *Non fallor.* Non me *fallit* manque de sujet. Il faut dire : *Ea res* ou *id non mef allit.*

Loca communia, pour traduire : places publiques, n'est pas latin. Il faut *fora, plateas,* ou *compita (carrefours).*

Veho pour traduire *était porté* est impropre. Notre Seigneur n'est pas porté en procession sur un char ou un *véhicule* quelconque, comme une statue par exemple : *Signum vehitur.*

Circumduci par vias traduit plus élégamment *être porté dans les rues,* que l'expression *ferri in vias,* in est même impropre. Une procession ne fait que passer dans les rues et se termine dans l'église. Il fallait donc *per* (question qua).

L'ablatif sans préposition avec le pluriel des noms, *viis forisque,* est un solécisme.

Comment expliquer les expressions suivantes : cum magis quam... cum bene magis quam, cum magna gloria quam ; cum majori gloria ut... Corrigez : Multo gloriosius quam... Avec *majori,* ou l'adverbe *præclarius,* il fallait exprimer le que. Règle : Doctior quam Petrus, et non Doctior Petro.

Veteres, et *vetustas* étaient des termes impropres. Il fallait *antiquus* ou *antiquitas.*

Son employé trois fois dans le thème n'était pas une seule fois réfléchi. Certains l'ont traduit trois fois par *suus.* Ils se sont montrés conséquents à eux-mêmes.

Inclusus est était plus élégant que *includitur. Est, eram, ero,* accompagné du participe passé, indique qu'une chose se trouve, se trouvait, se trouvera actuellement dans tel ou tel état. (Brelet, n° 429, Remarque).

Évitez les barbarismes *solæ, unæ,* pour *unius solius.* Unus et solus signifie tous les deux : seul, unique. Mais, c'est le sens propre de unus. Solus veut dire d'abord, isolé, sans compagnie.

Magni employé substantivement pour traduire *les grands du royaume* n'est pas latin. Dites : *Magnales, optimates, proceres, principes.*

Les expressions suivantes sont purement françaises : *Formant comitatum, figurant, componunt..., iniunt...*

Enfin, pour terminer cette révision générale du thème, prenons une copie au hasard en en relevant les fautes principales : *Quemdam regem potentem in conspectum illius urbis producet cum splendore regiæ?* — Plus loin : *In locas communias.* — Et encore : *triumphat multo gloria fortibus viribus. Triumphus suus non includitur in circuitu solius urbis... Panditur usque in urbibus, regionibus, ubi nomen suum cultum est.* C'est une copie médiocre. Que penser des très médiocres et des mauvaises !

Ordre des places

Bien

Albert Charrot, C. — Léon Hurtevent, S. — Marcellin Temple, B.

Assez-bien

Alcide Duret, C.— Alexis Timmermans, T. — Benjamin Barbot, B. — Désiré Chauvet, C. — Eugène Jouclard, A. — Fernand Desmarteau, A. — Jean Enjalbert, C. —Guillaume Holtens, B. — Henri Mience, A. — Isaïe............, S. — Jean Buyters, A. — Jules Bernet, B. — Justin Eche, S. — Rémy Houvenayhel, S. — René Pozot, C. — Robert Bédoy, S — Henri Laurent, S.

Passable

Albert Fort, C. — Albert Loiseau, B. — Barthélemy Deschodl, S. — Emile Vernhié, B. — Georges Neusch, T. — Georges Porcheret, B.— Henri Blanc, C. — Henri Lapaume, B. — Jean Baptiste De Vadder, T. — Louis Lavoisier, A. Ludovic Nadaud, B.

Médiocre

Adrien Cabrit, A. — Alfred Landrau, A. — Alfred Lammer, T. — Arthur Godaut, A. — Arthur Trine, T. — François Arelhens, T. — François Pierson, T. — Gaston Caron, S. — Gaston Guez, A. — Isidore Patissier. — Jean Lesponne. S. — Jean-Marie Martin, S. — Joachim Barria, C. — Léon Leleu, A. — Lucien Débondues, T. — Urbain Belard, A.

Très médiocre

Adelin Jonat, C. — Augustin Merlin, S. — Escaudare Carabey, B. — Ferdinand Fresveau, A. — Jules Larmignat, A. — Lucien Delamoy, S.

Mauvais

Alfred Daureu, C. — Dominique Vild, B. — Florent Millet, T.—Gérard Mertens, T.—Marcel Buret, S.

Très mauvais

Dumoulin Marias, C. — Maurice Marchand-Liffoz, C.

Corrigé

Triumphus Christi in Eucharistia

Quale se attonitis oculis spectaculum prœbet? Quid sibi vult splendidus ille apparatus? Quid sparsæ floribus viæ? Quid vestiti aulæis pretiosis parietes? Quid ista concurrentium undique affluentia? Virne princeps potentissimus ornatu regio civitatem perlustraturus est? Non fallor : rex ipse regum per vias et compita pompa triumphali circumducitur. Multo quidem gloriosius quam profani antiquitatis heroes Christus hodie triumphat. Est autem triumphus ejus non urbis unium ambitu inclusus, sed late diffusus per provincias omnes, per oppida, per vicos, per agros ipsos, in quibus nomen ejus colitur. Non pone sequuntur reges captivi ; sed imperii proceribus, sed senatoribus amplissimis, sed sacris pontificibus stipatus incedit.

Thèmes latins de Dubois, *Texte modifié.*

P. Albert.

TROISIEME SECTION

COMPOSITION EN ORTHOGRAPHE

La Grande-Chartreuse

La Grande-Chartreuse est *renommée,* non pour le site, car on en a souvent vu de plus *sauvages,* mais parce que, dans cette *solitude* où règnent huit mois durant les frimas de l'hiver, des hommes sont venus chercher un asile, et se sont bâti une demeure là où l'aigle seul construisait son *aire.* Depuis que Saint Bruno s'y fixa, vers onze cent, huit fois la pieuse *habitation* a été la proie des flammes, huit fois les *moines* l'ont rebâtie.

Quand les visiteurs n'y viennent pas, aucune parole humaine ne s'y fait entendre que pour la prière du soir à l'église. Mais la nature y parle par ses grandes voix, presque toujours empreintes de colère: c'est la tempête qui mugit tristement dans les cimes ébranlées des sapins, ou les cataractes lointaines, qui envoient jusque-là le *fracas* de leurs eaux, luttant au milieu des rocs que la main du temps a fait rouler. Nulle *retraite* ne seyait mieux à ces esprits qu'avait brisés la fatigue de la vie ou exaltés l'ardeur de la foi. Même pour nous, si occupés de vivre, il est bon que nous oubliions parfois dans les sites majestueux ou sombres, le bruit assourdissant des cités, les mille et une merveilles de l'art, les grandeurs de la civilisation qui nous parlent trop de nous-mêmes ; il est bon que nous placions de temps à autre notre *âme* au milieu de ces grandes scènes de la nature, qui éveillent tout un monde de pensées saines et *fortifiantes.*

(d'après Chateaubriand).

(Donner, sans le secours du dictionnaire, la définition des mots mis en italique.)

Première copie

Définition des mots

Renommée. — Bonne réputation que l'on donne à quelqu'un ou à une chose *qui est célèbre.*

Sauvages. — Mot donné à ce qui est peu connu, ou rarement visible, comme par exemple : les animaux qui vivent au fond des forêts, ou encore une maison qui est située dans la solitude, etc.

Solitude. — Lieu habité que par une personne, ou quelque chose qui est seul.

Aire. — Nid, demeure des aigles.

Habitation. — Demeure, lieu où quelqu'un se trouve.

Moines. — Hommes qui se retirent du monde pour prier et pour se sauver *dans la solitude.*

Fracas. — Bruit épouvantable, provenant d'un poids lourd qui se casse, ou qui s'effondre; ou encore, le bruit du vent et de la tempête.

Retraite. — Assemblée de quelques personnes qui prient dans la solitude.

Ame. — C'est l'image de Dieu, parce que comme Dieu, elle est un esprit, qu'elle peut vouloir, et qu'elle ne mourra jamais.

Fortifiantes, — Qualité donnée à quelqu'un ou quelque chose qui fortifie, qui donne de la force.

Prosper Vanmalleghem, *d'Arras.*

Remarques et critique

Renommée.— Vous n'aviez pas à définir la renommée car la Grande-Chartreuse n'est pas la *renommée* elle-même, mais elle est *célèbre,* renommée..; la 1re partie de votre définition est donc à retrancher. Du reste, la *renommée* n'est pas la *bonne réputation que l'on donne à quelqu'un, ou à quelque chose,* mais l'opinion du public sur quelqu'un ou quelque chose. (Voir dictionn.) La renommée n'est donc pas nécessairement *bonne.*

Sauvages. — Définition fort longue et absolument fausse. On appelle *sauvages* les animaux qui habitent les forêts... non apprivoisés ; les peuples non civilisés ; les fruits qui viennent naturellement ; les sites inhabités, incultes. C'est cette dernière acception qu'a ici cet adjectif. Il en est encore d'autres, le dictionnaire vous les donnera.

Solitude. — La *solitude,* dit le dictionnaire, est l'état d'une personne *seule.* Ainsi, au milieu du monde, on peut vivre dans la *solitude.* On entend encore par *solitude,* un lieu éloigné du commerce des hommes. C'est ce dernier sens que vous deviez donner à ce mot.

Aire. — L'aire est le nid, non seulement des aigles, mais des grands oiseaux de proie.

Habitation. — *Se trouve* n'est pas exact ; c'est un lieu où quelqu'un *habite,* fait sa demeure, son séjour. Ainsi, quand en promenade, vous entrez dans une église pour visiter le Saint Sacrement, vous êtes bien dans cette église, mais vous ne dites pas que vous y *habitez.*

Moines. — *Dans la solitude* est de trop.

Fracas. — Le contexte suffit à indiquer la fausseté de la définition. Le *bruit* des eaux des cataractes n'est pas celui d'un *poids qui se casse,* ni celui du vent ou de la tempête. Consultez votre dictionnaire, il vous donnera les différents sens de ce mot.

Retraite. — Encore là une définition malheureuse. Un peu de réflexion eût fait trouver mieux : puisqu'on parle de site, de solitude, il était facile de voir que la *retraite* dont on parle ici, est le lieu *où l'on se retire*.

Les deux dernières définitions, sans être absolument irrépréhensibles, peuvent passer.

***

Cette copie n'a pas de fautes d'orthographe; et cependant je lui préfère de beaucoup celle de Victor Kokel qui a *une* faute : Nulle retraite ne *seyait* mieux à ces esprits qu'avait brisés... ou *exalté*. Il fallait un s à *exalté* comme vous en avez mis un à *brisé*.

Mais cette faute d'orthographe est bien atténuée à mes yeux par la netteté et la précision des définitions. Je les reproduis, sans cependant vouloir les donner comme parfaites. Je ne ferai pas de nouvelles remarques : celles de la copie précédente auront suffi à montrer le bien et le mal.

Deuxième copie

Renommée. — Qui a une *réputation.*

Sauvages. — Agreste.

Solitude. — Lieu désert.

Aire. — Nid d'aigle.

Habitation. — Endroit où l'on habite.

Moines. — Personnes vivant dans un monastère.

Fracas. — Grand bruit.

Retraite. — Lieu où on se retire,

Fortifiantes. — Qui sont de nature à donner de la force.

On voit par là l'importance, mais aussi la difficulté d'une *bonne* définition. Que de mots usuels et forts simples qu'on serait embarrassé de définir ! Ce premier essai prouve amplement l'utilité et la nécessité de cet exercice de notre concours. On peut aussi en conclure la nécessité pour l'enfant de consulter son dictionnaire pour tous les mots qu'il ne saisit pas ou dont il n'a pas le sens clair et exact. Outre l'avantage de bien comprendre ce qu'il dit ou ce qu'il lit, l'élève dans cette étude et cette pratique *quotidienne, continuelle* du dictionnaire, trouvera des idées nouvelles, développera son imagination, et surtout formera son jugement. Un article publié l'année dernière dans le *Correspondant* a, du reste, montré les avantages de cette étude du dictionnaire, et la manière de la faire.

Et maintenant veut-on une appréciation sur l'ensemble des copies ? Sauf pour les copies qui ont obtenu la mention *nul* et celles du groupe précédent, je n'ai qu'à féliciter nos jeunes débutants. Sans doute, je pourrais composer un curieux exercice de *Cacographie*, en prenant dans toutes les copies et surtout dans celles de la fin les orthographes les plus extraordinaires. On y verrait *S. Bruno* transformé en *Brunehaut*, en *Brumau* et en *Grumeau*; on ouvrirait de grands yeux en lisant que c'est *cinq prunaux* qu'on fixa dans la fameuse solitude. L'*aire* de l'aigle est pour beaucoup l'*ère*, pour d'autres l'*air* et même l'*erre.*

L'imparfait *seyait* n'a pas été mieux traité.

Ces différentes fautes grossières accusent une oreille peu exercée chez l'enfant. L'orthographe n'est pas seulement une question d'exercices, elle est aussi une affaire d'oreille. C'est même un bon moyen de corriger certaines fautes d'orthographe que de montrer comment elles vont contre la prononciation. Ainsi *seyait* ne peut se prononcer *seillait* ; *aire* n'a pas le même son final que *air*; *renommé* se prononcera tout autrement si je l'écris avec un seul *m*, etc... On le voit, l'oreille est d'un grand secours pour l'étude de l'orthographe.

Ordre des places

5

Prosper Vanmalleghem, A. — Victor Kokel, S.

4 1/2

Arthur Boué, B. — Etienne Bihel, S. — Henri Dewale, T. — Cyprien Malignon, C. — Paul Milleville, S. — Maurice Lourtau, B. — Pierre Robin, T. — Félix Falempin, A. — Joseph Arasus, B.

4

Léopold Pronier, S. — Henri Borel, C. — Claudius Dubois, C. — Denis Matturie, A.

3 1/2

Gilles Bohon, T. — Gustave Gautherie, B. — Pierre Fargeas B. — Augustin Marly, A. — Alphonse Vœgelé, T. — Joseph Blanc, C.

3

Paulin Auzanneau, B. —Arsène Vasseur, A. — Paul Payelle, A. — Joseph Herbaux, A. — Jules Leroy, S. — Léon Jacquet, C. — Théodore Choquet, A. — Cyrille Delecœuillerie, A. — Marius Alary, B.— Georges Favier, A.—Louis Leygonie, B. — Ludovic Leloir, A. — Casimir Morel, C. — Jean Arnal, C.

2 1/2

Alexandre Batsère, S. — Valentin Lin, T. — Pierre Varache, B. —Emile Cazes, B. — Victor Mommaton, A. — Armand Mercier, B. — Gustave Godaud, A. — Paul Désir, T. — Ulysse Leroy, S. — Eugène Roussier, A. — Léon Martel, A.

2

Henri Barthe, C. — Raphaël Molon, S. — Norbert Claes, T. — Emile Nevello, T. — Félicien Savary, A. — Louis Verdalle, C. —Joseph Brachet, C. — Philippe Lacombe, B. — Noël Deloris, A. — Romuald Demailly, A. — Jean Cassagnard, B. — François Géraudie, B. — Emile Demirest, A.

1 1/2

Fidèle Pavy, S. — Marius Cusin, T.— Emmanuel Garin, C.—Rodolphe Quey, S.— Alphonse Chapuis, C. — Arthur Légard, S. — Maurice Demelenne, T. — Ravul, S.

1

Joseph Gasset, B.

Nul

Claudius Pavillet, C. — Albert Dehaene, S.— Laurent Moors, T. — Auguste Croisat, C.

P. Lefèvre.

Imp. du Petit Alumniste, Miribel-les-Echelles (Isère). 250

Le Correspondant des Etudes, Novembre 1898, N° 37. — Paticlaude, Gérant.

LE CORRESPONDANT DES ÉTUDES

BULLETIN MENSUEL

RÉDIGÉ PAR LES PROFESSEURS DES ALUMNATS

SOMMAIRE

L'ÉVANGILE EXPLIQUÉ

EN PREMIÈRE SECTION DE GRAMMAIRE
Premier dimanche de l'Avent

(Suite)

Ἐπὶ τῆς γῆς, *sur la terre*, pour indiquer qu'il y aura d'autres signes extraordinaires que ceux du ciel. — συνοχή, traduit par *pressura* est un mot énergique qui se rendrait littéralement par *resserrement, angoisse*, à peu près comme ἀνάγκη. S. Luc, dont la langue est plus riche que celle de tous les autres évangélistes, puisque, à lui seul, il fait usage de plus de mots grecs que S. Matthieu, S. Marc et S. Jean réunis, nous donne encore ici une preuve de sa variété d'élocution, car συνοχή ne se trouve qu'ici et une fois dans S. Paul; (II Cor. II,4) le même, un peu plus loin, ἦχος et σάλος ne se trouvent pas employés en d'autres endroits du Nouveau Testament - ἐν ἀπορία ἤχους θαλάσσης καὶ σάλου, m. à m. *dans la perplexité du bruit de la mer et des flots*. Il y a ici une difficulté qui n'est pas particulière au grec. Quand je dis *Amor Petri*, par exemple, cela peut tout aussi bien signifier *l'amour qu'a Pierre pour une autre personne* que *l'amour qu'une autre personne a pour Pierre*; dans le premier cas, nous avons un génitif subjectif, dans le second un génitif objectif. Appliquons cet exemple au cas présent. Le bruit de la mer et des flots ne peut pas éprouver de perplexité, puisqu'il est insensible, (génitif subjectif) mais il peut inspirer de la perplexité par ses vagues mugissantes (génitif objectif). Le mugissement effrayant de l'Océan rompant ses digues ou les resserrant est donc la cause de l'angoisse, de la perplexité des hommes.

Ἀποψυγόντων.... προσδοκίας, encore deux mots propres à la diction de S. Luc! Le premier se traduirait exactement par *rendre l'âme, expirer*. La Vulgate présente une figure un peu différente : *arescentibus hominibus*, *les hommes séchant de frayeur*, mais le sens est le même et la peinture aussi frappante des deux côtés. — ἀπὸ φόβου καὶ προσδοκίας; sans exclure cette forme, les classiques diraient plutôt ὑπό pour marquer sous quelle influence se trouveront les hommes ; προσδοκία exprime une attente pleine d'inquiétude. — ἀποψυγόντων, ἐπερχομένων, deux participes présents qui ne s'expliquent après ἔσονται que par le mouvement oratoire de la pensée, présentant en quelques traits rapides, un tableau aussi vivant que s'il se déroulait sous les yeux de N. S. et de ses disciples au moment même où il parle. D'ailleurs, dit Viteau, dans la littérature biblique l'écrivain « au lieu de se préoccuper de l'harmonie à établir d'une manière continue d'un bout à l'autre de la description, peut juxtaposer des propositions de nature différente : l'expression de la pensée en retire beaucoup de mobilité et de relief, mais parfois aux dépens de l'accord ou de la régularité. » Ajoutons que la Vulgate garde le futur *quæ supervenient* en sous-entendant *eorum*. — Αἱ γὰρ δυνάμεις τῶν οὐρανῶν σαλευθήσονται, *les vertus des cieux seront ébranlées*. Bien que cette expression désigne parfois les anges, le plus souvent, comme ici, elle s'applique à l'ensemble des corps célestes, indépendamment du soleil et de la lune. Peut-être aussi, comme le dit Rault, signifie-t-elle que « toutes les forces créées, soit physiques, soit spirituelles, et en particulier les forces sidérales, seront troublées et passeront par une espèce d'évanouissement pour être ensuite transformées et glorifiées » (Cours Elém. d'Ecriture Sainte, t. 3, p. 238). S. Pierre et S. Jean parlent aussi d'une dissolution générale des éléments, après laquelle il y aura de nouveaux cieux et une nouvelle terre. (II Petr. III,10.13, Apoc. XX,XXI.)

27. — Καὶ τότε ὄψονται τὸν υἱὸν τοῦ ἀνθρώπου ἐρχόμενον ἐν νεφέλη μετὰ δυνάμεως πολλῆς καὶ δόξης.

Et alors on verra le Fils de l'homme venant sur une nuée avec une grande puissance et une grande majesté.

Τότε, *tunc*, c'est-à-dire après le bouleversement général dont il vient d'être question. A part le pluriel ἐπὶ τῶν νεφελῶν ou ἐν νεφέλαις, ce verset se trouve en termes presque identiques dans S. Matthieu et dans S. Marc. — Τὸν υἱὸν τοῦ ἀνθρώπου, *le Fils de l'homme*, parce que ce n'est pas seulement en tant que Dieu qu'il jugera, mais en tant qu'homme, se rendant visible en cette chair qu'il a prise pour notre salut, siégeant dans toute la majesté du triomphe, lui qui sur la terre parut ignominieusement à.la barre des juges d'iniquité. — Ἐν νεφέλη sans accusatif, malgré l'idée de mouvement contenue dans ἐρχόμενον, parce que la nuée lumineuse est comme le trône sur lequel il est assis. Μετὰ δυνάμεωσ πολλῆς καὶ δόξης. S. Cyrille nous fait remarquer que πολλῆς modifie à la fois les deux substantifs. Quel contraste entre ce dernier avènement et le premier accompli sans éclat, sans aucun signe de grandeur humaine! Quel contraste aussi dans l'allure de ceux qui se réuniront en un instant de toutes les parties du monde devant le Juge!

28. — Ἀρχομένων δὲ τούτων γίνεσθαι, ἀνακύψατε καὶ ἐπάρατε τὰς κεφαλὰς ὑμῶν, διότι ἐγγίζει ἡ ἀπολύτρωσις ὑμῶν.

Dès que ces choses commenceront à se produire, redressez-vous et levez la tête, parce que votre rédemption approche.

Τούτων, c'est-à-dire les signes célestes et terrestres dont il vient d'être question :— ἀρχομένων, *à leur début;* ces manifestations de la puissance divine devant avoir une certaine durée, dès que vous les verrez commencer à se produire, ἀνακύψατε *redressez-vous* par opposition à συγκύπτω, *s'incliner, se courber;* ἐπάρατε τὰς κεφαλὰς ὑμῶν, m. à m. *levez vos têtes,* c'est-à-dire soyez dans la joie. Rien n'abat comme la tristesse ; elle semble produire sur le corps un effet analogue à l'affaissement moral dont elle accable l'âme. Voyez l'homme triste : il est courbé, replié sur lui-même, tout entier à ses sombres pensées. Si vous arrivez à changer le cours de ses préoccupations en lui en montrant l'exagération ou l'inanité, peu à peu il se déride, relève la tête avec assurance et s'épanouit, il semble que vos bonnes paroles le déchargent insensiblement du poids sous lequel il pliait. L'expression employée ici dénote donc une profonde connaissance de la nature et du cœur humain. Elle n'est pas d'ailleurs particulière aux Livres Saints. *Læti et erecti estote,* dit Cicéron (Pro Font. XI) parlant tout ensemble au propre et au figuré. Ἡ ἀπολύτρωσις, *la délivrance,* expression employée exclusivement par S. Luc et S. Paul dans le Nouveau Testament. On a souvent remarqué la' parenté d'idées et de langage qui existe entre le disciple

et le maître, au point que l'on a pu dire que le troisième Evangile est l'Evangile de S. Paul comme le second est celui de S. Pierre. Ἀπολύτρωσις est toujours traduit dans la Vulgate par *redemptio,* rédemption, mot que notre éducation chrétienne nous a rendu familier, mais le mot grec est d'une signification plus étendue que ce mot français; il signifie un affranchissement, non-seulement de la servitude du démon, mais encore de toutes sortes de maux, en particulier de la mort et de la concupiscence (Rom. VIII,23).

29 — Καὶ εἶπεν παραβολὴν αὐτοῖς· Ἴδετε τὴν συκῆν καὶ πάντα τὰ δένδρα.

30 — Ὅταν προβάλωσιν ἤδη, γινώσκετε ἤδη ὅτι ἐγγύς τὸ θέρος ἐστιν.

Et il leur dit cette comparaison : Voyez le figuier et tous les arbres :

lorsque déjà ils ont poussé, vous savez que l'été est proche.

Le but de cette petite comparaison qui vient, par sa grâce et sa rapidité, varier agréablement le discours, est de montrer que les signes avant-coureurs du jugement, objet d'effroi pour tous les hommes, devront être de bon augure pour les vrais chrétiens, car ils y verront l'approche de la délivrance et du bonheur sans fin. Pour nous rendre compte de l'heureuse impression produite sur les disciples par ce rapprochement, représentons-nous le Sauveur sur le mont des Oliviers, au temps de la Pâque, vers le mois d'Avril; il est entouré de tant de figuiers qu'ils ont donné leur nom à une partie de la montagne, Bethphagé, c'est-à-dire *la maison des figues.* A cette époque, en nos climats, les figuiers ne portent pas encore trace de végétation, mais il n'en est pas de même en Orient, surtout dans les ravins chauds et abrités du mont des Oliviers. En-dehors des figues qui mûrissent, comme dans le Midi de la France, vers la fin de l'été, il en existe une espèce printanière qui mûrit en juin, parfois en mai, et même en avril pour les lieux les mieux exposés; enfin, il y a la figue appelée tardive, qui passe fréquemment l'hiver sur l'arbre et qu'on peut recueillir encore au printemps. Aussi Jésus n'a pas de peine à être compris quand, montrant d'un geste cette végétation précoce, il s'écrie : « Voyez le figuier et les autres arbres ! »

Ὅταν προβάλωσιν. Avec cette conjonction, le subjonctif aoriste peut indiquer une action répétée ou qui se reproduit toujours de la même manière; il correspond alors à notre passé défini. (Brelet, Grammaire grecque, n° 499) La règle classique est ici parfaitement observée : ὅταν προβάλωσιν, γινώσκετε... équivaut à : *Toutes les fois qu'ils ont poussé, vous savez...* A propos de προβάλλειν, remarquons qu'il est un de ces verbes qui sont habitués à se passer de leur complément, aussi bien chez les classiques que dans la Bible; il signifie *pousser, bourgeonner,* en sous-entendant φύλλα,

---

(1) Comparez avec ἐπανάγειν (ναῦν) *revenir.* m. à m. *ramener (la barque),* Matt. XXI,18; αἴρειν (ἄγκυραν) *partir,* m. à m. *lever (l'ancre).* Act. XXVII,13; μεταίρειν (πόδα) *partir de,* m. à m. *lever (le pied).* Matt. XIII,53, cet.

feuilles ou καρπὸν, fruit. () Quelques éditions ont cru bon de suppléer en ajoutant au texte τὸν καρπὸν αὐτῶν, addition bien inutile, vu les usages de la langue grecque.

31 — Οὕτως καὶ ὑμεῖς, ὅταν ἴδητε ταῦτα γινόμενα, γινώσκετε ὅτέ ἐγγύς ἐστιν ἡ βασιλεία τοῦ Θεοῦ.

De même pour vous, quand vous verrez ces choses arriver, sachez que le royaume de Dieu est proche.

C'est la morale qui se dégage de la parabole. S. Matthieu et S. Marc emploient une figure différente : « Sachez que le Christ est à la porte » c'est-à-dire, qu'il va entrer, qu'il va faire son apparition dans le monde. S. Luc est plus précis ; il désigne nettement le royaume de Dieu dans tout son éclat. Le voilà donc, ce royaume si ardemment désiré des âmes saintes, surtout de celles pour qui leur séjour sur la terre n'a été qu'un long exil. Le Christ va soumettre toutes choses et toutes gens à son empire ; ce n'est plus à travers les énigmes d'évènements pleins de surprises que nous apparaîtra sa souveraineté, à peine entrevue du plus grand nombre, mais au milieu des splendeurs qui inonderont de lumière les yeux les plus bornés. Heureux alors ceux qui, malgré les obscurités de la route, auront vécu en enfants de lumière ! — ὅταν ἴδητε, *lorsque vous verrez*, attraction de la première coordonnée, quoique le sens ne soit plus tout-à-fait le même ; les classiques rendraient de préférence par le subjonctif présent l'idée exprimée en français par le futur simple.

32 — Ἀμὴν λέγω ὑμῖν, ὅτι οὐ μὴ παρέλθῃ ἡ γενεὰ αὕτη ἕως ἕως ἂν πάντα γένηται.

En vérité je vous dis que cette génération ne passera pas jusqu'à ce que toutes ces choses s'accomplissent.

Ἀμὴν λέγω ὑμῖν, *en vérité je vous dis*. De tous les évangélistes, S. Luc est celui qui emploie le moins cette locution hébraïque ; (1) il la remplace d'ordinaire par les tournures classiques ναί, ἀληθῶς, ἐπ'ἀληθείας. Telle qu'elle est ici, cette formule était une sorte de serment très solennel. Jésus l'emploie comme conclusion de ce qu'il vient de dire pour mieux graver ses enseignements dans notre esprit et dans notre cœur. — ὅτι οὐ πῆ παρέλθῃ. Si nous avions à traduire en grec classique : *Je vous dis que cette génération ne passera pas*, nous dirions très exactement : λέγω ὑμῖν ὅτι οὐ παρελεύσεται ἡ γενεὰ αὕτη, car après les verbes qui signifient *dire, savoir* et *apprendre*, la proposition complétive, reliée à la principale par ὅτι ou ὡς, veut le même mode et le même temps que si elle était indépendante. Cependant cette traduction n'aurait pas la même force que celle du texte de notre Evangile. Pourquoi ? Parce que οὐ μή, suivi de l'indicatif futur ou du subjonctif (subjonctif aoriste généralement) est une locution elliptique, équivalente de οὐ δεινόν ἐστι μή « il n'y a pas lieu de craindre que ». La tournure de S. Luc peut

donc s'analyser ainsi : λέγω ὑμῖν ὅτι οὐ (δεινόν ἐστι) μή παρέλθῃ ἡ γενεὰ αὕτη, « je vous dis qu'il n'y a pas à craindre que cette génération passe « Comme on le voit, l'assertion est bien plus catégorique.

H γενεὰ αὕτη « cette génération » ; il ne faut pas entendre par ce mot uniquement les hommes qui vivent à la même époque, les contemporains : il signifie aussi race, nation. « Mais quel peuple était à la pensée de Jésus quand il tenait ce langage imposant ? S. Jean Chrysostôme, S. Grégoire, S. Thomas et d'autres croient qu'il voulait désigner la nation chrétienne en général, qui doit en effet persister jusqu'à la fin du monde. S. Jérôme généralise davantage encore et applique l'expression à la race humaine tout entière. Plusieurs auteurs la restreignent au peuple juif, qui devait être miraculeusement préservé jusqu'au second avènement du Christ, malgré ses malheurs et sa dispersion, pour être, disent-ils, comme une preuve vivante et perpétuelle de la vérité des prédictions du divin Maître. Nous croyons, avec d'autres exégètes, qu'il est mieux d'établir ici une distinction. En considérant de près les versets 32 et 33, on voit qu'ils forment la péroraison et la récapitulation de toute la première partie de ce discours. Or, à partir du verset 5, il a été question de deux évènements distincts, la ruine de Jérusalem et la consommation des siècles. Il nous semble donc que les mots *generatio hæc* (γενεὰ αὕτη) ont un double sens, suivant qu'ils retombent sur l'un ou sur l'autre de ces évènements. En tant que Jésus faisait allusion aux maux de Jérusalem, ils représentent les Juifs alors existants ; en tant qu'il voulait décrire la fin du monde, ils désignent tout le peuple juif qui persévèrera, comme on l'exprimait plus haut, jusqu'aux derniers jours, pour rendre hommage à la vérité de Jésus. Il y aurait ainsi dans le verset 32 une de ces prophéties à double perspective qu'on rencontre si souvent dans les Saints Livres » (Fillon, la Sainte Bible) — Ἕως πάντα γένηται, toutes les choses prédites par N. S. depuis le commencement de ce chapitre.

33 — Ὁ οὐρανὸς καὶ ἡ γῆ παρελεύσονται, οἱ δὲ λόγοι μου οὐ μὴ παρελεύσονται.

Le ciel et la terre passeront, mais mes paroles ne passeront pas.

A part l'expression elliptique finale déjà expliquée au verset précédent. rien ici qui ne soit parfaitement clair et sublime tout à la fois. C'est le Verbe éternel, à la parole duquel tout ce qui existe est sorti du néant, qui nous affirme qu'aucune de ses prédictions n'a à redouter de démenti, ni de la part des évènements, ni de celle des hommes. Inclinons-nous donc avec respect et amour devant Celui qui a les paroles de la vie éternelle, lui demandant de nous pénétrer et de nous vivifier de ses enseignements, afin qu'au dernier jour ses paroles ne se tournent pas contre nous pour nous confondre et nous condamner.

P. Théophile.

<hr>

(1) 30 fois dans S. Matthieu, 14 dans S. Marc, 7 dans S. Luc.

Quelques remarques sur la première partie de la Grammaire
DE LA
LANGUE DE L'ÉGLISE
par L. STOFF

Il me semble qu'il ne serait pas à propos d'insister sur la première partie de la Grammaire relative aux flexions.

Cette partie ne varie guère dans les diverses grammaires. Cependant je me permettrai de signaler pour la méthode quelques nouveautés qui me paraissent avoir leur utilité. Je n'ai rencontré la plupart de ces détails que dans les grammaires latines rédigées en allemand ou en anglais.

1° M. Stoff, imitant en cela MM. A. Seyffert, professeur au gymnase de Brandebourg, et W. Fries, directeur de l'école supérieure de latin de Halle, fait mieux saisir peut-être la raison de l'emploi des cas dans les déclinaisons. Voici comment il procède :

Le nominatif répond à la question : Qui ? Lequel ?

Le génitif répond à la question : De qui ? de quoi ? duquel ?

Le datif répond à la question : A qui ? à quoi ? auquel ?

L'accusatif répond à la question : Que ? Lequel ?

Le vocatif indique la personne ou la chose à qui l'on parle.

L'ablatif répond aux questions : Par qui ? Par quoi ? d'où ? où ?

2° Une chose également utile et dont Ragon se sert à son tour, c'est l'emploi de règles rimées pour indiquer le genre des noms. Je me contente de citer un exemple :

I Die Manner, Volker, Flüsse, Wind' Und Monat' *Masculina* Sind.	Hommes, peuples, fleuves, mois, vent, Sont du masculin constamment ;
II Die Weiber Baume, Stadte, Land Und Inseln *weiblich* sind benannt	Femmes, pays, arbres et villes Sont du féminin, plus les îles;
III Was man nicht deklinieren Kann, Das sieht man alsein *Neutrum* an.	Comme neutre il faut employer Un mot qu'on ne peut décliner.

3° Mais j'ai hâte d'arriver à des modifications plus importantes, plus avantageuses aussi pour les élèves, parce que l'étude des déclinaisons leur est rendue par là plus facile et plus attrayante. MM. Stoff et G. Smith, dont la grammaire latine a un grand succès en Angleterre, donnent immédiatement à la suite des deux premières déclinaisons des noms la première déclinaison des adjectifs. Celle-ci ayant les mêmes terminaisons que celles-là, l'élève n'a qu'à remarquer ce procédé qui n'exige pas de lui un nouvel effort de mémoire. C'est donc tout à la fois gagner du temps et encourager le débutant qui, se sentant déjà en état de faire accorder ces deux parties du discours, entrevoit le moment prochain où, avec le secours du verbe *être*, il pourra faire lui-même des phrases latines.

Même procédé pour les autres déclinaisons. Ainsi, après la troisième des noms, viennent celles des adjectifs correspondants, c'est-à-dire :

1° Les adjectifs en *er, is. e*, (acer, acris, acre) ;

2° Les adjectifs en *is, is, e*, (fortis, fortis, forte) ;

3° Ceux qui n'ont qu'une seule terminaison au nominatif pour les trois genres, comme *felix, prudens*.

Le tableau suivant fera bien saisir la relation étroite qui existe entre les deux premières déclinaisons des noms et la première des adjectifs:

NOMS

Singulier

	Dominus	Ager	Silva	Regnum
N.	Domin*us*	Ager	Silv*a*	Regn*um*
G.	Domin*i*,	ag*ri*	Silv*æ*	Regn*i*
D.	Domino	agro	Silv*æ*	Regno
A.	Domin*um*	agr*û*	Silv*am*	Regn*um*
V.	Domin*e*	ager	Silv*a*	Regn*um*
A.	Domino	agro	Silv*a*	Regno

Pluriel

	Dominus	Ager	Silva	Regnum
N.	Domin*i*,	ag*ri*	Silv*æ*	Regn*a*
G.	Dominor*û*,	ag*rorû*	Silvar*û*	Regnor*û*
D.	Domin*is*,	ag*ris*	Silv*is*	Regn*is*
A.	Domin*os*,	ag*ros*	Silv*as*	Regn*a*
V.	Domin*i*,	ag*ri*	Silv*æ*	Regn*a*
A.	Domin*is*.	ag*ris*	Silv*is*	Regn*is*

ADJECTIFS

Singulier

Bonus,	Niger	Bona	Nigra	Bonum,	Nigrum.
Bon*us*,	Niger	Bon*a*	Nigr*a*	Bon*um*,	Nigr*um*.
Bon*i*,	nig*ri*	bon*æ*,	nig*ræ*	bon*i*,	nig*ri*.
Bon*o*,	nig*ro*	bon*æ*,	nig*ræ*	bon*o*,	nig*ro*.
Bon*um*	nig*rum*	bon*am*,	nig*ram*	bon*um*,	nig*rum*.
Bon*e*,	nig*er*	bon*a*,	nig*ra*	bon*um*,	nig*rum*.
Bon*o*	Nig*ro*	bon*a*,	nig*ra*	bon*o*,	nig*ro*.

Pluriel

Boni,	nigri	bonæ,	nigræ	bona,	nigra.
Bon*i*,	nig*ri*	bon*æ*,	nig*ræ*	bon*a*,	nig*ra*.
Bon*orû*,	nig*rorum*	bon*arû*,	nig*rarum*	bon*orû*,	nig*rorum*.
Bon*is*,	nig*ris*	bon*is*,	nig*ris*	bon*is*,	nig*ris*.
Bon*os*,	nig*ros*	bon*as*,	nig*ras*	bon*a*,	nig*ra*.
Bon*i*,	nig*ri*	bon*æ*,	nig*ræ*	bon*a*,	nig*ra*.
Bon*is*,	nig*ris*	bon*is*,	nig*ris*	bon*is*,	nig*ris*.

Les adjectifs irréguliers tels que : *unus, alter, alius, etc:* sont rejetés après toutes les déclinaisons régulières.

4º Autre nouveauté. Cette grammaire, après avoir donné, comme nous venons de le dire, les déclinaisons des noms et des adjectifs, passe de suite aux conjugaisons du verbe auxiliaire et des verbes réguliers. M. G. Stmith fait de même, sauf qu'il fait précéder de la déclinaison des pronoms la conjugaison des verbes réguliers.

Encore un petit détail utile à noter. On sait combien une heureuse disposition des matières plait à l'œil et encourage l'étude. L'auteur, marchant ici sur les traces d'autres professeur de marque, commence les quatre conjugaisons à la fois, ayant soin de placer, pour chaque conjugaison, l'indicatif à côté du subjonctif, en raison des rapports nombreux qui rapprochent ces deux modes. Ainsi de prime abord, l'élève saisit les analogies et les divergences des quatre conjugaisons. Voici du reste comment procède l'auteur.

Voix active

1ʳᵉ Conjugaison		2ᵉ Conjugaison		3ᵉ Conjugaison		4ᵉ Conjugaison	
INDICATIF	SUBJONCTIF	INDICATIF	SUBJONCTIF	INDICATIF	SUBJONCTIF	INDICATIF	SUBJONCTIF
Présent		*Présent*		*Présent*		*Présent*	
S. Am-o	am-em	Mon-eo	mon-eam	S. Leg-o	leg-am	aud-io	au-diam
am-as	am-es	mon-es	mon-eas	leg-is	leg-as	aud-is	aud-ias
am-at	am-et	mon-et	mon-eat	leg-it	leg-at	aud-it	aud-iat
P. am-amus	am-emus	mon-emus	mon-eamus	P. leg-imus	leg-amus	aud-imus	aud-iamus
am-atis	am-etis.	mon-etis	mon-eatis	leg-itis	leg-atis	aud-itis	aud-iatis
am-ant	am-ent	mon-ent	mon-eant	leg-unt	leg-ant	au-diunt	aud-iant

Avant de terminer ce court aperçu, je voudrais signaler un point sur lequel M. Stoff revient sans cesse et non sans raison. Le voici exposé par le P. Passard.

« Dans les classes élémentaires, les enfants apprennent généralement sans réflexion. Faites réciter, en sixième ou en cinquième par exemple, une déclinaison ou un verbe. Les élèves les plus diligents débiteront, sans broncher : *dies, dies, diei, diei, diem, die,* etc. De même pour les verbes ; s'ils ont le bonheur de *décrocher* tout de suite la première personne d'un temps, toutes les autres suivront encore plus vite que les moutons de Panurge. Il importe d'éveiller de bonne heure l'attention des enfants. C'est pourquoi, après qu'ils ont appris une déclinaison ou une conjugaison à la suite, comme dans la grammaire, il sera bon et même nécessaire de les faire commencer par la traduction française et d'intervertir l'ordre des cas, des personnes, des temps, des modes et même des voix.

On interrogera donc ainsi : Des roses? R. *rosarum* (gén.) ou *rosis* (abl.), des roses ou par les roses ; — qu'il ait aimé? — R. *amaverit* ;—qu'il ait été averti? — R. *monitus sit* ou *fuerit* : et pour le grec : aux corps? (dat. plur.) — R. σώμασι ; — devant-être ? — R. ἐσόμενος ; — avoir délié? R. λῦσαι ou λελυκέναι ; (¹) — s'étant délié? — R. λυσάμενος, η, ον ; — Ils auront été déliés? — λελύσονται, etc.

Que d'élèves de rhétorique seraient incapables de donner de cette sorte, nous ne dirons pas les déclinaisons et les conjugaisons grecques, mais les verbes de la langue latine ! Savent-ils bien cette partie de la grammaire ? Evidemment non. Et c'est pour cela qu'ils ont tant de peine à parler et à écrire en latin. C'est aussi la raison pour laquelle on rencontre çà et là dans leurs compositions des solécismes et des barbarismes énormes.

Pour qu'une déclinaison ou une conjugaison soit bien sue, il faut qu'on puisse répondre immédiatement à n'importe quelle interrogation, soit qu'on intervertisse les cas, les modes, les temps et les personnes, soit que l'on commence par le français.

Si l'on procède ainsi dans cette partie de la grammaire, les élèves n'arriveront pas en humanités et même en rhétorique, sans savoir les éléments.

Les exercices appelés *concertions*, seront très utiles pour aiguillonner les enfants à ce sujet dans les classes de grammaire. Nous appelons *concertion* une lutte où des élèves s'interrogent ou s'attaquent les uns les autres sur des matières déterminées par le professeur. C'est ainsi qu'on arrive à éveiller l'attention des enfants, à les habituer à réfléchir, et non à se charger de mots vides de sens, dont ils ne savent se servir, faute d'avoir compris. »

Les professeurs qui voudraient un parfait modèle de petites interrogations à faire pendant la classe sur les déclinaisons, consulteront très avantageusement Riemann et Goelzer, *Première année de latin,* classe de sixième en particulier, p. 11, exerc. 5 et 6.

P. Robert.

---

(1) Profiter de cette interrogation pour donner brièvement la différence entre l'aoriste et le parfait.

DEVOIRS CLASSIQUES

ALUMNATS D'HUMANITÉS

Devoirs donnés par les Professeurs de Clairmarais

PREMIÈRE SECTION

DEVOIRS FRANÇAIS

Faites l'analyse critique de la fable suivante de La Fontaine, en l'étudiant en elle-même et en la comparant à la fable ci-jointe de Phèdre. N'oubliez pas de signaler les divers traits qui vous paraitront établir la supériorité du *Bonhomme* sur le fabuliste latin.

LE LION DEVENU VIEUX

Le lion, terreur des forêts,
Chargé d'ans, et pleurant son antique prouesse,
Fut enfin attaqué par ses propres sujets,
Devenus forts par sa faiblesse.
Le cheval s'approchant lui donne un coup de pied;
Le loup, un coup de dent; le bœuf, un coup de corne.
Le malheureux lion, languissant, triste et morne,
Peut à peine rugir, par l'âge estropié.
Il attend son destin, sans faire aucunes plaintes,
Quand, voyant l'âne même à son antre accourir:
« Ah! c'est trop, lui dit-il, je voulais bien mourir ;
Mais c'est mourir deux fois que souffrir tes atteintes«.

LEO SENEX, APER, TAURUS ET ASINUS

Quicumque amisit dignitatem pristinam,
Ignavis etiam jocus est in casu gravi.
Defectus annis et desertus viribus
Leo quum jaceret, spiritum extremum trahens,
Aper fulmineis ad eum venit dentibus,
Et vindicavit ictu veterem injuriam.
Infestis Taurus mox confodit cornibus
Hostile corpus. Asinus, ut vidit ferum
Impune lædi, calcibus frontem extudit.
At ille expirans « Fortes indigne tuli
Mihi insultare ; te, naturæ dedecus,
Quod ferre cogor, certe bis videor mori ! »

NOTA. — Enlever les livres des fables, afin que ceux qui pourraient avoir de meilleures éditions ne bénéficient pas de notes que d'autres, moins bien partagés, n'auraient pas à leur disposition.

Durée de la composition: 2 heures 1/2.

LE LION DEVENU VIEUX

Le lion, terreur des forêts,
Chargé d'ans, et pleurant son antique prouesse,
Fut enfin attaqué par ses propres sujets,
Devenus forts par sa faiblesse.

La Fontaine nous semble avoir mieux débuté que Phèdre : il ne s'attarde pas comme le fabuliste latin à des réflexions sentencieuses et banales : j'ai dit banales, car l'idée renfermée dans les deux premiers vers de la fable latine, découle si naturellement du sujet, qu'il est inutile de l'exprimer [1]. Le Bonhomme entre en matière sans préambule. Nous faisons d'abord connaissance avec le héros de son petit drame [2] : [2] un vieux lion, *terreur des forêts;* cette apposition est loin d'être puérile : La Fontaine établit un contraste saisissant entre la gloire antique [3] du lion et l'état de décrépitude honteuse, où la vieillesse l'a réduit; le vieux roi, jadis si fier et si vigoureux, gît dans l'impuissance [4] et pleure tristement ses hauts faits. [5]

Phèdre parait bien faible auprès de son inimitable imitateur : celui-ci excite la pitié en faveur de son héros, [6] par une peinture aussi vive et aussi naturelle que saisissante et originale : il ajoute un trait remarquable et typique: *le lion qui pleure son antique prouesse.* Remarquons la belle antithèse : *Devenus forts par sa faiblesse :* elle ne se trouve pas dans la fable latine, et cependant, elle peint à merveille la situation [6].

Le cheval s'approchant lui donne un coup de pied;
Le loup, un coup de dent ; le bœuf, un coup de corne.

Ces deux vers constituent un admirable tableau : ils sont aussi rapides que les mouvements du cheval, du loup et du bœuf [7]. On voit ces animaux s'approcher l'un après l'autre et donner à leur maître impuissant un témoignage fort peu équivoque de leur antipathie.

Que Phèdre est languissant auprès de La Fontaine ! celui-ci peint, celui-là raconte [8]. Le charmant Bonhomme ajoute encore un dernier coup de pinceau : il nous montre l'attitude du lion après tous ces outrages [6] ; c'est à peine, si le vieux roi languissant, triste et morne a la force de pousser le rugissement de l'agonie : et néanmoins, il n'a pas encore épuisé, dirait Jean-Jacques Rousseau, le calice de ses douleurs [9]. L'âne lui-même, l'âne le plus méprisé des animaux, accourt à l'antre du monarque expirant. A la pensée d'une nouvelle injure, le lion retrouve la fierté des anciens jours, et il adresse au baudet, lâche et vindicatif, un sanglant reproche. Ici encore, le fabuliste français l'emporte sur le poète latin.

Phèdre laisse son âne frapper au front l'infortuné ; La Fontaine a plus de respect pour son héros [6] : à peine le lion a-t-il aperçu son méprisable ennemi, qu'il est hors de lui-même: il n'attend point ses coups, mais il l'apostrophe avec plus d'esprit [10], plus de laconisme, et au moins avec autant de noblesse [11] que le lion de Phèdre. Dans la fable latine le trait final est moins accentué : La Fontaine a été plus hardi, il a supprimé le *videor.* Je ferai une dernière remarque : le lion de Phèdre a fort peu de souci de sa grandeur royale, puisqu'il descend jusqu'à l'injure [6]: celui de La Fontaine a plus de dignité et de noblesse [6]: en un mot, il est plus français.

Tout bien considéré, Phèdre est inférieur à La Fontaine et pour le fond et pour la forme. Son style, d'une élégance et d'une pureté virgiliennes, n'a point cette naïveté (12) charmante et cet agréable abandon, qui caractérisent notre cher et inimitable Bonhomme.

Arsène PAUCHET, *de Clairmarais.*

(1) Remarque bien sévère. La Fontaine ne débute-t-il pas lui-même plus d'une fois par une moralité facile à deviner ? Quel inconvénient d'ailleurs voyez-vous dans ce procédé ? Je n'en vois pas.

(2) Cette fable tient plutôt *de l'épopée.* J'ajoute cependant que vous n'insistez pas sur votre expression, et que vous n'en abusez pas, comme d'autres l'ont fait.

(3) Oui, gloire antique ; mais n'exagérez pas ce contraste, et n'ayez pas l'air de croire que cette gloire, que cette majesté du lion soient *complètement* anéanties. La suite de la fable vous donnerait tort.

(4) Expression curieuse.

(5) Prouesse ne signifie pas ici haut fait, exploit, comme vous semblez l'insinuer, mais vaillance.

(6) Bonne remarque.

(7) Bien. Mais vous auriez pu et dû indiquer le pourquoi de cette rapidité de mouvements.

(8) Vous êtes encore bien sévère pour Phèdre, d'autant plus que vous semblez donner à votre appréciation une portée trop générale.

(9) Cette petite malice à l'endroit de Jean-Jacques est ici d'un goût douteux. Nunc non erat his locus.

(10) Ce n'est pas précisément l'esprit qui frappe dans la réponse du lion.

(11) Avec plus de noblesse ; vous même allez le reconnaître quelques lignes plus bas.

(12) La naïveté, d'ailleurs si fréquente chez La Fontaine, n'est pas une des qualités saillantes de cette fable.

Critique

Je ne suis pas mécontent de cette composition. Les premières copies, sans être des modèles, m'ont toutefois paru vraiment satisfaisantes. Elles montrent que dans les deux alumnats d'Humanités on avait su appliquer les élèves à de nombreux exercices d'analyse critique. — J'ai trouvé dans les devoirs des premiers des observations qui sont loin d'être un pur verbiage, mais qui attestent au contraire un véritable réveil de la réflexion et du goût. J'ai même cru sentir circuler, à travers bon nombre de copies, une sorte d'enthousiasme qui n'était pas *toujours* motivé dans toutes, pas même dans les meilleures, mais qui l'était parfois, assez souvent, et qui dans tous les cas témoignait d'un travail fait avec entrain. Or, — pour le dire en passant, — cette ardeur, ce que j'appellerai ce feu sacré, faut-il les attribuer *uniquement* aux charmes que l'inimitable La Fontaine a su répandre dans ses fables ? En partie, soit ; uniquement, je ne le pense pas. En général, une analyse littéraire intéresse les élèves autant qu'elle leur profite ; et je me permets d'ajouter, sans croire le moins du monde imprimer une découverte, que je me suis fait cette remarque plus d'une fois.

J'arrive aux reproches, mes bons amis. Je rappelle d'abord à plusieurs, sept ou huit, qu'une critique littéraire n'est pas un développement littéraire, alors même qu'on donnerait à cette amplification, ainsi que l'ont fait deux ou trois d'entre vous, une allure plus ou moins oratoire. Encore moins est-il permis d'en faire une simple traduction de vers en prose, s'il s'agit, comme dans le devoir donné, de vers à analyser. Critique vient d'un mot grec que vous n'ignorez pas et qui signifie : juger, apprécier. Une critique littéraire exige donc des appréciations. — Autre reproche : Plusieurs (un trop grand nombre) ont abusé de ce vers :

Une ample comédie à cent actes divers :

ou plutôt ils ne l'ont pas compris. Ils en ont conclu — bien à tort — que chacune des fables de La Fontaine était un drame. Dans la pensée de La Fontaine, c'est *son œuvre tout entière, son œuvre de fabuliste* qui est

Une ample comédie à cent actes divers
Et dont la scène est l'univers.

Il est vrai que la plupart de ses apologues forment chacun un véritable petit drame ; mais il n'en est pas ainsi de tous, et la fable intitulée: *Le Lion devenu vieux,* est précisément de celles qui tiennent *plutôt de l'épopée.* Pour qu'il y ait drame en effet, il ne suffit pas qu'on voie des personnages agir ; on doit aussi les entendre parler. Or, dans la fable en question, tous les personnages, un seul excepté, sont complètement muets. S'ils n'avaient pas oublié la définition du drame par Verniolles, ceux à qui je m'adresse en ce moment n'auraient pas sué sang et eau — et bien en pure perte — pour arriver à trouver dans cette fable les éléments d'une véritable composition dramatique.

Je termine par une réflexion qui s'applique à presque tous, je dirai même à tous. — Il y avait dans ce récit de La Fontaine (comme d'ailleurs dans toute œuvre littéraire faite de main de maître) de ces mots *lumineux, significatifs,* qui résument et éclairent toute une situation. Tels, les mots : s'approchant, coup, *destin, voyant, accourir,* etc. Il faut être à l'affût de tous ces mots si précieux pour savoir les découvrir d'abord, et les peser ensuite avec la plus grande minutie : ils valent leur pesant d'or.

J'espère que le corrigé vous montrera bien toute l'importance de cette dernière remarque, comme il achèvera (je l'espère du moins) de vous faire comprendre, en les complétant, les quelques observations qui précèdent.

Ordre des places

4 1/4

Arsène Pauchet, C.

4

Cyrille Thomas, B. — Jean Deléglise, B. — Sidoine Fournier, C. — Valentin Prats, C.

3 1/2

Oscar Lathoud, B. — Augustin Ledé, C.

3 1/4

Ludovic Pellet, B. — Mamert Destouches, C. — Victor Ramyr, C.

3

Albert Bideaux, B. — François Sollier, B. — Onésime Rossat, B. — Gaston Byache, C. — Serge Antoine, C.

2 1/2

Joachim Parrau, B. — Marcel Six, C.

2

Dominique Chelle, B. — Luc Courtin, B. — Lucien Coudere, B. — Firmin Mermoud, B. — François Tourbez, C. — Marie-Joseph Larue, C. — Mathurin Bourgeois, C.

1 1/2

Félix Bernard, B. — Louis Bonnet, B. — Marius Genevet, B. — Adolphe Unterleidner, C. — Félix Boyer, C. — Raymond Sontag, C. — Théophane Trannoy, C.

Corrigé

« Abattu par les années, abandonné de ses forces, le lion gisait à terre, exhalant avec peine son dernier souffle. Le sanglier vint à lui la dent foudroyante, et d'un coup vengea une vieille injure. Le taureau fouilla ensuite de sa corne furieuse le corps de son ennemi. L'âne voyant qu'on frappait impunément le sauvage animal lui brisa le front de son sabot. Le lion expirant lui dit : « J'ai supporté en frémis- « sant les insultes de nobles adversaires ; mais « en être réduit à souffrir les tiennes, opprobre « de la nature, il me semble que c'est bien « mourir deux fois. »

Certainement la scène ne s'est point passée tout à fait de la sorte, s'est dit La Fontaine en lisant cette fable qu'il devait imiter et surpasser.

Voilà en effet des animaux qui viennent attaquer *leur roi* avec une désinvolture quelque peu surprenante. Sans doute, c'est un roi « abattu par les années, abandonné de ses for- ces, gisant à terre et exhalant avec peine son dernier souffle..... ». Il n'en demeure pas moins vrai que *son prestige de souverain* n'a pu s'éva- nouir en un clin d'œil et comme par enchante- ment ; il doit en subsister au moins quelques restes : il est donc nécessaire que, dans une certaine mesure, « sa Majesté Lionne » en impose encore à ses sujets. — Or, à l'exception de l'âne qui, lui du moins, ne se décide à lui « briser le front » que lorsqu'il se voit à même de pouvoir le faire impunément, les autres agresseurs l'attaquent sans trahir le moindre sentiment de crainte. Ils ont l'air de venir un à un, *isolément*, sans l'ombre d'entente quelcon- que, d'accomplir chacun bonnement et *tran- quillement* ce qu'on pourrait appeler *leur petite besogne*, et de s'en retourner de même. Cette manière d'agir est-elle bien naturelle ?

Combien différente celle que La Fontaine prête à *ses animaux* dans des circonstances semblables. — Les sujets du lion savent que leur roi succombe sous le poids des années. Cependant ils tremblent encore, ils tremblent toujours devant ce monarque déchu que l'habile poète appelle avec tant d'à-propos « terreur des forêts » au moment même où il va nous le montrer « chargé d'ans, et pleurant son antique prouesse ». Que s'ils se résolvent « enfin » à l'attaquer, *c'est en bande* qu'ils se dirigent vers son antre. Vont-ils du moins l'assaillir dès leur arrivée ? Nullement : mais, « saisis par un reste de frayeur, dit un critique, ils s'arrêtent à queques pas du moribond, font cercle autour de lui, cherchent à se rendre compte des forces qui lui restent, hésitent à porter atteinte à cette majesté royale qu'ils ont si longtemps adorée. — La Fontaine ne nous dit pas tout cela. — Il le laisse deviner : poète sobre et discret, mais *suggestif*, il n'abuse pas des mots ; en revanche, il les choisit si bien qu'un seul résume parfois toute une série d'évènements :

Le lion.........
Fut enfin attaqué par ses propres sujets...
Le cheval *s'approchant* lui donne un coup de pied ;
Le loup, un coup de dent ; le bœuf, un coup de corne.

A l'aide de ces trois vers, l'imagination du lecteur peut reconstituer aisément la scène telle qu'elle s'est passée. Si le cheval *s'approche*, c'est donc que les sujets du lion sont là depuis un moment, et qu'ils se tiennent en observation à quelques pas du mourant. Si, entre tant d'ani- maux, c'est le *cheval* qui se décide à commen- cer l'attaque (et non le sanglier comme dans le récit de Phèdre), c'est que le premier coup doit être asséné par quelqu'un qui puisse tout à la fois *frapper de loin* et *s'enfuir au plus vite* : Phèdre ne l'a pas compris. — Enfin aussitôt que l'un des meurtriers a donné le signal, tous les autres tombent à l'envi sur le malheureux lion ; au lieu d'insister (comme l'avait fait le poète latin), sur l'arme dont chacun se sert, c'était leur *empressement* à imiter le cheval qu'il fallait surtout montrer. La Fontaine y réussit en répétant le mot coup (un coup est si vite donné !), et en imprimant au vers une allure précipitée. »

Voilà certainement, chez les animaux du Bonhomme, tout autant de manières d'agir plus conformes à la nature.

C'est l'âne qui frappe le dernier coup. Mais pourquoi est-ce lui qui le frappe ? Pourquoi son coup de pied offense-t-il si vivement le lion ? A ces deux questions La Fontaine répond par un seul mot :

Quand voyant l'âne même à son antre *accourir*...

Ce dernier mot est en effet vraiment expressif, lumineux : on peut affirmer de lui — sans crainte, je crois, de ressembler à Bélise, —

« Qu'il dit plus de choses qu'il n'est gros »

« Si l'âne *accourt*, continue le même critique, c'est donc qu'il n'était pas là, qu'il n'a pas osé venir avec les autres, qu'il a eu peur, plus encore que tout autre, du lion « chargé d'ans » ; s'il vient *au pas de course*, quand il voit qu'on frappe impunément le maître, c'est donc qu'il est le *dernier des lâches*. Phèdre ne nous a rien laissé entendre de semblable ; ou plutôt, ici encore Phèdre est bien moins suggestif que le fabuliste français. »

Et que dire de la *noble attitude* que La Fon- taine a su donner à son lion, et de la *grandeur d'âme* qu'elle suppose !

Ce lion, que nous voyons « pleurant son anti- que prouesse » ; que viennent assaillir « ses propres sujets, devenus forts par sa faiblesse, » sans qu'il soit même dit de l'un d'entre eux, comme dans le récit de Phèdre, qu'il avait une vieille injure à venger ; qui, loin de pouvoir se défendre, « peut à peine rugir, par l'âge estro- pié ; » et qui, malgré tant de raisons de se plaindre et de murmurer contre un sort si triste, attend cependant la mort, (remarquez encore un mot plein de sous-entendus), parce que tel est « *son destin*, c'est à dire parce qu'il a prévu cette fin et s'y est courageusement rési- gné, comme il l'affirmera bientôt lui-même au dernier de ses insulteurs : je « *voulais bien mour- rir* » ; bref, ce lion qui est si grand, — et qui ressemble si peu *par tous ces différents traits* à celui de Phèdre, — est « héroïque comme un personnage de Corneille. » La comparaison est de Taine et paraît des plus justes. Ne retrou- vons-nous pas en effet dans ce noble animal cette pleine et admirable maîtrise de soi qui forme le fond du caractère des héros corné- liens ?

Et cette grandeur d'âme ne fait que s'accen- tuer jusqu'au bout. — Sans doute, le lion de Phèdre a supporté les attaques des premiers aggresseurs avec une *dignité* qui n'a rien à envier à celle de notre lion en proie aux mêmes insultes ; mais c'est là, il faut l'avouer, le *seul point de vue* où l'on trouve que les deux héros se valent. Dès que l'âne paraît, remarquez de nouvelles et frappantes différences d'attitude, et aussi de langage. Le lion du poète latin attend pour protester contre la lâcheté de l'âne que celui-ci lui ait à demi défoncé le crâne ; à l'insulte qui l'atteint, il répond par une autre : *te naturæ dedecus !* Notre héros, lui, est moins sensible à la souffrance qu'à l'outrage ; à peine a-t-il vu « l'âne même à son antre accourir » que tout son sang a bouillonné et que son noble cœur s'est soulevé de dégoût ; il frémit sous l'affront, comme un Don Diègue, comme un Cid. Il découvre, lui aussi, dans ce poltron, l'opprobre de la nature : son indignation le prouve clairement ; et pourtant il saura conserver assez d'héroïque sang froid et de grandeur pour ne pas jeter à la face de ce misérable l'injure qu'il paraît si bien mériter. — Admirons du même coup la délicatesse du poète français. « Il semble que La Fontaine, dit Walckenaer, ait craint d'outrager la majesté du lion en nous le montrant supportant le dernier des outrages ; il n'a fait qu'indiquer le tableau qui dans Phèdre termine cette table : *Calcibus frontem extudit.* »

Oui, ce lion est vraiment un héros à la façon « des personnages de Corneille. » Et si je ne craignais pas d'abuser de la comparaison de Taine et de la forcer, j'ajouterais qu'il y a des rapprochements à faire entre ce lion (ce souverain dont l'empire est vraiment tout *un univers,* l'ensemble même de tous les animaux), entre ce *Roi Lion,* dis-je, qui sait se dominer assez pour dédaigner *l'ingratitude* de ses sujets et se contenter d'une protestation contre le plus lâche de tous, — et Auguste triomphant « du plus juste courroux » et proclamant sa difficile mais glorieuse victoire sur lui-même par ces nobles et fières paroles :

Je suis maître de moi comme de l'univers ;
Je le suis, *je veux l'être.......*

Comment ne pas songer aussi, à la vue de cette lamentable déchéance du roi Lion, et surtout au spectacle d'une dignité poussée jusqu'à l'héroïsme, comment ne pas songer aux dernières années du malheureux Louis XIV, alors qu'il prononçait ces mots sublimes : « quand j'étais roi » !

Arrivons à des observations moins importantes, mais qui ont cependant leur valeur.

Le tableau du lion vieilli et malade a quelque chose de plus émouvant chez La Fontaine. Ce trait de l'infortuné mourant qui jette un mélancolique regard sur le passé pour *pleurer* son antique prouesse, va droit au cœur. Même saisissement de poignante émotion, quand le poète nous montre, après l'attaque des deux premiers assaillants, « le malheureux lion, languissant, triste et morne » et que nous entendons à peine les faibles rugissements du pauvre « estropié par l'âge. » — C'est seulement à la fin, dans son apostrophe à l'âne et par un mot, que le lion de Phèdre nous apprend lui-même qu'il a supporté avec indignation *(indigne)* les coups du sanglier et du taureau. Jusque-là nous sommes restés trop peu impressionnés, et même alors nous trouvons cette parole trop froide pour nous ébranler, comme nous a profondément ébranlés le tableau qu'à su peindre le fabuliste français....

Ne quittons pas ce beau vers descriptif :

Le malheureux lion, languissant, triste et morne

Sans en avoir apprécié toute la richesse. Il est d'une précision et d'une concision rares. A l'aide de quatre épithètes, il nous fait connaître l'extérieur de l'animal *(languissant),* le sentiment qui l'anime, *(triste),* la physionomie que ce sentiment lui donne *(morne),* et l'émotion que ce spectacle inspire au poète *(malheureux).* Remarquons en même temps dans les trois adjectifs qui se suivent une gradation de cause à effet. Cet état de *langueur* où est tombé le lion explique sa *tristesse* intime, comme celle-ci a pour conséquence l'expression *morne* et sombre de sa physionomie. Dans le vers :

« Quand voyant l'âne même à son antre accou-
[rir.

Nous avons déjà eu l'occasion de nous arrêter sur les deux mots *«voyant* et *accourir »,* et d'en mesurer la portée. Il nous reste en signaler rapidement un troisième. Il est évident que ce « *même* » est significatif et peu flatteur pour l'âne : il sous-entend ce que se contente de penser de lui le lion de La Fontaine et que lui lancera en pleine figure le lion du fabuliste latin.

Que de mélancolie enfin dans cette simple exclamation de l'avant-dernier vers : *Ah ! c'est trop!!*

Comment ne pas observer aussi que La Fontaine a choisi le rythme qui convenait le mieux à la grandeur quelque peu épique de son sujet? Il a écrit son récit en vers alexandrins, en vers *héroïques.* Deux vers seulement font exception. Encore un critique veut-il qu'ils fassent partie d'un système, d'une sorte *de strophe* destinée à ouvrir la fable et à donner ainsi au début quelque chose de l'allure lyrique. Ajoutons que le dernier vers de cette strophe a le mérite d'opposer à la faiblesse du lion la force de ses sujets, et de l'expliquer.

La poésie de Phèdre a aussi ses mérites avec cette clarté et cette élégance qui en sont les marques distinctives. — Si les diverses expressions : *infestis confodit cornibus, calcibus frontem extudit, naturæ dedecus* ne sont pas tout à fait heureuses *au point de vue spécial* où nous les avons déjà considérées une première fois, elles n'en sont pas moins des plus énergiques. Des trois mots : *spiritum extremum trahens,* comme le dernier peint bien tout ce qu'a de pénible et de fatigant cette respiration haletante du lion qui agonise!.. On pourrait faire ainsi d'autres remarques à la louange de l'écrivain latin, mais il faut se borner.

Revenons à la fable française, et terminons par quelques données philologiques et même purement grammaticales :

Quamvis sis rhetor, ne temnas parva, professor.

(a) Prouesse signifie ici vaillance. Terme vieilli dans ce sens. Il vient du radical *prod* qui se trouve dans *prodesse* et qui implique l'idée *d'avantage, profit.* Ce radical augmenté du suffixe *itiam* (prod-itiam : terme de la basse latinité), a donné *proecce, proesce, prouesse.* De cette même racine sont sortis les adjectifs *prot, proz, preu* et finalement *preux*

(b). Estropié. Estropier vient de l'italien *stroppiare* qui a le même sens et qui dériverait, lui, du grec στρέφειν, tourner, contourner, (radical στρεφ, στρεπ).

c) Aucunes. — La règle qui défend d'employer ce mot au pluriel est postérieure au XVIIe siècle. La raison en est que primitivement *aucun* ne signifiait point *pas un*, mais *quelqu'un (aliquem-unum, alcun, aucun : quelqu'un. quelque).* Il avait un sens positif et non négatif et la négation portait sur les prépositions ou les adverbes qu'on employait avec ce mot :

Aucuns maîtres, pour moi domptés qu'aujourd'hui,
Ne m'ont acquis le droit de faillir comme lui.
Phèdre, i.-ii.

d) Que souffrir, pour que de souffrir. La suppression de la préposition *de* est justifiée par d'assez nombreux exemples analogues. En voici un de Molière :

Il vaut mieux, quand on craint ces malheurs éclatants,
En mourir tout d'un coup *que* traîner si longtemps.

e) Quant voyant l'âne même à son antre accourir :

Ah ! c'est trop... etc..., etc...

Ainsi ce n'est pas de La Fontaine qui n'a fait qu'indiquer le tableau, mais de Phèdre qui l'a tracé, que nous vient l'expression proverbiale : *donner le coup de pied de l'âne.*
Moralité qui en vaut une autre et qui ne contredit pas d'ailleurs celle de la fable du Bonhomme... — Et d'abord ne donnons jamais le coup de pied de l'âne. S'il nous arrive parfois de le recevoir, gardons-nous de répondre à une... *ânerie* par une autre. Sachons lui opposer la seule chose qui lui convienne : le mépris, j'entends ce mépris chrétien, surnaturel, fait d'humilité, de bonté et d'indulgence.

P. Ephrem.

⁂

DEUXIÈME SECTION

VERSION LATINE

Départ des Grecs après la prise de Troie

Ut Pergamum omne dorica cecidit face,
Divisa præda est ; maria properantes petunt.
Jamque ense fessum miles exonerat latus.
Neglecta summas scuta per puppes jacent :
Ad militares remus aptatur manus.
Omnisque nimium longua properanti mora est.
Signum recursus regiâ ut fulsit rate,
Et clara lentum remigem emovit tuba
Aurata primas prora designat vias,
Aperitque cursus, mille quos puppes secent,
Hinc aura primo lenis impellit rates
Allapsa velis. . . . .
Splendetque classe pelagus, et pariter latet.
Juvat videre nuda Trojæ littora,
Juvat relicti sola Sigei loca.
Properat juventus omnis adductos simul
Lentare remso : adjuvat ventos manu.
Et valida nisu brachia alterno movet.
Dirimuntque canæ cærulum spumæ mare,
Ut aura plenos fortior tendit sinus
Posuere tonsas ; credita est vento ratis.
Fususque transtris miles, aut terras procul
Quamtum recedunt vela fugientes notat ;
Aut bella narrat, Hectoris fortis minas,
Currusque et empto redditum corpus rogo
Sparsum cruore regis Herceum Jovem.

Première Copie

Départ des Grecs après la prise de Troie

Quand Pergame entière *eut succombé sous la flamme des Grecs,* on partagea le butin, et, à la hâte, on se dirigea vers la mer. Le guerrier *soulage enfin son côté fatigué par l'épée :* au *haut* des poupes gisent pêle-mêle les boucliers. La rame est placée entre des mains *guerrières ;* mais *à qui est impatient de partir* le moindre retard parait long.
Dès que le signal du départ a étincelé sur la nef royale, et que le clairon sonore a ranimé l'indolence du rameur, la proue dorée trace la première route et ouvre un chemin que mille poupes doivent sillonner, Alors une brise, *d'abord douce,* pousse les vaisseaux en *gonflant* les voiles.
La mer *resplendit de la flotte* qui la couvre *tout à la fois.* On aime à contempler les rivages *déserts* de Troie, on aime à admirer les solitudes du Sigée abandonné. Toute la jeunesse s'empresse d'approcher et d'éloigner les rames avec ensemble, elle *aide les vents de sa main,* et de ses bras vigoureux elle meut les rames, *dans un effort réciproque.* Les blanches écumes *partagent* l'étendue bleue de l'Océan. Dès qu'un vent plus *vigoureux* a gonflé et tendu les voiles, on dépose les rames ; le vaisseau, est confié au vent. Le guerrier assis sur le banc des rameurs, ou bien raconte *les expéditions,* les menaces du héros Hector, *son char,* son corps livré au bûcher et Jupiter d'Hercé *baigné* dans le sang du roi.

Léon Fayelle.

Appréciation. — Dans son ensemble, ce devoir est assez bon et mérite bien, je crois, la note 3 ³/⁴. Sans doute, il renferme deux passages insuffisamment compris : la *jeunesse meut les rames dans un effort réciproque...* et plus loin : *le guerrier raconte les expéditions* etc... Il s'y rencontre aussi plusieurs expressions défectueuses telles que : *le guerrier soulage enfin son côté fatigué... la mer resplendit de la flotte... il raconte les menaces d'Hector, son char* etc... Mais enfin, somme toute, cette copie mérite la première place.

Critique de la version.

La description du *départ des Grecs après la prise de Troie* est un tableau qui ne manque ni de coloris, ni de brillant.
Agréable à la lecture, elle semble, au premier abord, ne présenter aucune difficulté de traduction. Défiez-vous : c'est un trompe l'œil. Facile à comprendre, elle ne l'est plus au même degré, quand on entreprend de la traduire d'une manière fidèle, précise et élégante. Plus d'un passage est épineux. Ainsi, je ne m'étonne pas outre mesure que tous les élèves soient venus se heurter aux vers suivants :

« Propera juventus omnis adductos simul.
« Lentare remos.....
« Et valida nisu brachia alterno movet.

Pour bien saisir et bien rendre ces deux pensées, il était nécessaire de se représenter le double mouvement du rameur qui, tour à tour, élève et abaisse les bras pour faire avancer ou reculer les rames.

Il est des contre-sens moins excusables, témoins, celui-ci :

« Jamque ense fessum miles exonerat latus ».

Le soldat orne d'une épée son côté fatigué.
Le soldat ceint l'épée... etc....
Et cet autre :

« Juvat videre nuda Trojæ littora »

C'est un plaisir pour Troie de voir les rivages dénudés.

Enfin, voici deux perles, rares fort heureusement, cueillies, l'une dans la copie de Déroulez, l'autre dans celle de Bruguet :

« Ad militares remus aptatur manus »

Remus prête le concours de ses mains aux soldats.

« Dirimuntque canæ cœrulum spumæ mare »

Et les cannes troublent de leur écume l'azur de la mer.

Ces deux naïvetés sont d'autant plus regrettables qu'elles sont le fait d'élèves intelligents et qu'elles déflorent deux devoirs, assez bons dans leur ensemble.

Au point de vue du style, de l'élégance de la traduction, j'ai constaté dans quinze copies, dans les sept premières surtout, des efforts réels et parfois un vrai succès.

Faut-il dire qu'en revanche, les sept dernières copies sont très médiocres ? Celles de Perrier et de Casimir dénotent chez leurs auteurs, une grande faiblesse en français ; le style en est étrange, incohérent, barbare ; certaines phrases sont absolument inintelligibles. Ces deux élèves ont grand besoin de lire, de surveiller leur langage dans les conversations et de s'appliquer à la traduction française.

Ordre des places

3 1/4

Payelle, C.

3 1/2

Larmignat, C. — Preyre, B. — Talva, C.

3

Bois, B. — Spinnaël, C. — Vandycke, C.

2 3/4

Barbier, C. — Barthe, B. — Bruguet. C.—Galoppin, C. — Garde, B. — Giudicelli, B. — Graugnard, B. — Janin, B. — Lemaitre C. — Rousseau, B.

2 1/2

Bégon, B. — Bicais B. — Carbonnier, C. — Charloteaux, C. — Deroulez, C. — Hudry, B. — Mégnin, B. — Miqueu, B. — Montreuil, C. — Pavageau, C. — Piessens, C. — Rommelaere, C.

2 1/4

Baudart, C. — Chaffard, B. — Dauby, C. — Foulon, C. — Rouan, B. — Sérine B.—Teck. C.

2

Muller, C. — Petit, B. — Ranson, C. — Romani, B. — Sénaux, B.

1 1/2

Perrier B. — Casimir ? B. (*Copies très faibles*).

Corrigé

DÉPART DES GRECS APRÈS LA PRISE DE TROIE

Dès que Pergame se fut écroulée tout entière dans les flammes allumées par les Grecs, on partagera le butin, puis en toute hâte on se rendit à la mer. Le soldat fatigué dépose l'épée longtemps suspendue à son côté : les boucliers sont jetés pêle-mêle sur les poupes.

Les mains des guerriers s'emparent de la rame, tout retard paraît long aux désirs impatients. Aussitôt que le signal du retour a brillé sur le vaisseau royal et que la trompette retentissante a réveillé l'indolent rameur, la proue d'or (d'Agamemnon) ouvre, la première, la route et trace le sillon que vont suivre mille carènes. D'abord une brise légère, se jouant dans les voiles, favorise la marche des navires : la mer étincelle et disparaît tout ensemble sous le nombre des vaisseaux. Avec quel plaisir nous contemplons les rivages désolés de Troie et le cap Sigée abandonné, solitaire. Toute la jeunesse s'empresse de pousser et de ramener la rame avec ensemble ; les mains prêtent secours au vent, et les bras vigoureux s'élèvent et s'abaissent dans un mouvement cadencé : la blanche écume sillonne l'azur des flots. Mais voici qu'une brise plus puissante a pleinement gonflé les voiles : alors on abandonne l'aviron, on confie la flotte à l'impulsion des vents. Le guerrier étendu sur les bancs, contemple le rivage qui s'enfuit à mesure que s'éloignent les navires ; ou bien il raconte les épisodes de la guerre : les menaces du vaillant Hector, le char où il fut attaché, son corps racheté et rendu au bûcher et l'autel de Jupiter Hercéen couvert du sang de Priam.

P. PHILIPPE.

ALUMNATS DE GRAMMAIRE

Devoirs donnés par les professeurs de Taintegnies

PREMIÈRE SECTION

VERSION GRECQUE

LE SENTIER ÉTROIT DE LA VERTU

(*S. Jean Chrysostôme, Homilia in Oziam*)

'Οζίας « ἐποίησεν τὸ εὐθὲς ἐνώπιον Κυρίου. » Πῶς οὖν οὕτω μετὰ ἀκριβείας πολιτευόμενος (¹) ὑπεσκελίσθη (²) καὶ κατέπεσε; Τοῦτο γὰρ κἀγὼ θαυμάζω καὶ διαπορῶ· μᾶλλον δὲ οὐκ ἂν εἴη τοῦτο

διαπορήσεως ἄξιον· ἄνθρωπος γὰρ ἦν, πρᾶγμα πρὸς
ἁμαρτίαν εὐόλισθον, (¹) καὶ πρὸς κακίαν ὀξύρροπον.
Καὶ οὐ τοῦτο μόνον ἐστὶ τὸ χαλεπὸν, ἀλλ᾽ὅτι καὶ
ὁδὸν στενὴν καὶ τεθλιμμένην (⁴) ὁδεύειν ἐπετάγη-
μεν, (⁵) ὑπὸ κρημνῶν ἑκατέρωθεν ἀπειλημμένην. (⁶)
Ὅταν οὖν καὶ προαιρέσεωσ εὐκολία καὶ ὁδοῦ
δυσκολία συνέλθωσιν εἰς ταὐτὸν, μὴ θαύμαζε λοιπὸν
ὑπὲρτῶν παραπτωμάτων. Καθάπερ γὰρ ἐν τοῖς
θεάτροις οἱτὴν σχοῖνοντὴν κάτωθεν ἄνω τεταμένην (⁷)
ἀναβαίνειν καὶ καταβαίνειν μελετῶντες, ἂν μικρὸν
παραβλέψωσι, παρατραπέντες κατενεχθήσονται (⁸)
εἰς τὴν ὀρχήστραν καὶ ἀπολοῦνται· οὖτω καὶ οἱ
τὴν ὁδὸν ταύτην ὁδεύοντες, ἂν μικρὸν ῥαθυμήσωσι,
κατακρημνίζονται.

(¹) Se conduisant.

(²) Ὑποσκελίζω.

(³) Glissant.

(⁴) Θλίφω.

(⁵) Ἐπιτάσσω.

(⁶) Ἀπολαμβάνω.

(⁷) Τείνω.

(⁸) Καταρέρω.

Première copie

LE SENTIER ÉTROIT DE LA VERTU

« Ozias fit ce qui était droit devant le Seigneur. « Comment donc pût-il en se conduisant
ainsi avec justice, chanceler et tomber ? Moi
aussi, je m'en étonne et ce point m'embarrasse,
mais ce fait ne saurait être bien digne de *doute*:
(¹) Ozias était un homme, *chose qui* (²) glisse
vers le péché et penche facilement vers le
vice. Le seul mal n'est point en cela, mais
nous avons reçu l'ordre de marcher dans une
voie étroite et encaissée, des deux côtés bordée
de précipices. Quand donc le *manque de fermeté* (³) et la difficulté du chemin se trouvent
réunies, ne vous étonnez plus des chutes. Si
dans les théâtres, les personnes qui sur la corde
tendue de bas en haut, s'apprennent à monter,
à descendre, regardent un peu de côté, elles se
détournent, se jettent en bas du côté des dan-
seurs et se tuent. Il en est de même de ceux
qui marchent dans ce chemin : pour peu qu'ils
se livrent à la nonchalance, ils sont précipités
en bas.

Critique

(1) Pas assez clair.
(2) Peu français.
(3) La facilité du choix.

Je croyais avoir fait des heureux en donnant
une version si courte, mais la correction m'a
fait voir que je me suis trompé : Errare humanum est. En effet un bon nombre n'a pas achevé, il faut croire que le râtelier était trop haut
pour le 1ᵉʳ trimestre. On a fait dire des choses
curieuses à S. Jean Chrysostôme et je pourrais
apporter pas mal de perles... mais à quoi bon ?
Ces pauvres grammairiens ont assez sué comme
cela sans aller encore tirer quelques larmes...
Ils me diraient: que voulez-vous ? c'était du

grec... et encore pas très-bien imprimé à
certains endroits.... Soit. Cependant il y a certaines observations à faire : Plusieurs semblent
confondre la signification de s'*étonner* et *admirer* et ne voient pas la nuance. On peut s'étonner
d'une chose sans l'admirer, c'est donc le contexte qui indique le terme propre. Il est certain
qu'on peut s'étonner des fautes d'Ozias, mais
il ne faut pas les admirer, Θαυμάζω a bien les
deux sens, mais un alumniste intelligent ne
prend pas à côté du bon.

Quelques-uns ont sombré à ce passage pourtant si simple ἀνθρωπος γὰρ ἦν, πρᾶγμα... ils
devraient cependant savoir que *l'homme n'est
pas grand'chose.*

D'autres confondent la finale μεν avec μην,
ce qui fait changer le nombre dans les verbes.
Il serait bon cependant, même à la première
année de grec, de savoir à première vue et
sans le secours du dictionnaire, distinguer le
nombre et la personne d'un verbe. Autrefois
on nous faisait apprendre les terminaisons des
verbes; et ces formules : κα, κας, κε ; μαι, σαι,
ται ; μην, σο, το.... nous amusaient beaucoup...
et on retenait. On avait ri, mais le but était
atteint.

Λοιπὸν, *désormais* est une expression abrégée
assez connue qui parait ignorée par un grand
nombre d'alumnistes ; elle est mise pour κατα
λοιπὸν χρόνον.

Comme nous ne sommes qu'au 1ᵉʳ trimestre,
je n'en dis pas davantage et laisse aux professeurs le soin de « chauffer le grec ».

Je dois des éloges au 1ᵉʳ de tous, s'il n'avait
pas déjà traduit cette version.

Maintenant la parole est au classement et
aux notes.

Classement des copies

5

Félix Escudé, B.

4 1/2

Joseph Hautman, S.

4

Edouard Raffin, M. — Albert Pons, A. —
Gaston Vergnes, B. — François Cartier, C. —
A. Grand, C.

3 1/2

Augustin Coudre, — B. — Joseph Espargilière, B. — Aquilin Bouillon, B.

3

Antoine Barland, M. — Alexandre Grégoire,
B. — Clément Debos, M. — Fortuné Badaroux,
B. — Etienne Patras, M. — Michel Lemoine,
S. — Gustave Géneau, S. — Désiré Delory, S.

2 1/2

Cyprien Démarez, S.— Prosper Détrois, M.—
Isidore Gonthier, C.

2

Julien Ourgaud, B. — Barthélemy Falloni,
M.

1 1/2

Vincent Revol, M. — Achille Delfortrie, S. —
Abel Gonthier, C. — Cyrille Jourdain, C. —
Maurice Chappet, C.

Copies inachevées

4

Paulin Salaville, M.

3 1/2

Alphonse Darsy, A.

3

Augustin Sauvebois, M. — Jean Saint-Martin, A. — Cayré Marcellin, C.—Gabriel Savourat, S.

2 1/2

Buttin Petrus, M.

2

Léonard Jaumard, M. — Isidore Boulière, B. — Antonin Grosdemonge, A. — Julien Baconnet, C. — Adolphe Durand, C. — Florimond Fay, A. — Pétrus Donnève, A.

1

Auguste Cazenave, S. — Francisque Languy, A.

1/4

Baptiste Dhers, C.

Corrigé

LE SENTIER ÉTROIT DE LA VERTU

Ozias « fit ce qui est droit devant le Seigneur » Comment donc, avec une conduite si parfaite, vint-il à chanceler et à tomber. Cette chute m'étonne aussi et me rend perplexe. Cependant cette perplexité ne devrait pas avoir lieu. En effet Ozias était homme, par conséquent sujet à pécher et porté à la malice. Et ce n'est point là le seul ennui, nous avons de plus à marcher dans une voie étroite, resserrée et bordée de précipices des deux côtés. Puis donc que la liberté du choix se rencontre en même temps avec la difficulté de la route, ne vous étonnez plus des chutes. Au théâtre, les acteurs qui s'étudient à monter et à descendre sur une corde tendue de haut en bas, détournent-ils un instant les yeux, ils s'écartent du but, sont précipités dans l'orchestre et périssent. Il en est de même pour ceux qui suivent ce sentier, la moindre nonchalance les jette dans le précipice.

P. ÉMILE.

DEUXIEME SECTION

COMPOSITION EN VERSION LATINE

IN NATIVITATE D. N. J. C.

Salvator noster, Dilectissimi, hodie natus est, gaudeamus. Neque enim locum fas est ibi esse tristitiæ, ubi natalis (¹) est vitæ; quæ, consumpto mortalitatis timore, nobis ingerit de promissa æternitate lætitiam. Nemo ab hujus alacritatis participatione secernitur, una cunctis lætitiæ communis est ratio ; quia Dominus noster, pec-

(1) (S. e. dies).

cati mortisque destructor, sicut nullum a reatu liberum reperit, ita liberandis omnibus venit. Exultet sanctus, quia propinquat ad palmam. Gaudeat peccator, quia invitatur ad veniam. Animetur Gentilis, quia vocatur ad vitam. Dei namque Filius, secundum plenitudinem temporis, quam divini consilii inscrutabilis altitudo disposuit, reconciliandam auctori suo naturam generis assumpsit humani, ut inventor mortis diabolus, per ipsam quam vicerat vinceretur. In quo conflictu pro nobis inito, magno et mirabili æquitatis jure certatum est : dum omnipotens Deus cum sævissimo hoste, non in sua majestate, sed in nostra congreditur humilitate, objiciens ei eamdem formam eamdemque naturam, mortalitatis quidem nostræ participem, sed peccati totius expertem.

(Ex Off. natalis D. N. J. C.)

Première copie

SUR LA NATIVITÉ DE N. S. J.-C.

Réjouissons-nous, mes très chers frères, notre Sauveur est né aujourd'hui. Et en effet il n'est pas permis *d'être triste* (¹) le jour où est née la Vie ; *la crainte de la mortalité passée*, (²) cette vie nous jette dans l'allégresse par la promesse de l'éternité. Tous sont admis à la participation de ces réjouissances, cette *espèce* (³) de joie est commune à tous ; parce que de même que Notre-Seigneur, destructeur de la mort et du péché, n'a trouvé aucune créature exempte de tout péché, ainsi il est venu sur la terre, pour délivrer tout le monde. Que le juste se réjouisse parce que sa récompense approche. Que le pécheur soit dans l'allégresse, parce qu'il est invité au pardon. Que le gentil soit encouragé, parce qu'il est appelé à la vie. Car le Fils de Dieu, *selon la plénitude du temps, que la noblesse* (⁴) *de l'insondable* (⁵) *prudence divine a établie*, (⁶) s'est fait homme, pour réconcilier la nature (⁷) avec son créateur, afin que le diable inventeur de la mort, *soit* (⁸) vaincu par celle-là même, qu'il avait surpassée. Dans ce combat engagé pour nous, *les forces sont égales des deux côtés* : (⁹) car Dieu en vient aux mains avec son *séditieux* (¹⁰) ennemi non dans sa majesté, mais dans notre humilité, lui présentant en vérité la même forme, et la même nature (¹¹) de notre mortalité, mais exempte de tout péché.

Louis LAVOISIER, *d'Arras.*

(1) *D'être triste* rend la pensée, mais non l'expression *locum esse tristitiæ.*

(2) Les ablatifs absolus des latins ne doivent pas être rendus tels quels en français. Il vaut mieux rendre *consumpto* par un verbe à un mode personnel.

(3) *Espèce* est inexact. Il faut *motif* ou *cause*. De plus *una* n'est pas traduit.

(4) *Noblesse* est un terme impropre. C'est le mot *profondeur* qui rend le mieux *altitudo.*

(5) *Inscrutabilis* se rapporte à *altitudo* et non pas à *consilii.*

(6) Je ne sais pas si ce passage est bien compris. Il est traduit trop littéralement.

(7) Il manque le mot *humaine.*

(8) Il faut *fût.*

(9) Contre-sens.

(10) Terme impropre. *Sævissimo* signifie *très cruel* ou *très redoutable.*

(11) *Participem* n'est pas traduit.

Malgré les inexactitudes, qui viennent d'être relevées, cette version est assez bonne. Elle est généralement bien comprise ; mais la forme laisse parfois à désirer.

Critique

La réflexion est une excellente qualité, dont l'exercice demande une sage lenteur. Être trop lent dans la réflexion, tel est le grand défaut, que nous reprochons aux peuples d'outre-Rhin. Jusqu'ici je m'étais imaginé que tout Français devait naturellement être inaccessible à ce défaut. Je m'étais trompé ; la correction des copies m'a obligé à avouer que la lenteur est une plante cultivée sur les sommets des Alpes. aussi bien que sur les bords du Rhin.

Si les copies non terminées sont nombreuses, faut-il s'en prendre à la longueur du texte donné ? Je ne le pense pas ; car traduire vingt-trois lignes de latin en deux heures n'est pas une merveille.

Les difficultés de la version étaient-elles insurmontables ? Évidemment non : puisque plusieurs en ont glorieusement triomphé, et que la plupart ont trouvé le moyen de les traverser au moins honorablement.

Le premier mot qui ait paru embarrassant à plusieurs, se trouve à la première ligne : c'est le vocatif *dilectissimi* (mes bien aimés) Quelques-uns l'ont trouvé inutile et l'ont supprimé. D'autres, on se demande pourquoi, l'ont fait rapporter à *Salvator noster* et ont dit: Notre Sauveur très aimé ou très désiré. Certains en ont fait le complément de l'adverbe *hodie*, et ont trouvé que nous devions nous réjouir, en ce jour du Très-Haut. Enfin plusieurs ont traduit : nous nous réjouissons, nous très heureux, ou, réjouissons-nous, nous *très bien* chéris.

La seconde phrase a paru très compliquée à beaucoup d'élèves. L'expression *fas est locum esse trititiæ* et le mot *vitæ* étaient deux écueils, où sont allés heurter les 3/4 des traductions. La seconde partie de la phrase montrait d'une façon suffisamment claire que le mot *vitæ* devait nécessairement se rapporter à Jésus-Christ. Il ne fallait donc pas y voir une vie consumée par la crainte de l'immortalité ou autres choses semblables.

Mais où nos jeunes latinistes ont donné libre cours à leur imagination, c'est dans la traduction de la phrase qui commence par ces mots : *Dei namque Filius, secundum*..... D'après les uns le Christ déposa une seconde fois la plénitude du temps ; d'après d'autres, Dieu a disposé d'une seconde plénitude de temps où le Fils de Dieu, grandeur impénétrable, a fait de ce temps un second bienfait. Enfin la palme appartient à celui qui a trouvé que N. S. est la seconde plénitude des temps. Est-ce concevable que des élèves, qui, pendant une année entière, ont dû faire de l'analyse grammaticale une de leurs principales études, fassent de *secundum* un adjectif féminin ou masculin se rapportant à *Filius* ou à *plenitudinem* ?

Le reste de la version, malgré certains embarras de traduction, a été généralement assez bien. Je signale cependant cette traduction peu ordinaire du nombre de phrase *cum sævissimo hoste*....... ; Le Dieu tout puissant, *comme un ennemi très cruel.*

En somme nombreuses fautes d'irréflexion, style assez pauvre, voilà les caractères généraux que j'ai cru remarquer dans les copies. Pour lutter contre ce double ennemi, je propose deux armes : l'attention et le travail.

3 3/4

Louis Lavoisier, A. — Albert Loizeau, B. — Gabriel Girard, M. — René Pozot, C.

3 1/2

Hector Cunéo, M. — Henri Mience, A.

3 1/4

Albert Charrot, A. — Benjamin Barbot, B.— Escandare Tarabay, B. — Fernand Desmarteau, A. — Georges Porcheret, B. — Henri Debos, M. — Jean Lesponne, S. — Marcel Rive, B. — Rémy Houvenaghel, S. — Urbain Bélard, A.

3

Joachim Barria, C. — Joseph-Marcel Guédy, M. — Luc Cottet, M. — Ludovic Nadaud, B.

2 3/4

Albert Pons, M.—Alcide Duret, B.—Alphonse Fricou, M. — Guillaume Hosteins, C. — Isidore Patinier, A.—Léon Hurtevent, S.—Robert Bédoy, S. — Adolphe Leleu, A. — Justin Eche, S.

2 1/4

Adelin Jovat, C.— Arthur Godaut, A.—Henri Lapaume, B. — Isaïe Landru, S. — Jean-Marie Martin, S. — Marcellin Temple, B.

2

Alfred Lancron, A.—Barthélemy Descholt, S. — Désiré Chauvet, C. — Emile Vernhié, B. — Ferdinand Fresneau, A. — Jean Buytaers, A. — Jules Bernet, B. — Laurent Henri, S. — Paul Peyrouse, M.

1 3/4

Armand Valès, M. — Dominique Wild, B.

1 1/2

Gaston Guez.— A. Jean Enjalbert, C.—Lucien Delaunoye, S. — Squalia Ferrand, M.

1

Augustin Merlin, S. — Clodomir Arnal, B. — Marcel Buret, C.

3/4

Adrien Cabrit, A.

Copies non terminées

3

Henri Blanc, C.

2 1/4

François Arélheas, C.

1 1/2

Alfred Gœttelmam, M.

1 1/4

Albert Fort, C. — Maurice Marchand Liffoz, C.

1

Clément Stanislas, A. — Marius Dumoulin, C.

Corrigé

(d'après les six premières copies)

AU JOUR DE LA NATIVITÉ DE N.-S. J.-C.

Réjouissons-nous, mes très chers frères, notre Sauveur est né aujourd'hui. Il n'est pas juste qu'il y ait place pour la tristesse au jour où naît la vie ; cette vie, qui détruit la crainte de la mort, et vous apporte la joie par la promesse de l'éternité. Tous sont admis à la participation de cette allégresse ; car tous ont un motif commun de réjouissance, et ce motif unique, c'est que Notre-Seigneur, le destructeur du péché et de la mort, n'ayant trouvé personne qui fût exempt de faute, est venu nous racheter tous.

Que le juste tressaille de joie, car sa récompense approche. Que le pécheur se réjouisse, car il est invité au pardon. Que l'infidèle prenne courage, car il est appelé à la vie. En effet le Fils de Dieu, après l'écoulement du temps fixé par l'insondable profondeur du dessein divin, a pris la nature du genre humain, pour la réconcilier avec son créateur, et pour vaincre par elle, celui, qui l'avait vaincue, le démon, inventeur de la mort.

Ce combat livré pour nous a été une lutte admirable et sublime de justice et d'équité ; ce n'est pas avec l'éclat de sa majesté, mais avec notre bassesse, que le Dieu Tout-Puissant en vient aux mains avec le plus cruel des ennemis ; la forme, la nature, qu'il lui oppose, c'est la même forme, la même nature que la nôtre ; elle participe, il est vrai, à notre mortalité, mais est exempte de tout péché.

F. Philibert.

TROISIÈME SECTION

COMPOSITION EN ANALYSES

ANALYSES

Faites l'analyse grammaticale de cette phrase :

Le paresseux se croit plus savant et plus sage que sept hommes qui, par une longue étude de la sagesse, ne disent que des choses bien sensées. — (Les Prov. de Salomon — 16 XXVI)

Analyse logique :

L'homme qui craint Dieu et qui n'a aucun reproche à se faire est bien fort dans l'adversité.

Première copie

Analyse grammaticale

Le paresseux se croit plus savant et plus sage que sept hommes qui, par une longue étude de la sagesse, ne disent que des choses bien sensées.

Le	art. déf. masc. sing. se rapp. à paresseux;
paresseux	adj. pris subst. m. sing. sujet de se croit ;
se croit	verbe [1] réfléchi 3ᵉ pers. du sing. ind. prés. 4ᵉ conj. [2] :
plus [3] savant	adj. [4] au comp. masc. sing. qual. [5] paresseux ;
et	conjonction ;
plus [3] sage	adj. [4] au comp. masc. sing. qual. [5] paresseux ;
que	conjonction ;
sept	adj. num. card. masc. *plur.* [6] dét. hommes;
hommes	nom com. masc. plur. comp. ind. [7] de savant et sage ;
qui	pron. *conj.* [8] 3ᵉ pers. du masc. pluriel ayant pour antécédent hommessujet de disent [9] ;
par	préposition ;
une	art. indéf. fém. sing. dét. étude;
longue	adj. qual. fém. sing. qual. étude;
étude	nom com. fém. sing. compl. ind. de disent ;
de	préposition ;
la	art. indéf. fém. sing. se rapporte à sagesse ;
sagesse	nom com. fém. sing. compl. dét. d'étude ;
ne que	locution adverbiale ;
disent	verbe trans. 3ᵉ pers. du plur. ind. prés. 4ᵉ conj. [10] :
des	art. ind. fém. plur. dét. choses;
choses	nom. com. fém. plur. comp. dir. de disent ;
bien	adverbe ;
sensées	part. passé [11] fem. plur. qual. choses.

Analyse logique

L'homme qui craint Dieu et qui n'a aucun reproche à se faire est bien fort dans l'adversité.

Dans cette phrase il y a trois propositions parce qu'il y a trois verbe [1] à un mode personnel.

Il y a 1° une proposition principale qui est : L'homme est bien fort dans l'adversité.

Deux prop. dépend. qui sont : Qui craint Dieu et qui n'a aucun reproche à se faire.

Proposition principale. — L'homme est bien fort dans l'adversité.

Sujet : homme : simple et incomplexe [2].

Verbe : est.

Attribut : fort : simple complexe parce qu'il a pour complément dans l'adversité.

1° Proposition indépendante [3] qui craint Dieu.

Sujet : qui : simple et incomplexe ;

Verbe : est ;

Attribut : craignant : simple et complexe parce qu'il a pour complément Dieu.

2° Proposition dépendante [2] : et qui n'a aucun reproche à se faire.

Sujet : qui : simple incomplexe ;

Verbe : est ;

Attribut : ayant : simple complexe parce qu'il a pour complément aucun reproche à se faire.

Pierre Milleville *de Sainghin.*

---

(1) Accidentellement réfléchi.
(2) De se croire.
(3) Plus et sage s'analysent séparément d'après Brachet.
(4) Adj. qual.
(5) Att. de paresseux.
(6) Les noms de nombre sont invariables, Brachet.
(7) Comp. ou régime de savant et sage.
(8) Mieux pronom relatif.
(9) De dire.
(10) Pour éviter une certaine équivoque, il serait préférable de dire, suj. de disent et a pour antécédent hommes.
(11) Adjectif qual.

(1) S.
(2) Complexe a pour compl. les deux prop. incidentes.
(3) déterminative.
(4) Déterminative coordonnée à la proposition incidende : qui craint Dieu.

Ordre des places

4 1/2

Pierre Milleville, S.

4

Arthur Gillet, M. — Marie Fargeas, C. — Prosper Vanmalleghem, A. — Charles Ousset, B. — Paul Pagelle, A. — Nicolas Netti, M. — Armand Mercier, B. — Arsène Vasse, A. — Léon Martel, A. — Noël Deloris, B.

3

Jean-Joseph Arassus, B. — Ange Duviols, M. — Victor Kokel, S. — Ulysse Leroy, S. — Georges Favier, A. — Joseph Herbaux, A. — Louis Leygonie, B. — Emiles Cases, B. — Frédéric Déroudille, M. —Jean-Marie Cassagnard, B. — Alexandre Batsère, B.—Cyrille Delecœuillerie, A.— Denis Matturi, A.— Marius Cordier, M. — Eugène Laroque, B. — Etienne Bihel, S. — Gilbert Denoël S. — Joseph, B. — François Jeannet, M.— Sébastien Vallecalle, M. — Félix Falempin, A. — Marius Alary, B. — Henri Borel, A. — Victor Mommaton, A. — Onuphre Spinelli, M. — André Lusinchi, M.

2 1/2

Séraphin Giacomini, M.—Romuald Demailly, A. — Augustin Marly, A. — François Boulé, M. — Léopold Pronier, S.— Théodore Choquet, A. — Gustave Gadaud, A. — Ludovic Leloir, A. — Martin Reymond, M. — Valery Gontard, M. —Paulin Auzanneau, B.

2

Jules Leroy, S.—Louis Vardalle, C.— Joseph Brachet, C. — Rodolphe Quévy, S. — Pierre Villesèche, M. — Eugène Roussier, A.—Fidèle Pavy, S.—Léon Jacquet, C.— Claudius Dubois, C. — Alphonse Chopin, C. — Pierre Varache, B. — Arthur Suvan, M. — Gustave Gautherie, B. — Arthur Boué, B. — Cyprien Baëlen, B.

1 1/2

Raoul Dehanne, S. — Raphaël Molon, S. — Baptiste Delbruet, B. — Joseph Blanc, C. — Claudius Pavillon, C. — Lucien Allagnier, M. — Maurice Lourtau, B.

1

François .... B. — Philippe Lacombe, B. — Félicien Savary, A. — Maurice Liman, S. — Arthur Legard, S. — Casimir Morel, C.—

Emmanuel Gaun, C, — Joseph Couvert, C. — Marius Cusin, C. — Nicolas Bouvier, C.— Jean Dumec, C. — Emille Névello, C. — Narcisse Perrissoud, C.

Critique

Après le mois de français presque exclusivement consacré à l'étude des mots, à l'analyse, il semble que la plupart des copies auraient dû arriver à la note *Bien*. Comme on peut le voir plus bas, nous sommes loin de ce résultat. La première copie, malgré les quelques inexactitudes, est incontestablement bonne; mais qu'elle laisse loin le grand nombre !

Le texte de l'analyse grammaticale n'offrait aucune difficulté ; pas de gallicismes, pas d'irrégularités de constructions. Nos jeunes grammairiens ont cependant erré dans l'indication soit de l'espèce des formes, soit des fonctions des mots.

Les fautes les plus communes dans l'indication de l'espèce de mots sont : *Que* conj., trente-neuf enfants le font pronom relatif. — *ne que*, la généralité l'a analysé séparément avec des indications les plus curieuses. — *Dès*, qu'on a fait art. cont. tout en mettant *choses* compl. direct. Signalons aussi à titre de curiosité *sage* verbe pronominal. — *Ne* pronom pers. sujet de disent. — *Qui* verbe actif, etc...

On a généralement mieux respecté le genre et le nombre ; mais dans l'indication des fonctions, la fantaisie a usé de tous ses droits. Ainsi *hommes* n'a trouvé sa vraie fonction que dans deux copies ; ailleurs ce mot a trouvé les fonctions les plus diverses ; sujet de *qui*, de *sept*, de *paresseux*, etc.

L'analyse logique a été généralement mieux traitée que l'analyse grammaticale. Si l'on excepte les élèves d'un alumnat, qui paraissent ne pas même soupçonner ce que c'est que l'analyse logique, la grande majorité sait les principes. Il y a bien des surprises dans les détails, mais l'application et de nombreux exercices en viendront à bout. Il est inutile d'insister sur l'importance de l'analyse comme préparation à l'étude de la langue latine et grecque. Vous en êtes tous convaincus, chers grammairiens, aussi travaillez l'analyse sans craindre d'user les dictionnaires ou les grammaires et vous verrez disparaître bien des difficultés dans vos thèmes ou versions parce que par l'analyse vous comprendrez bien mieux les textes.

F. RAPHAEL.

Imp. du Petit Alumniste, Miribel-les-Echelles (Isère) 250. — Le Correspondant des Etudes, Décembre 1898, N· 38.— Peticloude, Gérant.

LE CORRESPONDANT DES ÉTUDES

BULLETIN MENSUEL

RÉDIGÉ PAR LES PROFESSEURS DES ALUMNATS

SOMMAIRE

ITINÉRAIRE DU PÈRE THÉOPHILE

Janvier à Montfort

Du 1 au 13 février — N.-D. des Châteaux

Du 14 au 26 février — Miribel

Du 27 février au 9 mars — Brian

Retour à Paris

Correspondance Officielle

Voici la lettre que le T. R. P. Picard a bien voulu adresser au P. Visiteur, après avoir pris connaissance du plan des réunions de Pâques qu'on lira plus loin :

Amélie-les-Bains, 9 janvier 1899.

Mon Cher Ami,

Préparez avec soin les réunions de Pâques et ne vous contentez pas de suivre la routine.

Nos Alumnats doivent donner un enseignement à la fois plus chrétien et plus rapide. Les tentatives que préconisent des hommes nouveaux, même des membres de l'Université, nous prouvent notre faiblesse, pour ne pas dire notre infériorité.

Où cherchent-ils les progrès obtenus, les modèles à imiter ? En Angleterre, en Amérique ou en Allemagne. Cela doit nous faire rougir, nous qui avions la prétention de sortir de l'ornière et de créer ou de ressusciter le véritable enseignement chrétien.

Que nos professeurs étudient, qu'ils s'encouragent dans leurs conversations, en réunions pédagogiques, qu'ils ne s'endorment pas comme des vieillards qui croient avoir atteint la perfection. Qu'ils marchent résolument et nous préparent des réunions fécondes.

Je vous bénis très paternellement.

F. PICARD.

RÉUNIONS DE PAQUES

A ne considérer que la levée de bouclier qui s'annonce à l'aurore de 1899 contre l'enseignement chrétien, il y aurait de quoi effrayer des hommes de peu de foi ou des cœurs pusillanimes.

Grâce à Dieu, à l'Assomption, nous n'avons jamais été rangés dans cette catégorie.

Formés à imiter l'Eglise qui, même au sein des plus violentes bourrasques, continue toujours sa marche en avant, nous travaillons avec la conviction que nous faisons une œuvre durable et confiants en la parole du Maître qui dit : Ne craignez point, petit troupeau. »

Un agent officiel de l'enseignement public, apercevant *La Croix*, il y a quelque temps, dans une de nos maisons, ne put s'empêcher de dire :

« Voilà un journal qui n'est pas tendre pour l'Université ! »

Le Moine n'aurait pas été mécontent du compliment. C'est aussi ce qui fait notre assurance en face des assauts dont on nous menace. Autrefois, on vit une poignée de vaillants, sans cesse harcelés par les Samaritains, rebâtir Jérusalem, l'épée d'une main, la truelle de l'autre. Aujourd'hui, chez nous du moins, les rôles se dédoublent. Tandis que les moines tiennent la plume, véritable épée des luttes modernes, leurs frères d'armes, avec moins de retentissement et sur un champ d'action plus modeste, travaillent lentement, mais sans relâche, à édifier la citadelle de l'enseignement chrétien, ou plutôt à la rajeunir, autant qu'ils en sont capables; seulement, d'un côté il y a des qualités d'expérience et de tactique, pour ne rien dire de plus, qui de l'autre ne se trouvent pas au même degré.

Ces qualités, c'est pour les acquérir ou les développer que nous allons mettre encore une fois nos efforts en commun.

Puisse 1899 marquer un progrès dans l'évolution de notre vie intime de piété et d'études ! Puisse notre zèle, se ravivant sans cesse aux sources les plus pures du sacrifice, ne point connaître la fatigue produite par la continuité des mêmes efforts !

C'est bien sur ce zèle ardent que compte notre T. R. P. Général.

Redoutant pour sa santé, si précieuse à l'Église et à la Congrégation, les fatigues de nos réunions d'études, j'avais prié le P. André de me dire s'il pensait que le Père pourrait les présider, comme il m'en avait donné l'espoir à Livry.

La réponse fut affirmative et le Père la renouvelait lui-même quelques jours après dans la lettre que l'on a lue plus haut.

Cette nouvelle sera bien accueillie de tous, même de ceux qu'elle va un peu surcharger. On regrettera seulement et nul ne le regrette plus sincèrement que moi, que l'initiative des questions à étudier soit laissée à un esprit aussi mal assuré, et pour qui l'organisation de ce genre est un fardeau d'autant plus lourd qu'il est nouveau.

Si quelque chose peut me rassurer, c'est qu'aucune des questions ci-dessous énoncées, aucune des dispositions prises n'a été imprimée sans l'assentiment et la haute sanction du T. R. P. Picard. En avant donc ! puisque nous sommes les enfants de l'obéissance.

**

Il me semble que nos réunions d'études doivent avoir un double but :

1° Revenir sur les décisions précédentes provisoirement adoptées, pour les maintenir, les rejeter ou les modifier, suivant les résultats généralement constatés ;

2° Aller de l'avant et examiner les questions pédagogiques dont la solution peut déterminer un progrès dans notre enseignement ou dans ses méthodes.

**

En ce qui concerne le succès ou l'insuccès de certaines expériences dans les questions aussi complexes que les questions d'enseignement, le plus sûr paraît être d'interroger les divers professeurs et de connaître leur avis. Le résultat de l'enquête dira généralement ce qui est bon, ce qui est médiocre ou ce qui est mauvais. Je dis généralement, car en pareille matière où sont les critériums infaillibles ? D'ailleurs les supérieurs se prononceront à leur tour aux réunions de fin juin et ce sera alors seulement que seront prises les résolutions définitives.

Les réponses auront encore plus de valeur si, au lieu d'être provoquées par une discussion plus ou moins vive ou données publiquement sous l'influence de susceptibilités à ménager, elles sont formulées par écrit, à tête reposée, dans le calme de la cellule.

Aussi chaque professeur est-il invité à répondre à un questionnaire qui sera arrêté dans quelques jours et tiré à part. Voici les principales questions qui en feront l'objet :

Etant donné que l'on ne fait plus ou presque plus d'analyse grammaticale dans les écoles primaires, parce que cette analyse n'est pas demandée au certificat d'études, y a-t-il lieu de la maintenir parmi les épreuves pour l'admission dans les alumnats ? Ne nous exposons-nous pas en la maintenant à éliminer des enfants d'ailleurs bien doués ? — Que pensez-vous du mois de français établi cette année au début des études ? — Verriez-vous quelque chose à changer au programme de ce mois ? — Quelle édition ont vos élèves pour l'explication et la récitation de l'Évangile du dimanche ? — Etes-vous satisfait de l'Atlas F. T. D. ? — Que pensez-vous de l'essai fait en 2° section de grammaire pour les sciences naturelles ? — Vous êtes-vous servi du *Cours de lecture à haute voix* de Riquier ? comment le trouvez-vous ? — Avez-vous tenu au courant dans les conditions indiquées en 1897 le cahier dit de *classe* ? — Quels avantages ou quels inconvénients avez-vous vus à son emploi ? — Avez-vous trouvé des indications satisfaisantes dans la liste des livres pédagogiques présentés aux dernières réunions ? — Auriez-vous en ce genre à signaler aux professeurs quelques livres connus de vous autrement que par des catalogues de librairies ? — Quels sont les livres que vous consultez avec le plus de profit pour les diverses branches de votre enseignement ? — Quelles modifications particulières verriez-vous à apporter au programme ?

Il faudrait que ce questionnaire rempli me fût retourné le 15 mars au plus tard. Ainsi aurais-je le temps de compulser les diverses réponses et d'en tirer, en un rapport présenté aux réunions, les conclusions qu'elles comporteraient.

**

Un retour sur le passé, c'est fort bien ; mais de toutes parts en entend formuler des plaintes contre l'enseignement tel qu'il se donne actuellement. De toutes parts aussi sont préconisées de nouvelles méthodes, et si leur multitude et le succès infaillible que chacun revendique pour la sienne ont l'inconvénient de laisser un peu sceptiques les gens de métier, ce n'est pas une raison pour nous de rester immobiles, quand tout s'agite autour de nous.

Il y a certainement d'excellentes parties dans toutes les méthodes ; le point délicat est de savoir les discerner pour se les approprier et en faire un tout quelque peu homogène.

Plusieurs questions étudiées en 1897 sont restées pendantes, faute d'éléments suffisants pour une solution. Le temps et la réflexion doivent les avoir mûries, ou du moins fait progresser.

En premier lieu, une solution s'impose pour l'adoption d'une grammaire latine. Nous ne pouvons plus rester dans l'incohérence où nous vivons depuis trop longtemps. Ici l'on suit Lhomond tout court, là Lhomond-Edon ou Lhomond-Mingasson ; ailleurs Brelet, Riemann, Leclair ou Ragon se partagent, je ne dis pas divers alumnats, mais parfois diverses sections d'un même alumnat. Les compositions se ressentent forcément de cette bigarrure et les appréciations des professeurs aussi. Veut-on maintenir ce *statu quo* ? Attendre que notre grammaire soit faite, c'est risquer d'attendre encore longtemps.

En fait de grammaire, une idée qui fait son chemin en ce moment dans les revues et dans les sociétés d'études est celle qui consiste à proposer une disposition des matières, une terminologie, des définitions identiques, autant que possible, pour les trois langues classiques : français, latin et grec.

Sans préjudice de l'utilité immédiate de chaque grammaire, il y aurait dans cette coordination des études grammaticales un appui et un soutien pour chaque langue nouvelle à apprendre, dont les procédés s'adapteraient comme tout naturellement à ceux de la langue ou des langues déjà apprises. M. Brelet a essayé de réaliser cette adoption ; il y aurait lieu d'examiner jusqu'à quel point il a réussi. En tout cas, il a là, je crois, une idée féconde à exploiter. Le P. Anastase est chargé de faire

un rapport sur toutes ces questions de grammaire.

Comme c'est surtout l'analyse grammaticale et logique, qui serait la base de cette unification des méthodes pour apprendre les trois langues classiques, il y aurait matière à un échange d'idées intéressantes entre les membres des réunions sur le rôle de l'analyse, sur l'importance qu'on lui donne depuis quelque temps dans l'enseignement secondaire à l'inverse de l'enseignement primaire, sur la mesure à garder dans cet exercice, sur les meilleures méthodes d'analyse, etc. (comparer en particulier Guérard, Lebaigue, Le Monnier, Petitjean, etc.) Le P. Albert est chargé de nous édifier à ce sujet.

La question de la meilleure méthode à employer pour apprendre les mots latins ou grecs a fait l'objet pendant ces deux dernières années d'expériences diverses ; chacun dira les résultats auxquels il est arrivé et quels moyens il a mis en œuvre. Nul ne semblait plus indiqué pour traiter cette question que le P. Albéric, si les missions du Chili ne l'avait ravi aux alumnats.

Le P. Eubert s'étant beaucoup occupé, et non sans succès, de cette partie de l'enseignement, nous fera un rapport sur ce qui lui a le mieux réussi en fait d'exercices de mémoire ou d'application. Il nous exposera la méthode qu'il employait pour le thème et la version en suivant les *Mots latins* de Bréal et Bailly ; il n'omettra pas d'indiquer les moyens de rendre moins arides les exercices de mémoire que beaucoup de professeurs hésitent à employer, parce qu'ils les trouvent trop rebutants pour les enfants.

Le P. Denys fera aussi un rapport sur les résultats obtenus par la méthode de l'abbé Viot qu'il a expérimentée avec ses grands jeunes gens de Montfort.

Le catéchisme du P. Alexis, dont l'impression avait été demandée aux réunions de 1897 est sous presse, et par les épreuves que l'on fait en sorte, malgré leur nombre restreint, de faire tenir successivement à tous les alumnats, les religieux peuvent juger de la valeur de cet ouvrage comme de ses lacunes. Plusieurs professeurs ont réclamé des développements excellents en eux-mêmes, mais étrangers à la rédaction authentique du Catéchisme Romain. Je n'ai pas cru avoir mission d'entrer dans cette voie ; néanmoins la question est à examiner et le P. Gausbert voudra bien s'en charger ; si l'on jugeait que les compléments réclamés doivent faire corps avec l'abrégé du P. Alexis, il serait encore temps après Pâques de s'en occuper, puisque l'ouvrage n'en est qu'à la première épreuve.

Cet abrégé du Catéchisme de Trente étant introduit dans les classes de grammaire, la question d'un manuel liturgique à adopter se pose nécessairement, gardera-t-on Gaume avec la répartition de ses 54 chapitres liturgiques, telle qu'elle a été faite en 1897 ? Prendra-t-on un manuel spécial, tel que Dutillet ou l'abbé Drouin pour les classes de grammaire ? Et en humanités, a-t-on, pendant ces deux dernières années, trouvé un manuel satisfaisant qui cadre avec notre programme ? Le P. Robert, qui a fait une étude spéciale de ces questions et qui est même correspondant de quelques revues liturgiques, se mettra en mesure de nous fournir dans son rapport les éléments d'une décision, soit pour les alumnats de grammaire, soit pour les alumnats d'humanités.

Est-ce illusion de ma part ou n'est-ce pas plutôt une conviction raisonnée acquise par une pratique de près de quatorze années ? Il me paraît que notre programme des hautes classes est ce qu'il y a de moins à retoucher. C'est qu'il contient la quintessence de tout ce qu'il y a de beau et de bon dans les trois langues classiques, ce que Montaigne aurait appelé « la substantifique moelle » des lettres chrétiennes et de l'antiquité profane. En deux ans, il ne semble pas possible de faire plus. Cependant, ici encore il peut y avoir des améliorations à faire, des modifications à introduire.

Le P. Arthur, qui a vu fonctionner les méthodes du collège, semble plus à même d'établir certaines comparaisons dont nous pourrions profiter. La répartition des sciences en particulier a toujours donné lieu à des réclamations auxquelles les réunions de 1897 se sont efforcées de faire droit. La réforme de ces deux dernières années donne-t-elle plus de satisfaction ? Au P. Arthur de nous le dire en prenant ses informations à bonne source sur ce point et sur les autres qu'il croira bon d'examiner.

Il ne faut pas nous le dissimuler, les anciennes méthodes d'éducation et d'instruction sont battues en brèche de tous côtés. Celles qu'on veut substituer vaudront elles mieux ? l'expérience le dira.

Il y a quelque temps, dans une conférence retentissante faite à l'*Alliance française* sur «l'Amérique et l'esprit français » par M. Doumic, celui-ci prouvait que la curiosité et la sympathie excitées dans le Nouveau Monde à l'égard de notre littérature, venaient en grande partie des qualités développées chez nous par nos anciennes méthodes si critiquées. Après avoir établi que, pour l'enseignement supérieur et pour l'enseignement primaire, d'autres nations rivalisaient aisément avec nous, il ajoutait : « Il y a un enseignement dont on ne trouve nulle part ailleurs l'équivalent, qui est chez nous mieux organisé, plus fortement et plus complètement que dans aucun autre pays et qui a donné sa saveur à notre esprit : c'est l'enseignement secondaire classique. »

M. Lemaître et M. Demolins sont loin de partager cet optimisme. Il y a dans les théories de ces écrivains bien des idées que nous ne pouvons accepter, mais combien d'autres, ou bien ont déjà été réalisées par nous dans les alumnats, ou pourraient l'être avec un succès probable, et dès lors demandent à être examinées !

Certes le P. d'Alzon n'a pas attendu que M. Demolins eût découvert les Roches pour établir le premier alumnat, loin des villes, sur le nid d'aigles de N.-D. des Châteaux. Et la plupart de nos autres maisons réalisent bien aussi l'idéal champêtre que l'on préconise aujourd'hui avec le petit nombre d'élèves, les travaux manuels, les grandes promenades, l'identification du professeur et du surveillant, la part prise aux jeux par les maîtres, etc.

Mais quelques points plus nouveaux sont à examiner : — classes moins longues, plus fréquentes, alternant continuellement avec l'étude: — devoirs faits pendant la seconde moitié de la classe sous l'œil du professeur ; — part plus large faite à la lecture et à l'explication des auteurs, plus restreinte à la grammaire, celle-ci s'enseigne surtout sur les textes expliqués; — lectures étendues d'auteurs dans le texte avec la traduction en regard, etc.

Le P. Ephrem pour les humanités et le P. Georges pour la grammaire nous diront ce qu'il faut penser de ces théories ou d'autres semblables, et dans quelle mesure on pourrait les appliquer pratiquement chez nous.

Enfin, le P. Eugène étudiera les perfectionnements que pourrait recevoir le *Correspondant* ; quels nouveaux éléments de vie intellectuelle ou morale pourraient entrer dans sa rédaction; — conviendrait-il d'y introduire des variétés et quels genres de variétés ? — ne pourrait-il pas comporter deux parties distinctes dont l'une, d'un caractère plus ésotérique ou plus intime, serait réservée aux maîtres ; l'autre pourrait sans difficulté être laissée entre les mains des alumnistes et serait comme leur journal d'études ? etc, etc.

Après ces indications générales, résumons en un tableau plus facile à consulter les questions proposées et les divers rapporteurs auxquels on pourra s'adresser :

Décisions de 1897 et leurs résultats—P. Théophile.

Adoption d'une grammaire et graduation des études grammaticales dans les trois langues classiques — P. Anastase.

Rôle de l'analyse et ses méthodes—P. Albert.

Les mots latins et grecs et la méthode la la plus sûre et la plus rapide pour les apprendre — P. Eubert et P. Denys.

Catéchisme du P. Alexis. Ce qu'on en pense. Desideratas à formuler — P. Gausbert.

Manuel liturgique en grammaire et en humanités — P. Robert.

Modifications à apporter au programme des humanités — P. Arthur.

Ce que nous pouvons prendre des théories pédagogiques récentes — P. Ephrem et P. Georges.

Perfectionnements à apporter au *Correspondant* — P. Eugène.

*
* *

Voilà certes plus de matières qu'il n'en faut pour occuper les trois ou quatre journées que dureront les réunions.

Bien entendu qu'en donnant le programme ci-dessus, on n'entend pas couper les ailes à l'initiative individuelle, mais seulement fixer l'attention sur certaines questions qui ont paru plus urgentes ou plus importantes.

D'ailleurs, l'intérêt des grands travaux distribués aux uns et aux autres dépendra en partie de l'empressement que chacun mettra à se renseigner auprès de ses collègues et du zèle dont feront preuve ceux qui, sans être spécialement invités à donner leur avis, se décideront en vue du bien commun, à échanger avec les rapporteurs des notes ou des communications d'un caractère amical et spontané.

Qu'il plaise à Notre-Seigneur de bénir ces réunions et de leur donner les fruits que nous préparerons surtout par nos prières !

P. Théophile

A PROPOS

DU

CATÉCHISME

Je dois des remerciements à tous les religieux qui ont bien voulu m'envoyer des remarques, corrections et annotations concernant le catéchisme. Elles me sont arrivées de presque toutes les maisons et j'y ai vu la preuve de l'intérêt qu'excite cette branche fondamentale de notre enseignement.

Je me hâte d'ajouter qu'il est peu de ces remarques dont je n'aie eu à tirer parti, malgré le travail considérable qu'exige l'harmonisation de tant de points de détail dont l'appréciation varie selon la tournure d'esprit d'un chacun. C'est là en effet qu'on peut juger des avantages d'une collaboration intelligente et réfléchie. Les uns, sont préoccupés du côté théologique et tiennent justement à ce que notre futur manuel présente sous ce rapport l'exactitude la plus irréprochable. Les autres, sans se désintéresser de ce point de vue, cherchent surtout une exposition claire, adoptée à l'intelligence des enfants et signalent, avec une liberté dont je leur suis reconnaissant, tout ce qui leur parait laisser désirer en ce sens.

Que mes chers correspondants veuillent bien pourtant me permettre, afin de leur éviter une perte de temps, de m'expliquer sur certains points.

Tout d'abord, un catéchisme n'est pas un cours de théologie proprement dit. Si celui que nous préparons a un mérite, ce doit être avant tout, de résumer exactement la doctrine du catéchisme du Concile de Trente. Dès lors, il ne saurait entrer dans le détail de certaines controverses portant sur des points débattus entre théologiens. Prendre parti là où le catéchisme romain a cru bon de passer ou ne se prononce pas nettement, ce ne serait être ni fidèle ni discret.

Aussi serait-il bon, avant de proposer des modifications qui rappellent trop les controverses d'école, de se rapporter au texte même du catéchisme romain et de voir ce qu'il dit. On s'épargnerait ainsi des dissertations qui ont bien leur intérêt, mais qui sont un peu hors de propos en l'espèce et ne peuvent être pratiquement utilisées.

Il est certaines corrections qui n'apportent guère que de nouvelles perplexités à celui qui est chargé d'en tirer profit. Si vous mettez en regard d'une pensée : Est-ce exact ? Est-ce assez clair ? Ne pourriez-vous pas trouver un meilleur exemple ? Cette pensée ne pourrait-elle pas être exprimée avec plus de concision ? et autres annotations de ce genre, vous indiquez bien le point faible, mais vous ne semblez pas assez vous douter que l'auteur de la première rédaction, après avoir longtemps réfléchi; n'est pas arrivé à trouver une meilleure formule et que c'est précisément pour cela qu'il fait appel à votre collaboration. Combien sont plus profitables de nouvelles rédactions de la phrase ou du membre de phrase qui paraissent douteux. Souvent elles apportent le jet de lumière ou l'expression choisie, claire et concise qui avait manqué au début. Fruits d'une réflexion personnelle, elles portent avec elles la variété de ressources que Dieu a mise au fond de chacune de nos personnalités.

Il est un point sur lequel j'aurais dû m'expliquer plus tôt. Le petit texte du catéchisme, bien que renfermant en général la substance du grand texte, peut cependant en être indépendant. Quelquefois des questions plus simples abordent les détails dans lesquels le grand texte, écho du catéchime romain, n'a pas jugé bon d'entrer et que la suite des interrogations ou des circonstances locales semblent naturellement appeler. Ainsi, bien que le catéchisme romain ne nomme, en parlant de la création de l'homme, ni Adam, ni Eve, ces deux noms sont forcément appelés par la série des questions sans lesquelles ne s'expliquent bien ni les privilèges de l'homme ni le péché originel. De même, à propos des fêtes, il était bon de mentionner dans le questionnaire les quatre fêtes d'obligation que nous avons gardées en France depuis le Concordat.

Voilà aussi ce qui explique pourquoi il n'a pas été possible, comme plusieurs l'avaient demandé, de mettre avant ou après chaque question du petit texte un numéro renvoyant au numéro correspondant du grand texte.

Le grand texte lui-même n'est que le thème à développer par le professeur, avant que l'élève l'apprenne comme leçon. Ce texte une fois expliqué a l'avantage de fixer l'esprit de l'enfant et de rattacher à chaque mot les explications du professeur. Aussi, ne faut-il pas s'étonner que ce grand texte ne renferme pas une foule de développements qui se trouvent dans les grands catéchismes de persévérance. Les professeurs sauront bien les y trouver, et ce sera une surcharge épargnée aux élèves que leur omission dans le manuel.

On commence à se lasser des éditions trop annotées et trop savantes des classiques. C'est une pléthore de renseignements érudits que l'enseignement oral d'un maître discret rendrait assimilables à l'élève, mais qui à la dose trop forte où ils sont donnés dans le livre, provoquent trop souvent la lassitude et le dégoût. Aussi, comme toute réaction exagérée en appelle une autre, en vient-on maintenant, après s'être engoué des éditions surchargées de notes, à prôner, comme le faisait naguère une revue pédagogique importante, les éditions sans notes des auteurs latins et grecs de la librairie Delalain.

Ce serait, je crois, s'exposer à un retour semblable des choses, en matière de catéchisme, que d'agir comme si l'on supposait que le livre est tout et le maître rien ou à peu près. Visons donc, tout en n'omettant rien d'essentiel, à cette brièveté claire et rapide, qui compte sur le maître pour les compléments de détail.

En terminant, me permettra-t-on de rappeler l'adage : *Bis dat qui cito dat ?* Pour que le catéchisme du P. Alexis puisse voir le jour cette année, il importe que les épreuves revues et annotées me soient renvoyées, autant que possible, *environ quinze jours après leur réception.*

De la sorte, le travail de révision générale n'est pas exposé à traîner en longueur.

C'est entendu et j'y compte, en remerciant à nouveau tous ceux qui veulent bien me faire parvenir leurs remarques et surtout le dévoué correspondant qui, dans chaque maison, tient la plume au nom de tous.

P. THÉOPHILE.

DEVOIRS FRANÇAIS

ALUMNATS D'HUMANITÉS

CANEVAS DE NARRATIONS

PREMIÈRE SECTION

SUJETS DE DISSERTATIONS LITTÉRAIRES

I. — Etudier le « *caractère du lion* » dans les fables de La Fontaine. — Ses qualités — Ses défauts — Est-ce avec raison qu'on a vu dans ce personnage la personnification du « *roi* » en général et de Louis XIV en particulier? Apprécier, comme il le mérite, ce caractère.

II. — L'*Horace* de Corneille, a dit un critique, présente un grand intérêt au point de vue historique. Dans un cadre un peu étendu le poète a su représenter la famille romaine et la cité tout entière : la famille avec la sévérité de la loi paternelle, la pureté des mœurs, l'austérité du patriotisme : la cité avec ses rudes institutions, ses vertus civiques et militaires, cet amour de la liberté et de la domination qui la prédestinaient à l'empire du monde.

Justifier cette série d'affirmations à l'aide d'une étude attentive de la tragédie en question.

NOTA. — Le plan de la dissertation semble assez clairement indiqué par l'énoncé lui-même.

P. ARTHUR. *(Brian)*

**

Montrez comment la fable intitulée : « *Les animaux malades de la peste* » est un véritable petit drame.

1° L'action

a) *Exposition :* Où commence l'exposition *proprement dite ?*

Désigner de son vrai nom *ce qui la précède,* et en caractériser le ton. — Où finit l'exposition ?

b) *Nœud.* Où commence et finit le nœud ? En suivre les diverses complications, les étudier, surtout au point de vue de l'intérêt qu'elles doivent exciter...

c) *Dénouement.* Le signaler. Est-il vraiment, comme il doit être, tout à la fois imprévu et préparé ?

2° Les Personnages

Études des caractères... Quels types de la société représentent respectivement les divers personnages de cette fable ?...

Quelques observations sur les discours propres à chacun d'eux ?... sont-ils dans le ton voulu ?.. etc...

NOTA. — N'oubliez pas, en terminant, de caractériser en quelques mots, la leçon qui se dégage de cette fable.

LE JONGLEUR DE NOTRE-DAME

Il advint jadis qu'un jongleur, à bout de ressources et de courage, se vit obligé d'entrer dans un de ses nombreux hôpitaux, tenus par les moines d'alors. Il y retrouva bientôt, avec la santé, la foi naive de son enfance. Même il avait promis un jour à la bonne Vierge Marie, s'il réchappait jamais, de lui brûler un cierge.

Le voilà donc guéri et tout entier à la préoccupation de tenir sa promesse. Il demande qu'on veuille bien le laisser tout seul, dans la chapelle, une heure au moins... On s'étonne... On accède pourtant à ses désirs, mais quelques moines sont avertis en secret de faire bonne garde du haut de la tribune.

Notre homme entre dans la chapelle, se dirige vers une statue de Notre-Dame, et se croyant seul, dispose tout son bagage étrange de jongleur... Le décrire brièvement... Puis il allume son cierge, et à genoux, ouvre naïvement son cœur à Marie ! « Il est trop ignorant pour la remercier comme il convient... De plus, avec un cierge si petit, il ne se sent vraiment pas quitte à son égard... Il va donc travailler un peu pour elle.., et pour son fils aussi... S'il lui arrive, après un si long chômage, de manquer ses tours, qu'elle daigne quand même en accepter l'hommage... » Il se relève alors, rejette un manteau qui le recouvre et apparait avec ses habits de jongleur. Aussitôt commencent divers tours de passe-passe... qu'il vous est facile d'imaginer et de décrire...

— « Autre chose, dit-il enfin à la Vierge, il faut varier » — Il écarte la table, car, ajoute-t-il, « pour ce qui va venir, il faut beaucoup d'espace... On va marcher de plus fort en plus fort » — Ici le jongleur se livre à une gymnastique des plus savantes, des plus compliquées, des plus effrayantes, des plus pénibles.., — Il ne s'arrête que lorsqu'il se sent épuisé de fatigue, et s'excuse en faisant naïvement observer à Notre-Dame, combien un pareil exercice est rude, plus rude qu'il ne semble...

La Vierge sourit et lui fait un signe d'assentiment. Puis, descendant vers le jongleur, que secoue une vive émotion, elle essuie la sueur de ses tempes.

P. EPHREM.   (Clairmarais)

✦✠✠✦

DEUXIÈME SECTION

Depuis trois jours devant sa toile, Angélico songeait... l'Annonciation, quel sujet.

Déjà, l'artiste avait tracé le lis, les plis du voile, l'ange venant annoncer le sublime message,... il ne manquait que les traits de la Vierge... Angélico devant sa toile souffrait...

Quelle expression lui donner ? Il le fallait à la fois souriant et sévère, exprimant les joies de la Crèche et les angoisses du Calvaire, et malgré ses efforts, le pinceau ne pouvait reproduire l'idéal que poursuivait l'artiste... Angélico devant sa toile tremblait.

Il court à l'église, supplie Jésus de lui donner le génie ou de lui accorder un modèle... Il revint à son travail... le tableau était fini ; le visage de la Vierge avait cette expression rêvée par Angélico, Quel était l'artiste... ? Dans le coin de la toile, l'ange souriant semblait dire : c'est moi... Et devant sa toile Angélico pleurait.

*
* *

Que savez-vous de la querelle littéraire suscitée par le Cid ?

Quelles sont les causes, surtout les causes personnelles à Richelieu et à Corneille, qui l'ont fait naître.

Comment s'est-elle déroulée ? Comment l'Académie y a-t-elle mis fin ? Appréciez le jugement de l'Académie.

Malgré les chefs-d'œuvre que Corneille produisit coup sur coup, n'est-on pas en droit de regretter que le poète ait abandonné une veine déjà si heureusement exploitée et qui eût été féconde pour nous en sujets nationaux et religieux.

*
* *

Un élève de seconde vient d'assister à une représentation du Cid. Le rôle de Rodrigue l'a ravi. Dans une lettre à un ami, il lui expose les motifs qui ont suscité son enthousiasme.

P. PATRICE.   (Brian)

*
* *

QUESTIONS SUR LE IIIᵐᵉ ACTE DU CID

Que se passe-t-il au 3ᵐᵉ acte ?
Par quelle scène commence-t-il ?
Que faut-il penser de la démarche de Rodrigue ?
Comment Chimène reçoit-elle les offres de don Sanche ?
Quels sont les vrais sentiments de Chimène à l'égard de Rodrigue ?
Analysez la scène de l'entrevue. Quel en est le mérite ?
A quels reproches a-t-elle donné lieu ? Comment se justifie-t-elle ?
Rodrigue se repent-il du meurtre du comte ? Chimène le lui reproche-t-elle ?
Quel est le principe qui explique toute leur conduite ?
Que demande Rodrigue ? Que lui répond Chimène ?
Pourquoi don Diègue se présente-t-il ?
Comment reçoit-il Rodrigue ? Quels conseils lui donne-t-il ?
Quelle diversion propose-t-il à sa douleur ?
En quel état se trouve l'action à la fin du 3ᵐᵉ acte ?

LE ROSSIGNOL ÉMIGRANT

Aux approches de l'hiver, un rossignol quitte la France et se dirige vers l'Orient.

Bientôt, il voit se dresser devant lui les cimes neigeuses des Alpes, qu'habitent l'aigle et le vautour, ses cruels ennemis. Avant de s'engager dans le dangereux défilé de la Savoie, l'oiseau voyageur s'arrête sur un chalet et avise aux moyens de passer sans être aperçu des brigands de la montagne.

Il part au point du jour, bravant le vent, le froid et la tempête. Le voilà dans la riante Lombardie ; mais il ne saurait y séjourner, le paysan lui fait la guerre. Il franchit donc l'Adriatique, d'île en île et aborde enfin dans l'hospitalière Egypte, sur les terrasses des sultants ou aux balcons des minarets.

P. Philippe.   (Clairmarais).

Le Rossignol émigrant
Développement

« Que ne restes-tu en France, pauvre Rossignol isolé ? que n'imites-tu la timidité de tant d'oiseaux qui ne vont qu'en Provence ? Là, derrière un rocher, tu trouverais un hiver d'Asie ou d'Afrique. La gorge d'Olioule vaut bien les vallées de Syrie. »

« Non, il me faut partir. Mon berceau m'appelle ; il faut que je revoie ce ciel éblouissant, que je me pose sur la rose d'Asie, que je me baigne de soleil... »

Donc, il part. Mais le cœur doit lui battre dès l'approche des Alpes, quand les cimes neigeuses annoncent la porte redoutable où posent sur leurs rocs les cruels fils du jour et de la nuit, le vautour, l'aigle, tous les brigands crochus, altérés de sang.

Je me figure qu'alors le pauvre petit musicien dont la voix est éteinte, non la fixe pensée, se pose pour bien songer encore avant d'entrer dans le long piège du défilé de la Savoie. Il s'arrête à l'entrée, sur quelque maison amie, délibère et se dit :

« Si je passe de jour, ils sont tous là. (Ils savent la saison). L'aigle fond sur moi, je suis mort. Si je passe de nuit, le grand duc, le hibou, l'armée des horribles fantômes, aux yeux grandis dans les ténèbres, me prend, me porte à ses petits..... Las ! que ferai-je ?...... J'essayerai d'éviter et la nuit et le jour. Aux sombres lueurs du matin, quand l'eau froide détrempe et morfond sur son aire la grosse bête féroce qui ne sait pas bâtir un nid, je passe inaperçu. Et quand elle me verrait, j'aurais passé avant qu'elle put mettre en mouvement le pesant appareil de ses ailes mouillées. » Bien calculé. Pourtant vingt accidents surviennent. Parti en pleine nuit, il peut, dans cette longue Savoie, rencontrer de front le vent d'est qui s'engouffre et qui le retarde, qui brise son effort et ses ailes... Dieu ! il est déjà jour... Ces mornes géants, en octobre, déjà vêtus de blancs manteaux, laissent voir sur leur neige immense un point noir qui vole à tire-d'ailes.

Un effort l'a sauvé. La tête en bas, il plonge, il tombe en Italie. A Suze ou vers Turin, il niche, il raffermit ses ailes. Il se retrouve au fond de la gigantesque corbeille lombarde, de ce grand nid de fruits et de fleurs où l'écouta Virgile. La terre n'a pas changé ; aujourd'hui comme alors, le paysan italien poursuit le rossignol. Mangeur d'insectes si utiles, il est proscrit comme un mangeur de grains. Qu'il passe donc, s'il peut, l'Adriatique, d'île en île, malgré les corsaires ailés qui veillent sur les écueils ! Il arrivera peut-être à la terre sacrée des oiseaux, à la bonne, hospitalière et plantureuse Egypte, où tous sont épargnés, nourris et bien reçus.

N'y reste pas longtemps, pauvre voyageur ; ta saison ne durera guère. Le vent destructif du désert s'en va souffler à mort, sécher, faire disparaître ta maigre nourriture. Souviens-toi du vieux nid, que tu as laissé dans nos bois, du doux ciel de France !

D'après Michelet.

Le lion de Florence

I. — C'est à Florence. Suivant une ancienne coutume du pays, les paysans des environs sont venus célébrer dans la ville le retour du printemps....

II. — Tandis qu'avec entrain on se livre au plaisir, tout à coup un lion apparaît... A sa vue, tout le monde s'enfuit épouvanté.... Dans ce désordre, une mère qui emportait son enfant laisse tomber son fardeau.... Elle s'arrête pour le ramasser, mais déjà le lion l'a saisi....

III. — Frayeur de la pauvre mère.... Elle tombe à genoux suppliant le lion de lui rendre son fils.... Le farouche animal se laisse émouvoir : il dépose doucement sa proie à terre et, reprenant sa marche, il se retire dans le bois voisin.

Blaise de Montluc au siège de Sienne

Sous le règne de Henri II, Blaise de Montluc, capitaine français, enfermé dans la ville de Sienne, en Italie, qu'il défendait contre les Impériaux, tombe gravement malade. Les habitants découragés par sa maladie, épuisés d'ailleurs par les fatigues du siège, parlent de se rendre.

II. — Cette détermination est rapportée à Montluc. Celui-ci, quoique moribond, sort aussitôt de son lit ; il s'habille, au milieu de décembre de son plus brillant habit de gala, prend un verre de vin de Chypre, dont il boit la moitié, tandis qu'avec le reste il enlumine sa face blêmie par la maladie, puis il paraît tout à coup au milieu des Siennois consternés. « Le vieux Montluc est mort, s'écrit-il, mais je vous en amène un tout jeune, tout vif, et qui va vous conduire contre l'ennemi à la plus rude sortie que nous ayons jamais eue. »

III. — Ce qu'il fit, sans résutat pourtant, car Sienne dût capituler.

P. Eubert.   (Laubat).

ALUMNATS DE GRAMMAIRE

PREMIÈRE SECTION

Légende de Geneviève de Brabant

1º Geneviève, fille du duc de Brabant, est donnée en mariage au comte Sigefroi. Les deux époux étaient dignes l'un de l'autre : Sigefroi, vrai chevalier chrétien, mettait son bras au service des opprimés ; Geneviève, partageait son temps entre la prière, le soulagement des pauvres et les travaux de son sexe. Deux années s'écoulèrent pour eux dans une paix inaltérable.

2º Sigefroi cependant dut quitter son manoir pour prendre la Croix. Il confia durant son absence la garde de Geneviève et l'administration de ses biens à Golo, son intendant. Geneviève, imposant silence à sa douleur, vécut dans la retraite et la pratique des bonnes œuvres. Le ciel lui ménageait de dures épreuves. Golo n'était qu'un hypocrite, capable de tous les crimes.,. Festins, débauches, orgies...: Geneviève désavoue sa conduite. Pour se venger, il écrit à Sigefroi une lettre calomnieuse contre son épouse. Le comte trop crédule, envoie à son intendant l'ordre de faire mourir Geneviève.

3º Elle est jetée dans un cachot ténébreux avec son enfant nouveau-né. Cruelles angoisses... Espoir en Dieu, sainte résignation. Les bourreaux, chargés de la tuer, la prennent en pitié et favorisent son évasion. Dans la forêt, une biche nourrit de son lait Geneviève et son fils. Dénuement complet : péripéties diverses.

4º Retour du comte : un serviteur fidèle lui démontre l'innocence de Geneviève. Sigefroi maudit sa fatale précipitation ; il éclate contre Golo... Plusieurs années après, étant à la chasse, il poursuit une biche jusqu'à l'entrée d'une caverne. O Stupeur ! il voit un spectre se dresser devant lui. Ce spectre l'appelle par son nom, c'est Geneviève ! Reconnaissance émouvante. Joie du comte à la vue de son fils. Rentrée au château. Allégresse générale.

*
* *

LÉGENDE DE SAINT EUSTACHE

1º Eustache, général de Trajan, avait remporté de brillants avantages sur les ennemis de Rome. Ses vertus naturelles devaient lui obtenir, avec la grâce de la conversion, une palme plus glorieuse encore, la palme du martyre.

Un jour qu'il était à la chasse, il aperçut entre les bois d'un cerf une croix resplendissante. Il tombe à genoux et il entend une voix d'en haut qui l'appelle par son nom. Dialogue entre Jésus et Eustache. Le nouveau converti reçoit le baptème avec son épouse Théopista et ses deux fils Agapite et Théopiste.

2º Malheurs d'Eustache : il perd la faveur impériale ; ses biens sont confisqués ; il est séparé de sa femme et de ses enfants ; lui même est exilé. Douleur et résignation de ce nouveau Job. Il vit quinze ans dans une retraite obscure, priant, travaillant, se sanctifiant.

3º Mais les barbares menacent l'empire. Trajan ordonne qu'on se mette à la recherche du vaillant soldat. Deux vétérans le reconnaissent à la cicatrice d'une blessure reçue autrefois. Ils le décident non sans peine à les accompagner. Joie de l'empereur, du peuple et de l'armée. A Rome, rencontre providentielle d'Eustache, de Théopista et de leurs enfants.

4º Victoire et Triomphe. Refus de sacrifier à Mars. Condamnation à mort. Théopista, Agapite et Théopiste veulent partager le sort du martyr. Epargnés par les bêtes, on les renferme dans un taureau d'airain, au dessous duquel est allumé un grand feu. La foule voit leurs âmes monter au ciel sous la forme de blanches colombes.

P. GEORGES. (Arras)

*
* *

BATAILLE DE POITIERS (732)

1. Au printemps de 732, les Arabes conduits par Abdérame, passent les Pyrénées, s'emparent de Bordeaux, s'avancent jusqu'à Poitiers. Eudes, duc d'Aquitaine, impuissant à les arrêter, implore le secours de Charles Martel. Le sort du monde est en jeu. Francs et Arabes sont en présence. Description des deux armées.

2. L'armée musulmane prend l'offensive ; les Francs résistent. Vingt fois, elle revient à la charge ; vingt fois les colonnes d'Austrasie reçoivent les Arabes sur la pointe de leur glaive. On se bat tout le jour. Abdérame conserve toujours l'espoir de vaincre, lorsque vers quatre heures du soir, le roi Eudes avec le reste de ses Wascons et de ses Aquitains, tourne l'armée arabe; Charles et ses Austrasiens chargent à leur tour et écrasent tout ce qui se trouve devant eux. Abdérame et l'élite de ses compagnons disparaissent broyés sous une masse de fer. La fin du jour arrête le combat.

3. Le lendemain, dès l'aurore, les Francs, prêts à livrer une seconde bataille revirent les tentes ennemies à la même place, mais elles étaient vides. Les débris harassés de l'armée musulmane étaient partis en silence, à la faveur des ténèbres, abandonnant tout, sauf leurs chevaux et leurs armes. La grande querelle était décidée.

*
* *

HÉROISME DU PÈRE THOMAS, MISSIONNAIRE
AU CHILI

1. Le Père Thomas Darbois, chargé de fonder une résidence de missionnaires dans le plus mauvais quartier de « Los Andes » forme le hardi projet d'en convertir les habitants.

2. Le premier dimanche, une nombreuse procession se déroule dans la rue. Une grande statue de la Vierge, portée par les pieux fidèles est placée sur une estrade en face des principales maisons de plaisir, et là le Père fait un discours véhément pour menacer les coupables des vengeances célestes. Les malheureux se promettent d'arrêter l'audace du missionnaire.

3. Le Dimanche suivant, le Père demande le secours de la police et la procession a encore lieu. Soudain, au milieu du sermon, un misérable fait tournoyer son « lasso » et s'apprête à le lancer sur le Père, quand le chef de la police lui coupe un doigt d'un coup de sabre. Le téméraire s'enfuit honteux et confus. Il n'y eut pas d'autre incident ce jour-là.

4. Cependant les esprits s'aigrissent. On s'engage à profaner la statue et à donner la mort au Père Thomas. — Le curé vient supplier le Père de ne pas sortir. Le chef de police à son tour se déclare incapable d'arrêter le complot. Le Père prie, réfléchit et fait la procession ordinaire. Pendant qu'il parlait, une vingtaine de bandits, armés de lassos et de bâtons, s'approchent, lèvent leurs bras pour frapper et soudain, tombent à genoux en s'écriant : « Pardon, Père, pardon, votre courage nous a vaincus. »

P. SÉBASTIEN. (Le Breuil).

Développement

Le Chili est une longue bande de terre resserrée entre la côte et la Cordillère des Andes.

Le champ est vaste, la moisson abondante et les ouvriers peu nombreux. Les Pères de l'Assomption, appelés en 1890 par Mgr l'Archevêque de Santiago, y ont fondé trois maisons prospères : la première à Rengo, la seconde à Santiago et la troisième à los Andes. Le Père Thomas Darbois avait été chargé de cette dernière fondation. Los Andes, petite ville de quatre mille habitants, située au pied de la Cordillère attire pendant la belle saison les Chiliens avides de respirer l'air frais des montagnes : elle est aussi un rendez-vous pour le plaisir et la débauche.

La nouvelle résidence des Pères se trouvait au bout d'une allée de tilleuls, toute bordée de maisons infâmes. Le Père Thomas n'était pas homme à supporter pareil voisinage. Une pensée lui vint, pensée sainte et hardie : Si l'on pouvait par des prières publiques, par des processions convertir ce malheureux quartier !... L'entreprise était grande, le succès incertain, mais le Père ne se laissa pas abattre par des considérations humaines. Il a recours à Dieu pour lui demander ses lumières, fait sculpter une statue de N. D. de Lourdes, de deux mètres de haut, et le dimanche suivant, après l'Office du soir, une belle procession se déroule dans l'avenue des tilleuls, au chant des hymnes et des cantiques. Au bout de l'allée, en face des principales maisons de plaisir, on place la statue de la Vierge sur une estrade. Le peuple à genoux récite le Rosaire, puis le Père Thomas prend la parole. En termes véhéments, il reproche aux coupables leurs abominations et menace la ville des châtiments célestes. La procession rentre ensuite à l'église.

Pendant la semaine, les cerveaux s'exaltèrent. Aux injures et aux insultes succédèrent les menaces : on forma le projet de mettre du désordre dans la prochaine procession.

Le Père Thomas, averti à temps, alla prier le chef de police de lui prêter main forte. C'était un brave homme, très ami des religieux. « Soyez tranquille, avait répondu le commissaire, je serai là avec mes hommes. »

Le dimanche suivant eurent lieu les mêmes manifestations de prière et de foi. Pendant que le Père parlait, une rumeur se fait entendre : un homme à la mine peu rassurante et payé sans doute par les Loges, traverse la foule, fait tournoyer un lasso, et s'apprête à le lancer sur le Père. Il y eut un moment d'anxiété parmi les fidèles ; le missionnaire était prêt à tout. Mais le chef de police était là : d'un coup de sabre, il tranche un doigt au misérable. Celui-ci pousse un cri de douleur et s'enfuit. On le vit ensuite courir la ville et montrer sa main en disant : « Voilà ce que j'ai gagné d'être libéral ! » — Il n'y eut pas d'autres incidents ce jour-là.

Cependant les esprit continuaient à s'aigrir et dans une maison, il se forma un abominable complot : avec un lasso, on abattrait la statue de la Vierge et on la traînerait dans la boue, tandis qu'un revolver bien dirigé frapperait le Père Thomas au cœur. Pendant la semaine ces bruits se répandirent au dehors, et la ville fut dans un état de surexcitation complète. Les meneurs étaient tellement furieux que personne ne doutait de l'accomplissement de leur infâme projet.

Le dimanche matin, le Père Thomas entendit frapper à sa porte : c'était le curé de Los Andes. « Mon Père, lui dit-il, je vous en supplie, sup-primez la procession aujourd'hui. Un crime abominable va se commettre ! « Et il lui raconta ce que lui-même avait entendu. « De grâce, ajouta-t-il, supprimez-la, ce serait une tache ineffaçable, un crime sans précédent pour los Andes ! »

Le Père ne promit rien. A peine M. le Curé était-il parti que le chef de police arrive à son tour. « Mon Père, dit-il, je vous conseille de ne point faire de procession aujourd'hui ! Je me sens incapable avec mes hommes de résister au courant, de repousser cinquante, peut-être cent personnes qui veulent attenter à vos jours ! — « Vous ferez ce que vous pourrez, répondit le Père, pour moi, je sortirai, si je le juge nécessaire ! »

L'allée de tilleuls était encombrée de personnes curieuses et impatientes. Tous les regards fixaient le portail de l'église et semblaient dire : « Aura-t-il le courage de sortir ?

Soudain, les portes roulèrent sur elles-mêmes et... la procession sortit calme et majestueuse, au chant des cantiques, précédée de la Vierge et du Père Thomas. Que s'était-il passé ?... le Père avait prié... « Seigneur ! Seigneur !, avait-il-dit à Jésus, il ne faut point reculer ! La fuite, la retraite auraient pour résultat de nous faire perdre tout le bien accompli ! Je marche peut-être à la mort, mais que mon sang coule pour le rachat des pauvres pécheurs. Je serais trop heureux s'il pouvait seulement coopérer à la destruction de ces criminelles maisons. Seigneur ! Seigneur ! prenez ma vie, mais convertissez quelques pécheurs !

A l'hôpital, où l'on venait d'apprendre sa subite résolution, on prépara tout ce qu'il fallait pour le recevoir, s'il n'était que blessé.

La procession continue sa marche jusqu'à l'endroit où elle s'arrêtait d'ordinaire... On récite avec ferveur le rosaire, puis le Père se lève et d'une voix calme, adresse la parole aux assistants :

« Mes frères !, dit-il, vous avez entendu le récit du complot qui s'est tramé... mais tandis que le prédicateur continue avec fermeté, une vingtaine d'hommes, armés de lassos, de bâtons, etc. sortent d'une maison et se dirigent vers le courageux missionnaire.

Les femmes du premier rang qui ont juré de le défendre, tombent évanouies ; les brigands s'approchent... ils ne sont plus qu'à deux pas de leur victime ! Tout le monde ferme les yeux pour ne point voir le forfait, tandis que le religieux, les yeux au ciel, fait un grand signe de croix.

La troupe est là, devant le Père, chacun prévoit le coup fatal, lorsque changement inespéré ! les bandits, fondant en larmes, se jettent à ses genoux et s'écrient avec douleur : « Pardon ! Père, pardon ! Votre courage nous a vaincus !!

F. E. *alumniste du Breuil.*

**

L'ANNONCIATION DE FRA ANGELICO

L'Annonciation !... La Vierge !... Quel sujet !... Devant sa toile, Angelico songe à ce qu'il doit faire... Enfin, il ne manque plus rien au tableau qu'un visage : celui de la Vierge. Comment le dépeindre.... Il doit exprimer les joies de la crèche et les douleurs du Calvaire. Le religieux artiste commence et recommence son œuvre, y mettant tout son amour et toute sa piété....

Mais rien ne le satisfait.... Son pinceau ne peut rendre l'idéal admirable que lui révèle son génie.

Désespéré, l'humble artiste court au chœur de la chapelle,... demande à Jésus le génie ou du moins le modèle.... Quand il revient à son travail, son chef-d'œuvre est terminé. Dans un coin du tableau un ange sourit tandis que l'artiste en extase pleure de joie.

Le Supplice d'une Vestale

Le frère d'Octavia va partir pour les légions du Rhin ; il vient dire adieu, à sa sœur au seuil du temple. Pendant ce temps le feu sacré que la vierge aurait dû garder s'éteint sur l'autel de Vesta. Octavia traduite le lendemain devant un tribunal est condamnée à mort. Trois jours après, par une belle matinée de printemps, un cortège lugubre traverse les rues de Rome et arrive à la *via Appia* où la fosse a été creusée. La jeune vierge au milieu d'un silence de mort descend alors dans son tombeau par une échelle que les licteurs retirent aussitôt pour rouler une immense dalle sur le trou béant.

Octavia reste trois jours sans toucher à son pain et à sa cruche d'eau, n'ayant d'autre spectacle que la flamme vacillante d'une torche. Le quatrième jour la lampe s'éteint et sur le soir la jeune fille s'évanouit au milieu d'horribles tortures. Quand elle revient à elle, deux jeunes gens viennent de la déposer au milieu d'une assemblée d'hommes et de femmes qui l'entourent de prévenances. La salle où elle se trouve n'a pour ornement que des tombes. Elle comprend que les chrétiens l'ont sauvée. Elle ne revit le jour que pour descendre dans l'arène des martyrs.

P. Anastase.   *(Châteaux)*

* *

La nuit de Noël

I. — Le soir de la vigile de Noël, la famille entière est réunie auprès du foyer. On prépare avec une vive allégresse, les mets simples mais succulents qui doivent être servis au retour de l'office et l'on met dans l'âtre la buche de Noël, qui se consume pendant le temps des matines.

II. — Cependant l'aïeul raconte à ses petits enfants les mystères de la grande nuit et les traditions qui s'y rattachent. Puis on chante quelques vieux Noëls ; ce que contiennent ces chants.

III. — Enfin le son des cloches vient annoncer l'heure des matines. Heureux l'enfant à qui son âge permet pour la première fois d'assister à la messe de minuit. Une pensée domine cette nuit et le jour de la fête.

Pax hominibus bonæ voluntatis

La Forêt Enchantée.

I — Non loin du camp des Chrétiens, au fond d'une vallée, est une sombre, une antique forêt. L'enchanteur Ismen a pénétré dans ces ombrages, il a évoqué les puissances infernales, et la forêt tout entière est habitée par des esprits malfaisants.

II. — Godefroy a besoin d'une nouvelle tour : il envoie ses travailleurs dans le bois enchanté ; ils reviennent éperdus des prodiges qui ont frappé leurs regards. Tour à tour, Alcaste, Tancrède lui-même ont essayé de rompre le charme funeste ; ils ont reculé devant les prestiges de l'enfer.

Enfin, Renaud revient au camp des Chrétiens : il confesse ses fautes à Pierre l'Ermite.

III. — Au lever de l'aurore, il entre dans la forêt. Tout est calme d'abord, puis la tempête éclate autour de lui. Un myrte s'élève, semblable à un roi, au milieu des palmiers et des cyprès : Renaud le frappe de son épée. Des voix gémissantes se font entendre. Les fantômes se multiplient et se succèdent. Le héros redouble tandis que le tonnerre retentit. Le tronc est coupé, le charme est détruit, les fantômes s'évanouissent, les enfers sont encore une fois vaincus.

Le *Tasse*, La Jérusalem délivrée. (Chant XVIIIᵉ)

P. Emilien.   *(Miribel)*.

* *

Assassinat d'Agrippine

Néron. — Sa cruauté. — Ses crimes

I. — Il a résolu de tuer sa mère... pourquoi ?.. il veut que son forfait reste caché.... Son confident Amicetus lui propose de construire un navire muni d'une trappe pour noyer l'impératrice en pleine mer.

II. — Néron simule une fête à Baïes et y invite sa mère qui doit y venir de sa maison d'Antium.... Prévenances hypocrites de l'empereur envers sa mère. Après le festin, il accompagne lui-même sa mère au port.... Magnifique vaisseau pour la reconduire. L'empereur y conduit sa mère et la quitte après l'avoir embrassée.

III. — Beauté de la nuit. Mollement étendue sur un lit de parade, l'impératrice s'entretient joyeusement avec ses suivantes.... catastrophe subite.... repoussée par les matelots à coups de rames, l'impératrice devine les desseins de son fils, elle se sauve à la nage.

IV. Néron appelle de nouveau Amicetus qui se charge de le débarrasser de sa mère... Agrippine à demie assommée de coups de bâtons montre son sein aux meurtriers en s'écriant : « Frappez donc plutôt ce sein qui a nourri Néron. »

Le petit Moqueur

Dans un village de Champagne, vivait un tonnelier père de 3 garçons ; l'un *bossu*, le second *borgne*, le troisième *boiteux*, mais tous trois bons, adroits et intelligents. Le châtelain du village a pour fils Rodolphe, garçon de 10 ans, paresseux, ignorant, fort et moqueur. Surnoms de chameau, Cyclope, Vulcain donnés par lui aux fils du tonnelier, qui étonnés, demandent l'explication de ces noms au maître d'école.

I. — Peu après Rodolphe va pêcher à la ligne, il tombe dans la rivière et est retiré sain et sauf par le bossu qui le ramène sur sa *bosse*. Rapporter les paroles du bossu.

II. — Chasse de Rodolphe aux papillons, il va tomber dans un piège à renards ; ce que lui dit le *borgne* après l'avoir sauvé du danger.

III. — Plus tard devant la maison du tonnelier, un chien méchant, harcelé par Rodolphe, allait sauter sur lui.... le boiteux arrête l'animal furieux par un vigoureux coup de béquille. Rapporter les paroles du boiteux à Rodolphe. Conclusion. Attendrissement et reconnaissance du jeune châtelain, il embrasse les 3 frères, et les remercie de l'avoir corrigé d'un vilain défaut.

(Sainghin)

LA MESSE DE MINUIT DE PETIT-JEAN

Belle nuit de Noël... on s'apprête pour l'office... Par mainte porte entr'ouverte, on sent les apprêts du réveillon.... Il n'en est pas de même de la maison du père Jérôme, le menuisier, vieil avare laid à faire peur.... veuf depuis longtemps, il ne songe qu'à entasser les écus. Description de la maison.... Le vieux Jérôme avait adopté un jeune orphelin, non par charité, mais pour avoir un domestique qui ne lui coûtait rien.... Cette nuit le père Jérôme fait sa toilette.... quelle toilette !... pour aller faire le réveillon à la ferme des grands houx.... Portrait du petit orphelin.... il demande la permission d'aller assister à la messe de minuit ; elle lui est accordée à condition qu'il travaillera le lendemain.... Douleur de Petit-Jean.... Le père Jérôme part.... Petit-Jean se met vite au travail.... On frappe un léger coup à la porte, Jean croyait que c'était un pauvre, va vite ouvrir, et trouve un adolescent d'une rare beauté qui lui offre de faire son travail pendant son absence.... Jean va donc à la messe... Il se hâte de retourner à la maison après l'office.... Il retrouve le beau jeune homme qui avait achevé tout le travail et qui lui dit : viens avec moi... Après avoir marché longtemps sans fatigue, ils arrivent à un couvent de Saint-François. Le bel adolescent dit au frère portier : Je vous amène un novice, faites-en un saint, et il disparut....

Le père Jérôme ne retrouva plus le Petit-Jean et mourut dans son avarice, mais Petit-Jean devenu frère Jean de l'Enfant-Jésus, mourut en odeur de sainteté.

CONVERSION D'UN MUSULMAN

Parmi les défenseurs de la France en 1870, les Arabes sont au premier rang. Mohamed, lieutenant de tirailleurs algériens à une jambe brisée à Sedan... L'amputation mal faite l'oblige de séjourner à l'hôpital. Là, touché par le dévouement des sœurs de charité, il demande à lire l'Evangile.... La grâce opère la conversion.... il demande le baptême qui lui est administré par l'évêque de la Mandchourie. Le général G. fut le parrain et la baronne D. la marraine. Après le baptême, Mohamed ou plutôt Henri (c'était le nom de son parrain) reçoit la confirmation. Discours de Monseigneur comparant Henri aux néophytes de la Mandchourie. Prophétie.... Le jeune officier malade a besoin du soleil d'Afrique.... Il est renié par sa famille.... Tous les ans à la St-Henri, le général G. reçoit une lettre de son filleul... une année la lettre n'arrive pas.... Henri était mort ; et comme il habitait une maison de Juifs, le prêtre fut empêché d'arriver jusqu'à lui.... Mais Notre-Seigneur qui lui était apparu au jour de son baptême, dût certainement venir le fortifier au jour de sa mort...

P. EMILE.   (Tainlegnies)

DEUXIÈME SECTION

TRAIT DE BIENFAISANCE D'UN PRINCE FRANÇAIS

Le duc de Berry, petit-fils de Louis XIV, âgé de douze ans, marchant un jour, loin des pages de sa suite, est accosté par un vieil officier dans le besoin, qui lui remet un placet racontant ses services et sa triste situation. Le jeune prince ému, mais n'ayant rien en ce moment, prie l'officier de venir le retrouver le lendemain à la chasse. Il peut, en effet, alors lui faire son aumône ; elle était de trente louis qui devaient servir à ses menus plaisirs du mois ; le jeune duc fit la chose sans être aperçu, et recommanda le secret au vieil officier. Le soir de ce jour, le roi propose une partie de cartes ; le duc s'en défend, — Etonné de ce refus, le roi presse le jeune prince, qui avoue d'abord qu'il n'a pas d'argent, et est enfin contraint de dire l'usage qu'il a fait de celui qu'il avait reçu la veille. Louis XIV le presse sur son cœur et augmente ses menus plaisirs de douze francs par jour.

L'ENFANT COMPATISSANT

Le vieux Pierre porte avec peine un fagot de bois. Albert, enfant de treize ans, rencontre le pauvre vieillard, et, touché de compassion lui propose de l'aider. Pierre, après avoir fait difficulté, accepte et suit l'enfant, qui, ne pouvant porter le fagot, le traîne. Arrivés à la chaumière du vieillard, celui-ci remercie Albert et le bénit.

(Arras)

L'AVARE PRIS ET MOURANT DANS SA LOGE

Un riche financier avait ramassé plusieurs millions. — Son dieu était son or... Ses inquiétudes pour son trésor... Il fait construire un cabinet secret dont la porte ne peut se rouvrir sans lumière... Très content, l'avare fait plusieurs fois l'épreuve de la porte. Il enferme tout son or dans le cabinet secret. Longues heures passées à palper et à compter son or...

Un jour il s'oublie si longtemps que la lampe jette une dernière lueur et s'éteint. — Effrois, cris, fureur, folie. — Après deux jours d'agonie il meurt sur son or. Sa famille est dans la désolation. L'ouvrier inventeur de la porte devine ce qui s'est passé, ouvre la porte ; on trouve un cadavre sur des monceaux d'or.

HÉROISME DE L'AMOUR FILIAL

Le fils du contre-amiral Casabianca, suivait son père dans ses campagnes. — Un jour le feu prend sur l'*Orient* après un combat meurtrier. — Terreur. — Panique.

Le jeune Casabianca debout sur le pont reste à son poste sans bouger, pendant que tout le monde abandonne le vaisseau. Un matelot vient lui dire que son père se meurt et lui ordonne de sauver sa vie. L'enfant se précipite affolé, trouve son père, le serre dans ses bras. En vain son père, les officiers, s'efforcent de lui faire quitter le bateau qui coule. Il répond :

« Je veux mourir avec mon père ». Une heure plus tard l'*Orient* s'abîmait dans les flots, emportant dans ses flancs le père et le fils étroitement unis.

F. SÉVERIN. *(Breuil)*

LE PRÊTRE

Tracer le portrait du prêtre... rappelant qu'il est de la famille de tout le monde, qu'il intervient dans tous les actes importants de la vie.

Considérez-le puisant dans la prédication même de Notre-Seigneur, les préceptes qu'il enseigne.

Voyez en lui l'administrateur des sacrements, un homme vivant pauvre et solitaire. — Finissez par quelques réflexions sur la sublimité de sa mission.

LE SOLDAT DE MARATHON

La bataille de Marathon est finie : les Perses fuient honteusement poursuivis par les Athéniens.

Un soldat quitte les rangs : il veut porter le premier à Athènes la nouvelle de la victoire.

Il part en armes; il court, se presse et arrive enfin à Athènes. Il tombe mort en disant : Réjouissez-vous, nous sommes vainqueurs !

Joie des Athéniens.... Honneurs rendus au messager.

P. DAMASCÈNE. *(Châteaux)*

LÉGENDE DE LÉON IX

I. — Après une chasse ardente au sein des profondes forêts des Vosges *(faire le rapide tableau d'une chasse qui se termine par la mort d'un cerf)*, Hugo, seigneur du Dabo revient avec les châtelains ses invités, au château où les attend un splendide festin.

Hugo marche seul à pied. Soudain au carrefour de la croix des Bergers, la sorcière Mayrel lui apparaît;... elle lui annonce que le fils qui vient de lui naître, doit être un jour son maître et seigneur *(engager un dialogue)*.

Il s'en retourne rêveur au château, et son front ne se déride pas pendant tout le repas.

II. — Sept ans plus tard.... Le chevalier toujours inquiet ordonne à son écuyer Gauthier de prendre Bruno et d'aller l'immoler dans la forêt *(les faire parler)*. Gauthier obéit.

Pendant le chemin, l'enfant sans défiance cause avec son ami Gauthier. Celui-ci, ému de pitié, n'a pas le courage de le tuer... il le confie à un solitaire, et rapporte le soir une dague ensanglantée à son maître.

III. — Hugo devenu vieux est accablé de remords.

L'an 1049, un pèlerin frappe à la porte du château... Le comte le reçoit, lui ouvre son cœur. Celui-ci lui conseille d'aller à Rome en expiation de son crime.

Le fier châtelain part.... Il visite les sanctuaires de la ville sainte et va enfin se jeter aux pieds du Pape.

Aux premiers mots, le pontife le relève et lui dit : O mon père, ô noble comte, votre place est sur mon cœur.... Dieu a tout dirigé.... la paix soit à votre âme !

ÉPISODE DE LA GUERRE DE L'INDÉPENDANCE
HELLÉNIQUE
INCENDIE DE LA FLOTTE TURQUE A TÉNÉDOS

I. — La flotte turque se tient prudemment renfermée dans le port de Ténédos, depuis la récente catastrophe de Chio (19 Juin 1822).

La flotte grecque mouille au port de Psara (petite île dans l'Archipel). Les amiraux ont décidé la destruction de la flotte ottomane.

Le brave Canaris s'offre encore pour ce nouveau coup d'audace.

II. — Le 9 Novembre 1823, au soir, il sort du port de Psara avec deux brûlots et deux bricks.

Il a avec lui un ami fidèle, Cyriaque et 17 hommes, comme équipage.

Ils arrivent en face de la flotte ennemie, le jour suivant à la nuit tombante.... ils ont peine à distinguer le vaisseau amiral. Celui-ci, averti par les signaux des frégates d'avant-garde, tire trois coups de canons.... Canaris excite les siens et s'élance vers le point où se font entendre les coups.... Il aborde la citadelle flottante en enfonçant son mât de beaupré dans un de ses sabords. Il y met le feu. Elle sombre avec son équipage, sauf le capitaine pacha et une trentaine des siens.

Cyriaque brûle un autre navire.... L'incendie se communique à toute la flotte qui n'offre plus qu'une scène, de désordre et de carnage.... La citadelle, croyant les grecs dans le port canonne ses propres vaisseaux. Les navires qui parviennent à s'éloigner du port, sont assaillis par une violente tempête.... Pas un n'échappe au désastre de cette nuit affreuse.

III. — Pendant ce temps les équipages des brûlots assistent tranquillement à la destruction de la flotte du sultan Mahmoud II, qui se réfugie à terre dans un canot.... Ils voient aussi le second navire s'abîmer avec son équipage, sauf deux hommes à demi brûlés.

Enfin, recueillis par les bricks des Hellènes, Canaris et ses braves gagnent la haute mer et naviguent sur la cime des vagues....

Ils reparaissent au port de Psara, après la tempête, le 12 Novembre, avec toute la flotte grecque.

P. ALBERT. *(Miribel)*

LÉGENDE DE SAINT-LONGIN

Le soldat Longin avait les yeux malades. Quand il ouvrit avec sa lance le cœur de Notre-Seigneur, une goutte de sang divin rejaillit sur ses yeux et les guérit. Il se convertit, est témoin de la résurrection, l'annonce dans Jérusalem, malgré les promesses et les menaces des princes des prêtres.

Son temps de service accompli, il se retire près de Sébaste. La persécution survient.... Le préfet de la ville envoie deux archers pour l'arrêter.... Les deux archers rencontrent un vieillard et lui demandent s'il connaît Longin. Le vieillard promet de le leur livrer, invite les soldats à accepter son hospitalité... Ils y restent trois jours, au bout desquels le vieillard leur déclare que Longin, c'est lui... Les soldats se convertissent et subissent le martyre avec Longin.

L'Enseigne du Cabaret

Maître Grégoire a mis sur son cabaret l'enseigne suivante :«Aujourd'hui on paie... demain pour rien ».

Janot lit l'enseigne...

Le lendemain Janot se présente chez maître Grégoire se fait servir un copieux repas... A la fin il se lève, et gagne la porte... Grégoire l'arrête. Etonnement de Janot... Explications... Janot paie et s'en va, mais pas content.

(Sainghin).

TROISIÈME SECTION

Le pin

Questions

1º Qu'est-ce que le Pin ? — Quelle en est la forme ?

2º Comment est son feuillage et son fruit ?

3º A quoi sert-il et qu'en retire-t-on ?

4º Que fait-on de son bois ?

Image de Notre-Seigneur crucifié

Questions

1º Que voyez-vous dans cette image ?

2º Comment y sont représentées les personnes et les choses que vous voyez ?

3º Quels sentiments vous inspire la vue de cette image ?

(Arras).

La nuit de Noel

I. — C'est la nuit de Noël.... Le petit Jules a placé ses souliers dans l'âtre, car la maman ui a dit que le petit Jésus y mettrait quelque chose de bien beau.... Vous parlerez des petits projets, des espérances.... des désirs de l'enfant.... ou encore..... Il s'endort.

II. — Ses rêves...il voit s'agiter quelque chose près du sabot... Le petit Jésus !... Il apporte des bonbons.... beaucoup.... plein les deux sabots... et puis des joujoux.... oh comme ils sont beaux!... un cheval de bois.... une boîte ... oh je vais bien m'amuser ?...,

III. Un joyeux carillon retentit.... C'est la messe de minuit, le petit Jules s'éveille.....

Maman ! » — « Eh bien mon enfant ? » — « Le petit Jésus est venu? » — « Non, c'est maintenant qu'il va passer, mais il faut t'endormir, autrement il ne te donnerait rien.... » Et l'enfant s'endort, rêvant encore au petit Jésus..... Quel bonne nuit que la nuit de Noël.

Ma rentrée a l'alumnat

(Lettre)

I.— En quittant mes parents j'ai bien pleuré... Mon petit frère disait à maman : « Où va-t-il Georges ? » on ne voulait pas le lui dire, car lui aussi avait pleuré. Je souffrais beaucoup.... mais quand je pensais que ç'était pour être prêtre, cette pensée me consolait.

II. — J'arrive à l'alumnat... les premiers moments sont un peu pénibles mais je suis vite habitué... mes nouveaux condiciples sont si aimables... Quel bonheur de vivre en si aimable société...

III. — On sonne la classe (raconter les expressions d'une première classe). Le professeur me donne beaucoup de livres, entre autre une grammaire latine. Je suis fier de posséder une grammaire latine... on explique les premières pages... Je suis un peu désorienté... mais mon professeur me dit de ne pas me décourager.... que les commencements sont toujours difficiles.

IV. -- Maintenant je suis bien habitué.... J'aime le latin... Je ne crois pas que l'on puisse rêver vie plus heureuse et plus agréable que celle d'un alumniste.

F. Cyprien.   *(Châteaux)*

La première trahison de Judas

I. Elle était célèbre en Israël l'école du Rabbi Nathanaël : tout en donnant à ses élèves les éléments des sciences humaines, il aimait à leur expliquer les prophéties messianiques.., Chaque jour avec le Maître, les enfants redisaient la sublime prière d'Isaïe pour la venue du Messie.

II. — Or, parmi les élèves du Rabbi en était un qui inspirait à tous une répulsion instinctive : il venait du bourg de Karioth, Judas (c'était son nom) ne voyait dans le Messie à venir que le conquérant qui devait assurer à Israël la domination universelle... Du mépris pour la doctrine de son maître, il arriva à la haine...

III. — Un jour, devant le Sanhédrin, Nathanaël fut accusé de semer la discorde dans le peuple de Dieu. — Qu'il soit regardé comme un païen et un publicain, prononça le grand-prêtre Et en pleurant, les enfants quittèrent le Maître vénéré. Mais lui : —Les prophéties sont accomplies, enfants ; l'étoile de Jacob s'est levée. Le Messie est venue... il va parler, lui seul est le *vrai Maître !* Nous serons ses disciples... « Et quand il fut seul, le Maître murmura : Le Messie doit être trahi par un de ses disciples; Judas sera ce disciple et ce traître ! »

Le petit chantre de Notre-Dame

I. — Il avait 7 ans... à l'école il entendit d'autres enfants chanter l'*Alma Redemptoris.* Expliquez-moi le sens de ces paroles, dit-il à un de ses compagnons plus grand et plus savant... Puisque ce chant a été fait en l'honneur de la Mère du Christ, je veux le savoir!... Et en allant à l'école, en rentrant, il redisait joyeux : *Alma Redemptoris.*

II. — Mais le chant de l'innocent irritait les Juifs. Un jour, ils saisissent l'enfant... et lui coupent la gorge.

III. — Toute la nuit, la mère attend l'enfant. Ses recherches... on l'a vu dans le quartier des Juifs... Elle se met à l'appeler.

VI. — Une voix lui répond; c'est son enfant. Il chante : *Alma Redemptoris Mater.* Les chrétiens accourent... les Juifs sont arrêtés et livrés à la justice. Le crime est évident: ils sont *pendus de par la loi.*

V. — L'enfant est transporté à l'abbaye voisine, au milieu du peuple en pleurs... Le martyr chante *haut et clair* : *Alma Redemptoris Mater* ! et meurt.

Prière. — S. Richard, S. Simon de Trente, et vous tous, enfants martyrs des Juifs, priez pour vos petits camarades d'aujourd'hui . Eux aussi voudraient chanter : *Alma Redemptoris Mater*, mais le Juif étouffe leur voix par l'enseignement athée.

(Les Jouvenceaux de Nostre-Dame),
P. LEFÈVRE. *(Miribel).*

LE SACRIFICE DE NOÉ

Les quarante jours et les quarante nuits sont passés. Noé reconnaît après plusieurs expériences que les eaux ont cessé de couvrir la terre. Dieu lui ordonne de quitter l'arche, lui... et tout ce qui y était enfermé.... Sentiments de Noé.... Comment il les manifeste. Réponse de Dieu.

LA VEILLE DE NOEL

La Sainte-Vierge et Saint-Joseph arrivent de.... à Bethléem pour obéir aux ordres de l'empereur romain Auguste, suivant le décret de Dieu qui avait choisi Bethléem. Marie et Joseph cherchent un logement. Ils sont repoussés des hôtelleries.... Où vont-ils ? Qu'arrive-t-il ? Comment la grande nouvelle est-elle communiquée ? par qui ?... à qui ? Comment ? Que retenir ?

(Sainghin).

Imp. du Petit Alumniste, Miribel-les-Echelles (Isère) 14-250. — Le Correspondant des Etudes, Janvier 1899, N· 39. — Peticlaude, Gérant.

LE CORRESPONDANT DES ÉTUDES

BULLETIN MENSUEL

RÉDIGÉ PAR LES PROFESSEURS DES ALUMNATS

SOMMAIRE

A travers les Canevas de Janvier

Aimez-vous les musées? Je ne sais, mais bien des esprits, qui ne sont pourtant pas fermés au beau, tout en appréciant l'utilité de ces collections à d'autres points de vue, souffrent de voir tant de belles choses entassées, isolées du cadre pour lequel elles sont faites, fatiguant l'admiration en l'obligeant à se reporter brusquement d'un objet à l'autre, sans avoir le loisir de s'arrêter à aucun.

Question d'art mise à part, il y a quelque chose de cette impression dans une galerie de sujets littéraires défilant les uns après les autres devant des yeux, à qui cette perspective continuellement changeante, apporte de l'agrément et un peu de fatigue. Aussi bien, faut-il y voir avant tout, comme dans les autres répertoires de ce genre, un recueil utile à consulter quand nous sommes pressés par le temps ou que notre imagination est à court.

A ce point de vue, sauf deux ou trois professeurs sur lesquels je n'attirerai pas autrement cette fois l'attention, tous ont compris l'utilité d'un bon choix de devoirs français, dont chacun préparerait les matériaux par l'envoi, à la fin de chaque trimestre, de sujets groupés dans un numéro du *Correspondant*.

Je le dis tout de suite, à part les alumnats d'humanités, on s'est trop exclusivement cantonné dans la narration. Si, de tous les exercices de composition, c'est celui qui forme le mieux l'imagination, on oublie trop que ce n'est ni le seul ni peut-être le plus efficace pour apprendre le français, du moins dans les classes de grammaire. Des exercices sur les mots, sur l'emploi judicieux des dérivés, des composés, des synonymes, des contraires; de petits dialogues développant une pensée assez simple et où l'enfant prend l'habitude de relever par un tour piquant la familiarité des détails; de petits contes où l'on ne laisse passer rien de douteux au point de vue de la correction du style; de petites lettres où l'enfant s'habitue à s'observer lui-même pour se peindre tel qu'il est; voilà des mines trop inexplorées et qui prépareront pour plus tard le succès de la composition française proprement dite.

Sujets d'imagination et sujets d'histoire, sujets d'actualité et d'observation esthétique, c'est à peu près à quoi se ramènent tous les canevas de devoirs du *Correspondant* de Janvier.

Les sujets d'actualité sont de beaucoup les plus intéressants. On s'est toujours plaint de la difficulté qu'ont les enfants de s'abstraire; ils ne racontent bien que les scènes dont ils ont été eux-mêmes les acteurs ou les témoins. Ce qu'ils ont vu ou senti, ils ne manqueront ni de mots ni d'originalité pour l'exprimer. Ont-ils eu le bonheur de naître dans un pays de foi où les fêtes de l'Eglise sont comme la vie du peuple, ils ne seront pas embarrassés pour raconter les péripéties joyeuses de la veillée de Noël, ou les tressaillements de leur âme ravie en assistant pour la première fois à la messe de minuit. Les milles petits drames de la vie de famille, qu'il s'agisse du foyer paternel ou de l'alumnat, exercent la verve de nos littérateurs en herbe. Aussi, est-ce double profit que de faire servir les fêtes, les évènements qui rompent un peu la monotonie du règlement ou quelque circonstance imprévue, à donner aux enfants de petits récits où ils sont plus à même de mettre leur marque personnelle que s'il s'agissait, par exemple, de décrire un cyclone aux Antilles: ils apprennent ainsi à se rendre compte de leurs impressions et à les rendre.

On a donc été bien inspiré pendant le cycle des fêtes de Noël de donner en devoir *La Veillée de Noël, La Messe de minuit de Petit-Jean*, etc. De même, les prouesses du P. Thomas au Chili étaient une actualité pour les enfants, puisque le P. Marius s'en était fait l'écho depuis peu de temps et que ces processions si mouvementées n'avaient pas manqué de les impressionner.

L'histoire est aussi une excellente source de devoirs et l'on n'a pas manqué d'y recourir, puisque dans nos canevas les gloires de l'Eglise coudoient les gloires militaires et que le *Soldat de Marathon* ne fait pas trop mauvaise figure à côté des *Tirailleurs Algériens*. Pourtant, faut-il veiller à ne pas trop mettre à l'épreuve les connaissances rudimentaires de nos jeunes historiens. Je crains bien qu'ils ne se trouvent un peu déconcertés si, à propos de l'incendie de la flotte turque à Ténédos, on leur dit que « le brave Canaris s'offre encore », sans en avoir autrement parlé; je les vois aussi suant sang et eau sur leur dictionnaire et n'arrivant pas, malgré ses explications, à bien se figurer ce que peuvent être « les brûlots, les bricks, les frégates d'avant-garde, les sabords, les mâts de beaupré » etc. Pour des élèves de seconde section qui n'ont eu en général, à l'école primaire, qu'une bien faible teinte d'histoire de France et presque point de notions techniques sur ces objets, n'y a-t-il pas là trop d'énigmes à la fois?

Quant aux devoirs d'imagination, on pourrait discuter sur leur opportunité dans les classes de grammaire. « Sans vouloir paraître utilitaire, dit M. Peytraud, *(Correspondance Universitaire*, décembre 1898, n° 16) l'imagination est-elle si désirable dans la vie, elle que Pascal appelait une « maitresse d'erreur et de fausseté » ? Est-il bien nécessaire que tous les hommes, même instruits, aient le style d'un poète ou d'un romancier ? »

Pourtant, si l'on ne peut nier qu'un homme sans imagination est un homme incomplet, il faut aussi reconnaitre que, pour l'harmonieux développement des facultés de l'enfant, il lui faut de temps en temps des devoirs d'imagination, mais que ce soit, comme le disait le bon Saint François de Sales, en parlant des fables des poètes profanes « si peu que point, et seulement pour réveiller l'appétit. »

De toutes façons, il importe que les fictions laissées à l'imagination des enfants ne soient pas trop extraordinaires. J'avoue pour ma part qu'il me serait bien malaisé de débrouiller les mystères de la *Forêt enchantée*, si je n'avais lu Le Tasse. A moins d'être quelque peu magicien, comment imaginer ce qu'on fait Alcaste et Tancrède pour « rompre le charme »? Le merveilleux du Tasse est puisé aux mêmes sources que celui des chansons du cycle armoricain ; c'est dire qu'il n'est ni parfaitement sain, ni modéré dans ses inventions. Certains contes de Perrault prépareraient assez à traiter des sujets comme ceux de la *Forêt enchantée*, mais en dehors des familles qui peuvent donner à leurs enfants une certaine culture, combien d'enfants ont lu Perrault?

Est-il besoin de dire que les sujets impossibles à bien traiter sans une certaine initiation à l'esthétique ou sans une observation psychologique qu'il serait prématuré de demander à des enfants de quinze ans, ne sont pas non plus à leur place en grammaire ? C'est le cas de *Fra Angelico devant sa toile* et du *Supplice de la Vestale*.

A signaler au point de vue de la fraicheur du sentiment, en dehors des sujets d'actualité dont j'ai déjà dit un mot : *Le Jongleur de Notre-Dame*, *L'Annonciation de Fra Angelico*, *Le Rossignol émigrant* et quelques autres. Je goûterais davantage *La première trahison de Judas*, si le lien entre le rôle du traitre et les accusations formulées devant le Sanhédrin m'apparaissait mieux.

Une remarque qui a son importance. Les canevas ne doivent être ni trop courts, ni trop développés. Trop courts, ils ne sont pas, en général, assez suggestifs. Trop longs, ils ne laissent pas assez à trouver ni à dire. Ainsi la *Légende de Geneviève de Brabant*, bien intéressante il est vrai, est remplie de tant de péripéties qu'il faudrait trois devoirs pour la bien traiter. Il en est de même, à peu de choses près, pour les légendes de *Saint-Eustache* et de *Léon IX*. Rappelons-nous que l'important n'est pas d'habituer les élèves à remplir des pages et des pages, mais à bien soigner un petit nombre de pages. Si nous leur en donnons trop à la fois, nous risquons de leur faire prendre la funeste tendance à bâcler dans la suite tout ce qu'ils écriront. Ce travers n'est malheureusement que trop commun.

En somme, l'essai de ces canevas est à encourager. Si, moins défiants d'eux-mêmes ou de leurs élèves, les professeurs joignent à ces canevas ou quelques bonnes copies de leurs élèves, ainsi que l'a fait le Breuil, ou quelques sujets traités par eux, il y aura là un excellent répertoire et un moyen d'émulation dont tous les alumnats pourraient profiter.

P. Théophile.

UN MOT SUR L'ENSEIGNEMENT

DES MATHÉMATIQUES

Dans les Alumnats de Grammaire

On s'est plaint beaucoup, naguère, de ce que les mathématiques étaient négligées dans les alumnats de grammaire.

Aujourd'hui, on se plaint encore : « Les enfants qui sortent des alumnats, dit-on, ignorent les règles et les principes les plus essentiels. Ils ne savent pas même réduire des fractions au même dénominateur, pas même établir une proportion, surtout si les rapports entre quantités sont inversement proportionnels ». Et cependant, ils ont une classe de mathématiques par semaine, 45 classes par an, 135 classes en trois ans de grammaire.

D'où vient cette ignorance ?

Est-ce de ce que la plupart des enfants, ne montrent pas d'aptitudes pour les connaissances exactes ? de ce qu'il n'ont aucun goût pour les sciences ? de ce qu'ils n'ont rien compris ? de ce qu'ils ont tout oublié ?

Il y a, je crois, des remèdes au mal. On les a reconnus avant moi. Je prends la liberté d'en dire un mot dans notre *Correspondant*.

Raisonnements

Voici ce que je lis dans « L'enseignement chrétien », n° du 1er décembre 1897, page 584 : « Avant la rhétorique et même la philosophie, les élèves ont beaucoup de peine à suivre un raisonnement ». Le même n°, page 585, suppose qu'il y a une période, où l'on doit se contenter d'arguments *approximatifs*, dits de *bon sens*.

Que de fois, peut-être, on a employé beaucoup de temps, à développer devant les enfants des démonstrations irréfutables, où les uns n'ont rien vu et les autres ont cru voir quelque chose. Interrogeons, à la classe suivante, ou même tout de suite, les élèves même les plus intelligents et demandons-leur de reproduire les théories que nous avons expliquées une bonne fois pour toutes, pensons-nous ; et nous pèserons ce qui en reste.

Raisonnements concrets, précis, courts et clairs.

Evitons donc ce qui est trop abstrait. Prenons des exemples, et encore des exemples. Montrons les règles, les principes généraux dans des cas particuliers.

Je suppose que nous voulions démontrer ce principe, qu'on peut intervertir l'ordre des facteurs dans une multiplication, sans changer le produit; mettons sous les yeux des enfants le tableau suivant :

$$1 \quad 1 \quad 1 \quad 1$$
$$1 \quad 1 \quad 1 \quad 1$$
$$1 \quad 1 \quad 1 \quad 1$$

« Voyez ce tableau, leur dirons-nous, il « renferme douze unités dont on peut faire la « somme en procédant dans un sens ou dans « un autre.

« Si je procède de haut en bas j'ai quatre « fois trois unités.

« Si je le fais de gauche à droite, j'ai trois « fois quatre unités.

« $3 \times 4 = 4 \times 3$.

« Donc on peut intervertir »…..

Ces quelques lignes suffisent. Quel est l'enfant qui ne comprendra pas ce raisonnement si on le répète, si on le fait répéter, si on y revient plusieurs fois pendant l'année? Ne le délayons pas trop. Ne détournons pas l'attention de l'enfant sur des considérations accessoires. Il n'en a pas trop pour l'objet principal.

Nous pouvons recommencer le tableau de la façon suivante :

$$2 \quad 2 \quad 2 \quad 2$$
$$2 \quad 2 \quad 2 \quad 2$$
$$2 \quad 2 \quad 2 \quad 2$$

Et dire « comptez de haut en bas, vous avez « 3 fois 2 et les 4 colonnes verticales vous « donnent 4 fois 3 fois 2 ou $2 \times 4 \times 3$.

« Comptez maintenant de gauche à droite, « vous trouverez 4 fois 2 et les trois colonnes « horizontales renferment 3 fois 4 fois 2 ou $2 \times 4 \times 3$.

« Ce qui fait toujours 24, car le tableau ne « change pas.

Ce raisonnement n'est pas complet. Laissons les élèves le compléter, s'ils le peuvent. S'ils ne le font pas maintenant, ils pourront le faire plus tard. Cela leur suffit pour le moment ; et dans cette démonstration il n'y a rien de fastidieux. Elle est bonne, sinon exacte et contient en germe le reste du raisonnement. Mieux vaut s'en contenter que de la compliquer, et y revenir plusieurs fois que de l'étendre en la rendant obscure.

Autres exemples de démonstration.

Soit à démontrer que tous les nombres terminés par un chiffre pair sont *divisibles par 2*.

Prenons le nombre 1898.

Il renferme 189 dizaines et 8 unités. Les dizaines sont divisibles par 2. Les 8 unités le sont aussi. Il s'ensuit que le nombre tout entier est divisible par deux. Le raisonnement est le même pour la *divisibilité par 5*.

Un argument semblable s'applique à la *divisibilité par 4 et par 25*. Donnons-le, sur les nombres 1875 et 1876.

Les 18 centaines sont divisibles par 25, 75 est divisible par 25 ; donc le nombre 1875 tout entier, qui se compose de 18 centaines et de 75 unités, est divisible par 25.

On montre de la même manière que 1876 est divisible par 4.

Les enfants ne saisiront pas ou bien ils oublieront tout de suite la théorie générale suivante. « Tout nombre qui divise les deux parties d'une somme, divise aussi la somme.» C'est trop abstrait.

Je puis même démontrer le principe de la divisibilité des nombres par 9 et par 3, toujours en prenant un exemple, au lieu de rester dans la généralité.

Soit 1872.

$$
\begin{array}{llll}
1000 & \text{divisé par 9} & \text{donne pour reste} & 1 \\
800 & \text{id.} & \text{id.} & 8 \\
70 & \text{id.} & \text{id.} & 7 \\
2 & \text{id.} & \text{id.} & 2 \\
\end{array}
$$

Par conséquent le nombre tout entier divisé jusqu'à un certain point par 9, donnera pour reste $1 + 8 + 7 + 2$ ou 18. Si ce reste est divisible par 9 ou par 3 le nombre le sera aussi,

Donc un nombre est divisible par 9 ou par 3, lorsque la somme de ses chiffres… etc.

Ces démonstrations peuvent n'être pas comprises du premier coup, mais comme elles sont courtes, on peut les reprendre plusieurs fois sans fatigue. On peut aussi s'arrêter après chaque proposition et demander quelle est celle qui n'est pas comprise.

Assez pour aujourd'hui.

P. THÉODORE

(A suivre)

NOS CLASSES DE LITURGIE

Nous voulons donner à nos enfants une formation ecclésiastique ; religieux enseignants, nous accordons une grande place aux formes religieuses et monastiques, c'est la caractéristique de nos alumnats. Sans doute, chez nous tout n'est pas parfait, arriverons-nous même à la perfection que nous rêvons? remédions de tout notre pouvoir aux lacunes et aux faiblesses, ce sera beaucoup.

Pour rester sur le terrain de la formation liturgique, constatons qu'elle est généralement très appréciée par les Supérieurs des grands séminaires à qui nous envoyons des élèves. Ceux qui nous quittent pour entrer dans le clergé séculier ont déjà quelque chose de l'*homme d'église* que nous avons voulu former en eux. Ils ne sont pas encore des liturgistes éminents, mais ils sont certainement supérieurs aux élèves sortant des petits séminaires. Un de nos anciens élèves se vit dès le début de sa philophie nommé cérémoniaire, fonction qui fut le point de départ d'études spéciales et d'éminents services rendus au diocèse. « Comment se fait-il, lui disaient les diacres, que vous connaissiez en liturgie tant de choses que nous ignorons nous-mêmes ? » Pour toute réponse le jeune séminariste exposait la formation de l'alumnat. Gardons cette supériorité et, s'il est possible, développons davantage l'amour de la liturgie et des fêtes de l'Eglise.

Nous avons deux moyens pour arriver à cette formation : l'éducation même donnée dans nos alumnats et nos classes de liturgie. C'est de ces dernières que je voudrais parler et les considérer plus spécialement à l'alumnat d'humanités. Le mot *classe* est peut-être un peu fort. *conférence* conviendrait mieux. Jusqu'ici, ces petites classes de trois quarts d'heure n'ont pas d'étude pour les préparer et ne comportent pas de devoirs. Nos programmes sont si chargés qu'on ne peut rien ajouter.

Pour détruire de plus en plus la passivité chez beaucoup d'élèves, pour les contraindre à l'attention, à la réflexion, à la clarté dans les réponses, je multiplierais les interrogations. Je crois ce système préférable à une longue exposition, à un cours dont le professeur fait seul les frais. Nous ne voulons pas enseigner à fond à nos humanistes la liturgie et les rubriques, il faut laisser quelque chose aux noviciats et aux grands séminaires, néanmoins ils doivent posséder les grandes lignes, les règles générales.

Sur les trois quarts d'heure de conférence, je consacrerais au moins vingt minutes à la lecture de l'*ordo*, à une courte explication des fêtes qui se rencontreront dans la semaine qui commence. Peu importe que la classe ait lieu le dimanche ou un autre jour.

Je m'explique. La lecture de l'ordo n'est pas chose facile pour des enfants, surtout quand il s'agit de l'ordo augustinien ; j'ai connu même certain père qui en réclamait une traduction française. Que de fautes et de variantes dans cette lecture. Pour n'en citer que quelques-unes n'a-t-on pas entendu : *3ª orat. ad lib. sac.* interprété, de cette façon : *tertia oratio ad libidinem sacerdotis.* Le M. S. des confesseurs est traduit parfois par *mutatur strophe* et plus souvent par *meruit supremos*, ce que je crois exact. Beaucoup lisent *reliqua notantur* quand il faudrait lire *reliquæ*. Un humaniste devenu novice interprétait ainsi *ex tribus una* : on lit une leçon parmi les trois. Arrêtons cette nomenclature qui deviendrait trop longue.

Je ne m'arrêterais pas à la simple lecture de l'ordo, mais interrogeant beaucoup, j'en demanderais une interprétation raisonnée. Selon les circonstances les élèves montreraient l'application des règles qui leur auraient été expliquées. Pourquoi le Credo, une vigile anticipée, un office simplifié ou renvoyé, telle ordonnance de la messe ou de l'office, la mémoire de certaines féries, les octaves, etc., etc. Les enfants arriveraient ainsi à se rendre compte des rubriques et à en posséder l'intelligence.

J'ai parlé des fêtes de la semaine qui va commencer. Le professeur appellerait l'attention sur un saint, un mystère, une solennité. En quelques mots il en ferait l'historique, éveillerait l'attention sur les particularités de la liturgie de cet office. Cette partie serait très intéressante et ferait grand bien aux âmes, car

elle serait un guide pour la piété de nos alumnistes. Quelques auteurs donnent en latin l'explication de ces fêtes ; lorsque la chose est possible, pourquoi ne pas lire ce texte latin et en faire rendre compte par un des élèves ?

La disposition matérielle, typographique des bréviaires, surtout du missel ne serait pas négligée. Que de choses très simples demeurent longtemps ignorées ! on pourrait parler des ornements, des linges sacrés, etc. J'aurais mauvaise grâce à traiter du chant, cependant que d'excellents chantres parmi nos humanistes seraient très embarrassés s'ils devaient parler des tons du plain chant, de leur formation. Demandez à certains d'entre eux ce que signifient les lettres A. B. C. D., etc., placées devant les antiennes. Plusieurs répondront peut-être comme ce naïf : « Mon Père, cela signifie que l'antienne doit être chantée avec Allégresse, Douceur, Force, etc. »

Evidemment, j'élargis un peu le cadre et je pénètre chez le voisin, néanmoins cela ne nuit pas à cette conclusion : que nos enfants se rendent compte des livres liturgiques qu'ils ont entre les mains.

Lorsque j'aurais consacré quinze ou vingt minutes à l'ordo, aux fêtes principales, j'arriverais à la classe proprement dite. Il faut que nous ayons quelque chose de suivi dans la liturgie comme dans les autres matières de notre enseignement.

Un excellent ouvrage a paru récemment chez Lethielleux. Je veux parler du cours élémentaire de liturgie sacrée par le P. Velghe, deux petits volumes, l'un sur le missel, l'autre sur le bréviaire et le rituel. Cet excellent ouvrage a l'immense avantage de procéder par demandes et réponses. Je l'adopterais pour nos conférences liturgiques, ayant soin d'omettre ce qui est plus spécial ou plus difficile. Parfois, on poserait la question ; une réponse juste, conforme à l'auteur, serait pour les élèves une occasion de vie et d'encouragement.

Je termine ces lignes sur cette formation liturgique qui donne à nos alumnats un cachet spécial. La vie de l'Eglise, avec ses fêtes et ses cérémonies, contribuera à former des vocations fortes, généreuses, vraiment apostoliques.

P. Henry.

BIBLIOGRAPHIE

Au mois de décembre, à Nimes, le T. R. P. Picard me conseillait l'achat de deux ouvrages. Il insistait beaucoup sur la nécessité de sortir de la routine et de se tenir au courant des nouvelles méthodes. Pour aujourd'hui, j'indiquerai seulement ces deux ouvrages.

Le premier est l'*Education nouvelle* par Edmond Demolins, chez Firmin Didot à Paris 56, rue Jacob. Ce livre a été lu au réfectoire de Nimes et a soulevé de nombreuses discussions.

L'autre, écrit dans un esprit chrétien a pour titre le *Collège de demain* par Henry de France ; Paris, Pedone éditeur, 13, rue Soufflot. Sans faire en ce moment de compte rendu, je dirai que les auteurs exposent leurs réformes soit dans l'éducation soit dans l'enseignement : méthodes nouvelles, maisons à la campagne, petit nombre d'élèves, vie de famille, travail manuel, absence de punitions. Il y a plus de vingt-cinq ans que nous avons commencé.   P. Henry.

DEVOIRS CLASSIQUES

ALUMNATS D'HUMANITÉS

Devoirs donnés par les Professeurs de Brian

PREMIÈRE SECTION

VERSION GRECQUE

Respect de Socrate pour les Lois

Socrate. — Ἀπιόντες ἐνθένδε ἡμεῖς μὴ πείσαντες τὴν πόλιν πότερον κακῶς τινας ποιοῦμεν, καὶ ταῦτα οὓς ἥκιστα δεῖ, ἢ οὔ; καὶ ἐμμένομεν οἷς ὡμολογήσαμεν δικαίοις οὖσιν, ἢ οὔ;

Criton. — Οὐκ ἔχω, ὦ Σώκρατες, ἀποκρίνασθαι πρὸς ὃ ἐρωτᾷς· οὐ γὰρ ἐννοῶ.

Socrate. — Ἀλλ᾽ ὧδε σκόπει. Εἰ μέλλουσιν ἡμῖν ἐνθένδε εἴτε ἀποδιδράσκειν, εἴθ᾽ ὅπως δεῖ ὀνομάσαι τοῦτο, ἐλθόντες οἱ Νόμοι καὶ τὸ κοινὸν τῆς πόλεως ἐπιστάντες ἔροιντο· — Εἰπέ μοι, ὦ Σώκρατες, τί ἐν νῷ ἔχεις ποιεῖν; ἄλλο τι ἢ τούτῳ τῷ ἔργῳ ᾧ ἐπιχειρεῖς, διανοεῖ τούς τε Νόμους ἡμᾶς ἀπολέσαι, καὶ ξύμπασαν τὴν πόλιν τὸ σὸν μέρος; Ἢ δοκεῖ σοι οἷόν τε ἔτι ἐκείνην τὴν πόλιν εἶναι καὶ μὴ ἀνατετράφθαι, ἐν ᾗ αἱ γενόμεναι δίκαι μηδὲν ἰσχύουσιν, ἀλλὰ ὑπὸ ἰδιωτῶν ἄκυροί τε γίγνονται καὶ διαφθείρονται; Τί ἐροῦμεν, ὦ Κρίτων, πρὸς ταῦτα καὶ ἄλλα τοιαῦτα; Πολλὰ γὰρ ἄν τις ἔχοι, ἄλλως τε καὶ ῥήτωρ, εἰπεῖν ὑπὲρ τούτου τοῦ νόμου ἀπολλυμένου, ὃς τὰς δίκας τὰς δικασθείσας προστάττει κυρίας εἶναι.

PLATON.

Durée de la composition : 2 h. 1/2.

AVIS

Aucune copie ne nous paraissant digne d'être proposée comme modèle, nous nous contenterons du corrigé.

Critique

J'entreprends aujourd'hui de raconter un épouvantable naufrage, un de ces sinistres qu'on ne voit heureusement qu'à de rares époques et que peuvent seuls retracer ceux « qui savent égaler les lamentations aux douleurs ». Tous les passagers ont sombré, la plupart sont restés au fond de l'abime, sans qu'il fut possible de les repêcher, quelques-uns seulement ont réussi à gagner la plage, mais dans quel état, grand Dieu !

Et dire qu'il s'agit de vous, mes chers rhétoriciens ! de vous qui vous étiez élancés, joyeux sans doute, sur la barque de Platon, avec la perspective d'un séduisant voyage aux rivages de l'Hellade !

Mais quittons l'allégorie et abordons courageusement la réalité.

Qu'est-ce donc qui vous a fait ainsi tous échouer ?

N'aviez-vous jamais entendu parler de Socrate « le plus sage des Grecs » ? de son emprisonnement ? de sa condamnation ? Ne saviez-vous pas que la veille de sa mort, si l'on en croit Platon, un de ses amis dévoués, Criton, vint lui offrir les moyens d'échapper au supplice en fuyant ? Ignoriez-vous la réponse du philosophe qui, fidèle aux convictions de toute sa vie refusa de se révolter contre les Lois et la Justice de son pays, se retrancha derrière le devoir du citoyen et rappela inflexiblement Criton au respect de la chose jugée ?

Sûrement, vous saviez tout cela, et, d'ailleurs vos lectures, l'étude de vos préceptes littéraires et de l'Histoire de la littérature grecque vous avaient peut-être mis en présence de la fameuse « Prosopopée des Lois ». Cette pensée faillit me faire renoncer au texte de Platon. « Il est trop connu, me disais-je, et beaucoup de nos humanistes le savent peut-être de mémoire ». — Je me ravisai néanmoins, me promettant d'être d'autant plus sévère pour l'appréciation. Hélas ! je dus au contraire, faire appel tout à mon indulgence, pour ne pas égrener ici un chapelet de zéros.

Les difficultés n'ont donc pu venir du manque de renseignements historiques. Le texte seul vous en offrait quelques-unes, et, vous n'avez pas su les résoudre.

J'en vois la cause dans une triple ignorance.

1º L'ignorance de la Morphologie Grecque. Beaucoup d'entre vous, ne savent pas reconnaitre les mots et se rendre compte de leur forme grammaticale. Ce sont, par conséquent, les premiers éléments qui leur manquent.

2º L'ignorance de ce que l'on est convenu d'appeler le « mot à mot » c'est-à-dire de la construction logique des phrases. C'est pourtant ce que l'on enseigne en grammaire.

3º L'ignorance de l'art de la traduction qui apprend à rendre exactement et d'une façon pittoresque, les idiotismes de la langue étrangère. Il y en avait plusieurs dans le texte de Platon, et il était indispensable de n'en pas altérer le sens.

Voulez-vous des exemples ?

Commençons par « l'ignorance de la Morphologie ».

Ἀπιόντες — Participe présent, n'est-ce pas, et des plus caractérisés ? On en fait un « passé indéfini » : « nous avons quitté » ou bien un « Impératif » ; « éloignons-nous d'ici... Retirons-nous d'ici »

Μὴ πείσαντες — Vous croyez que c'est un participe aoriste ? Écoutez Charles Burgard : « pour ne pas corrompre » et Marcel Six : « pour ne pas persuader. »

Ἥκιστα — Cet adverbe devient chez Félix Boyer, un adjectif, au détriment du sens, bien entendu : « le plus petit possible ».

Κακῶς ποιοῦμεν — L'indicatif présent se transforme ici encore en passé indéfini. C'est Luc Courtin qui l'a décrété.

Je vous fais grâce d'autres exemples à l'appui de cette première constatation : on ne sait que très superficiellement la Morphologie Grecque ; les traductions qui ont été faites des deux ou trois premières lignes du texte, le prouvent surabondamment.

Et le mot à mot, la construction logique, indispensables pour comprendre les langues synthétiques, en possède-t-on du moins le secret ?

Je n'ai pas sous les yeux vos cahiers de brouillon, mes bons amis, mais le nombre incalculable de vos contresens ne me prouve que trop le contraire. Si vous aviez serré de près le texte et fait dire à chaque mot tout ce qu'il signifie, vous ne vous seriez pas trouvé si loin du sens vrai... j'allais dire du « bon sens. »

Un seul exemple.

N'est-ce pas pour n'avoir pas su construire la phrase suivante, que tous y ont fait un contresens ?

ἄλλο τι	quelle autre chose
διανοεῖ	te proposes-tu
τούτῳ τῷ ἔργῳ	par cette action
ᾧ ἐπιχειρεῖς	à laquelle tu mets la main
ἢ	que (sinon)
ἀπολέσαι	détruire
τε ἡμᾶς	et nous
τοὺς Νόμους	les Lois
καὶ ξύμπασαν	et toute
τὴν πόλιν ;	la cité ?

Avec cette traduction juxtalinéaire, était-il possible de ne pas faire une phrase aussi française qu'exacte ?

Quant à ces expressions particulières dont l'intelligence était indispensable, jugez vous-mêmes si vous y avez mieux réussi :

μὴ πείσαντες τὴν πόλιν — « sans l'agrément des citoyens ». On traduit : « sans corrompre la ville »

οὓς ἥκιστα δεῖ — « à ceux qu'il convient le moins de maltraiter ». On dit : « *le moins possible, comme il le faut* » — « *devons-nous les persuader ?* » — « *ont-ils besoin de peu de choses ?* » — etc...

ἐμμένομεν οἷς ὡμολογήσαμεν δικαίοις οὖσιν — « demeurons-nous fidèles aux règles que nous avons admises comme justes ? ». On traduit : « *ne tenons-nous pas le même langage à ceux qui sont justes... ou non* » — « *méritons-nous d'être du nombre de ceux que nous appelons hommes justes ?* » — « *restons-nous des brebis ?* » dira *même quelqu'un, confondant* « οἷς » *avec* « οἷς ».

εἴθ' ὅπως δὲ ὀνομάσαι τοῦτο — « ou comme il et plaira d'appeler notre sortie ». On traduit : « *puisqu'il faut l'appeler par son nom* » — « *si nous parlions de ce projet* » — « *expliquer ce sujet comme il convient* ».

τὸ σοὺ μέρος —« autant qu'il est en toi ». Quelqu'un a traduit : « *ne veux-tu pas détruire ton quartier ?* »

La preuve est faite, j'imagine et je puis arrêter là une énumération qui deviendrait fastidieuse.

Il en sort cette conclusion, que nos réthoriciens eux-mêmes ont besoin de travailler le grec. Peut-être ont-ils cru pouvoir se reposer sur leurs lauriers : c'est une erreur. J'ai maintes fois constaté ce fait, que les versions dictées sont moins bien comprises que les auteurs imprimés. C'est sans doute, parce que l'élève ne se trouve dans le premier cas qu'en face de sa seule connaissance, tandis qu'il a pour l'aider dans le second cas, d'innombrables notes. Pour juger de la valeur réelle d'un élève il faut le laisser livré à lui-même. C'est ce que nous avons fait et le résultat est arrivé, des plus probants.

Je n'achèverai d'ailleurs pas cette critique sans avouer que le texte imposé offrait quelques complications. Mais en rhétorique, on doit savoir les débrouiller.

Et maintenant, chers amis, écoutez la lecture du tableau d'honneur et ne m'en veuillez pas trop d'avoir eu la main si malheureuse :

Ordre des places

2

Onésime Rossat, B. — Mamert Destouches, C.

1 3/4

Félix Bernard, B. — Luc Courtin, B.

1 1/2

Victor Ramyr, C. — Augustin Lédé, C. — Adolphe Unterleidner, C. — Charles Burgard, C.

1 1/4

Gaston Biache, C.

1

Cyrille Thomas, B. — Alcide Espritor, B. — Firmin Mermoud, B. — Jean Deléglise, B. — Louis Bonnet, B. — Sidoine Fournier, C.

3/4

Joseph Larue, C. — Oscar Lathoud, B.

1/2

François Sollier, B. — Lucien Couderc, B. — Ludovic Pellet, B. — Dominique Chelle, B. — Joachim Parrau, B. — Marius Genevès, B. — Valentin Prats, C. — Mathurin Bourgeois, C. — Félix Boyer, C.

1/4

Marcel Six, C. — Albert Bideaux, B. — Raymond Sontag, C. — François Tourbez, C. — Théophane Trannoy, C.

Corrigé

RESPECT DE SOCRATE POUR LES LOIS

Socrate. — Partir d'ici sans l'aveu des Athéniens, ne serait-ce pas nuire à quelques personnes, et précisément à ceux qu'il convient le moins de maltraiter ? Serait-ce demeurer fidèle aux règles que nous avons admises comme justes ?

Criton. — Je ne saurais répondre à cette question, Socrate, je ne la comprends pas.

Socrate. — Eh bien, envisage-la de cette manière : suppose qu'au moment de sortir ou de nous enfuir d'ici, appelle cette action comme tu voudras, les Lois de la République viennent se présenter devant nous et nous adressent ces paroles : « Dis-nous, Socrate, que vas-tu faire ? L'action que tu entreprends, peut-elle tendre à autre chose qu'à nous détruire, nous les Lois et la République tout entière, autant qu'il est en toi ? Te paraît-il possible qu'un Etat subsiste et ne soit pas renversé, lorsque les arrêts des tribunaux sont sans force, lorsque de simples particuliers les enfreignent et les dépouillent de toute autorité ? » Que répondrons-nous, Criton, à ce reproche et à beaucoup d'autres semblables qu'on pourrait nous faire ? Car on aurait beaucoup à dire, surtout un orateur, sur cette infraction de la loi qui veut que les jugements rendus aient leur effet.

P. ARTHUR.

DEUXIÈME SECTION

NARRATION FRANÇAISE

Les deux Cloches

1º Nous habitions le même clocher dans un vallon d'Alsace. Nous sonnions les mêmes anniversaires.

2º Soudain arrive 92 ; on m'arrache de mon clocher, on me fond en canon. On m'entend à Valmy, à Jemmapes, dans les défilés de l'Argonne. Je fais le tour du monde avec Napoléon.

3º A Waterloo, je suis prise ; on m'emmène dans un musée à Berlin. De là, j'entends plus tard le canon de Sébastopol, de Solférino, de Magenta.

3º Mais un jour, on m'enlève, on me traine vers le Rhin. De combat en combat, je suis à Coulmiers. Des mobiles bretons me prennent : me voilà redevenue française.

5º Hélas ! ma sœur est restée dans son blanc clocher, où flotte l'étendard prussien.

Première Copie

I. — Nous étions deux cloches, deux sœurs, habitant le même clocher dans un vallon d'Alsace. *Il y a longtemps de cela, bien longtemps,* [1] et c'était les beaux jours alors ! Quels doux souvenirs ! Le riant village, assis au bord d'un limpide ruisseau, les pâturages émaillés de pâquerettes, aux premiers jours du printemps, la colline, aux bois de sapin touffus, dont le zéphyr nous apportait les doux parfums, et la neige en hiver, *d'un blanc de satin* [2] couvrant au loin les campagnes endormies ; et l'impétueux aquilon, qui, chantait dans les grands bois *comme un archet magique courant sur des cordes merveilleuses ;* [3] et qui nous faisait vibrer tristement dans notre vieux clocher *tapissé tout autour d'une mousse bien verte.* [4]

Et les joyeux carillons, qu'au jour d'un baptême ou d'une première communion, nous nous plaisions à lancer aux échos enchanteurs de nos collines ; et le glas funèbre dont les mélancoliques et sombres notes, s'en allaient aux jours de deuil, quêter une prière à la porte de tous les cœurs ! Nous étions heureuses alors, aimées de tous les habitants *qui le dimanche* [5] à notre voix bien connue, ils quittaient leurs occupations de la semaine pour venir prier à l'Église. De nombreuses générations avaient passées ; et, toujours au même clocher, nous sonnions les mêmes joies et les mêmes douleurs : quand soudain, arriva 92 !

II. — *L'air* [6] semblait depuis longtemps chargé de sombres nuages, on entendait courir des bruits de guerre ; on ne parlait plus *que de sang, plus que de mort ;* et, *(déjà)* du haut de notre clocher nous avions vu un jour passer un régiment en marche vers Strasbourg. *(Quand)* un jour, *(soudain),* des barbares m'arrachent du clocher ; on me fond en canon ; et me voici roulant à la suite des armées vers les campagnes ennemies. On m'entend à Valmy, tonner contre les masses prussiennes ; à Jemmapes, foudroyer les Autrichiens, dans les défilés de l'Argonne, arrêter l'ennemi. Je suis de toutes les batailles. Avec Napoléon, je fais

le tour du monde : des fertiles campagnes du Pô et des plaines ensoleillées d'Austerlitz, je cours aux rives du Tage et parais *deux* ans après dans les marais de la Moskova. Puis, quand pâlit l'étoile de l'empereur, avec lui, je fais la campagne d'Allemagne et celle de France. Une dernière fois l'aigle triomphe à Champaubert, à Montmirail. *L'ennemi traite.* Je reviens à Paris.

III. — Soudain de l'île d'Elbe, Napoléon s'élance comme un lion *(furieux)* ; il me prend, il m'entraine. Une dernière fois, je combats pour la France, *vomissant* [7] la mort *meurtrière* [8] dans les rangs alliés. Mais la fortune avait abandonné l'aigle impériale : dans la mêlée, je suis prise et l'Allemand vainqueur me relègue dans un musée de Berlin. Je pleure alors l'abaissement de la France ; je pleure en pensant au beau pays d'Alsace, au blanc clocher, à ma sœur bien aimée, qui sonne toujours ses mêmes carillons : je pleure au souvenir de cette Patrie *aimée* que, peut-être, je ne reverrai plus, quand de nouvelles victoires des Français, dont le bruit parvient jusqu'à moi, viennent sécher mes pleurs. De nouveau, l'aigle triomphe à Sébastopol, à Magenta, à Solférino. L'Allemand tremble au souvenir d'Iéna.

IV. — Mais *je n'étais pas encore au bout de ma longue vie d'aventures.* [9] Un jour, jour néfaste ; on m'enlève, on me traine vers le Rhin : en passant, de loin, je salue ma sœur *(d'autrefois)* demeurée tranquille à l'ombre du vieux clocher. Mais, ô douleur, *il me faut* [10] combattre la France, *vomir la mort dans ces rangs aimés* que je voudrais défendre, ô désespoir ! *mais il faut* obéir ! Je suis à Reischoffen, où je vois tomber tant de braves ; à Saint-Privat, où le sang coule *comme l'eau sur les chemins* [11] aux jours mauvais de l'hiver. Je vois à Sedan un malheureux empereur, vaincu par la *force,* rendre son épée à *Guillaume* ; et, de combats en combats, je suis à Coulmiers. Là, pour la première fois, dans cette guerre néfaste, l'aigle noire vaincue courbe enfin la tête, et, moi je tombe au pouvoir des mobiles bretons qui m'enlèvent, conduits par l'étendard du Sacré-Cœur. Me voilà donc enfin redevenue française ! Quelle joie.

V. — Mais... Paris entouré d'un cercle de fer, foudroyé sans relâche par des centaines de canons, [12] se voit contraint par le nombre d'ouvrir ses portes au vainqueur ; et ce vainqueur, maitre tyrannique dicte ses volontés.

Hélas ! deux provinces françaises, ma [13] Lorraine et ma chère Alsace, sont devenues prussiennes ; l'aigle noir flotte à l'Hôtel-de-ville de Strasbourg, et ma sœur bien aimée, restée dans son blanc clocher, voit arboré au campanile, l'étendard prussien.

Elle sonne toujours, toujours les mêmes anniversaires, mais sa voix est devenue triste, et même quand à Noël elle chante l'arrivée du Sauveur, quand à Pâques elle carillonne l'Alleluia, il semble toujours qu'elle pleure ; et, le paysan dans sa chaumière se découvrant à cette voix connue, murmure une prière, et, des larmes aux yeux : Autrefois, dit-il, en pensant à la France, elles étaient deux !

H. BARBIER de Clairmarais.

-----

(1) N'est pas dans le ton voulu. Rappelle le début des vieux contes et des histoires de fées.

(2) Inexactitude. Le satin n'est pas nécessairement blanc. Il y a du satin noir, bleu, etc...

(3) Cette comparaison ne tient pas debout ; elle est dénuée

de sens. *L'aquilon qui chante dans les arbres comme un archet magique*, etc... est un non-sens, dont la découverte a peut-être causé à l'auteur une vive satisfaction.

(4) Longueur inutile.

(5) Pronom relatif peu élégant, donne à la phrase une tournure prosaïque. Le supprimer, scinder la phrase et dire : *Le dimanche à notre voix bien connue, ils...* etc.

(6) Le ciel.

(7) *Semant*, serait plus noble.

(8) *La mort meurtrière !* Évidemment rien n'est plus *meurtrier* que la mort ! tout le monde sait cela !!

(9) Banal et légèrement vulgaire.

(10) *Il me faut combattre... vomir la mort dans des rangs aimés... il faut obéir !* Voilà un style bien négligé !

(11) Comparaison exagérée.

(12) Encore une négligence de style.

(13) La.

Cette narration, sans doute, est à une grande distance du modèle cité plus loin. Mais elle a pourtant de réelles qualités. Elle est bien conduite, elle a une allure rapide, les développements sont suffisants sans être excessifs ; le sentiment n'y fait pas défaut : patriotisme, douleur de la séparation, tendre affection d'une sœur à l'égard de sa sœur, etc... apparaissent tour à tour, dans cette narration et lui donnent un intérêt et un charme, que les autres n'ont pas au même degré.

Critique

Les alumnistes de Laubat entrent en ligne aujourd'hui, pour la première fois. Et c'est avec joie, que je leur souhaite la bienvenue dans le *Correspondant.*

Malgré le repos forcé de quatre mois, auquel les a condamnés la tracassière et jalouse Université, malgré les dérangements multiples et les mille embarras, inhérents à une nouvelle fondation, quelques-uns d'entre eux occupent une place honorable dans le classement général, les autres, pour la plupart, ont obtenu la note *Passable.*

C'est un heureux début qui fait présager un avenir plus heureux encore.

Quel était le sujet de composition ?

Une cloche, violemment séparée de sa sœur bien-aimée, arrachée à son blanc clocher, à son riant vallon d'Alsace, transformée en instrument de guerre, en redoutable canon, et, comme tel, sous Napoléon, jettant l'effroi et semant la mort sur tous les champs de bataille, puis subissant une longue captivité à Berlin et redevenant française, à la guerre de 1870, tel était le sujet de Narration, donnée aux élèves de seconde section d'humanités.

C'est l'épopée d'une cloche, épopée tour à tour heureuse, triste et glorieuse.

Elle exigeait une certaine connaissance de notre histoire nationale, beaucoup de sensibilité et de bon goût, un style ému, chaud et rapide.

Ces qualités se rencontrent d'une façon *assez heureuse* dans les seize premières copies, *satisfaisante* dans les huit suivantes, *passable* dans dix-neuf et *médiocre* dans les quinze dernières.

Mais pour procéder avec méthode dans l'examen des devoirs, je vais examiner chacune des parties de la Narration, et je signalerai les qualités et les défauts relatifs à chacunes d'elles.

1° L'Exposition. — Elle doit être *claire, simple* et *rapide.* Et, pour captiver l'intérêt, dès le premier instant, elle doit, sans préambule aucun, entrer dans le sujet, mettre en scène l'héroïne du récit, la cloche, lui donner la vie, le sentiment et la parole.

Presque tous les élèves ont compris ainsi l'exposition et lui ont donné cette forme dramatique. C'est bien.

Mais tous ne sont pas restés dans de justes limites. Douze au moins, ont consacré deux pages à l'exposition et deux autres, quelquefois une seule, au nœud et au dénouement. Manque de proportion.

2° Le Nœud. — C'est le tableau saisissant des angoisses de la séparation des deux sœurs, du martyre de l'infortunée, transformée en instrument de mort, de ses glorieux triomphes, de sa défaite non moins glorieuse, des tristesses de sa captivité, et, au milieu de tant de fortunes diverses, de sa touchante et fidèle affection à l'égard de sa sœur, tranquille dans sa chère Alsace.

Dans le développement du nœud, je dois l'avouer, bon nombre d'élèves, vingt-cinq, n'ont pas été heureux, faute de n'avoir pas compris le sujet. Ils partent en guerre avec Napoléon, le suivent dans toutes ses campagnes, et ne nous font grâce d'aucune bataille. Bref, le nœud de leur narration se réduit à une sèche et fastidieuse nomenclature de noms propres, de ces noms qui effrayaient et choquaient l'oreille de Boileau. Il n'est pas nécessaire de tout dire dans un récit, il suffit de bien dire l'indispensable. Mieux vaut être un peu maigre, mais toujours élégant, que d'être confus et diffus.

Le Dénoûment. — Quelques-uns l'ont omis : leur devoir étant inachevé. D'autres, surpris sans doute par le temps, l'ont brusqué et précipité. Ces lacunes n'existeraient pas, ces défauts auraient été évités, si les élèves en question n'avaient pas allongé démesurément l'exposition au détriment du nœud et du dénoûment, s'ils avaient donné à ces trois parties, cette harmonieuse proportion exigée par Horace :

« Primo ne medium, medio ne discrepet imum »

Ordre des places

3 3/4

Barbier, C. — Giudicelli, B. — Larmignat, C. — Piessens, C. — Rousseau, B. — Tardivel, L.

3 1/2

Bois, B. — Bruguet, C. — Carbonnier, C. — Dauby, C. — Deroulez, C. — Faugère, L. — Janin, B. — Mégnin, B. — Payelle, C. — Petit, B.

3

Ailloud, L. — Bicais, B. — Hudry, B. — Lemaitre, C.

2 3/4

Galoppin, C. — Girard, L. — Martin, L. — Talva, C.

2 1/2

Barthe, B. — Baudart, C. — Bégon, B. — Chiclian, L. — Charloteaux, C. — Colle Ernest, L. — Foulon, C. — Garde, B. — Graugnard, B. — Lamonnerie, L. — Pavageau, C. — Righyni, L. — Rocher, L. — Roffé, L. — Rommelacre, C. — Rouan, B. — Sérine, B. — Teck, C. — Vandycke, C.

2 1/4

Chaffard, B. — Gazelles, L. — Miqueu, B. — Muller, C. — Ranson, C. — Romani, B. — Spinnaël, C.

?

Colle Eugène, L. — Ernst, L. — Manser, L. Preyre, B. — Senaux. B.

Hors cadre : Pinto, L. — *(Le devoir de ce jeune Chilien est inachevé, mais révèle de laborieux efforts et de notables progrès en français).*

Corrigé

Nous étions deux cloches, deux amies, deux sœurs, baptisées le même jour. Depuis cent ans, nous habitions le même clocher, mariant les jeunes gens, souriant aux nouveaux nés et pleurant les morts. Notre clocher était blanc comme un cygne, et dominait un frais vallon d'Alsace. La cigogne voyageuse s'y reposait en passant, et les hirondelles, amies de nos concerts, y suspendaient leurs doux nids. A sept lieues à la ronde, notre voix était connue et vénérée. Le peuple accourait en foule, aux jours de fête et notre Angelus flottart dans les airs comme une fumée d'harmonie, endormait tous les soirs le village qu'il réveillait chaque matin.

C'était un soir d'hiver, les ténèbres obcurcissaient les champs et nous venions d'égrener sur le village des litanies d'airain. Soudain. une grande rumeur s'élève ; des cris, des chants de guerre, des cliquetis de fer ; l'ennemi est aux frontières ; et l'on entend les mères pleurer en embrassant leurs fils. leurs fils soldats qui vont les quitter. Un roulement de tambour retentit sur la place publique ; des ombres s'alignent en silence et les volontaires de 92 s'éloignent en chantant. Toute la nuit, de pâles lumières errent de porte en porte ; des sanglots s'exhalent des chaumières et une orfraie, au cri sinistre, vient se poser sur le clocher.

Avant le lever du jour, je sens des bras qui me soulèvent, des mains qui m'agitent, et m'enlacent comme une chaîne vivante. On m'entoure de cordes et je descends sur la terre. Qui donc ose toucher à la cloche du Bon Dieu. me séparer de ma sœur et m'arracher de mon trône aérien où je vis depuis cent ans ? Comme un criminel, on me lie sur une lourde charrette et je quitte mon village. A chaque fenêtre, il y a un visage attristé et sur mon passage toutes les bouches murmurent : Adieu, cloche qui sonnait l'Angelus ; adieu, sainte cloche, qui nous appelais à l'église et souriais doucement aux nouveaux-nés ; douce cloche, qui pleurais nos morts. Je quitte mon village pour aller lentement vers la ville où le martyre m'attend. Là, on me brise et, comme une maudite, on me jette dans la flamme. Sous le feu, je me tords comme un damné ; je gémis, je brûle, je deviens un monceau de braise et puis je me sens mourir. Je sens mon corps se fondre goutte à goutte et bientôt il ne reste plus de la cloche qu'un liquide et une âme qui vit encore.

De cloche, je deviens canon. On me met sur un chariot et je roule à la frontière. au milieu des fanfares et des uniformes guerriers. Où êtes-vous, mon gai village, mon beau clocher, ma vieille église, mon frais vallon ? Mais j'aime mon pays et je fais mon devoir, tonnant sans relâche, semant l'épouvante et la mort. On

m'entend parler à Valmy, à Jemmapes, dans les défilés de l'Argonne. Sous le grand empereur, je pars à travers l'Europe. assistant à cent batailles, laissant après moi une longue trainée de victoire, et faisant le tour du monde avec Napoléon ! Partout, j'entre en vainqueur. je passe, roulant avec fracas, sous les arcs de triomphe ; on me jette des couronnes et les peuples vaincus s'inclinent. Les fleuves et les royaumes nous séparaient, ma sœur, mais après chaque bataille je songeais à toi et il me semblait entendre ta voix douce et joyeuse célébrer nos succès. La poudre est mon encens, un roc est mon clocher ; j'ai pour cantiques des cris de guerre, et pour fêtes des batailles ; mais je suis vaincu un jour, vaincu après cent victoires.

On me traine captif dans une ville étrangère et je roule tristement vers ma prison. songeant à toi, ma cloche aimée. qui sonnes toujours heureuse et libre, dans notre clocher. Ma prison est un musée. ma place est entre deux drapeaux déchirés par les balles et comme moi captifs.

La nuit, quand le vent gémit, je pense à nos charmantes fêtes. T'en souviens-tu ma sœur ? tandis que nous sonnions à toute volée, les jeunes filles, en robe blanche. défilaient lentement au milieu des croix et des bannières et la brise nous apportait le parfum des roses qu'effeuillaient les enfants. Alors, j'oublie la guerre, mes conquêtes et mes revers. j'oublie la gloire. j'oublie la captivité ! Je ne songe qu'à toi ; je te vois toujours bondissante. joyeuse et libre dans notre Alsace, et je crois entendre ta voix. ta douce voix qui m'appelle.

Je suis captif à Berlin et mon empereur est mort sur un rocher ; il est mort de tristesse au milieu des mers. Depuis quarante ans, je languis et me tais au fond de ma prison. entre mes deux drapeaux. Leurs couleurs sont flétries et leurs grands plis ont l'air de rides profondes creusées par la défaite et le deuil. Quant à moi, la rouille m'envahit comme une lèpre et de grandes taches me recouvrent, me rongent. Je me tais, depuis le jour où je fus pris à Waterloo... Cependant un bruit sourd et lointain, formidable, a retenti jusqu'ici. C'est le bruit que je faisais à Marengo, à Austerlitz, et à Wagram ! Je le reconnais bien ! C'est le canon de la France qui parle ; il gronde sous les murs de Sébastopol : il gronde à Magenta et à Solférino : il gronde du golfe du Mexique, aux rives du fleuve Jaune. Il est partout vainqueur et je ne puis. solitaire et muet, marier ma voix patriotique à ce concert d'airain. Je suis captif.

Mais un soir, une clameur immense s'élève dans Berlin : c'est la guerre : c'est la guerre contre la France. L'Allemagne est debout, et tout ce qui est cuivre, bronze, acier, tout ce qui se charge. tonne. vomit la mort, se trouve entassé dans de grands chariots et marche sur le Rhin. Je pars; et c'est contre ma patrie que je vais combattre, pareil à ces malheureux prisonniers qu'un vainqueur impitoyable, force de marcher contre leurs frères. Je ne suis qu'un bloc inerte, qu'une masse d'airain ; on me charge et je gronde ; mais ce n'est plus la même voix qu'à Jemmapes et qu'à Marengo ! Je ne parle pas comme à Iéna. comme à Waterloo ; j'hésite. je bégaye, je m'arrête comme s'il ne pouvait sortir de ma bouche un boulet. allemand ! De combat en combat, toujours vaincu au sein même de la plus constante des victoires, j'arrive couvert de lauriers détestés, au bord de la Loire, à Coulmiers ! Coulmiers, une victoire française ! Coulmiers ma délivrance ! J'y suis encore. Les mobiles se précipitent impétueux, et autour de moi, canon disputé, enlevé, repris, c'est une mêlée horrible, c'est un carnage affreux. Après un demi-siècle de repos et de captivité, je reçois comme un nouveau baptême de sang et il me semble que je redeviens français...

Je suis pris, je suis libre ; les braves mobiles s'attellent au bronze, m'enlèvent, m'entraînent, m'emportent. Je suis libre aujourd'hui ; mais ma patrie est mutilée, mon doux pays est asservi, et ma cloche aimée, ma compagne, ma sœur, est esclave dans son blanc clocher, où flotte un étendard prussien. Le nouveau-né qu'elle salue est un petit Allemand et elle pleure des morts qui sont des étrangers. Je suis libre, et mon vallon d'Alsace, mon beau vallon n'est plus français.

(D'après Fulbert Dumonteil)

❧❧❧❧❧❧❧❧❧❧❧❧❧❧

ALUMNATS DE GRAMMAIRE

Devoirs donnés par les Professeurs du Breuil

PREMIÈRE SECTION

THÈME LATIN

La Vie

Les hommes passent comme les fleurs qui s'épanouissent le matin, et qui le soir sont flétries et foulées aux pieds. Les générations des hommes s'écoulent comme les ondes d'un fleuve rapide ; rien ne peut arrêter le temps, qui entraîne après lui tout ce qui paraît le plus immobile. Toi-même, ô mon fils, qui jouis maintenant d'une jeunesse si vive et si féconde en plaisirs, souviens-toi que ce bel âge n'est qu'une fleur qui sera presque aussitôt séchée qu'éclose ; la force, la santé, la joie s'évanouiront comme un beau songe, il ne t'en restera qu'un triste souvenir.

Ce temps te paraît éloigné : hélas ! tu te trompes ; il se hâte, le voilà qui arrive. Ce qui vient avec tant de rapidité n'est pas loin de toi et le présent qui s'enfuit est déjà bien loin, puisqu'il s'anéantit dans le moment où nous parlons et ne peut plus s'approcher. Ne compte donc jamais sur le présent, mais soutiens-toi dans le sentier rude et âpre de la vertu, par la vue de l'avenir. Prépare-toi, par des mœurs pures et par l'amour de la justice, une place dans l'heureux séjour de la paix.

Fénelon.

Première copie

De vita

Homines decidunt tanquam flosculi qui mane dehiscunt vespereque languent ac pedibus calcantur. Cedunt et humanæ generationes more fluentis aquæ ; nihil enim obstare valet cursi-

bus temporis, quidquid apparet *immobile* [1] trahentis secum. Tu ipse, fili mi, qui nunc tam ardenti tamque fecunda adolescentia in voluptatibus frueris, recordare illam felicem ætatem florem esse tantum qui ferè *siccabitur* [2] ut nascetur ; vis, sanitas vel gandium tanquam pulchrum somnium evanescent, tibi tantum erit acerba memoria. Illud vero tempus tibi adhuc remotum videtur. Heu ! falleris ; advolat, ecce advenit. Quod citissime appropinquat jam tibi adest, ac præsens tempus fugitivum longissimè abest quum funditus exstinguatur eodem momento quo loquimur et *accedere* [3] nequit. Noli præsenti tempore unquam confidere, sed in via aspera duraque virtutis stare *nescias* [4] præ tempore futuro. Jam para tibi, moribus castis et justitiæ amore, in pacis fortunata permansione *locum* [5]

Buttin Pétrus, *de Miribel*

[1] Le superlatif n'est par rendu.
[2] Un verbe neutre, *marcescere*, par exemple, serait bien meilleur.
[3] L'idée de revenir n'est pas exprimée.
[4] Contre-sens.
[5] Finale sans élégance.

Remarques et critique

126 solécismes, 18 barbarismes, un assez bon nombre de termes impropres ou de tournures incorrectes, voilà le bilan de ce thème, voilà le trésor que nos 45 concurrents doivent se partager. Naturellement, les premiers laisseront aux derniers les plus grosses parts.

Je passe le chapitre des compliments ou des reproches et j'arrive de suite à quelques remarques spéciales.

I. — *Les hommes passent comme les fleurs....* Il ne faut pas prendre au hasard le premier mot qui se présente à l'esprit ou dans le dictionnaire : ce mot n'est pas toujours le bon. Ainsi, le verbe *passer* ne signifie pas ici changer d'endroit, aller d'un lieu dans un autre, mais périr, tomber, mourir à la manière des fleurs. Beaucoup on traduit par *præterire, transire, transgredi* ; ces termes sont impropres ; combien meilleurs sont les verbes perire, decidere. Celeriter, tanquam flosculi decidunt (Cic.) Elles ne font que passer, comme des fleurs. Cette comparaison est familière à la Sainte Écriture : Homo quasi flos egreditur et conteritur. (Job) — Homo tanquam flos agri, sic efflorebit. (Ps.) — Omnis gloria ejus quasi flos agri. (Isa.) — Et omnis gloria ejus, tanquam flos feni, evanuit fenum et flos ejus decidit (S. Pet.) etc...

II. — *Sont flétris et foulés aux pieds....* Je lis dans 5 ou 6 copies : *marcescunt et obtriti sunt*, dans d'autres : *obtriti fuerunt* : pourquoi ce passé vient-il fraterniser ainsi avec un présent ? Je n'y vois nulle cause, mettez alors *obteruntur*. Remarquez en passant qu'il faut parfois s'aider du sens plutôt que de la forme pour traduire certains passifs français. Ex : l'Enfant est aimé. Nous avons un présent pur : *amatur*. La ville *est prise* : nous avons un présent mélangé de passé : capta est. Le participe passé avec *sum* exprime soit un présent mélangé de passé, soit un passé historique qu'on appelle défini : Urbs capta est : la ville est prise, et plus souvent : la ville fut prise. Le participe passé avec *fui* exprime un passé vague et vulgaire : *Urbs capta fuit* : la ville a été prise. —

Epistola scripta est : la lettre est écrite, se trouve actuellement écrite. *Epistola scripta fuit:* la lettre a été écrite, s'est trouvée écrite, la distinction est un peu subtile et très souvent ces auxiliaires sont employés indifféremment.

« Plusieurs grammaires récentes suppriment la seconde forme qui a bercé notre jeunesse : amatus sum ou *fuit* — eram ou *fueram ;* — ero ou *fuero* ; sum ou *fuerim;* — sim ou *fuissem ;* esse ou *fuisse.* Riemann fait remarquer que cette seconde forme n'est pas de bonne latinité.

III. — *Les générations des hommes.* Progenies est le terme classique pour désigner *génération.* Le mot *generatio* indique plutôt l'action d'engendrer. Cependant, il est souvent synonyme de *progenies* dans la Sainte Ecriture et dans les SS. Pères. Nous en avons un exemple dans le Magnificat : Saint Luc écrit : μακαριοῦσί με πᾶσαι αἳ γενεαί : Nous traduisons : *Beatam me dicent omnes generationes.* καὶ τὸ ἔλεος αὐτου εἰς γενὲας γενεῶν : *Et misericordia ejus a progenie in progenies.* Les deux mots peuvent donc être employés.

IV. — *Le plus immobile...* En latin, un grand nombre d'adjectifs manquent de comparatifs ou de superlatifs ou des deux à la fois. Il faut donc toujours s'assurer dans le dictionnaire que la forme existe réellement et a été employée par les bons auteurs. De plus, les adjectifs en ilis, bilis, comme *mobilis,* venant des verbes manquent généralement de superlatif. *Immobilissimus* existe dans la plupart des copies, je ne l'ai vu nulle part ailleurs.

V. — *Souviens-toi :* Beaucoup d'élèves ont mis : *memento quia,* en souvenir sans doute de la cérémonie des cendres. Cette construction est grecque : Souviens-toi que tu es homme : Μέμνησο ὅτι ἄνθρωπος εἶ. Le verbe *se souvenir,* demande en latin la proposition définitive : *Memento te esse hominem.*

VI. — *Ne compte donc jamais...* Une défense à la seconde personne s'exprime par *ne* suivi du subjonctif parfait *Hoc ne feceris :* ne faites pas cela. Le subjonctif parfait, fait remarquer Riemann, équivaut ici à un subjonctif aoriste ; il ne signifie pas : *que tu n'aies pas fait cela,* mais : *que tu ne fasses pas cela,* comme s'il y avait le subjonctif présent. *Ne* suivi du présent est employé ordinairement dans les maximes et avec un sujet indéterminé : *ne mentiare :* ne mentez pas, c'est-à-dire qu'on ne ment pas. Au lieu de *ne* et la seconde personne du parfait, on adoucit souvent la défense en employant *noli* suivi de l'infinif. Je signale ces règles parce qu'elles ont été violées par un grand nombre.

VI. — Il suffit de rappeler à ceux qui l'ont oublié, que *flos* est du masculin, que *tempus* est du neutre, que *valetudo* signifie aussi bien bonne et mauvaise santé, que *dum,* dans le sens de *pendant que,* demande l'indicatif, que *chemin rude* ne se traduit guère par *via ruda,* etc...

Et pour conclure, chers amis, feuilletez encore un peu grammaire et dictionnaire ; grammaire et dictionnaire ont des secrets encore à vous révéler.

Ordre des places

4 1/2

Pétrus Buttin, M. — François Cartier, C. — Joseph Saive, T. — Augustin Sauvebois, M. — Michel Lemoine, S. — Vincent Revol, M. — Albert Pons, A.

4

Guillaume Riether, T. — Aloys Sontag, T. — Julen Baconnet, C. — Alphonse Darsy, A.

3 1/2

Constant Cléret, T. — Barthélemy Falloni, M. — Etienne Patras, M. — Clément Debos, M. — A. Grand, C. — Théophile Vaudenohlt, T. — Edouard Raffin, M. — Jean-Joseph Mees, T. — Antoine, M.

3

Albert Robin, T. — Paulin Salaville, M. — Isidore Gauthier, C. — Joseph Hautmann, S. — Abel Gauthier, C. — Domilly Nestor, S. — René William, A. — Antonin Grosdemonge, A. — Léonard Jaumard, M.

2 1/2

Auguste Cazenave, S. — Cyrille Jourdan, C. — Prosper Détroit, M. — Jean S. Martin, A. — Jules Artus, T. — Louis Delfoltrie, S. — Désiré Delory, S. — Gabriel Savourat, S. — Florimond Fay, A. — Pétrus Donnève, A. — Victor Anciaux, C.

2

Gustave Géneau, S. — Cyprien Demorez, S. — François Tanguy, A. — Augustin Destiné, T. — Martin Mignolet, T.

Corrigé

Pereunt homines, quasi flores mane dehiscunt, marcescunt vesperè et pedibus teruntur. Effluit, quasi rapidi unda fluminis, hominum progenies, nec ulla mora tempus valet sistere, dum omnia secum, vel quæ maxime videntur immota, rapit. Tu quoque nunc, ó fili, tam vivida festivaque florens juventa, sis memor, vix natum hum vitæ florens cito marcescere; tanquam dulcia somnia fugient et vires et corporis integritas et lætitia, quæ tristis excipiet memoria.

Illud vero tempus abesse putas: Heu! falleris, instat, adest. A te non longe distat, quod adeo præceps ingruit ; et præsens, quod fugit, tempus, jam longe recessit, siquidem, dum loquimur, nulli revocabile perit. Præsenti igitur noli unquam credere, sed futurum prospiciens, per arduam et asperam virtutis semitam, firmo gradu nitere. In fortunata pacis regione, tu castis moribus et recti amore, sedem tibi provide.

(D'après Burnouf.)

P. Sébastien.

DEUXIEME SECTION

NARRATION

Le Christ Mourant

Canevas. — Un célèbre sculpteur dans son atelier, contemple avec colère un Christ en marbre étendu devant lui. On lui a demandé un Christ mourant pour la cathédrale. Il a promis un chef d'œuvre et son Christ ne rend ni l'expression de la vie, ni celle de la mort. Au milieu d'amères réflexions il s'endort...

Tout à coup la porte s'ouvre et un beau jeune homme vient s'offrir comme modèle. Le sculpteur l'accepte à condition qu'il se laissera attacher sur une croix. Ce qui fut fait. Le maitre prend ses ciseaux et travaille ;... mais bientôt il s'écrie avec colère : « Jeune homme tu n'exprimes pas la douleur. » Alors cédant à une horrible tentation, il prend un marteau et des clous et fixe l'infortuné jeune homme sur la croix. Les souffrances sont atroces, l'agonie longue et épouvantable...

Pendant ce temps le maitre travaille avec ardeur. Il a un vrai modèle, et de ces ciseaux sort une œuvre incomparable. La victime pousse un dernier cri, le chef d'œuvre est achevé !

Il fut placé dans la cathédrale... Ce fut un triomphe inouï... Hélas ! le remords ronge le cœur de l'artiste « j'ai versé le sang, dit-il, le mien doit couler »...

Il s'embarque pour le Maroc où il prêche N. S. crucifié. Il est saisi et condamné à mourir sur une croix... On l'attache, les clous s'enfoncent dans ses mains, il pousse un grand cri et... se réveille ! Car ce n'était qu'un rêve.

Mais ce qu'il avait vu en rêve, le maitre l'exprima sur le marbre et fit un chef-d'œuvre.

Première copie

« C'est donc là le seul fruit de mon travail ? Ce n'est vraiment pas la peine d'user mes ciseaux pour arriver à un si faible résultat. Plus je le travaille, plus il devient laid (1) Si je ne me retenais pas, je jetterais bien tout dans la rivière ». (2) C'est ainsi que parle un célèbre sculpteurdans son atelier, contemplant avec colère un Christ étendu devant lui. On lui a demandé un Christ qui devra (3) orner le maitre-autel de la cathédrale. Il a promis un chef-d'œuvre, et son Christ n'a aucunement l'expression de la douleur. On ne voit pas dans ses traits la souffrance atroce qui accablait le fils de Dieu sur la croix, et sous l'aiguillon de laquelle il s'écria :(4) « Heli ! Heli ! lamma sabactani. — Mon père. pourquoi m'avez-vous abandonné ? Que faire ? dit l'artiste désolé. je ne puis pourtant pas donner si mal fait un tableau (5) que j'aipromis comme un chef-d'œuvre. Recommencer !... J'y perdrai et mon temps et ma peine... et mon marbre ajoute-t-il comme s'il avait oublié le principal. (6) Enfin tourmenté par ces amères réflexions, (7) notre artiste s'endort... Quelques minutes s'écoulent. Tout à coup, la porte s'ouvre et un beau jeune homme vient s'offrir comme modèle. Je veux bien dit le sculpteur, vous accepter comme modèle, mais à une condition, c'est que vous vous laisserez attacher à une croix. — Bien volontiers. si cela doit vous faire plaisir. (8) Ce qui fut fait en un rien de temps. Le maitre prend ses ciseaux et travaille. Déjà le Christ prend une meilleure forme. Mais tout à coup, regardant le jeune homme, l'artiste s'écrie avec un geste effrayant: « Ce n'est pas cela, encore, que je veux, jeune homme tu n'exprimes (9) pas la douleur, » et aussitôt cédant à une horrible tentation, il saisit des clous, un marteau, et fixe à la croix les mains et les pieds de son modèle vivant. Cet affreux travail achevé. il reprend ses ciseaux et se remet à l'œuvre. L'infortuné crucifié se tord de douleur, ses nerfs se contractent, sa bouche écume, ses membres se raidissent et ses yeux jettent sur l'artiste son bourreau des regards terribles. Pendant ce temps, celui-ci continue à tailler dans le marbre. Ses yeux se tournent tantôt

vers son œuvre, tantôt vers le jeune homme dont le visage contracté par l'excès de la douleur fait peur à voir. Enfin, après une agonie longue et épouvantable, la victime jette un dernier cri. L'ouvrage est achevé. On dirait vraiment que le jeune homme revenu à la vie recommence son horrible agonie (10). Cette fois c'est un chef-d'œuvre. L'artiste le porte avec orgueil à la cathédrale. Ce fut un triomphe inouï, tous se jetaient aux pieds de ce Christ, croyant assister de nouveau à l'émouvante scène du Calvaire.

Cependant la joie et l'orgueil de notre sculpteur n'avaient été que d'un moment. Déjà le remords (11) lui rongeait le cœur. Il ne dormait plus, et une voix lui criait au dedans de lui-même (12): « Où est ce jeune homme ? Caïn, qu'as-tu fais de ton frère ?... Ne pouvant résister à cette voix si terrible : « J'ai versé le sang, dit-il, le mien doit couler. c'est juste. Il s'embarque donc pour le Maroc dans l'espoir de rencontrer la mort et de la subir pour Jésus-Christ. En effet un jour qu'il prêchait avec plus d'ardeur que de coutume, on s'empara de lui, et il fut condamné à subir le même supplice que ce Jésus qu'il prêchait. La croix est aussitôt préparée. Une grande foule est venue assister à ses derniers moments. Le roi lui-même est arrivé avec toute 'sa suite. Alors, le bourreau s'approche, et l'étend sur la croix. On l'attache, les clous s'enfoncent, le bourreau frappe à coups redoublés. (13) Son sang coule, en le voyant. il pousse un cri et... se réveille. A l'instant le Maroc a disparu, ainsi que le roi, la foule, le bourreau et la croix. Il regarde ses mains pour voir si le sang ne coule plus, mais non, c'était bien un rêve. Devant lui était encore le même Christ avec les mêmes traits, mais plus jolis maintenant qu'ils ne l'étaient (14) avant le sommeil de l'artiste. Cependant celui-ci revoyait toujours le jeune homme qu'il avait crucifié, et son image ne pouvait s'effacer de sa pensée. Il exprima sur le marbre les traits de sa victime, au moment le plus horrible de l'agonie et de ses ciseaux sortit une œuvre incomparable, semblable à celle qu'il avait vue dans son rêve.

René Pozot, *de N. D. des Châteaux.*

(1) Un peu trop prosaïque.
(2) Du calme ! ou au moins soyons plus nobles dans notre colère.
(3) Mieux : « pour orner ».
(4) Il s'écriait. Il faut conserver le même temps.
(5) Attention ! Ce n'est pas un peintre c'est un sculpteur !
(6) Réflexion d'un tailleur de pierres et non d'un artiste !
(7) « Notre » ne s'emploie ainsi que dans le style familier.
(8) C'était un jeune homme d'heureuse composition.
(9) Faute d'orthographe. Même le premier !
(10) Excellente pensée, mais mal exprimée.
(11) Faute d'orthographe.
(12) Mieux: une voix intérieure lui criait....»
(13) Encore une faute d'orthographe.
(14) Au tour à la quatrième.
(15) A la cinquième !
(16) Sixième et dernière !
N.-B. — Quelques points à la ligne n'auraient pas non plus gâté cette copie !

Critique

Mes chers Amis,

Vos copies ont inspiré au correcteur plusieurs remarques sur l'orthographe, la lecture et le bon goût. Il serait heureux que vous en profitiez.

Si vos professeurs vous demandent dans vos versions et dans vos narrations, d'éviter les longues phrases, lourdes et enchevêtrées ; à plus forte raison devez-vous éviter les fautes d'orthographe. On ne peut exiger moins. La plupart d'entre vous, sans doute sont possesseurs du fameux certificat d'études primaires. Pourtant on ne s'en douterait guère. Le croiriez-vous ? Sur 60 copies : *il n'y en a pas une seule sans faute d'orthographe*. Le premier lui-même s'est gratifié de quatre fautes : « Ab uno disce omnes ». « Mais, me direz-vous, il ne faut pas exagérer : dans le feu de la composition, il peut s'en glisser quelques-unes ». Oui, mais quand ce feu est éteint, quand votre imagination est moins exaltée, relisez vos copies, et le correcteur ne pourra pas dire : j'ai plus de 25 copies contenant chacune plus de 15 fautes d'orthographe. C'est désespérant ! Est-ce donc pour varier son style que X... a écrit sculpteur de 5 façons différentes. « L'ennui naquit un jour de l'uniformité ». C'est égal, n'exagérons pas ! ne varions pas trop, surtout en orthographe ! Mais assez sur ce sujet. Tous les numéros du *Correspondant* font les mêmes plaintes. Quousque tandem... ?

Arrivons à la lecture. Depuis 18 mois que vous êtes dans les Alumnats, vous avez lu et entendu lire déjà pas mal; soit au réfectoire, soit pendant les classes et les études libres. Vous êtes-vous inquiétés de retenir les beaux passages, de les copier même. Un excellent moyen de faire des progrès en français, c'est d'écouter attentivement le développement d'une narration donnée en classe, de voir comment l'auteur a su rendre son récit intéressant ; comment il a développé les parties intéressantes et laissé les autres dans l'ombre, etc.

En grammaire, en général, la moitié des enfants perdent leur temps pendant les études libres ; les uns *mettent de l'ordre* dans leur casiers, les autres comptent leurs images, leurs timbres... etc.

L'autre moitié au contraire, exagère souvent dans l'autre sens. Je m'explique : lisez ; mais ne lisez pas « *à la vapeur* » Ne vous vantez jamais, comme certains d'avoir lu tel livre en une *seule* étude libre. Lisez pour apprendre le français, pour vous instruire et non pour savoir comment Robinson Suisse ou Robinson Français, a regagné sa patrie. Il y a même des alumnistes qui commencent un livre par l'épilogue ! Qu'arrive-t-il de ces lectures précipitées où aventures, descriptions, combats, défilent rapides et insaisissables comme les forêts, les champs, les villages, les montagnes, devant la portière des express. L'esprit n'est frappé de rien, la mémoire ne retient rien. Huit jours après, vous ne savez plus ce que vous avez lu ; et au bout d'un an on vient dire : « Mon père, j'ai lu tous les livres de la bibliothèque » Et quand vous avez une narration, vous vous creusez en vain le cerveau : Aucune idée ne naît sous votre plume. Le sujet donné, le caractère des personnages, le siècle, le pays où l'action se passe ne vous rappellent aucune de vos lectures. Et alors, comme certains, vous ferez 50 lignes de développement quand le canevas en a déjà 35.

Concluons : lisez, ne perdez pas votre temps pendant les études libres. Un enfant qui ne lit pas n'écrira jamais bien en français.

Mais il ne suffit pas de lire beaucoup, de retenir beaucoup, de composer des cahiers de notes. Il faut savoir adopter ses réminiscences au sujet donné.

N'importe quelle description ne convient pas à n'importe quel sujet. Il faut savoir juger, discerner... en un mot avoir du goût. Mais laissons là la théorie, passons à la pratique. J'ai connu un brave alumniste, plein de bonne volonté, qui prenait des notes sur un petit carnet bleu. Elles étaient classées par numéros : 1, 2, 3... etc. A la première narration donnée, il prenait son carnet, l'ouvrait à la note n° 1, et bon gré mal gré, faisait entrer dans sa narration, le passage copié.

Un jour, le professeur avait donné en narration la mort de Rolland. Or, l'alumniste sur son carnet était arrivé au n° 7, qui contenait un des chœurs d'Esther. Que fit notre écrivain ? C'est bien simple : le preux Rolland, le visage tourné vers sa douce France et se sentant mourir se mit à débiter une vingtaine de vers de Racine, qu'il avait appris dans son jeune temps. C'était un manque de goût. Plusieurs d'entre vous sont tombés dans le même défaut. Ecoutez X... le pauvre sculpteur bourrelé de remords arrivé dans le Maroc. « Il cheminait à *pied* » dans une forêt, quand tout à coup,' un vieillard vêtu de blanc s'élance à la bride de son *cheval* et s'écrie « Ne chevauche pas plus avant, noble sculpteur : tu es trahi ; on va te faire mourir ». « Le pauvre sculpteur faillit devenir fou de terreur (avouez qu'il y avait de quoi !) Au cri qu'il poussa, des écuyers et des hommes d'armes accoururent et parvinrent à s'emparer de lui ». — Evidemment c'est une réminiscence d'un récit de la démence de Charles VI dans la forêt du Mans. L'auteur de la narration aurait pu voiler davantage ses souvenirs.

Il faut aussi éviter le genre nébuleux, romantique ou « moderne » comme disent quelques uns. X... dit : « ...on dirait même qu'une larme qu'il vient d'essuyer étincelle sur ses joues comme un diamant ». Quelle larme ce devait être, grand Dieu, pour briller encore après avoir été essuyée! Une vraie larme de crocodile! Cela rappelle la célèbre phrase d'un de nos romanciers modernes « Une forêt vierge où la *main* de l'homme n'avait jamais mis le *pied* ».

Un alumniste, un romantique encore, confond la description d'un taureau furieux, au milieu de l'arène, avec celle du sculpteur désespéré et dit : « Le sculpteur est là, les bras croisés, les yeux flamboyants, les membres agités par un tremblement nerveux. Une *rougeur* subite colore son visage, une *pâleur* livide bleuit ses traits, ses lèvres écument, ses dents grincent, ses cheveux se dressent, ses narines frémissent. Semblable à un tigre qui saisit sa proie, il prend son ouvrage et le brise à terre. » Quel homme que ce sculpeur. Quel écrivain que l'auteur de ce passage ! Je comprends que celui-là, dans le feu de la composition laisse échapper quelques fautes d'orthographe. Quelle description ! Est-elle tirée des « Camisards » ou du Paradis Perdu.

J'aurais encore beaucoup d'autres exemples à vous citer, aussi intéressants que celui-là ; mais j'ai déjà été trop long. Je m'arrête.

Résumons : Evitez les fautes d'orthographe ; vos notes seront meilleures. Lisez : lisez bien, avec réflexion et servez-vous de vos réminiscences avec goût.

Ordre des places

3 3/4

René Pozot, C. — Luc Cottet, M. — Louis Lavoisier, A.

3 1/2

Albert Pons, M. — Henri Mience, A. — Cunéo Hector, M. — Henri Debos, M.

3

Léon Hurtevent, S. — Marcellin Cayré, C. — Jean-Marie Martin, S. — Robert Bectoy, S. — Maurice Chappet, C. — Squaglia Ferrand, M. — Gabriel Girard, M. — Jeanny Depradas, M. — Eugène Jouclard, A. — Guedy Joseph Marcel, M. — Alfred Gættelman, M. — Maurice Patinier, A. — Jean Buytaers, A. — Antonin Sagesi, M.

2 1/2

Armand Valès, M. — Marcel Buret, S. Alphonse, M. — Paul Peyrouse, M. — Clément Stanislas, A. — Fernand Desmarteau, A. — Eche Justin, S. — Georges Neuch, S. — Arthur Trine, T. — Désiré Chauvet, C. — Adelin Jorat, C. — Gaston Caran, S. — Chorot Albert, C. — Jean Lesponne, S. — Urbain Belard, A. — Alexis Timmermany, S.

2

Remy Houvenaghel, S. — Adolphe Leleu, A. — Arthur Godant, A. — Laurent, S. — Eujalber Jean, C. — Lucien Delannoye, S. — Fort Albert, C. — Lucien Desbondues, T. — Blanc Henri, C. — Ferdinand Fresneau, A. — Adrien Cabrit, A. — Gerard Mertees, T. — Florent Millet, T. — François Pierson, T. — Engelbert Teck, T.

1 1/2

X...... de Taintegnies. — Arethens François, C. — Joachim Barria, C. — Dhers Baptiste, C.

1

Rosengneig Achille, S. — Jules Larmignat, A. — Alfred Lammer, T. — Augustin Meerlin, S.

Copies inachevées

Isaïe Landru, S. — Barthélemy Deschedt, S.

Corrigé

LE CHRIST MOURANT.

Le maître est dans son atelier. Sur sa mâle figure, encadrée de longs cheveux noirs, sur son large front où brille le génie, se lisent le découragement, la douleur, presque la colère. Son maillet, son ciseau gisent en repos, et lui assis, l'œil fixe et morne, contemple le marbre étendu devant lui.

L'Archevêque lui a demandé un Christ mourant pour la cathédrale. Il a promis un chef-d'œuvre... Hélas ! Depuis des mois il y travaille. Il y a mis toute son âme, tout son génie, et n'a pas réussi... il ne réussira pas, il ne réussira jamais ! Le sujet est au-dessus de ses forces. Le Christ, le plus beau des enfants des hommes, sous l'étreinte d'une indicible douleur, la lutte entre la vie et la mort, les spasmes d'une agonie terrible... voilà ce qu'il doit jeter sur le marbre. Mais l'œuvre est trop sublime. Il s'avoue vaincu !...

... — Mais non ! c'est impossible ! que diront ses rivaux, jaloux de sa gloire et de son génie ? Ah ! il entend déjà leurs railleries amères, leurs rires moqueurs saluer l'apparition de son Christ ! — Non ! plutôt mourir à la peine que subir la honte et le déshonneur ! Et le front de l'artiste s'est redressé, un éclair a passé dans ses yeux ; sa main a saisi le ciseau... Mais à quoi bon ? Pourquoi s'épuiser en stériles efforts ? N'est-ce pas la vingtième fois qu'il corrige, retouche son travail. Que de nuits fiévreuses n'a-t-il pas passées là penché sur ce marbre... Et il n'a pas réussi ! L'œuvre est au-dessus de son génie !... Abattu, découragé, vaincue par l'insomnie, le maître s'endort

*
* *

Tout à coup la porte de l'atelier s'ouvre ; un jeune homme richement vêtu se présente. Ses traits d'une beauté angélique, ses yeux pleins de charmes et de bonté, sa barbe blonde et fine, ses longs cheveux ondulant sur ses épaules lui donnent une ressemblance frappante avec Jésus de Nazareth.

— « Maître, dit l'étranger, je sais votre embarras, votre découragement. Un modèle vivant vous aiderait peut-être. Voulez-vous m'accepter ? »

— « Jeune homme, reprit l'artiste d'un ton amer, tu veux railler ! Si j'avais à exprimer la vie dans sa fleur, je te choisirais volontiers ; mais il me faut la douleur, il me faut le spectacle d'une agonie atroce. Va, retire-toi. » Puis brusquement, se ravisant, il ajouta « Consentirais-tu donc à souffrir ? Voudrais-tu te laisser attacher sur une croix ?

— « Maître j'y consens ; je serai si heureux de vous aider à faire un chef-d'œuvre que la souffrance me paraîtra légère. Mais vous me détacherez, dès que je le demanderai. »

« Je le promets ». — Le front du sculpteur était sombre, ses traits farouches, sa voix pleine de menaces.

L'étranger n'y prit point garde.

*
* *

Le jeune homme souffre sur la croix. De fortes cordes retiennent ses membres.

Le sculpteur le contemple et travaille ; mais tout à coup il s'écrie « — Non, ce n'est pas cela encore ! Etranger, tu ne souffres pas assez, tu n'exprimes pas la douleur ! » Le jeune homme a compris : il pâlit. Il tremble. Il souffre déjà ; mais il entrevoit des douleurs encore plus grandes, plus horribles.., la mort peut-être ?

— « Maître, implore-t-il, maître, je vous en supplie, détachez-moi de cette croix ».

Mais lui, farouche, les doigts crispés sur son maillet, les dents serrées, marche à grand pas dans son atelier. Une tentation horrible vient de l'aissaillir : L'esprit égaré, bouleversé, il y succombe. « Etranger, dit-il, d'une voix stridente, il me faut un modèle ; je veux un chef-d'œuvre, je veux la gloire à tout prix ! Tu vas souffrir ! »

Et sans pitié, il prit de longs clous aigus et fixa l'infortuné jeune homme sur la croix.

La victime souffre atrocement, son sang coule a grands flots et ruisselle sur les dalles de l'atelier. Sous l'étreinte de la douleur, ses traits se contractent tout violemment, ses muscles font des efforts impuissants, une pâleur livide se répand sur son beau visage. Sa voix a des accents déchirants.

— « Maître, ô mon maître, ayez pitié de moi. C'est assez ! Je me meurs ! »

Mais le maître ne l'entend plus. L'œil ardent, il contemple sa victime ; il étudie ses souffrances et les cheveux épars, le front baigné de sueur, courbé sur le marbre, il taille, frappe, corrige...

... Il a un vrai modèle. C'est bien là ce qu'il voulait : la lutte entre la vie et la mort : le Christ sur le Golgotha! Des mains du sculpteur sort une œuvre incomparable, pleine de beauté et d'horreur.

Le sang coule toujours... le visage se décompose, ses yeux grand'ouverts regardent le ciel.

L'adolescent se meurt ; son corps est plus pâle que le marbre de l'artiste : sa voix murmure faiblement : « Maitre, pitié, grâce ! »... Une dernière convulsion, un dernier spasme... la victime pousse un cri et expire ! Un cri de joie sauvage répond à la dernière plainte du mourant. C'est le sculpteur qui l'a poussé. Son Christ est achevé ; c'est un chef-d'œuvre !

* *

Le Christ mourant, couché sur une riche croix de velours cramoisi fut placé dans la cathédrale. Ce fut un long cri d'admiration dans toute la ville. L'artiste fut porté en triomphe.

Son nom était désormais immortel ; cette gloire qu'il avait tant désirée, il la possédait... Hélas ! le remords inexorable, cruel, était entré dans le cœur du maître. Pour lui plus de repos ! Le sang du juste criait vengeance ! Ses mains, les murs de son atelier lui paraissaient rouges de sang. La nuit, le sommeil fuyait ses paupières enfiévrées, une voix lui criait : « Homicide ! Sur son front brûlant, il lui semblait qu'une main invisible imprimait en caractères de feu le mot : Assassin ! »

...Et le soir, dans le silence, sous la grande nef de la cathédrale gothique, montaient des sanglots et des cris déchirants « Seigneur ! Seigneur ! ayez pitié de moi. » C'était le sculpteur poursuivi par le remords, prosterné devant son chef-d'œuvre qui implorait le pardon : comme naguère sa victime s'écriait ! « Maitre, ô mon maitre, ayez pitié de moi. »

* *

Enfin, bourrelé de remords, souffrant plus que sa victime, le malheureux dit un jour : « J'ai versé le sang innocent, le martyre seul peut expier mon crime »...

Il quitta tout : parents, amis, gloire, fortune ; et s'embarqua pour le Maroc. A peine arrivé, apôtre zélé, avide de verser son sang, le maitre se mit à prêcher le Christ mort sur une croix pour nous sauver. C'était la peine de mort : il le savait. Les infidèles l'entourent, le saisissent, le conduisent au bey.

— « Chrétien, foule la croix aux pieds, adore le croissant. »

— « Non, jamais ! plutôt la mort. » — On le dépouille de ses habits, on le flagelle jusqu'au sang ! Pas un cri, pas une plainte ne s'échappent des lèvres du martyr.

— « Renonce à la Croix. »

— « Non, jamais !

— « C'est bien ! s'écrie le bey furieux, tu vas partager le sort de celui que tu prêches ! Qu'on le fasse mourir sur une croix !

Il est conduit sur la place de la ville. Une foule en délire l'insulte, l'accable d'outrages. Lui est calme, heureux ! C'est l'expiation des ovations qui lui valut autrefois son chef-d'œuvre.

Le bourreau, un géant brutal, le saisit, le couche sur le gibet, appuye le genoux sur son poignet, prend un long clou aigu, le pose sur la main de l'artiste et frappe avec force.

Les nerfs sont coupés, le sang jaillit ; mais la douleur est trop grande : le maitre pousse un cri... et se réveille ! Car ce n'était qu'un rêve ! Le sculpteur était toujours dans son atelier.

Mais ce qu'il avait vu en rêve, le maître l'exprima sur le marbre et fit un chef-d'œuvre.

F. SÉVERIN.

——∘∘⦂⦂∘∘——

TROISIÈME SECTION

VERSION LATINE

Cognovi in meo pago (¹) puerulum nomine Furetum. Mater ejus vidua erat et pauper, quærebat victum cum multo labore. Iste autem erat piger, gulosus (²) et curiosus ; non petebat scholam, sed currebat per agros, quæritabat (³) nidos, occidebat aviculos, subripiebat fructus hortorum et bracas (⁴) dilacerabat (⁵). Mater ejus mœrebat eique quotidie dicebat : « Filiole mi, esto impiger; nam ego non sum dives, et tu ipse comedes panem in sudore vultus tui. »

Vitia ejus emendata (⁶) sunt hoc modo : quadam die, vidit in loco alto vas quod cooperiebat (⁷) patella (⁸) illud arripuit, sed patella decidit (⁹) in nasum ejus, eumque prostravit in jusculo (¹⁰) quod vas illud continebat.

(1) Village.
(2) Gourmand.
(3) Même signification que quæro...
(4) Culottes...
(5) Même signification que lacerare.
(6) Du verbe emendo-as, avi, atum, are... corriger.
(7) De cooperio-is, perui, pertum, rire... couvrir.
(8) Assiette.
(9) De decido-is, cidi, ere... tomber.
(10) Bouillon.

Faire le mot à mot et le français.

Première copie

J'ai connu dans mon village un petit enfant nommé Furet. Sa mère était veuve et pauvre, elle se procurait sa subsistance (¹) par beaucoup de travail. Celui-ci était paresseux, gourmand et curieux : il n'allait pas à l'école, mais il courait par les champs, cherchait des nids, tuait les petits oiseaux, dérobait les fruits des jardins et déchirait ses culottes. Sa mère était affligée (²) et lui disait chaque jour : « O mon fils chéri, sois laborieux, car je ne suis pas riche, et tu mangeras (³) ton pain à la sueur de ton front. »

Voici comment il fut corrigé de ses défauts. Un jour, il vit en un lieu élevé un vase couvert d'une assiette ; il le saisit, mais l'assiette lui tomba sur le nez et le renversa dans le bouillon que le vase contenait.

Frédéric DÉROUDILLE. (⁴)

(1) Elle gagnait sa vie... labor ici signifie plutôt *peine*.
(2) Sa mère s'affligeait....
(3) Vous ne traduisez pas (in ipse) toi même.
(4) Cette copie peut servir de corrigé...

Critique

Comme vous le voyez, chers grammairiens, l'ensemble de la version n'a pas été trop mal traité : puisque le plus grand nombre des concurrents a obtenu la note 3 et au-dessus. — Le correcteur n'a qu'à vous en féliciter, car c'est une preuve que vous y avez travaillé sérieusement....

Les six premiers surtout méritent des éloges: ces copies ne laissent presque rien à désirer, sauf de rares fautes d'orthographe et quelques légères inexactitudes. C'est sans hésiter que nous leur avons donné la note 4 1/2; c'est-à-dire: presque très bien.

Mais, trève aux louanges que peut-être la trop grande facilité de la version rendrait un peu imméritées. Hâtons-nous d'arriver au chapitre... des coulpes! Parlons d'abord de l'orthographe. Elle laisse par trop à désirer... Sur 75 alumnistes, *dix* à peine ont su la traiter avec le respect qu'elle mérite... Nous pourrions remplir une page entière du *Correspondant*, si nous voulions énumérer toutes les fautes d'orthographe qui se rencontrent dans cette petite version. Bornons-nous à quelques exemples; ainsi on écrit: « *il courait dans les chants .... un vas.... lu était vu.... ton net* (nez) etc., etc...!! Ce sont là croyons-nous des fautes, qu'avec un peu d'attention on eût pu facilement éviter !...

Arrivons à la traduction elle-même. Malgré l'extrème facilité de la version, bon nombre d'enfants sont parvenus à trouver les contresens les plus incroyables !!! Quelques exemples... Garin Emmanuel prend la défense de Furet et pour démontrer qu'il n'est pas gourmand il traduit: « non petebat scholam, » par « *il ne se dirigeait pas vers le chocolat* » !!! D'autres traduisent: Mater ejus etc... par « sa mère lui disait mon *cher filleul,* » ou encore ma *chère fille.* Quelqu'un ne traite pas mieux la phrase: « *Quærebat victum cum multo labore: il cherchait sa victime avec beaucoup de peine* » : Réfléchissez, brave Nicolas Bouvier, et vous ne confondrez pas: *victus, a, um* avec *victus, us....*

La fin surtout a été une pierre d'achoppement pour une dizaine d'enfants. Certains, comme Léon Martel, font voir à notre Furet: « *un vas élevé dans l'air qui courait sur une assiette !!...* D'autres continuent ainsi: « *Furet vit ce vase il l'empoigna, mais l'assiette lui coupa le nez !...* » (Cyrille Delecœuillerie)... Noël Déleris fait jouer le vase et l'assiette à la petite guerre: « Il vit dans un lieu élevé un vase qui couvrait entièrement une assiette ». L'assiette, peu flattée sans doute de se voir cachée ainsi sous le pied du vase, « *attaquait de suite (le vase) et se jeta dans le nez de Furet qu'il fit tomber dans le bouillon que contenait ce vase!* » Paul Payelle fait *prosterner* Furet dans le bouillon (à la turque!!). Enfin finissons par le contre-sens de Gustave Godaut: « *vidit in loco... Il vit dans un écrin un vase...* » qu'il appelle etc. plus loin : *un bassin de métal* !!!)

Il est vrai qu'une faute d'impression (courir pour couvrir) a pu dérouter quelques enfants. C'était, pensons-nous, le droit et le devoir du professeur de corriger cette faute. Un de nos honorables collègues a cependant jugé bon de la respecter. Sept de ses enfants en ont pâti à notre grand regret....

Mais, venons à une dernière remarque... Faites attention, chers amis, à la traduction des verbes, ne il faut pas traduire le futur par le présent ni l'imparfait par l'indicatif. *Soixante* enfants ont traduit: comedes, par *lu manges;* d'autres font de l'impératif: *esto* un indicatif présent: tu es... etc., etc...

Somme toute, la version n'est pas mauvaise, et puisque nous sommes encore au mois de Janvier, le mois des souhaits, permettez-moi en finissant de vons en présenter deux qui vous seront utiles... D'abord gardez-vous de la prétention, soyez simples. N'imaginez pas des batailles, là où il ne s'agit que d'une assiette qui tombe; ne prenez pas un lieu quelconque pour un écrin!! Bref, ne cherchez pas, comme on le dit vulgairement, midi à quatorze heures. Ensuite, au lieu de marcher à l'aveuglette, soyez attentifs et vous ne traduirez plus « comedes » par « tu manges » ni « petere scholam « par « courir sus au chocolat ».

En résumé: simplicité et attention. Ajoutez à cela la prière, chers amis, et d'ici quelques mois vous ferez des devoirs parfaits.

Classement des copies

4 1/2 :

Déroudille Frédéric, M. — Prosper Vannalleghem, A. — Pierre Robin, T. — Charles Morelle, S. — Henri Borel, C. — Victor Kokel, S.

4 :

Lusinschi André, M. — Boulé François, A. — Dumoulin Marius, C. — Brachet Joseph, C. — Etienne Bihel, S. — Arsène Vasseur, A. — Théodore Choquet, A. — Ange Duviols, M. — Henri Dewaele, T,

3 1/2 :

Marius Cordier, M. — Onuphre Spinelli, M. — Paul Désir, T. — Martin Raymond, M. — Maurice Marchand, T. — Sauvan Elie, M. — Augustin Marly, A. — Paul Milleville, S. — Benjamin Vangræscheppe, S. — Valentin .....?, T. — Périssoud Narcisse, C. — Léopold Pronier, S. — Alexandre Batsère, S. — Alphonse Vœgelé, T. — Fidèle Pavy, S. — Nicolas Netti, M. — Louis Verdalle, C.

3 :

Allagnier Lucien, M. — Jules Leroy, S. — Alexandre Dury, T. — Eugène Mourmeaux, T. — Edme ?..... T. — Laurent Moors, T. — Séraphin Giacomini, M. — Paul Payelle, A. — Cyprien Nalignon, C. — Georges Favier, A. — Emile Novello, C. — Pierre Villesèche, M. — Noël Déleris, A. — Valery Gontard, M. — Sébastien Vallecalle, M.

2 1/2 :

Garin Emmanuel, C. — Cyrille Delecœuillerie, A. — Léon Martel, A. — Claudius Pavillet, C. — Gilles Rohon, T. — Joseph Blanc, C. — Henri Barthe, C. — Ludovic Leloir, A. — Jacques Léon, C. — Rodolphe Quéry, S. — Jeannet François, M.

2 1/4 :

Joseph Gerbeaux, A. — Romuald Demailly, A. — Gustave Godaut, A. — Denis Matturi, A. — Alphonse Chapuis, T. — Raphaël Nolon, S. — Marius Cusin, C. — Bouvier Nicolas, C. — Leroy Ulysse, S. — Jean Dumec, C. — Dubois Claudius, C.

2 :

Gillet Arthur, M. — Norbert Claes, T. — Vuillermet François, C. — Maurice Demelenne, T. — Gilbert, S.

1 1/2 :

Arthur Ségard, S. — César...... ?, T. — Victor Mommaton, A.

Fr. FLORIBERT.

Imp. du Petit Alumniste, Miribel-les-Echelles (Isère) —
Le Correspondant des Etudes, février 1899, N.40 — P. CLAUDE, gérant

LE CORRESPONDANT DES ÉTUDES

BULLETIN MENSUEL

RÉDIGÉ PAR LES PROFESSEURS DES ALUMNATS

SOMMAIRE

Quelques Singularités de l'Analyse

Pour peu qu'on feuillette divers traités d'analyse grammaticale ou logique, on s'aperçoit bientôt des divergences qui existent entre les auteurs sur la façon de concevoir et d'exprimer les mêmes phénomènes grammaticaux ou sur l'importance à donner à ces phénomènes.

Mon but, en écrivant ces lignes, n'est pas d'ajouter une opinion de plus à la multitude de celles qui, tous les jours, sont émises par les uns ou par les autres sur ces questions, mais de chercher à trouver la raison, le bien fondé de certaines dénominations, de les comparer avec d'autres et, sans ériger en système ni imposer ma manière de voir, d'amener les professeurs à réfléchir eux-mêmes sur ces questions, pour que peu à peu nous arrivions, autant que possible, à des méthodes uniformes d'analyse dans notre enseignement.

Ce ne sont donc que des jalons, et si l'on trouve très discutables certaines appréciations énoncées ici, je serai heureux que de la discussion jaillisse une lumière destinée à nous apporter plus d'unité.

Et d'abord, n'exagérons pas l'importance de l'analyse. Si elle est un excellent instrument de précision dans le langage, c'est à condition que l'on n'en fasse pas un instrument de torture.

L'enfant en bas-âge n'apprend les mots qu'à force de les entendre dire ; c'est pour lui un exercice surtout mécanique. Comment à ces sons qu'il entend répéter arrive-t-il peu à peu à donner un sens déterminé, c'est une question qui relève plus des philosophes que des grammairiens. Toujours est-il que, ces premiers éléments une fois acquis, l'enfant sera toujours arrêté dans l'intelligence ou le développement d'une idée tant soit peu compliquée, s'il ne revient par le travail de la réflexion sur les signes déjà connus de la pensée pour en remarquer le groupement normal, l'agencement fixe, la dépendance nécessaire ou accidentelle.

En d'autres termes, pour pouvoir *composer* une phrase dont la correction ne laisse aucun doute, il faut s'être exercé à *décomposer* d'autres phrases régulièrement construites. Ainsi, le plus habile horloger a dû commencer par démonter les pièces d'une montre pour en saisir le mécanisme. Ce n'est qu'après une série d'observations sur chacune de ces pièces, qu'il est arrivé à déterminer sûrement leur place respective dans l'engrenage et la mesure où chacune doit concourir au mouvement régulier. Tel est le rôle de l'analyse dans le langage.

Si, non content d'étudier la langue maternelle, l'enfant se propose d'apprendre encore une ou plusieurs langues étrangères, mortes ou vivantes, qui ne voit la portée de l'analyse pour lui faire reconnaître, sous la variété des formes verbales, l'unité des lois de la pensée ?

Malheureusement, si en matière d'analyse, les faits à observer sont les mêmes aux yeux de tous les philologues et de tous les grammairiens, la manière de les expliquer varie quelque peu, et par suite les dénominations ne sont pas non plus identiques.

Il n'est pas jusqu'aux termes *d'analyse grammaticale* et *d'analyse logique*, si souvent opposés l'un à l'autre, qui ne renferment quelque équivoque.

Dire à un élève de faire une analyse grammaticale, c'est lui demander d'indiquer la nature d'un mot, le genre, le nombre etc. et aussi la fonction de ce mot dans la proposition. Mais concevoir et énoncer cette fonction, est-ce un fait d'ordre purement grammatical ?

Dans ces trois phrases :

Que Dieu vous bénisse !
C'est Dieu **que** j'aime
Que demandez-vous ?

le mot **que** est tour à tour conjonction, pronom relatif et pronom interrogatif. Comment discerner cette fonction particulière sans avoir recours au *sens*, et par suite sans faire de l'analyse logique ?

Cependant, ces diverses déterminations de sens, nous les demandons à tout élève qui fait de l'analyse grammaticale et nul ne songe à trouver cela excessif. C'est qu'en réalité, les limites entre l'analyse grammaticale et l'analyse logique ne sont pas si faciles à déterminer.

On est convenu d'appeler « analyse grammaticale » celle qui s'occupe simplement de la proposition et de ses divers éléments, tandis qu'on réserve le nom d' « analyse logique » à l'étude de la phrase et des différentes propositions qui la composent. De part et d'autre, la grammaire et la logique interviennent également : mais, qu'opposer à la vogue des définitions toutes faites ? Elles sont commodes et, faute de mieux, l'on est bien obligé de s'en servir, si l'on veut être compris.

L'analyse grammaticale est donc l'énoncé, au point de vue du sens et de la forme, des divers éléments d'une proposition.

Si maintenant nous considérons à part ces divers éléments, nous constaterons que, de tous les mots qui peuvent composer une propostion, c'est surtout le verbe dont les dénominations laissent à désirer.

Qu'en général, le verbe doive s'appeler *actif*, *passif* ou *neutre*, selon qu'il exprime l'action accomplie ou subie par le sujet, l'état dans lequel se trouve ce sujet, rien de plus naturel. Mais la théorie des verbes dits *attributifs* par opposition au verbe *substantif* est plus contestable.

Le système tout entier, dit M. Delon dans sa **Grammaire française d'après l'histoire**, repose sur cette assertion qu'un verbe ordinaire (dit attributif) représente le verbe *être* plus un participe; que *j'aime* est bien réellement la contraction de *je suis aimant*. Cette assertion a une double portée, logique et grammaticale. Logiquement, elle implique que l'idée d'*action* (verbe) contient l'idée d'*attribut*. Grammaticalement, elle emporte que le verbe est formé avec un participe. Or, cette double assertion est fausse ; c'est le contraire qui est vrai. C'est l'idée d'*attribut* qui contient en soit l'idée d'*action* ; car en logique, nous ne pouvons concevoir une *idée* des qualités, des manières d'être, attributs d'un être ou d'une chose, que par leurs manifestations, c'est-à-dire par des *mouvements* qui les traduisent en acte et les rendent observables. C'est le *participe* — comme le dit le mot — qui est formé avec le verbe, et non pas le verbe avec le participe. Logiquement, ce n'est pas l'idée de l'action, *aimer*, qui contient l'idée de la qualité, être *aimant* ; tout au contraire, c'est l'idée de la qualité, *aimant*, qui renferme en soi l'idée de l'action d'aimer. Grammaticalement, ce n'est pas *aime* qui est formé du participe *aimant*, c'est le participe *aimant* qui est formé du thème verbal (radical) *aim* — (latin *ama*) — et du suffixe (*a*) *nt*, caractéristique du participe actif. »

D'ailleurs, est-il toujours aussi simple qu'il paraît, à première vue, de décomposer le verbe attributif de façon à y trouver le verbe *être* et l'attribut sous la forme d'un participe ? Que *j'aime* se décompose en *je suis aimant*, rien de plus simple ; mais comment opérer cette décomposition dans des expressions comme celles-ci : *Cette femme s'est évanouie ; Ce jeune homme s'est aperçu de son erreur ; Cet audacieux ne se doutait pas du danger ?*

Encore une fois, je ne propose pas dans la pratique de supprimer cette théorie ; je voudrais simplement éveiller l'attention sur des particularités dont l'étude approfondie apporterait peut-être, avec le temps, des modifications aux habitudes actuelles d'analyse.

Un autre point relatif à l'étendue du sens que l'on peut donner à ce mot : *verbe actif*. Il peut signifier deux choses : ou que l'action faite par le sujet tombe directement sur une personne ou sur une chose qui en est l'objet, comme dans l'exemple : *le chat mange la souris* ; ou simplement que la forme de la conjugaison est opposée à la forme passive, comme *j'ai pris* est opposé à *j'ai été pris*.

Ordinairement, ce double sens se trouve à la fois dans le plus grand nombre des verbes actifs. Cependant, il arrive encore souvent que l'un de ces sens n'entraîne pas l'autre. Dans ces deux phrases :

Pierre *fondit* en larmes,
Napoléon *fondit* les cloches.

le même verbe, tout en ayant à tous les modes la même forme de conjugaison, est neutre dans le premier cas et actif dans le second. De même *succéder* et *aimer* se conjugueront de la même façon, et cependant, si vous voulez vous borner à faire remarquer à l'élève que le premier n'est pas susceptible d'avoir la forme passive, vous serez obligé d'employer, pour désigner la forme verbale, le même mot *actif* qui tout à l'heure indiquait simplement la possibilité d'avoir un complément direct.

Ne vaudrait-il pas mieux, selon les circonstances, se servir d'un terme qui ne prêtât pas à l'équivoque et dire : *fondit* (les cloches) verbe *transitif à la voix active* ; *fondit* (en larmes) verbe *intransitif à la voix active* ? Bien entendu que cette indication de voix ne serait pas toujours nécessaire, mais les dénominations de verbe *transitif* et de verbe *intransitif*, s'opposant par leur forme même, auraient l'avantage d'une plus grande clarté.

Dans certaines grammaires françaises, on trouve comme participes passés d'un verbe transitif à la voix active les formes *aimé*, *fini*, *reçu*, *rendu*. Encore une confusion qu'il ne sera pas toujours aisé de dissiper, si l'habitude s'en est prise de bonne heure. Sans auxiliaires, les formes *aimé*, *fini* etc. ne peuvent être que des participes passés passifs. Pour en faire des formes actives, l'auxiliaire *ayant* (aimé, etc.) est indispensable ; on ne pourrait le sous-entendre que s'il avait été exprimé précédemment.

Que penser de la désignation de *verbes pronominaux* appliquée aux verbes réfléchis ? Par elle-même, elle indique simplement que le verbe est construit avec deux pronoms, l'un comme sujet, l'autre comme complément ; mais c'est le cas aussi bien du verbe accidentellement réfléchi que du verbe essentiellement réfléchi. Cette dénomination n'introduisant pas une nouvelle conception des choses et ne dispensant pas de recourir à la distinction des deux classes de verbes réfléchis dont nous venons de parler, à quoi bon s'en servir avec des enfants, dont il est inutile de compliquer la terminologie grammaticale ?

« Quand il s'agit de verbes essentiellement réfléchis, dit M. Peine, c'est-à-dire de verbes qui ne sont jamais employés que sous cette forme, on considère en général le pronom réfléchi comme le *complément direct* du verbe, excepté pour le verbe *s'arroger*. Mais ce n'est qu'une convention. Il serait souvent difficile de montrer que le pronom est vraiment un complément direct au point de vue du sens. Ainsi dans :

Ils se sont souvenus de mon nom,

il est impossible de voir dans le pronom *se* un véritable complément direct du verbe. Il faudra donc bien s'entendre là-dessus, quand on parlera des verbes essentiellement réfléchis, et on les analysera toujours sans détacher le pronom du groupe dont il fait partie.

Quant au verbe *s'arroger*, puisque le sens indique très nettement que *se* est un complément indirect, l'analyse du pronom n'offrira aucune difficulté. »

Voilà quelques remarques sur les mots considérés isolément dans l'analyse. Il y aurait bien plus à dire, si nous envisagions leurs fonctions dans la proposition, mais ce serait sans doute, vu l'aridité du sujet, abuser de la patience des lecteurs du *Correspondant*. Pour aujourd'hui, tenons-nous en là.

P. Théophile.

❧❧❧❧❧❧❧❧❧❧❧❧❧❧❧❧❧❧

SYNTAXE

DE LA

LANGUE DE L'ÉGLISE

par L. STOFF

Quelques considérations préliminaires

Avant d'aborder la syntaxe de M. Stoff, mes confrères dans l'enseignement me permettront bien, j'en suis convaincu, de signaler une des causes principales, qui ont provoqué cette espèce de découragement, qui s'empare des enfants à mesure qu'ils avancent dans l'étude de la langue de l'Eglise. Ces quelques observations préliminaires entrent d'ailleurs entièrement dans le sujet, puisque notre auteur en a tenu un compte rigoureux.

De toutes parts, on constate avec douleur, que la connaissance du latin diminue, que les thèmes sont en décadence, qu'on ne fit jamais tant de contre-sens dans les versions, même aux concours les plus sérieux. « Lugubre phénomène, soupire Godefroid Kurth, (1) devant lequel tout homme d'enseignement, pour peu qu'il ait conscience de la gravité des intérêts confiés à sa garde, doit frémir comme devant la diminution du patrimoine intellectuel de l'humanité ».

---

(1) Ecrivain catholique distingué et professeur à l'université de Liège bien connu dans le monde de la science.

« Nos humanités sont agonisantes, disait avant lui au congrès de Malines le chanoine Féron. Le R. P. Verest, S. J. confirmant ce double témoignage, s'écrie à son tour: « La situation des humanités, et partant de tout ce qui repose sur cette base, est loin d'être brillante. Après bien d'autres, nous l'avons franchement reconnu ».

Voyons un peu maintenant quels sont les remèdes proposés par des hommes depuis longtemps rompus au métier de l'enseignement. « Cette décadence, dit M. Batiffol, ne doit-on pas l'attribuer un peu à nos livres élémentaires qui sont trop longs, et plus savants que pratiques? Ne vaudrait-il pas mieux revenir à la méthode si simple de nos pères, c'est-à-dire à un bon rudiment ?.... Tout livre élémentaire doit avant tout être court : *Soyez bref dans vos préceptes*, dit Horace, *quidquid præcipies esto brevis. (Art. poétiq. 335).* Pour donner à notre grammaire cette brièveté, nous avons d'abord retranché tout ce qui n'appartient qu'à l'érudition. Nous n'avons ensuite exposé que les règles *nécessaires*. Même parmi celles-là, nous avons distingué celles qui sont principales et sur lesquelles il faut appeler plus particulièrement l'attention des enfants. Nous avons ajouté en plus petit caractère les règles *secondaires*, c'est-à-dire celles dont l'application est plus rare...

« Les élèves, afin de mieux comprendre leur grammaire et de la graver plus profondément dans leur esprit, ont besoin de la revoir plusieurs fois. Peuvent-ils le faire, si elle se compose de 3 à 400 pages, comme celles qu'ils ont actuellement entre leurs mains ? C'est à peine s'ils peuvent l'apprendre par cœur une seule fois.

Je lis à peu près la même chose dans la préface d'une grammaire de Lhomond. (Edition de 1895, qu'une partie de nos enfants ont encore entre les mains). L'auteur déclare n'apporter que les règles le plus en usage et éviter les exceptions, qui jetteraient les enfants dans l'incertitude. D'abord, dit-il encore plus loin, le meilleur livre c'est le maître. Prétendre le remplacer par quelque livre, c'est pure *charlatanerie*.

L'auteur termine en relatant les récriminations faites contre sa méthode. Il y répond en disant que les nouvelles grammaires, même celles dites élémentaires, sous prétexte d'être moins vulgaires, font une foule de considérations savantes qui ne sont pas en harmonie avec l'intelligence des enfants.

« On étudie trop la grammaire, dit un de nos premiers philologues, Mgr. de Harlez. Il ne faut que l'étude des principes de la grammaire, du génie grammatical des langues classiques et la lecture des auteurs. Quant au détail des déclinaisons et des conjugaisons, aux difficultés de l'emploi des cas, des temps et des modes, on doit les apprendre par cette lecture et ne point fatiguer la mémoire de formes et d'idiotismes, que les jeunes gens ne rencontreront peut-être jamais dans le cours de leurs études ».

« Nous ne voulons pas réduire à néant l'étude de la grammaire, s'écrie à son tour M. l'abbé Guillaume, dont les classiques Chrétiens ont pénétré jusque dans les collèges et les universités athées ou protestants de la Belgique, de l'Allemagne et de l'Angleterre. (¹) Loin de la réduire à néant, j'en réclame l'étude sérieuse et approfondie. Seulement, il y aurait moyen de la savoir mieux, sans y consacrer autant de temps. On veut mettre toute la langue en formules, dont on bourre la tête des élèves et l'on ne laisse rien à l'usage qui, en fait de langues, est le premier des maîtres. C'est là qu'est l'erreur.

« Qui donc nous débarrassera de ces grammaires de 3 à 400 pages, monuments d'érudition et de science, je le veux bien, mais épouvantails des enfants, pour ne pas dire des maîtres; de ces grammaires à grand, à moyen et à petit texte, véritables navires à trois rangs de rames, comme en poussaient les esclaves de l'antiquité sur les flots de la Méditerrannée, et que poussent aujourd'hui nos pauvres petits esclaves d'enfants, du matin jusqu'au soir, pendant quatre ans ou plus, sur l'Océan sans fin de la philologie ?

« Qui nous donnera une bonne petite grammaire de 200 pages au plus..... toute simple, quoique non empirique comme celle de Lhomond, savante, mais non érudite, où seraient tracées d'une main sûre et de la façon la plus claire les grandes règles, non pas du latin cicéronien, qui n'est que le latin d'un homme, mais de la langue latine elle-même avec les exceptions les plus communes ?

« Cette grammaire, si j'avais encore l'honneur d'être professeur, avec quel bonheur je la mettrais aux mains des enfants et, le jour venu, avec quel soin je leur dirais : « Voici, mes enfants, la grammaire que vous avez à apprendre et à appliquer. Elle vous sera d'un précieux secours pour l'intelligence de vos auteurs, pour vos versions, mais ne l'oubliez pas, c'est avant tout pour vos thèmes qu'elle est faite, c'est même proprement la grammaire du thème.

« Au fur et à mesure que vous avancerez, on vous signalera et vous remarquerez vous-mêmes dans vos auteurs quantité de dérogations aux règles qui vous sont ici tracées. Que cela ne vous étonne pas. Une langue est un organisme vivant, c'est une plante qui va se développant sans cesse et qui, en restant toujours au fond la même, affecte cependant des formes diverses selon les temps, les lieux et les autres circonstances. C'est ainsi que non seulement S. Augustin, qui vivait au IVᵉ siècle après le Christ, Adam de Saint Victor, qui vivait au XIIᵉ, n'écrivent pas comme Cicéron ni comme Horace, contemporains d'Auguste, mais qu'il y a même entre les écrivains d'un même siècle des différences considérables, qui tiennent soit à l'éducation première, soit au caractère des divers écrivains, soit à toutes autres causes.

« Au siècle d'or par exemple, pour citer quelques particularités entre mille, Tite-Live n'entendait pas la concordance des temps comme Cicéron ; grammairien raffiné, César s'était créé des règles à lui pour l'emploi de *sui*, *sibi*, *se* ; Salluste aimait les archaïsmes et construisait ses phrases autrement que l'auteur du *Pro Milone*, et Cornélius-Nepos, quoique homme de goût, ne se gênait pas pour user des formes populaires, comme serait d'employer *prohibere*

avec l'infinitif au lieu de *quin* ou *quominus* ainsi que le veut ordinairement la grammaire.(¹) La même chose se pose en français. Louis Veuillot et Victor Hugo, qui sont deux grands écrivains de ce siècle, ont une syntaxe souvent différente de Bossuet et de Racine. Voltaire non plus, n'a pas la même syntaxe que Fléchier, et Bossuet contemporain de Pascal, parle et écrit autrement que l'auteur des *Pensées*.

« Dans l'étude des divers auteurs, vos maîtres auront à vous expliquer ces particularités, et vous, à vous en *rendre compte* pour vos examens, mais vous n'avez pas à en *tenir compte* dans vos thèmes. Pour bien savoir une langue, il faut commencer par n'apprendre qu'une grammaire. Elle vous donne les règles les plus générales, les exceptions les plus communes. Ce sont ces règles et ces exceptions que vous avez d'abord à suivre et à appliquer sans cesse : nous n'en connaîtrons point d'autres dans la correction de vos thèmes, et eussiez-vous pour expliquer l'emploi dans votre devoir de n'importe quelle dérogation à la règle de cette grammaire, les autorités les plus considérables, fût-ce Tacite, fût-ce Cicéron, nous corrigerons comme faute cette dérogation, parce que jusqu'en seconde, c'est-à-dire jusqu'à l'époque où vous devez commencer à écrire par vous-mêmes en latin, ce n'est pas Cicéron que vous avez à suivre, mais votre Rudiment.

« N'est-il pas vrai que voilà une manière bien simple de réduire avantageusement les études grammaticales et de couper court à cette grosse difficulté, derrière laquelle se retranchent toujours, pour ne rien faire, les adversaires des classiques chrétiens, à savoir que l'étude des Pères, par sa syntaxe nouvelle et variée, ne peut qu'embrouiller les notions grammaticales des élèves et compromettre la correction des thèmes ? Il va s'en dire que ces hommes éminents n'ont nullement en vue de supprimer dans la bibliothèque du professeur une grammaire volumineuse, pleine d'érudition. Bien au contraire, ils en exigent du maître l'étude approfondie. « Les professeurs, dit le P. Verest, doivent être philologues dans leur cabinet, humanistes dans leur classe ».

Ces diverses considérations, qui me paraissent avoir une haute portée et trouvent ici leur place naturelle, m'ont entraîné trop loin pour donner encore un long extrait de la syntaxe de M. Stoff. Je me contenterai donc d'effleurer ce sujet, me promettant bien d'y rentrer désormais de plein pied.

SYNTAXE

I. — Emploi des flexions

1. — Notions générales

§ 1. La syntaxe enseigne à joindre ensemble les mots d'une même proposition.

§ 2. La proposition simple, est composée de deux termes : le sujet et le verbe. Si la proposition est accompagnée d'une autre qui lui est subordonnée ou coordonnée, elle s'appelle alors proposition composée.

---

(1) J'espère pouvoir donner quelques détails sur cette entreprise glorieuse et hardie, que ce prêtre éminent a su mener à bonne fin, en dépit d'une foule d'obstacles réputés insurmontables.

(1) L'auteur cite ici divers auteurs qui ont cru utile de faire une grammaire spéciale pour tel ou tel écrivain latin. Il fait remarquer aussi que ce qui se passe pour la langue, se passe également pour le style, et il cite à ce sujet une lettre magistrale de Mgr. Parisis aux professeurs du séminaire de Langres.

§ 3. La place des mots dans la phrase, qu'il s'agisse d'une proposition simple ou d'une proposition composée, est encore moins déterminée en latin que dans notre langue. Ainsi : *Laurentius bonum opus operatus est*, peut encore être exprimé de plusieurs autres manières : *Laurentius operatus est bonum opus*, ou *Laurentius bonum operatus est opus*, ou *Laurentius opus operatus est bonum*, ou *Opus bonum Laurentius est operatus*, ou *Opus Laurentius operatus est bonum*, ou *Bonum operatus est Laurentius opus*, etc.

Lorsqu'on ne veut pas mettre en relief l'adjectif ou le nom apposé, ils suivent ordinairement le mot principal.

Comme les mots latins se prêtent facilement à toutes les combinaisons, la version présente souvent des difficultés aux commençants. Il faut chercher : 1° Le sujet, qui est toujours un nominatif ou un infinitif. — 2° L'attribut de la proposition principale. — 3° Les compléments reconnaissables au nombre, au genre ou au cas. — 4° Les propositions subordonnées (relatives ou conjonctives) avec leurs compléments. L'élève, qui analysera toujours ainsi la phrase latine, en trouvera aisément le sens.

2. — Propositions interrogatives

§ 4. Les phrases interrogatives sont ordinairement formées :

a) par les *pronoms interrogatifs* : **quem** me esse dicitis ?

b) par des *particules interrogatives spéciales* : **ne** (qui doit être lié à un autre mot), **nonne** (quand on attend une réponse affirmative), **num, numquid, ecquid** (quand on prévoit une réponse négative, **an** (lorsque cette particule se rapporte à une proposition précédente). **Utrum** sans anacoluthe déterminée se rencontre seulement dans la langue de l'Eglise.

Salvusne est pater vester senex, de quo dixeratis mihi ? **Nonne** *stultam fecit Deus sapientiam hujus sæculi ?* **Num** *custos fratris mei sum ego ?* **Numquid** *Deo quidquam est difficile ?*

c) dans l'interrogation double par **ne** ou **utrum** dans le premier membre et **an** dans le second.

ne ou **utrum** peuvent être sousentendus, et dans ce cas, on trouve aussi dans le second membre **ne** au lieu de **an**.

Estne Dominus in vobis annon ? — Tu es qui venturus es, **an** *alium expectamus ? — Licet nobis tributum dare Cæsari annon ?*

§ 5. Dans la **Vulgate**, l'interrogation simple est souvent caractérisée par **si, putas, putasne ?**

si licet homini dimittere uxorem quacumque ex causa ? — Filius hominis veniens in mundum, **putas** *inveniat fidem in terra ? —* **Putasne** *mortuus homo rursum vivat ?*

§ 6. C'est souvent aussi la manière seule de prononcer une phrase, qui lui donne un caractère d'interrogation. Dans ce cas, on s'attend généralement à une réponse contradictoire ou à une exclamation.

Non audis, quanta adversum te dicunt testimonia ? Juda, osculo Filium hominis tradis ?

P. Robert.

VARIÉTÉ LITTÉRAIRE

Voici une de ces bluettes comme il est à désirer que le *Correspondant* en reçoive beaucoup pour accroître notre petit trésor littéraire. Le P. Edouard a eu l'heureuse idée de donner aux humanistes « le jeu de dominos » comme sujet de vers latins. Il nous en envoie le canevas et le sujet, tel qu'il l'a traité.

Le jeu de Dominos

Ephebos cerne quatuor in duas partes distinctos, qui talis quibusdam vel testulis una tantum facie certaque numerorum varietate insculptis certatim ludunt.

Cui talus bis seno notatus numero sorte cæca in partem venerit, hunc ille primus talum lusoria in mensa reponit ; deinde per gyrum unusquisque ludentium pro libitu numeros ordine jactat eburnos, dum tamen jam positis alterutra aptentur parte.

Qui tandem ultimam misit testulam victor exclamat : « Domino ! » numerosque in adversariorum manibus residuos lætus supputat.

SUJET TRAITÉ

Quattuor in binas pueros nunc aspice partes
Distinctos ; pariter ludunt certantque jocose.
Festini en capiunt quasi talos sorte volutos.
Cui numero bis seno obtingit testula cusa,
Hanc in mensa alacer ponit fausto omine primus.
Per gyrum socii numeros, qui parte vel una
Concordent, addunt. — Ludentes arte maligna
Odi, qui fidos turbant, dum signa remittunt
Indigne. — Certantibus at quæ gaudia, quæ spes
Cum simul adspiciunt, uno remanente, locandum !
Quis tremor ! En subito cameram clamoribus implet
Jam « Domino ! » dicens lætus qui puncta reponit
Ultima. Continuo quæ adversi triste coercent
Præ manibus, victor manifesto computat ardens.

P. Edouard.

UN MOT SUR L'ENSEIGNEMENT
DES MATHÉMATIQUES
Dans les Alumnats de Grammaire

Encore ? — Encore deux articles.

Solution rapide de certains ploblèmes

Aujourd'hui, je communique au *Correspondant* un procédé mécanique pour résoudre rapidement et infailliblement tous les problèmes de trois, (règle simple ou composée) d'escompte, d'intérêt.

Cela n'empêchera pas d'employer de temps en temps la méthode d'unité et celle des proportions, pour s'y exercer. Même il est bon, quand on a un problème à résoudre, de recourir à deux méthodes. L'une sert de preuve à l'autre.

Soit un problème

qui appartient à la règle de trois composée, Supposons-le très compliqué.

*9 maçons creusant les fondations d'un alum-
nat, ont fait un fossé de 16 mètres de long, sur
5 de large et 3 de profond, en 25 jours et en
travaillant 8 heures par jour. Combien faudra-
t-il d'ouvriers (l'habileté étant supposée la
même en tous), si l'on veut que le fossé ait 24
mètres de long sur 8 de large et 4 de profond ;
si les ouvriers travaillent 7 heures par jour et
que l'ouvrage doive être terminé au bout de 18
jours.*

J'écris l'énoncé du problème, comme tout le
monde sait, en mettant sur une première ligne,
toutes les quantités du premier cas (de la sup-
position ou hypothèse) et sur la seconde ligne,
(la ligne de l'inconnue) toutes les quantités qui
entrent dans le second cas, en ayant soin que
les quantités de même nature soient les unes
au dessous des autres, de la manière suivante :

9 maç. 16 long. 5 larg. 3 prof. 25 jours 8 h.
x   24   8   4   18   7

On peut exprimer tout de suite la valeur de
x et dire :

$$x = \frac{9 \times 24 \times 8 \times 4 \times 25 \times 8}{16 \times 5 \times 3 \times 18 \times 7} =$$

En écrivant au numérateur : les nombres qui
sont en face de x sur la ligne verticale X A et
sur la ligne horizontale X B.

A |
  |
  |
X |________________ B

Ainsi : 9, qui se trouve sur la ligne verticale
de x est placé au numérateur.

24, 8 et 4 qui se trouvent sur la ligne horizontale de x sont placés au numérateur.

Comment se fait-il que 18 et 7 qui se trouvent
sur la même ligne horizontale, ne figurent pas
au numérateur ? c'est qu'ils expriment des
quantités *inversement* proportionnelles avec
l'inconnue.

Bien entendu, toutes les quantités qui ne
figurent pas au numérateur, doivent être placées au dénominateur ; et de deux quantités de
même nature, si l'une est au numérateur, l'autre est au dénominateur, et *vice versa*.

Bien entendu également, que toutes les quantités (dessus, dessous) sont unies par le signe ×.
Donc,

Règle générale

*1er cas : Les quantités sont directement pro-
portionnelles avec l'inconnue.*

Je place au numérateur de l'expression les
nombres qui se trouvent sur la ligne verticale
et sur la ligne horizontale de x, et au dénominateur, tous les autres.

*2e cas : Certaines quantités sont inversement
proportionnelles avec l'inconnue.*

Dans ce cas, les nombres inversement proportionnels avec l'inconnue, qui devaient figurer au numérateur, doivent être mis au dénominateur.

Est-ce facile ?

Cette méthode expliquée au tableau, en montrant du doigt les nombres en question devient
ce qu'il y a de plus *simple* et de plus *court*.

Elle est *générale*, quelle que soit la place de
l'inconnue, il y a une ligne verticale et une
ligne horizontale qui passent par x. La ligne
horizontale c'est celle que les arithmétiques
appellent la ligne de l'inconnue ; et la ligne
verticale, c'est celle qui joint l'inconnue à la
quantité de même nature (quantité *relative*).

⁎⁎

Nota. — Un problème d'intérêt, quelle qu'en
soit la forme, fournit toujours un énoncé facile,
si l'on commence par écrire la ligne qui exprime le taux, c'est-à-dire :

100 fr. rapportent. . . . en $\left\{\begin{array}{l} 1 \text{ an} \\ \text{ou } 12 \text{ mois} \\ \text{ou } 360 \text{ jours.} \end{array}\right.$

⁎⁎

Dans un dernier article, je donnerai mon avis
sur cette question : quelles sont les parties des
mathématiques à l'alumnat de grammaire, qu'il
importe de voir et revoir cent fois, avec force
exercices et problèmes, et quelles sont celles
qu'il suffit de voir une fois seulement, pour en
avoir une idée.

P. Théodore.

DEVOIRS CLASSIQUES

ALUMNATS D'HUMANITÉS

Devoirs donnés par les professeurs
de Clairmarais et de Brian

PREMIÈRE SECTION

DISCOURS LATIN

Carolus quintus imperio se abdicat

Incipiet dicendo esse etiam et gloriæ et regni
satietatem.

Tunc paucis nec inornatis verbis delineabit
quas res gesserit ; se magnas victorias retu-
lisse ; Hispanos ipsius opera factos fuisse populum in Europa prævalentem.

Subjunget se esse ea ætate quæ rebus geren-
dis par adhuc videretur : attamen nihil aliud se
jamdudum exspectare, nisi recessum et portum : igitur se imperio abdicat, ut in monasterio
reliquum vitæ tempus transigat.

Gratias aget omnibus ducibus suis, quod
bonam et fidelem sibi navavaverint operam,
orabitque ut eosdem se præstent erga suum
successorem. Tunc ad filium conversus,
hortabitur eum ut paternum regnum bonis
capessat consiliis, et paternam gloriam vel
adæquet vel superet.

Première copie

DISCOURS LATIN

CAROLUS QUINTUS IMPERIO SE ABDICAT

A juventute meâ[1] in throno constitutus, longa rerum secundarum serie regnum meum illustravi ; sed in temporalibus bonis non stat felicitas, eoque illa [2] longius fugit, quo acrius eam attingere conamur : velut umbra manibus [3] nostris evadit. Quovis enim alio abundantius in poculo honorum [4] bibi, et nunquam satiatus sum. Spem dignitates fallunt ; et ubi nobis adsunt, ab illis desistere cupimus.

Hostes meos, multis in præliis devictos, sub potestate meâ [5] redegi ; superbi invictique Galli, intra fines suos coacti, regem captivum nobis reliquerunt ; in imperium meum a Lutheranæ hærescos fautoribus subversum pacem et concordiam retuli.[6] Florentibus civitatibus, artes vigent, populusque, quam quum maxime felicior, diligit principem. [7] Et quod antea inauditum, sol decurrens regiones imperio meo subditas suis radiis nunquam illustrare desinit. Audaciores nautæ e longinquo littore in regnum meum opes referunt [8] ac divitias. Quid plura dicam ? Res prosperas et honores capiti meo [9] cumulavi, et validus adhuc, viribusque vigens, facile populum meis consiliis ac laboribus prævalentem in Europâ factum ministrare [10] possem. At gloriæ satietate repletus, ut olim Magnus Salomon « Vanitas vanitatum et omnia vanitas » exclamare cogor. Jamdudum Deo servire cupio, non mundo. Nam scio cor meum vacuum, prosperitatibus relictum [11], gratiâ divinâ fore impleturum. [12] Et in monasterio pacem, frustra requisitam in throno, inveniam. Per procellosum mare, fluctibus mundi jactatus, diutius navigavi : hic [13] portum desideratum [14] attingam : in illo recessu per reliquum vitæ tempus, orationibus vacans, fruar tranquillitate.

Valete, ô vos omnes, fortissimi duces, periculorum et triumphorum meorum participes ! Quod fidelem operam vos mihi imperatori contulistis gratias ago, instanterque deprecor ut erga successorem meum eosdem vosmetipsos præstetis.

Tu vero, dilecte fili, ex manibus meis acceptum imperium magna prudentiâ et sapientiâ gere Bonis consiliis aurem præbe, populum dilige, felicitatem illius prosequere, et Dominus benedicet tibi, paternamque gloriam a te adæquari vel etiam superari permittet.

Cyrille THOMAS, *de Brian.*

---

(1) Inutile ce possessif.
(2) Mieux : *hæc* ou *ista.*
(3) *E manibus.*
(4) Cette figure est-elle acceptable en latin ? J'ai feuilleté le dictionnaire, et je crois devoir en conclure au moins au doute.
(5) *Sub protestatem meam :* il y a mouvement.
(6) *In imperium pacem referre* pour signifier : rétablir la paix dans un empire, ne me paraît pas être une expression heureuse. Mieux : *imperii regiones componere.*
(7) *Me diligit principem :* c'est plus clair.
(8) Mieux : *afferunt. — Referre* signifie rapporter.
(9) Gallicisme. L'expression n'est d'ailleurs pas même correcte.
(10) Terme impropre : il signifie ordinairement servir à table.
(11) Expression peu claire.
(12) Vous vouliez dire : *gratia divina implendum.*
(13) *Hic* se rapporte à *monasterio* qui en est trop éloigné.
(14) *Desiderare* signifie plutôt regretter.

Ce que je devrais appeler une critique, si c'en était une.

Les copies de Brian ne sont arrivées ici qu'hier lundi 6 courant. Un oubli du gérant de Miribel (que ceux-là lui jettent la pierre qui n'ont jamais eu de distraction dans leur vie) explique ce retard. Je dois donc faire vite, mes chers amis, afin d'être prêt quand le facteur repassera tout à l'heure, et, pour ce qui est de la critique, me borner à vous dire qu'il n'y en aura pas. Ne m'en veuillez pas plus que je n'en veux moi-même à ce contre-temps : il faut savoir prendre toute chose par son bon côté.

Ordre des places

4

Cyrille Thomas, B. — Alcide Espritoz, B. — Augustin Ledez, C. — Charles Burgard, C. — Onésime Rossat, B.

3 3/4

Antoine Serge, C. — François Sollier, B. — Oscar Lathoud, B. — Sidoine Fournier, C.

3 1/2

Gaston Byache, C. — Jean Deléglise, B. — Joachim Parrau, B. — Mamert Destouches, C. — Marcel Six, C. — Victor Ramyr, C.

3

Adolphe Unterleidner, C. — Albert Bideaux, B. — Dominique Chelle, B. — Firmin Mermoud, B. — François Tourbez, C. — Joseph Larue, C. — Louis Bonnet, B.

2 1/2

Luc Courtin, B. — Lucien Couderc, B. — Raymond Sontag, C. — Théophane Trannoy, C. — Valentin Prats, C.

2

Félix Bernard, B. — Félix Boyer, C. — Ludovic Pellet, B. — Marius Genevès, B. — Mathurin Bourgeois, C.

Corrigé

« Vix quadragesimus annus est, ex quo regem me primum salutastis, et ego suscepi cum imperio felicitatem vestram : cui, quamdiu corpus et ætas suffecerunt, defuit nunquam animus. Amplexus vix e pueritia rempublicam, parum ego quieti, voluptati minimum concessi : neque ullum recusavi unquam laborem, quem vobis utilem fore noveram. Me duo maria decies aut in Britanniam, aut in Hispaniam, aut in Africam vexere : me itinere assiduo Galli, Hispani, Germani, Italique, me decies ipsi vos ridistis armatum pacatumve, consulentem semper utilitati vestræ. Nunc autem iste morbus qui intra curas imperii et laborem asserendæ felicitatis vestræ diu quasi compressus delituit, tot curis, tot laboribus gravior, finem mihi demum gerendæ reipublicæ facit ; neque vos imperatorem illum pateremini, qui nec interesse exercitibus nec consiliis præesse potest ; neque ego potestatem illam amplector, quæ vobis non inutilis solum, sed funesta etiam futura sit.

« Gloriæ, quam tot periculis et laboribus quæsivi, jamdudum satietas est : curam felicitatis vestræ, quæ sola fuit imperii retinendi causa, libens ad unum transfero, cui nec vires ætatis, nec rerum experientia deest. Transferte vos etiam ad filium imperatoris vestri pietatem illam atque fidem, quæ magnum me atque clarum, quæ felices vos fecerunt. Ceterum, si quid inter tot rerum ambages male ad felicitatem hanc vestram providerim, si abusus amore vestro bellum aliquod susceperim gloriosius mihi quam vobis utilius, si quis est inter vos quem distractus imperii bellorumque curis animus injuria læserit, has mihi noxas vestrum illud studium condonet obtestor; resarciet mea damna filius; quidquid male institui, emendabit atque corriget : quidquid egi felicius, asseret id et augebit, ut et suum expleat officium, et vestra pro me merita rependat.

« Vobis ego pro fide vestra, pro his vestris lacrymis, dignas reddere grates nequeo ; sed quas possum ex animo reddam, amorem mutuum atque vota pro salute vestra ; sequetur æterna me pietatis vestræ memoria, unicum doloris assidui levamen, et maxima tot laborum merces ; nec quisquam mihi lætior afferri nuntius poterit, quam si felices conquiescere vos sub imperio meæ domus audiam.

« Nunc, o fili carissime, audias verba, ut ita dicam, novissima patris tui. Si ego fato concederem, et tibi regnum moriens relinquerem, tamen erat aliquid gratiæ persolvendum mortuo patri, pro hæreditate etiam talis imperii, quod opera mea tam late amplificatum est. Nunc vero, quum potestatem tibi, quam retinere diutius potuissem, nec coactus nec invitus concedam, maximam a te gratiam exigere jure possum. Nullam autem aliam exigo, quam ut populos, quorum tibi salutem credidi, eodem semper ac ipse pater amore prosequaris. Tu inceptum a me opus perfice ; tu quietem hanc tuere tanto labore partam, et majoris esse pretii civis unius vitam, quam clarissimas victorias, arbitrare. Disce ab exemplo patris, quam luctuosæ sint et populis et ipsi regi inanes victoriæ, hostiumque clades sine utilitate civium. Orientur brevi forsitan ex ista pace bella : si qua te necessitas unquam subigit, ut civium aliquot sanguine totius imperii salutem vindices, lætabor victore filio, si ita vicerit, ut ex victoria sua, stabilitæ felicitatis publicæ, potius quam triumphati hostis, gloriam spectet. Ceterum auctorem rerum omnium Deum, quas aut pax, aut bellum secundas profert, venerari memento ; fidem avitam religionis catholicæ tuere integram atque inviolatam ; verere leges patrias ; jura civium non verere tantum, sed violari ab aliis etiam prohibe ; postremo reipublicæ te, non tibi, natum existima, ne fefellisse me paternus amor videatur, et ad indignum ego filium dignitatem hanc transtulerim. Possis utinam, si post longos imperii labores capit aliquando te pariter recessus ac quietis desiderium, dignum tu pariter habere filium, cui tu tam lætus, quam ego tibi, fortunam publicam committas ! »

(Extrait d'un choix de compositions latines par **J. Pierrot Deseilligny**).

P. Ephrem

DEUXIEME SECTION

VERS LATINS

La mort de N. S. Jésus-Christ

Venit Dei morte sacratus dies : agnus ad aram ducitur, cernitis mucrone trajectum pectus, ora, manus, frontem cruore fœdatam, revulsosque capillos. Ut caput moriendo flectit ! Ut pandit brachia, vocans ad se gentes ! Luctum suum natura testatur : solis velatur splendor. Quin etiam mortuos e sepulchro exisse dicuntur et per noctem edidisse gemitus. Nec tamen fremuerunt auctores necis : quanta sævities ! Mens humana, saxis dehiscentibus durior, non movetur.

Première copie

(1) *Est Christi* tempus lugenda morte sacratum.
(2) *Ante* altare sacrum non *balans* ducitur agnus.
(3) Trajectum pectus mucrone *excernitis* omnes,
Ora, manus ejus, maculatam sanguine frontem,
Avulsamque comam ; moriendo quomodo flectit
(4) *Cervicem* ! Ut pandit nobis sua brachia *vocans*
(5) *Coram* se populos ! monstrat natura *dolorem* ;
Ardentis facies velatur splendida solis ;
Quin et defunctos monumento exisse refertur
Et sub tenebras noctis lamenta dedisse
Nec tamen auctores mortis tremuere timentes
(6) Sed quam magna furor cordis ! *perdura* hominis
                       [mens
7) Nec, saxis *durior scissis* percellitur *unquam*.

(1) Peu clair, construction embarassée, mieux tout simplement adest, ou venit dies.
(2) Mieux ad. *Balam* impropre, trop réaliste, mieux tacens, mitis, silens.
(3) Excerno, signifie : séparer, trier, se rendre, il en résulte un contresens, ou l'emploi de la préposition ex avec mucrone ne serait pas justifié par la syntaxe.
(4) Impropre, mieux *caput*. Vocans, que fait cet iambe à la fin d'un hexamètre, ce n'est guère sa place, il se lamente ici.
(5) Mieux ad. Dolorem, trop vague, il faudrait un adjectif.
(6) Sent trop la cheville.
(7) Impropre.

Critique

En prenant votre Gradus pour traiter le sujet proposé, vous espériez faire une délicieuse promenade sur les douces pentes de l'Hélicon, embaumées des parfums de la poésie ; vous espériez goûter d'agréables instants sous les frais ombrages, près de l'onde cristalline de la fontaine sacrée au doux murmure, où les neuf sœurs couronnent les poètes : sans doute, mais vous aviez compté sans les caprices de Pégase parfois rétif, vous aviez compté sans l'humeur acariâtre des Muses, parfois avares de leurs faveurs et qui ne prodiguent pas à tout venant leurs bienfaits. Ces flancs de l'Hélicon furent pénibles à gravir, et pour certains trop abrupts. Vos devoirs l'attestent.

Est-ce à dire que tous vous n'avez pas réussi ? Non, il ne faut pas être trop pessimiste : mais rares, ceux qui ont donné un travail exempt de fautes, où les règles de la versification sont parfaitement appliquées, où les termes sont justes et bien choisis, où l'on rencontre enfin tous les charmes de la poésie. Qu'on en juge par le résultat. Trois copies obtiennent presque l'*assez bien*, cinq ou six arrivent à peine au *passable*, les autres restent dans les différentes nuances du *médiocre*. Quant aux quatre ou cinq dernières, n'en parlons pas, c'est tout simplement déplorable. Travailler deux heures et demie pour accoucher péniblement de 4, 5 ou 6 vers, avortons plus ou moins estropiés, qui semblent regretter d'avoir vu le jour, n'est-ce pas lamentable? Avouons-le. Je le sais, « nous ne ressentons pas tous du ciel l'influence secrète », et « notre astre en naissant, ne nous a pas tous formés poètes ; » mais, quand il s'agit d'appliquer mécaniquement quelques règles, peu compliquées du reste, d'arranger quelques pieds, qui ne pourrait arriver à donner deux ou trois vers justes. Aussi, on est en droit de se demander quelle est pour ces élèves, l'utilité des vers latins.

Arrivons aux détails pratiques. La plupart des fautes de quantité viennent de l'ignorance de la prosodie et peut-être souvent de l'inattention.

1° On confond a final, nominatif singulier, et ā, à l'ablatif.— On ne s'est pas souvenu que e entre deux i au datif et au génitif singulier de la 5° déclinaison est long. « diei » ; par contre e final de la 3° déclinaison devient long. — La règle de position qui demande que toute voyelle devienne longue quand elle est immédiatement suivie de deux consonnes dont l'une finit le mot et l'autre commence le mot suivant, a été négligée. Omise, la règle qui défend de placer après une finale brève un mot commençant par deux consonnes, à moins que l'une de ces consonnes ne soit une liquide ou un m ; omise aussi très souvent l'élision. La césure a été trop fréquemment laissée de coté. Voilà tout autant de fautes qui abondent.

2° Chose plus curieuse, désormais l'hexamètre devra compter sept pieds. Jugez :

<pre>
     1   2   3   4   5   6
« A geli[do exani[mesque se[pul chro[dece[disse
                                                  7
                                       [re[narrant,
     1   2   3   4   5
« Et placi[da in no[cte erra[bundos [ede[disse gemi-
                                          [tus. »
</pre>

Mais

« Souvent la peur d'un mal nous conduit dans un
                                       [pire.»
Un vers était trop long, et je le rends trop court.

Témoin :

   « Ut gentes ; testatur natura suum et. —
   « Cœsaries que revulsas. Ut moriendo...

Et d'autres nombreux, mais abrégeons les citations.

De grâce la métrique latine est assez riche en vers de toute espèce, sans qu'on impose à son amour, ces deux nouveaux enfants, — l'hexamètre catalectique et l'hexomètre hypercatalectique ou brachycatalectique.

3° Pourquoi aussi obliger le vers héroïque à adopter des pieds qui lui répugnent et qui d'ailleurs, ici du moins, font assez mauvaise figure auprès du spondée et du dactyle, tout ahuris qu'ils sont de se trouver en si noble compagnie? Je veux parler du tribraque ($\cup\cup\cup$) qui vient coudoyer effrontément le crétique amphimacre ($-\cup-$) : l'iambe également se glisse parfois sournoisement près d'eux.

A propos de l'iambe, qu'il me soit permis de faire remarquer qu'il ne peut pas non plus être employé comme dernier pied dans le vers hexamètre (faute commise par quelques uns). On pourrait, il est vrai citer — l'hexamètre miurus ou téliambre (μείων-οὐρά, cui cauda minor;

τελίαμβος, τέλος-ἴαμβος qui in iambum desinit) que les Grecs appelaient encore scazon. Terentianus Maurus en a donné ainsi la règle et l'exemple :

   Dactylici finem versus si cludat iambus,
   Hoc est, prolonge, brevis ut penultima fiat,
   Auribus acciderit novitas inopina melius ;

On trouve dans les œuvres d'Homère un vers de cette espèce :

   Τρῶες δ'ἐρρίγησαν, ὅπως ἴδον αἰόλον ὄφιν

Lævius l'aurait aussi employé : mais il sent trop l'antiquité et je crois bien que Virgile ne l'a pas accepté.

4° On ignore trop que les monosyllabes, sauf le verbe *est* précédé d'une élision, et aussi les enclitiques *que*, *ve*, *ne*, doivent être proscrits de la fin d'un hexamètre. La faute est plus grave s'il s'agit de la conjonction *et*. Il ne faudrait pas s'autoriser de l'exemple d'Horace :

   Reddes dulce loqui, reddes ridere decorum, et

Voilà bien des accrocs faits à la prosodie. Que dire de la syntaxe, elle n'est guère mieux traitée, solécismes grossiers, barbarismes hideux apparaissent trop fréquemment. Pour n'en citer que quelques uns : — avulsas crines, apacis — profondas, cededisse...

Le choix des termes, des épithètes, la place des mots dans le vers au point de vue du nombre et de l'harmonie, tout cela laisse bien à désirer.

Je ne veux point terminer sur une note aussi lugubre. J'aime à reconnaitre et à louer chez certains un effort sérieux. Avec un travail constant, du goût, de l'application, la prosodie latine vous offrira moins de difficultés et vous deviendrez de dignes émules de Virgile dont certainement vous savourez les œuvres.

Constatez, d'après le classement, les éloges que vous méritez, et ne m'en veuillez pas d'avoir été peut-être quelque peu sévère.

Ordre des places

3

Charloteaux, C. — Graugnard, B. — Janin, B.

2 3/4

Martin. L. — Spinnaël, C.

2 1/2

Barthe, B. — Muller, C. — Petit, B. — Piessens, C. — Sérine, B.

2 1/4

Larmignot. C. — Pavageau, C. — Righyni, L. — Rouan, B. —Talva, C.

2

Ailloud, L. — Barbier, C. — Ernst, L. — Galopin, C. — Giudicelli, B. — Hudry, B. — Preyre, B. — Romelacre, C. — Rousseau, B,

1 3/4

Baudart, C. — Carbonnier, C. — Mégnin, B. Miqueu, B. — Payelle, C. — Perrier, B. — Ransou, C. — Rocher, L. — Teck, C. — Chiclian, L. — Girard, L.

1 1/2

Bégon, B. — Bicais, B. — Bois, B. — Cazelles,
L. — Eugène Colle, L. — Ernest Colle, L. —
Douby, C. — Déroulez, C. — Faugère, L. —
Foulon, C — Garde, B. — Lemaître, C. — Man-
ser, L. — Vandyck, C.

1

Chaffard, B. — Lamonnerie, L. — Pinto, L.—
Roffé, L.

3/4

Romani, B. — Séneaux, B.

Corrigé

LA MORT DE N. S. JÉSUS CHRIST

Venit mæsta dies, divino cruore venit
Sacra dies; trahitur crudelem mitis ad aram
Agnus, et innocuum bibit horrens terra cruorem.
Cernitis, heu! tristi trajectum pectora ferro,
Pectora, fœdatasque manus, perfusaque tabo
Ora, cruentatam frontem crinesque revulsos.
Ut pronum flectit moriens caput! Ut pia pandit
Bracchia, et ingratas vocat ad sua vulnera gentes!
Testatur natura suos temefacta dolores.
Testatur sol ipse nigro velatus amictu :
Quin etiam ruptis umbras exisse sepulcris
Dicitur, et pavidas, infandum! ululasse per urbes
Sub noctem, et notos questu implevisse penates.
Non necis auctores fremuerunt : quanta tenaci
Saevities in corde riget! Dum saxa dehiscunt,
Durior, heu! saxis non mens humana movetur.

*(Extrait des exercices de versification latine
de l'Abbé Méry).*

P. PATRICE.

ALUMNATS DE GRAMMAIRE

Devoirs donnés par les Professeurs du Sainghin

PREMIÈRE SECTION

NARRATION FRANÇAISE

SUJET : LA CONVALESCENCE D'UN JEUNE MALADE

I. a). — La nature au mois de mai, effet qu'elle
produit sur l'âme.
b) Le jeune malade et sa mère, portrait sommaire. — Ils se dirigent vers un petit bois.
II. a). — Le jeune malade regarde la campagne
avec délices : C'est sa 1re sortie ; il va accomplir
un vœu fait pendant sa maladie.
b) Il se dirige avec sa mère vers une chapelle
rustique, s'agenouille au pied de la statue de la
Vierge, y dépose une couronne et prie avec
ferveur.
III). — Il était heureux de renaître à la vie pour
en consacrer les instants à Marie, à la plus
tendre des mères.

Première copie

LA CONVALESCENCE D'UN JEUNE MALADE

C'était par une belle matinée du mois de mai.
La nature, à peine *débarassée* [1] du sombre
manteau de l'hiver, semblait vouloir, en déployant ses beautés et ses grâces, se dédom-
mager de la captivité qu'elle avait subie pendant la mauvaise saison. Les chauds rayons
du soleil avaient dissipé les froids et humides
brouillards. Les arbres depuis si longtemps
dépouillés de leur feuillage revêtaient de nouveau leur touffue et verdoyante parure. La
nature retentissait des premiers bruits du
matin. Dans les vallées, sur le penchant des
côteaux se faisaient entendre le tintement des
clochettes qu'agitaient les troupeaux, tandis
que près d'eux, assis à l'ombre d'un chêne,
semblables aux bergers qu'ont chanté les anciens poètes, de jeunes et gais pâtres soufflaient
dans une cornemuse ou dans une musette. A
tous ces bruits joyeux, les oiseaux enivrés de
l'existence, mêlaient leurs douces modulations.
Ce spectacle rustique *tout ensemble et grand,
remuait l'âme jusqu'au fond.* [2] A la vue de
cette nature enchanteresse, la pensée montait
vers Dieu ; d'un seul trait la prière partait du
cœur et avec elle s'élevait la reconnaissance. A
travers des sentiers fleuris, cheminaient doucement un jeune enfant et sa mère. Le premier
semblait sortir d'une longue maladie. Son teint
était pâle et amaigri, ses yeux, encore cerclés
de noir. Mais sur cette figure, que la mort avait
effleurée sans la toucher, s'épanouissait un air
d'allégresse. L'enfant marchait appuyé sur le
bras de sa mère, femme au visage austère,
mais tempéré par un air de douce bonté. Ses
traits portaient la marque de la souffrance.
C'est que son cœur de mère *avait subi la douleur* [3] pendant la maladie de son enfant. Et ils se
dirigeaient tous deux vers un petit bois de
chênes et de pins. Le jeune malade contemplait
avec un bonheur indicible la campagne si
charmante et si belle. Il respirait avec délices
l'air frais et embaumé de ce matin du printemps : c'était sa première sortie, son premier
pas hors d'une chambre de douleur, depuis
bien des semaines. Il allait accomplir un vœu
fait pendant le cours de sa longue et cruelle
maladie. Accompagné de sa mère il se *dirigea* [4]
vers une chapelle rustique, élevée au milieu
du petit bois, par la piété des habitants de la
campagne. C'était un modeste oratoire en l'honneur de la Vierge. Adossé à un arbre, ce pieux
et pauvre édifice était enveloppé de feuillage.
Tout près, un joli nid de fauvettes, qui semblaient avoir choisi cet endroit, afin d'égayer
la Madone, par leurs chants harmonieux. La
statue de Marie était entourée de fleurs que
chaque matin les pieuses mains des paysannes
venaient renouveler. Le jeune malade vint
s'agenouiller aux pieds de la Vierge ; il déposa
une couronne que lui-même avait tressée, puis
il pria : « O bonne mère, dit-il, avec toute la ferveur de son âme, bonne mère je vous remercie.
Ne permettez pas que la *méchante maladie
vienne m'attaquer* de nouveau. Non ; mais ac-
cordez-moi votre protection. Bénissez aussi ma
*douce maman qui m'a prodigué des soins avec
tant d'amour et que je chéris de tout mon cœur.*
Bonne vierge, je vous remercie. » [5]

Il était heureux, le candide enfant, de renaître à la vie, pour en consacrer les courts instants à Marie, à la plus tendre des mères. Il était revenu à la santé, au printemps de l'année et il était venu offrir le printemps de sa vie, à la Vierge, au commencement de ce mois de mai qui lui est consacré.

François Cartier, des Châteaux.

(1) *débarrassé* orth.
(2) Bonne pensée, mal exprimée.
(3) Pensée mal rendue, presque incorrecte dans le cas présent.
(4) Imparfait, même temps que plus haut.
(5) Prière incomplète et assez banale.

Critique

Mes enfants,

La convalescence d'un jeune malade, tel était le sujet de narration proposé aux alumnistes de 1re section de grammaire. — Si le mérite d'un devoir dépendait de sa longueur, du nombre de lignes et de pages écrites, j'aurais sûrement été embarrassé pour classer les 46 copies soumises à mon appréciation. Beaucoup en ont ainsi jugé et leurs copies comptent quatre bonnes pages bien remplies, formant ensemble un manuscrit plus ou moins intéressant de deux cents pages, à l'écriture plus ou moins lisible. (Je me permets de signaler sur ce dernier point certain alumnat du midi de la France, pas celui des montagnes, dont les alumnistes n'ont pas assez ménagé les mauvais yeux de leur correcteur.)

La longueur d'un travail intellectuel, comme de tout travail d'ailleurs, n'en fait donc pas tout le mérite ; c'était le cas pour le devoir donné : la simplicité du style, la pureté du sentiment, quelques tableaux simples et gracieux telles étaient les qualités qui convenaient à ce petit travail, qualités qui devaient montrer une fois encore la vérité de cette parole de Buffon : « Bien écrire, c'est tout à la fois bien penser, bien sentir et bien rendre. »

a) *Bien penser*, bien réfléchir, bien chercher et trouver ; l'*invention* tel est le premier travail de celui qui veut traiter un sujet. Il fallait donc vous mettre en face de votre sujet ; il fallait bien examiner les divers points indiqués, et vous livrer à un travail de réflexion, afin de vous rendre compte de l'étendue du sujet, des parties qu'il comprenait, et de découvrir la source des développements qu'il comportait. — Je dois dire qu'un assez grand nombre d'entre vous se sont écartés du sujet et n'ont pas assez tenu compte du canevas indiqué ; c'est ce qui expliquera la faiblesse de la note donnée à leur travail assez bon par ailleurs.

b) pour bien écrire, *bien penser* ne suffit pas. il faut en second lieu bien *sentir* c'est-à-dire bien comprendre, bien *ordonner* les diverses parties du sujet à traiter. C'est l'objet de la *disposition* qui classe et met en ordre les parties principales et les parties secondaires de votre travail. Combien d'entre vous ont gravement péché contre la bonne disposition de leur composition, des points principaux ont été rapidement traités et presque passés sous silence ; par contre, des points secondaires ont reçu un développement excessif et une importance qu'ils n'avaient nullement.

c) Enfin bien *rendre*, tel est la troisième qualité d'un bon écrivain. Quand le travail de l'esprit est terminé (invention), quand ce travail

est bien ordonné (disposition) il faut lui donner une forme intelligible, une expression claire et précise, c'est l'objet de l'*élocution* ou du style. Et ici que de choses à dire à propos des différents styles que j'ai eus sous les yeux. Mais ne craignez pas, je saurai me borner.

Dans le dernier numéro du *Correspondant* un professeur de seconde section faisait aussi la critique d'un devoir français, et, pour les porter à bien écrire, il donnait à ses élèves d'excellents conseils sur le respect de l'orthographe qu'il ne faut pas trop réformer encore, sur les lectures à faire avec intelligence et profit, enfin sur le bon goût qui doit toujours présider à vos devoirs français. Je renvoie les élèves de première section de grammaire à ces conseils donnés à d'autres plus jeunes et partant plus inexpérimentés. Pas d'illusion ! mes enfants. ces conseils vous seront très profitables, vous ne respectez pas toujours l'orthographe même usuelle, les participes vous contrarient surtout (ils ont si mauvais caractère). Enfin, vous manquez de goût, ce qui prouve que vous ne lisez pas assez ou que vous lisez fort mal.

C'est donc du style que je vous parlerai aussi, car le style et ses qualités doivent ce me semble, attirer notre attention même et surtout en grammaire, à cause des mauvaises suites d'une première formation et de la difficulté d'apporter plus tard remède au mauvais goût et au manque de naturel qui se glissent déjà chez beaucoup d'entre vous.

Le naturel est après la correction et la clarté une qualité essentielle du style. Combien d'entre vous manquent de naturel et de simplicité ! je pourrais signaler tel alumnat où le naturel est presque aussi inconnu que la bonne écriture ! Loin de moi la pensée d'attribuer à quelques uns d'entre vous la culture de l'emphase, de la recherche et de la prétention. J'aime à croire aussi que la bibliothèque des élèves n'est pas exclusivement composée d'auteurs au style prétentieux, amateurs de grands mots, au faste pédantesque. Il reste donc que les élèves de cette maison ignorent ou oublient trop ce qu'est le *naturel* dans le style.

Le naturel consiste à rendre une idée, une image. un sentiment avec simplicité, sans effort comme sans apprêts. Il n'est aucun sujet où l'on puisse se dispenser d'être naturel. C'est manquer de naturel que d'employer des figures outrées ou fausses, les expressions emphatiques, les périphrases ambitieuses, bref, tout ce qui sent la recherche et l'affectation.

C'est contre le *naturel*, et par suite souvent contre la clarté et la pureté du style que pèchent une foule d'expressions que j'ai relevées dans vos devoirs. Les exemples abondent, je n'ai que l'embarras du choix. Et d'abord, les oiseaux seraient bien étonnés des épithètes qu'on leur donne et ils ne répondraient sûrement pas aux appellations aussi bizarres que variées, qui leur sont prodiguées généreusement par quelques uns. Ils deviennent : « les chantres de l'espace, les habitants du firmament, les artistes de l'air, les maîtres chanteurs de la nature. etc., etc. » c'est à n'y pas croire... — Pour X., le printemps est un changement d'habits : « la terre s'était dépouillée de son manteau blanc pour revêtir son manteau vert. » — Un second nous montre une tête d'enfant qui demande des forces au sein de sa mère : « et l'enfant penchant sa tête nue sur le sein qui lui avait donné le jour, semblait demander au même sein des forces pour l'avenir. » — Chez *Y*. : « les oiseaux vivifient la nature ; — Dieu accorde à l'enfant quelques rayons de santé ; — l'âme voit poindre les bourgeons des arbres ; — les nuages ployant et déployant *leurs voiles*, se déroulent en zônes diaphanes de satin blanc ou se dispersent en légers flocons d'écume ; — les haies sont décorées de ronces dont les rejets brunis et courbés portent des fleurs magnifiques. » Cet *Y* grec est évidemment un *Y* grec romantique. — Voyez le portrait sommaire qu'un autre, un étranger parait-il, fait du jeune malade et de la mère du convalescent : « des yeux creux et un teint échauffé forment son visage et son corps : le jeune homme ressemble à un squelette *plus tôt* (sic) qu'à une structure humaine : la mère aussi ressemble à un autre squelette et par conséquent à son fils, » sans doute pour la raison que rien ne ressemble mieux à un squelette qu'un autre squelette. De plus, cette mère squelette, admirable exemple d'amour maternel !« s'était, durant la maladie, enlevé le pain de la bouche pour le porter à celle de son fils. » Evidemment un tel langage ne s'explique que sous la plume d'un étranger. Et pourtant ?...

Il y a aussi de hardis novateurs parmi vous. *Z*. nous montre : « un torrent dont les eaux limpides et *bruyantes* causaient un *doux* murmure et invitaient au repos ; — le rossignol qui verse ses mélodies dans l'âme du convalescent... ce maitre chanteur qui transporte l'âme et n'a de rival que le coucou pour la douceur de son chant. » Vous conviendrez avec moi que ce n'est pas un rival redoutable !... Et plus loin : « la nature charme les yeux de son *contemplateur* et élève l'âme vers le Créateur du ciel et de la terre, de toutes les choses visibles et invisibles, factorem cœli et terræ, visibilium et invisibilium. » Décidément, il manque à celui-là, de n'avoir pas achevé son Credo !... — Mais passons. Admirez chez celui-ci : « les rayons opalins qui couvrent la nature », « l'émeraude qui revêt les prairies », « l'aube qui jette ses perles sur les prés émaillés » ; le même nous présente : « la mère, grande dame à la chevelure *chataine* (sic) et aux yeux bleus » ; et son fils, « jeune beauté qui compte à peine 17 printemps, se sentait revenir à la vie en jetant ses regards sur ces perspectives de la nature, que l'imagination considère volontiers, comme menant à des sites plus agréables. »

A ce dévot de l'obscurité et de la prétention, nous redirons volontiers les vers connus d'un Aristarque poète :

> Mon ami, chasse bien loin
> Cette noire rhétorique,
> Tes écrits auraient besoin
> D'un devin qui les explique.
> Si ton esprit veut cacher
> Les belles choses qu'il pense,
> Dis moi, qui peut t'empêcher
> De te servir du silence.

Un autre enfin nous dépeint : « une haie d'aubépine où Philomèle en pleurs vient frapper l'oreille de ses mélodieux accents » — les prairies et les champs : « où le désir, la gaieté et la belle humeur circulent librement dans l'air.» J'avoue n'avoir jamais rencontré ce beau trio de promeneurs volages, peut-être est-on plus heureux ailleurs.

Uu peu plus loin, ce sont : « les verts tapis des prés qui s'émaillent (au printemps) d'amarantes (fleurs d'automne) et de violettes, il y a partout un je ne sais *quel charme* qui transporte l'âme ; — la rosée du matin brille semblable à l'émeraude et au *topaze* (sic) ; — et le jeune malade de quelques printemps à peine, parcourt lentement les prés et y cueille par moments ça et là, ici une humble violette, là une rose empourprée, tantôt un ly (sic) très pur, tantôt un lilas embaumé. » Voilà des prairies enchantées qui produisent des fleurs inconnues aux prairies de nos climats ; mais rien n'étonne au pays des chimères... et dans l'étonnante imagination de certains alumnistes.

Je m'arrête, non faute de citations aussi curieuses que les précédentes, mais parce que j'ai été déjà bien long. Pardonnez-moi, mes enfants, ma trop longue insistance. Mais je hais la prétention, partout où je la trouve, je la hais même dans vos écrits ; c'est pourquoi, j'ai longuement insisté sur ce manque de naturel, trop commun à beaucoup d'entre vous : trop heureux si mon insistance peut servir à vous corriger.

Croyez-moi, mes enfants, soyez simples et sans prétention ; la simplicité et le naturel sont la source et la grâce du style. N'ayez pas l'air de fréquenter assidûment l'Hôtel de Rambouillet et de descendre en ligne directe des Précieuses ridicules.

P. Clair.

Ordre des places

4 1/2

François Cartier, C. — Félix Escudé, B.

3 1/2

Augustin Sauvebois, M. — Aloys Songtag, T. — François Tanguy, A. — Clément Debos, M. — Barthélemy Falloni, M. — Léonard Jaumard, M.

3

Aquilin Bouillon, B. — Augustin C......, B. — Pétrus Buttin, M. — Etienne Patras, M. — Prosper Detrois, M.

2 1/2

Albert Pons, A. — Martin Mignolet, T. — Julien Baconnet, C. — Gaston Vergnes, B. — Abel Gauthier, C. — Marie-Joseph Espargilière, B. — Isidore Boulière, B. — Antoine Barland, M. —. Fortuné Baradoux, B. — Edouard Raffin M. — Vincent Revol, M.

2

Antonin Grosdemange, A. — Alphonse Parsy, A. — Cyrille Jourdan, C. — Paulin Salaville, M. — Ignace Ahumada, B. — Albert Robin, T. — Théophile Vandenholt, T. — Constant Cléret, T. — Jules Artus, T. — Joseph Saive, T. — Augustin Destiné, T.

1 1/2

René Villart, A. — Isidore Gonthier, C. — Alexandre Grégoire, B. — Victor Anciaux, T. — Jean Joseph Mies, T. — Pétrus Domève, A. — Florimond Fay, A.

1

Jean St-Martin, A. — Albert Grand, C. — Léonard Burr, T.

1/2

Guillaume Riether, T.

Corrigé

LA CONVALESCENCE D'UN JEUNE MALADE

I. — On était au mois de mai. La nature avait repris sa fraîcheur ; l'air était embaumé ; les prairies étaient émaillées de mille fleurs qui venaient d'éclore ; les oiseaux gazouillaient sur les arbres touffus... En contemplant ce délicieux spectacle, l'âme se sentaient élevée vers le Créateur de tant de merveilles.

La porte d'une maison donnant sur la campagne s'ouvrit, et un jeune homme s'appuyant sur le bras de sa mère, parut sur le seuil. Il avait une taille élevée, bien dessinée par les plis onduleux d'une longue robe de chambre qui le serrait à la taille. Un chapeau de paille abritait sa tête et son visage contre l'ardeur du soleil. Sa démarche est encore chancelante, ses joues sont pâles, ses yeux caves et sans éclairs. Mais pendant qu'il s'avance sur le gazon fleuri, il sent la vie renaître en lui ; sous l'influence de l'air vivifiant qui gonfle ses poumons, sa poitrine se dilate, ses joues se colorent, ses yeux redeviennent vifs et brillants. Il considère avec délices les petites fleurs, les jeunes bourgeons, les plantes et les arbres, qui comme lui, semblent sortir d'une longue maladie. Cependant la mère du jeune convalescent goûte un plaisir infini à considérer ce cher fils, ce trésor que la mort abandonne enfin. Elle est aussi un peu pâle, la pauvre mère, un peu malade ; car, durant de longues nuits, elle est restée près de son fils, calme en apparence dans sa cruelle anxiété courageuse, le disputant à la mort. Et maintenant, le souvenir de sa douleur s'efface dans le cœur de la mère à la vue du bonheur de son fils. Elle porte une fraîche couronne que ses mains ont tressée pour son enfant chéri. Tous deux se dirigèrent en silence vers un petit bois et s'assirent à l'entrée sur un tronc d'arbre.

II. — Le jeune homme relève alors son chapeau, essuie son front humide et se met à regarder la campagne avec délices. Ah ! c'est que depuis plusieurs mois une maladie cruelle a retenu captif le pauvre enfant ; c'est qu'aujourd'hui pour la première fois, il revoit les prairies, les arbres, la nature enfin ; c'est qu'aujourd'hui il accomplit le vœu qu'il a fait pendant sa maladie d'aller déposer une couronne aux pieds de la statue de Marie, et d'y réciter le chapelet comme hommage de sa reconnaissance. Après quelques instants le jeune homme se leva ; sa bonne mère le suivit: ils se dirigèrent en s'avançant dans le bois, vers une petite chapelle rustique, construite en bois et en mousse, où était placée la statue de la Sainte Vierge. Là, il s'agenouilla ; puis il attacha sa modeste offrande à l'autel champêtre et adressa de ferventes actions de grâces au Dieu tout puissant qui l'avait ramené miraculeusement des portes du tombeau.

III. — Qu'ils étaient sincères les sentiments que le pieux jeune homme exprimait avec une si touchante reconnaissance ! qu'il était heureux de renaître ainsi à la vie pour en consacrer tous les instants à Marie, à la plus tendre mères !

NOTA. — La simplicité du style et la pureté du sentiment recommandent cette page d'un bon élève. On peut y regretter des détails incomplets des commencements de tableaux qui s'interrompent trop tôt pour notre plaisir. Ce n'est peut-être qu'un cadre gracieux, mais enfin ce sont de précieuses qualités que le bon goût et la grâce.

J.-M. PLA

Ex-inspecteur de l'Instruction Publique.

DEUXIÈME SECTION

INSTRUCTION RELIGIEUSE

QUESTIONS

I. — Définissez la grâce habituelle et la grâce actuelle. Pourquoi la grâce habituelle est-elle appelée sanctifiante ?

II. — Si quelqu'un vous disait : j'admets la prière ; mais il me semble impossible de prier pour mes ennemis, inutile de prier pour les âmes du purgatoire, et égoïste de prier pour obtenir des biens temporels, que répondriez-vous ?

III. — Qu'est-ce que la matière et la forme des sacrements ?

IV. — Quels sont les effets des sacrements ?

V. — Qu'appelez-vous sacrements des vivants et sacrements des morts ?

VI. — Qu'appelez-vous grâce sacramentelle ?

VII. — Pourquoi l'Eglise a-t-elle établi des cérémonies pour l'administration des sacrements ? Expliquez les avantages que vous y voyez.

Extrait de la première copie

Si quelqu'un vous disait : j'admets la prière etc... que répondriez-vous ?

I. Je lui répondrais : Vous avez tort. D'abord, souvenez-vous que le Seigneur a dit : « Tu aimeras le Seigneur ton Dieu de tout ton cœur, de toute ton âme et de tout ton esprit. Tu aimeras le prochain comme toi-même. » Pour être sauvé, il faut donc aimer le Seigneur. Mais lorsqu'on aime quelqu'un, ne fait-on pas ce qu'il commande ? Si donc vous aimez J. C., faites ce qu'il ordonne ; aimez le prochain comme vous-même. « Mais me direz-vous, je parle de mes ennemis et non de mon prochain ? En effet, mais qui est votre prochain ? Le catéchisme nous dit : « Notre prochain, ce sont tous les hommes sans exception, les chrétiens, les juifs, les idolâtres et même nos ennemis. » Donc, vous voyez que si vous n'aimez pas le prochain vous n'aimez pas J. C. et vous ne pouvez pas vous sauver. Maintenant, quel bien égale la prière ? Prier pour le prochain est le plus grand bien que vous puissiez lui faire. Il faut d'abord sauver son âme.

Ajoutez pour que votre argument soit complet: Donc, pour prouver que vous aimez votre prochain, vous devez lui souhaiter et demander pour lui au moins ce qui lui est le plus nécessaire, le salut de son âme.

II. Ensuite, vous me dites que vous trouvez inutile de prier pour les âmes du Purgatoire. Erreur, les âmes ont besoin de nos prières. Elles souffrent horriblement ; mais ce qui adoucit leurs maux, c'est qu'elles ont l'espérance de sortir de ce lieu de supplices. Nos prières servent à les délivrer. Nous devons donc prier pour elles. C'est un devoir de charité. Du reste, nos prières ne sont pas perdues. Si la Justice divine nous condamne à l'expiation, les âmes délivrées par nous, implorent miséricorde pour nous auprès de Dieu.

Henri MIENCE, d'Arras.

Critique

Mes chers amis,

Une composition d'Instruction religieuse n'est pas une narration, encore moins une amplification oratoire ou un sermon. Quelques-uns d'entre vous semblent l'avoir oublié. Vos raisonnements doivent être plus rigoureusement suivis. Les qualités que doivent avoir vos réponses sont :

1º *L'exactitude* de la doctrine.

2º La *précision* en même temps que la *concision* des termes.

3º La *clarté* des idées.

Sans doute, vous n'êtes pas encore des logiciens capables d'envisager une question dans son ensemble, et de donner en quelques lignes les aperçus qu'elle comporte. Mais vous devez y tendre par la réflexion.

Ces principes posés, appliquons-les à quelques-unes des copies présentées.

1º *Exactitude de la doctrine.*— Je dois rendre ce témoignage que les erreurs ne fourmillent pas dans vos compositions, et que vous n'avez pas trop mérité d'être taxés d'hérésie. Du reste le devoir était plutôt trop facile, et j'aurais dû avoir meilleure opinion de vos capacités. J'ai cru devoir me borner à des questions simples et usuelles, parce que tous vous n'avez peut-être pu suivre le même programme.

J'ai pourtant découvert quelques erreurs un peu trop fortes. Ainsi plusieurs ont trouvé que la grâce sacramentelle est une grâce produite par certains objets bénis ; quelqu'un dit positivement qu'elle provient des sacramentaux. Un autre déclare que les sacrements des vivants sont ceux qui nous donnent la vie, et les sacrements des morts ceux qui nous assistent à notre dernière heure. Ainsi l'Extrême-onction nous délivre d'une mort éternelle. (Textuel).

2º *Précision et concision des termes.* — Vous aviez à donner des définitions. Deux ou trois lignes suffisaient pour celle de la grâce habituelle. Plusieurs ont essayé, vainement du reste, de donner un traité complet de la grâce.

Quelques questions comportaient plus de développements, par exemple les trois objections formulées contre la prière. Mais ici encore, il fallait des preuves et non des phrases sonores.

3º *Clarté des idées.* — Il est très important de ne pas semer les phrases au hasard, de ne pas faire, par exemple une dissertation sur la communion sacrilège et la nécessité de la confession à propos de la grâce habituelle. C'est s'éloigner de la question et ne pas en avoir la conception claire. Quelqu'un croyant expliquer les avantages des cérémonies employées par l'Eglise donne leur division en antécédentes, concomitantes, et subséquentes. C'est un hors-d'œuvre et une étourderie.

En général, la composition est bonne et satisfaisante.

Ordre des places

4 1/2

Henri Mience, A.— Albert Pons, M.— Joanny Defradas, M. — René Pozot, C. — Baptiste Dhers, C. — Luc Cottet, M.

4

Urbain Bélard, A. — Robert Bedoy, A. — Alphonse Fricou, M. — Jean Enjalbert, C. — Gabriel Girard, M. — Albert Charrot, C. — François Aréthens, C.

3 1/2

Joachim Barria, C. — Hector Cunéo, M. — Fernand Desmarteau, A. — Adrien Cabrit, A. — Armand Valès, M. — Henri Debos, M. — Arthur Trine, T. — Maurice Patinier, A. — Albert Fort, C. — Alfred Lammer, T. — Georges Neusch, T. —Louis Lavoisier, A. — Arthur Godant, A.

3

Désiré Chauvet, C. — Jules Larmignat, A. — Henri Blanc, C. — Engelbert Teck, T. — Adolphe Leleu, A. — Maurice Chappet, C. — Jean Buytaers, A. — François Pierson, T. — Alfred Gœttelmann, M.

2 1/2

Alexis Timmermans, T. — Florent Millet, T. — Ferrand Squaglia, M. — Joseph Guédy, M.— Jean Baptiste de Vadder, T. — Adelin Jorat, C.— Antonin Sagessi, M. — Paul Peyrouse, M. — Gaston Guez, A.

2

Clément Stanislas, A. — Gérard Meertens, T. — Ferdinand Fresneau, A. — Marcellin Cayré, C. — Lucien Debondues, T.

P. GAUSBERT.

TROISIÈME SECTION

THÈME LATIN

LE BON LARRON

Jésus souffrait sur la croix et bientôt il allait mourir (part fut.) pour (ut subj.) guérir notre misère et nous accorder le ciel. A (a. abl.) droite et à gauche étaient suspendus deux voleurs, dont l'un commença à attaquer Notre Seigneur par des paroles injurieuses. Mais l'autre se reconnaissant frappé d'un juste supplice plaignait le sort inique du Christ innocent. « Je mérite, disait-il, de (ut subj.) mourir, mais vous Seigneur, ayez pitié de moi, et lorsque vous aurez reçu la gloire divine dont vous devez jouir, je vous prie de ne (ne subj.) pas m'oublier et de (ut subj) m'épargner. Aujourd'hui, répondit Jésus, tu partageras la gloire avec moi dans le paradis.

Première copie

DE BONO LATRONE (¹)

Dolebat in cruce Jesus et mox moriturus erat ut miseriam nostram sanaret et cœlum nobis tribueret. Affixi erant, a dextra sinistra (²) duo latrones ; unus quorum (³) verbis contumeliosis cœpit Dominum nostrum incessere. Alter vero, se pœna legitima perculsum agnoscens, insontis Christi vicem dolebat iniquam. « Ut moriar aiebat, mereo, tu autem Domine miserere mei, et quum gloriam cœlestem, qua mox frueris, acceperis, te precor ne obliviscaris me (⁴) ut mihi parcas. Hodie, respondit Jesus, mecum in Paradiso gloriam participabis.

Ange DUVIOLS, *de Miribel.*

(1) Oui, *latro* mieux que *fur* celui de dérobe : *latro* voleur de grand chemin.
(2) Sinistraque,
(3) Quorum *unus* ou *alter.*
(4) *Et* ut....

Critique

Chers Amis

Vous savez que rien n'est éloquent comme les chiffres : aussi vous pourrez par votre note juger de votre succès et de votre valeur par la place que vous occupez, soit dans votre alumnat soit parmi les cinq qui ont composé.

Les mêmes chiffres permettent de donner une appréciation d'ensemble. Si vous prenez comme moyenne la note 2 1/2 ou 2 3/4 vous trouverez 36 concurrents qui l'ont atteinte ; 38 sont restés au-dessous. Mais si l'on estime que pour être passable, il faut au moins un 3, la différence devient plus grande et il n'y en a plus que 26 qui aient le droit de se sentir satisfaits au lieu que les 48 autres doivent baisser la tête. Vous voyez donc que de toute façon plus de la moitié d'entre vous a des reproches à se faire, mais non pas dans tous les alumnats également.

Si vous voulez maintenant savoir la cause de cet insuccès, que chacun prenne des observations qui vont suivre la part qui lui revient. Elles sont suggérées par la seconde grosse moitié.

1º Etourderie. J'aime à croire que c'est à cette malheureuse compagne dont nos petits latinistes de la 3ᵉ section n'ont pas su encore se séparer qu'il faut attribuer toutes les fautes, par exemple, et elles sont nombreuses, contre les personnes des verbes : *Je vous prie de ne pas m'oublier* est traduit : *Tu ora, Te orat, vos rogat, ne obliviscar, ne obliviscatur, etc.*

Combien ont oublié que le latin n'avait pas la politesse du français qui fait dire *vous* et non pas *tu,* même par le larron.

Donc la tournure : *Vos autem Domine cum acceperitis,* et autres semblables étaient des fautes.

Etourderie peut-être encore de la part de ceux qui commencent leur thème par ces mots: *Jesu patiebatur.* Ils se sont souvenus que la déclinaison du mot *Jesus* avait quelque chose de particulier : oui ce mot fait *Jesus* au nominatif, *Jesum* à l'accusatif et *Jesu* à tous les autres cas, mais non pas à celui qui était employé. Cela commence à devenir de l'ignorance.

2º Ignorance. — Il faudrait faire ici différents paragraphes pour les différents degrés dont le thème a donné des specimens, depuis l'igno-rance crasse jusqu'à l'ignorance plus ou moins invincible.

N'est-ce pas sous la première rubrique qu'il faut ranger des fautes comme celles-ci :

Mais vous, Seigneur, ayez pitié de moi : *Autem vos Dominum miserere mihi. Sed tui Dominus.* Ce sont de trop grosses fautes : là, *Dominum,* ici, *tui,* car j'ai déjà parlé de *vos* mis pour *tu* ; Quant à *Dominus* c'est la faute des trois quarts au moins.

Encore une ignorance grossière qui fait employer : *meus, mea, meum* au lieu de *ego, mei,* etc. et qui fait dire : *ne obliviscaris meum* et même : *gloriam divides cum meo !* quelques-uns seulement ont appliqué la règle qui veut *mecum, tecum, vobiscum,* etc.

Les règles qui sont les plus simples sont aussi les plus maltraitées. En dépit de *Deus Sanctus, se agnoscens percussus* est répété plus de trente fois sous diverses tournures. *Justi supplicii,* au génitif qui suivait trop généralement, est plus excusable.

Trop de concurrents se laissent aller à prendre pour un complément tout nom qui suit le verbe. C'est ainsi que nous avons eu : *pendebant duos fures* (acc.) et même *suspensi erant duos fures* (accus.) Je n'entreprendrai pas de dresser ici la liste des barbarismes qui serait longue depuis *frusurus, fruriturus, fruiendus, oblevisciamini, obliatur* jusqu'à *morsurus, moruturus, mortuurus, moriendus.*

Le dernier est déjà plus délicat. Ceux qui ont écrit *moriendus* ont sans doute tourné leur phrase de cette manière : il allait mourir ; il était devant être mort et ils se sont imaginé être alors en face du participe futur passif, oubliant ou n'ayant encore jamais su que *morior* est un verbe *déponent-neutre* qui n'admet le participe en *dus-da-dum* qu'au neutre singulier: *moriendum est* ; il faut mourir. Il est vrai que cette distinction, comme beaucoup d'autres, de verbes déponents actifs et déponents neutres ne se trouve pas dans Lhomond.

Plusieurs ont traduit « étaient suspendus » par *suspendebantur ;* je ne crois pas que personne ait mis *pendebantur* qui serait un barbarisme, *pendeo* étant neutre. Mais *suspendebantur* sans être un barbarisme est une faute. « Etaient suspendus » ne veut pas dire ici, qu'on les *suspendait,* qu'on faisait l'action de les suspendre ce qui est marqué par l'imparfait mais ils avaient été suspendus (plus-que-parfait) et ils *étaient* encore *suspendus* ; suspendus est ici un adjectif qui marque l'état ; il fallait donc *suspensi erant* ou comme le corrigé *pendebant,* ils pendaient.

Je m'arrête en signalant deux tournures particulièrement désagréables à nos jeunes latinistes puisqu'ils les ont le plus maltraitées : dont l'un commença... dont vous devez jouir. Il fallait traduire : *quorum unus.... qua frui debes.*

Toutes les fautes ne sont pas indiquées, il y aurait encore particulièrement une remarque à faire sur l'emploi des temps du subjonctif.

Mais vous arriverez déjà, chers alumnistes, à de meilleurs résultats en disant adieu à votre perfide compagne l'étourderie et en surpassant votre ignorance qui, croyez le bien, n'est pas du tout invincible. En témoignage cette première copie.

Classement des copies

4 1/2

Ange Duviols, M. — Pierre Robin, T. — François Boulé, M. — Gustave Gautherie, B.

4

Camille Robert, B. — J. Joseph Arassus, B. — Théodore Choquet, A.—Frédéric Déroudille, M.

3 1/2

Maurice Marchand, C. — Armand Mercier. B. — Paul Désir, T. — Marius Alary, B. — Gilles Bohon, T. — Martin Raymond, M. — Vallecalle Sébastien, M. — Arsène Vasseur, A. — André Lusinschi, M.

3

Eugène Laroque, B. — Paul Payelle, A. — Charles Ousset, B. — Marius Dumoulin, C. — Noël Déleris, A. — Prosper Vanmalleghem, A. — Louis Lygonie, B. — Claudius Dubois, C. — Joseph Brachet, C.

2 3/4

Léon Martel, A. — J.-Marie Cassagnard, B. — Denis Matturi, A. — Valentin Sin, T. — Marius Cordier, M. — Nicolas Netti, M. — Romuald Demailly, A. — Arthur Gillet, M. — Laurent Moors, T. — Onuphre Spinelli, M.

2

Cyprien Malignon, C. — Narcisse Perissoud, C. — Henri Barthe, C. — Norbert Claes, T. — Vœgelé, T. — Félix Falempin, A. — Joseph Gerbaux, A. — Georges Favier, A. — Louis Verdalle, C. — Alphonse Chapuis, C. — Joseph Blanc, C. — François Jeannet, M. — P. Marie Fargeas, B. — Henri Dewache, T. — Lucien Ollagnier, M. — Ludovic Leloir, A. — Maurice Lourteau, B.

1

Cyrille Delecœuillerie, A. — Fabares Louis. B.— Emile Cazes, B.— Pierre Villesèche, M.— Augustin Marly, A. — Elie Sauvan, M.—Henri Borel, C. — Joseph Gasset, B. — Alexandre Dury, T. — Victor Mammaton, A. — Gustave Godaus, A.— Séraphin Giacomini, M.—Eugène Mourmeaux, A.

1/2

Edme Chrochelet, T.— Arthur Boué, B.—Jacquet Léon, Ch. — Valéry Gontard, M.— Daniel Bizet. A. — Maurice Demelenne; T. — Marius Cusin, C. — Emile Novello, C.

P. Hubert.

Corrigé

Bonus Latro

Jesus patiebatur in cruce, jamque moriturus erat,
Ut nostræ miseriæ mederetur et nobis largiretur
[cœlum.
A dextra lævaque pendebant duo latrones, quorum
[alter orsus est
Dominum nostrum probrosis verbis adoriri.
Alter vero, se justo supplicio afflictum confitens,
Querebatur iniquam sortem Christi innocentis
« Mereor, dicebat, ut moriar ; Tu vero, Domine mei,
[miserere
Et quum divinam gloriam, qua frui debes, assecutus
[fueris,
Te rogo ne me obliviscaris, et ut mihi parcas.
Hodie, respondit Jesus, mecum in paradiso gloriam
[sortieris. »

P. Sengler. .

Imp. du Petit Alumniste, Miribel-les-Echelles (Isère). 250. — Mars 1899, 41. — Petlclaude, Gérant.

LE CORRESPONDANT DES ÉTUDES

BULLETIN MENSUEL

RÉDIGÉ PAR LES PROFESSEURS DES ALUMNATS

SOMMAIRE

RÉUNIONS DES SUPÉRIEURS

Les réunions des professeurs viennent de se terminer, et le T. R. P. Picard a bien voulu exprimer la satisfaction qu'elles lui ont causée.

Dans quelques jours, un numéro spécial du bulletin fera connaitre, avec les décisions prises, les rapports ou les parties de rapports qui peuvent être d'un intérêt général.

Mais dès maintenant il importe de préparer les réunions des supérieurs, qui se tiendront probablement dans la première quinzaine de juillet.

Ces réunions auront à examiner et à sanctionner les conclusions de Pâques. Elles auront de plus à s'occuper de certaines questions d'un ordre plus élevé concernant l'esprit des alumnats, la direction à donner aux religieux et aux enfants, la piété et ses diverses manifestations, la discipline et les mesures propres à la maintenir sans compromettre une initiative très désirable. Les questions d'ordre matériel seront aussi l'objet de remarques et de causeries intéressantes.

L'expérience prouvant que des réunions de ce genre ne sont fécondes que dans la mesure où elles sont préparées ; le T. R. P. Picard désire que les supérieurs fassent connaître au plus tôt les sujets sur lesquels ils se sentiraient plus disposés à attirer l'attention de leurs confrères. Quelques-uns se sont déjà réservé de traiter tel ou tel point spécial.

A chacun de réfléchir et de voir quelles observations il croira utiles à communiquer aux autres pour le bien de l'œuvre.

D'après ces indications et après avoir tout soumis au T. R. P. Picard, il serait possible au *Correspondant* de mai de donner le programme des réunions de juillet. De cette façon, les supérieurs auraient encore le temps de se consulter, au besoin, pour leurs travaux respectifs.

Les supérieurs voudront bien, chacun en ce qui le concerne, aider à fixer au plus tôt ce programme, d'où résultera entre tous une entente plus facile et, pour les réunions, des fruits plus adondants.

P. Théophile.

PERFECTIONNEMENTS

A APPORTER

AU CORRESPONDANT

Quels sont les perfectionnements que pourrait recevoir le *Correspondant ?* Quels nouveaux éléments de vie intellectuelle ou morale pourraient entrer dans sa rédaction ?

Voilà certes une question qui n'est pas si difficile à trancher que l'affaire de Fashoda ou du Frensh-Shore, mais qui cependant ne manque pas d'intérêt.

Quand, le 15 novembre 1894, parut le premier numéro du *Correspondant*, le T. R. P. Picard écrivait au secrétaire : « *Ce bulletin des alumnats ne saurait rester l'œuvre d'un seul religieux ou d'une seule maison. Tous les professeurs devront le considérer comme leur œuvre, et y collaborer avec cœur et assiduité.* »

Notre Bulletin est entré dans sa cinquième année, et a imprimé son 41e numéro ; mais depuis sa naissance, jusqu'à ce jour, quelles ne furent pas ses épreuves ! Aussi, au cinquième anniversaire de son apparition, constatant que dans les choses de l'esprit, l'enfantement est plus laborieux, la croissance moins appréciable le Père Visiteur souhaitait du moins que le *Correspondant* se développât, et ne connût plus ces crises de l'enfance, qui avaient parfois mis sa vie en danger.

Il faudrait donc maintenant s'entendre sur les perfectionnements à apporter dans sa rédaction.

Tous déclarent qu'il faut faire quelque chose, pour le rendre plus intéressant, plus varié, plus instructif ; quelques-uns ont déjà suggéré des réformes, plusieurs ont même prêché d'exemple, en passant de la parole et du conseil à l'acte. Que peut-on faire encore ?

Jetons un rapide coup d'œil sur ce qui a été fait ; l'étude ne sera pas longue, la biographie de cet enfant de quatre ans et demi sera très courte. La vue des efforts apportés et des résultats obtenus, sera pour nous un encouragement à mieux faire, comme la constatation des lacunes sera aussi l'indication des progrès à accomplir.

1° Ce qui a été fait

Dans son premier numéro, le *Correspondant* annonçait qu'il aurait trois parties bien distinctes dans la rédaction du bulletin.

1°. — **La partie documentaire et pédagogique**, qui contiendrait des extraits des paroles et écrits de notre Père sur les études, des conseils aux professeurs par le Père Visiteur des Alumnats, les décisions des réunions au point de vue des études, des articles donnés par les professeurs, etc ..

2°. — **La partie classique**, la plus importante des trois, offrirait dans chaque numéro, des devoirs pour chacune des cinq sections de nos alumnats ; le compte-rendu, la critique, et le classement de ces devoirs.

3°. — **Dans la troisième partie**, trouveraient utilement place les articles de bibliographie, les extraits de correspondances (toujours au point de vue des Etudes), les comptes rendus de soirées, de fêtes littéraires, etc...

Le *Correspondant* serait mensuel ; la rédaction en était confiée à tous les supérieurs et professeurs d'alumnats.

A cette division du journal, donnée dès le mois de novembre 1894, on ajouta aux réunions des supérieurs, — juillet 1895 — **une quatrième partie : littéraire**, résumés des conférences littéraires des élèves, études sur les littératures, analyses, critiques, etc... Et les conclusions de ces réunions portent encore : *le Correspondant est, et demeure l'œuvre de tous, et à ce titre tous doivent y apporter leur part de travail et de dévouement.*

* *
*

Des quatre parties ou divisions du Bulletin, deux surtout ont été remplies :

On lut avec plaisir dans la *partie documentaire*, trois rapports des Pères Alexis et Edmond, présentés aux réunions des Supérieurs en 1891 et 1892.

Le Père Visiteur donne dans ses articles pédagogiques, d'excellents conseils bien nécessaires aux professeurs.

Nous sommes très reconnaissants au Père Henry, de nous avoir donné plusieurs docu-

ments très intéressants sur les alumnats, et nous lirons volontiers la deuxième partie de son travail si utile sur les traditions et coutumes. » Ce sera le coutumier de grammaire et d'humanités, en attendant un autre travail très important : « Les moyens de formation et de sanctification. » La biographie du regretté Père Alexis, nous a montré quel devait être le religieux-éducateur dans les alumnats, homme de prière, d'études, d'entrain.

Le travail du Père Edouard sur le « Théâtre à l'Alumnat » pourra nous être très utile ; ce catalogue de pièces pour nos soirées — pièces d'un mérite très différent, mais dont le fond est chrétien — nous aidera beaucoup dans le choix des sujets de distraction pour nos fêtes, et selon l'esprit de l'œuvre.

Tous ont goûté et goûtent encore les quelques notes du P. Théodore sur « la manière d'enseigner, inspirées par l'expérience. »

Mais, chez les professeurs proprement dits, en dehors de la correction des devoirs, de la critique, et du classement des copies, — travail mensuel pour ainsi dire obligatoire — il y eut peu d'articles spontanés, donnés au *Correspondant*. Dans les 41 numéros, à peine relève-t-on huit à dix noms de professeurs-rédacteurs, et les colonnes du Bulletin n'enregistrent que très rarement quelques lignes originales, envoyées par les alumnats.

Et cependant, les remarques sur l'hymne : *Te gestientem gaudiis*, de la fête du Rosaire, — l'analyse du cantique de Saint Romanus sur la Nativité, — une traduction sur l'allemand de la première partie d'une grammaire de la langue de l'Eglise, — et quelques autres efforts isolés, montraient bien que des études intéressantes eussent pu être entreprises.

La *bombe* lancée de Belgique par le Père Emile suscita la noble indignation des Pères Alphonse et Denys, qui, chacun de leur côté, envoyèrent ces deux cris émus : « Soyons pratiques » « non le grec ne mourra pas », traduits en deux articles dont l'originalité fit plaisir.

* *
*

Un jour le *Correspondant* parut bien coupable ; on disait : « le malheureux ; il va se suicider ! » et cependant il n'en était qu'à son troisième numéro ; refusant toute nourriture, il dépérissait à vue d'œil. Il s'attira une verte remontrance dans une lettre du T. R. P. Picard, datée du 6 janvier 1895 : « *J'apprends que le Correspon-* « *dant ne reçoit pas exactement les devoirs,* « *corrections, etc,... et que les textes ne sont pas* « *soignés. J'en ai de la peine, je désire vivement* « *que ce recueil réussisse, et je fais un devoir* « *à chaque supérieur et professeur d'Alumnat* « *d'en assurer le succès. C'est une œuvre impor-* « *tante... »* Le 15 janvier suivant, on voyait apparaître le *Correspondant* tout confus et humilié, portant gravée sur son front, cette lettre du Père, — comme on voit parfois à Livry, tel novice repentant, agenouillé au réfectoire, avec une pancarte sur la tête, où on lit : je suis un âne, je suis un orgueilleux, je suis un paresseux...

Cette observation du Père, sembla donner un sérieux élan au bulletin, et tous s'en réjouissaient. Hélas, ce beau feu ne dura pas ; soudain, l'enthousiasme se refroidit, et en juillet 1895, le *Correspondant* prit ses vacances, et ne reparut pas à la rentrée des classes. L'an nouveau arriva, et nous pensions qu'avec lui allait revenir le récalcitrant, rien ne vint. Le T. R. P. Picard écrivit au secrétaire : *Je suis désolé de ne pouvoir pas souhaiter la bonne année au* Correspondant. *Il est vivement désiré par nos Pères. Qu'il se hâte de reparaître, et de donner à ses amis travail et consolation.* »

Enfin après huit mois d'école buissonnière, il reparut en mars 1896, et ouvrait même bravement un plébiscite, en demandant l'avis de tous pour établir enfin une organisation solide. A son appel, peu ont répondu. Mais des rives du Bosphore, le Père Louis, applaudissant au réveil inespéré du Bulletin, envoyait un chapitre d'hymnographie liturgique avec les règles de la versification rythmique ; puis le P. Félicien, de Phanaraki, communiquait son avis sur l'opportunité de la controverse religieuse dans les alumnats, en plusieurs articles qui suscitèrent d'intéressantes discussions ; enfin de Coum-Capou, le Père Front encourageait le *Correspondant*, en affirmant qu'on le lisait très régulièrement en Orient, et qu'on applaudissait de bon cœur aux labeurs des frères Occidentaux ; et il leur envoyait un tropaire grec dont le *Sub tuum* n'est que la traduction.

Malheureusement ces trois articles, venus d'au-delà des mers, ne furent point suivis d'autres études de nos frères Orientaux, études qui eussent cependant été reçues avec joie dans notre bulletin. Nous avons regretté et regrettons encore le silence de ces voix amies, qui semblent garder leurs chants pour les poétiques pays d'Orient.

*
* *

Voilà toute l'histoire du *Correspondant*.

Depuis deux ans, il se soutient comme par miracle ; et ainsi que le disait avec raison le Père Théophile, « *la rédaction devient l'œuvre* « *de deux ou trois, toujours les mêmes, qui se* « *fatiguent à la tâche, et n'ont même pas la* « *satisfaction de savoir s'ils ont fait œuvre utile,* « *tant les autres paraissent se désintéresser de* « *ce qu'ils écrivent.* »

Loin de moi, la pensée de vouloir faire ici le procès du *Correspondant* ; comme beaucoup d'autres, j'ai à battre humblement ma coulpe, mais les faits parlent d'eux-mêmes, de tous côtés nous entendons ; « le journal n'est pas intéressant, la lecture en devient fade et monotone, il manque de vie, de variété, d'entrain, etc. »

Ne sommes-nous pas tous solidaires les uns des autres ? Quand un reproche atteint le *Correspondant*, il nous atteint tous ; efforçons-nous donc de n'en point mériter, ne serait-ce que par charité pour notre prochain, et cherchons comment nous pourrons améliorer ce cher bulletin des études, et le destiner, suivant le désir du Père, à unir les alumnats, à fixer les traditions, à encourager les efforts, à préparer des auteurs, et à constituer une vraie force pour l'avenir.

Etudions maintenant *ce que nous pouvons faire.*

2° Ce que l'on peut faire

Le titre même de notre bulletin des études porte tout son programme ; s'il s'appelle *Correspondant* c'est donc pour qu'il *corresponde.* Son unique but est d'être un *lien* entre les maisons et les religieux chargés du mouvement intellectuel dans la Congrégation, de rappeler les saintes traditions, d'étudier les progrès modernes dans l'enseignement, en y prenant ce qui convient à nos alumnats, et enfin de tendre à l'unité.

Notre programme d'études, notre méthode d'éducation et d'enseignement sont choses très-perfectibles, et ce ne sera qu'avec les observations de chacun dans la mesure de ses forces, avec le résultat des réflexions personnelles, avec le fruit de l'expérience, notes et communications données simplement, sans fausse crainte ni amour-propre mal placé, que nous contribuerons à atteindre cette perfection. Mais ce qu'il importe avant tout, c'est de considérer le bulletin des études, comme le bulletin de toutes les maisons, comme on l'a dit aux réunions des supérieurs — Juillet 1895 : « *le* Correspondant *sera adressé aux diverses maisons de la Congrégation, dans l'espoir que plus d'un religieux voudra bien s'intéresser à la question si importante de l'enseignement dans notre Congrégation.* »

Notre but n'est pas de lutter avec les revues savantes de l'Université, nous ne sommes pas des savants, nous avons tous besoin d'apprendre, notre journal est à nous, pour nous, ne craignons donc point d'y donner nos idées, d'y formuler nos objections, de demander un conseil. Si nous attendons pour écrire dans les colonnes du bulletin, que nous occupions un fauteuil d'académicien, il est à craindre que nous n'ayions longtemps à attendre, et alors nous ne ferons jamais rien.

*
* *

Le Programme d'Etudes des Alumnats, préparé aux réunions de 1896, complété et modifié aux réunions de 1897, trouvera toujours des perfectionnements nouveaux et de nouvelles modifications, pour arriver enfin à quelque chose de net, de précis et de bien pratique. Nous avons un Programme ; mais en l'appliquant dans sa classe, le professeur doit le compléter selon l'esprit de l'œuvre ; et, joignant l'initiative à la docilité et à la soumission, faire part à tous de ses idées et de ses travaux, pour aider l'ensemble des professeurs, au travail et à la rédaction d'un programme de moins en moins imparfait.

Rien n'est plus traître que le chiffre ; il y a en France six alumnats de grammaire, et trois d'humanités ; dans chacune de ces maisons, il y a une moyenne de quatre à cinq religieux. Si tous s'entendaient une bonne fois, on aurait donc un groupe de plus de quarante rédacteurs. Ce serait vraiment à décourager l'imprimeur. Et si, aux religieux des alumnats, se joignaient nos frères du collège et des missions, notre bulletin pourrait, en intérêt et attrait, soutenir la lutte avec n'importe quelle revue littéraire et pittoresque — j'en excepte toutefois les publications du Père Vincent de Paul.

On peut lire dans le n° 212 des *Souvenirs*, 8 mai 1895, une lettre du Père Edmond au rédacteur de cette feuille intime. Dans de touchants aveux, le Père se plaignait que les itinéraires de certains religieux Assomptionnistes étaient écrits « *dans le style bref et sec des indicateurs de chemins de fer ; et cela dans une Congrégation où il serait si facile de transformer les chroniques en joyeux tours de France, et en incomparables voyages autour du monde.* » Et le Père Edmond, qui, très humblement battait sa coulpe ajoutait : « *Si tous les chevaliers errants du bon Dieu, qui s'appellent les Augustins de l'Assomption, vous faisaient la grâce d'une lettre de trois pages en petit format comme le mien, seulement tous les trimestres, vous seriez le rédacteur du plus intéressant journal de l'univers.... »*

Ne pourrions-nous pas appliquer au *Correspondant* ce que le P. Edmond disait des *Souvenirs ?*

Que ne peuvent faire *quarante* rédacteurs, tous, jeunes encore, d'humeur et d'esprit différents, mais dont la similitude de sentiments et la poursuite du même but, faciliteraient la parfaite entente ; rédacteurs nés dans toutes les provinces de France, et apportant avec eux les qualités de leur pays d'origine ; enthousiasme, verve intarissable du midi, esprit froid mais ferme des hommes du nord, intelligence forte et précise des montagnards, au style vigoureux comme leurs rochers... etc... Tous, ayant déjà vécu quelques années, sous des cieux différents où ils ont enrichi leur intelligence et leur imagination par des études variées, et sous des maîtres habiles. Que de notes intéressantes ne pourrait-on pas attendre, et quelles pages charmantes de grâce et de fraîcheur ! Que de communications instructives sur la Grammaire, la Littérature, l'Instruction Religieuse, l'Histoire, la Géographie, les Sciences, la Liturgie, les différentes méthodes, etc., ne lirions-nous pas dans le bulletin des Etudes, si ces quarante rédacteurs, répandus aux quatre coins de la France, unissant leurs efforts isolés, faisaient part de leurs notes, prises dans les lectures diverses, rapportées d'un voyage, cueillies dans une conversation, entendues dans une réunion, émises dans une conférence,... etc.

Avons-nous l'humilité du P. Edmond, et disons-nous comme lui: nous sommes égoïstes ou paresseux. *Egoïstes*, si nous gardons pour nous seuls, des choses qui pourraient faire plaisir à tous; *paresseux*, si le porte-plume nous pèse ?

Passons aux *desiderata*.

3° Désiderata

Du terrain de la théorie, arrivons maintenant aux questions pratiques: Le *Correspondant* ne pourrait-il pas comprendre deux parties distinctes, dont l'une, d'un caractère plus ésotérique ou plus intime, serait réservée aux maîtres; l'autre pourrait sans difficulté être laissée entre les mains des Alumnistes, et serait comme leur journal d'Etudes ?

Prenant aujourd'hui le *Correspondant* tel qu'on l'avait constitué aux réunions de juillet 1895, nous garderions dans notre bulletin, les quatre divisions adoptées pour sa rédaction, à savoir:

> **1re partie: Documentaire**
> **2e partie: Pédagogique**
> **3e partie: Classique**
> **4e partie: Littéraire**

Les deux premières parties: *documentaire et pédagogique* seraient exclusivement réservées aux maîtres, tandis que les deux dernières : *classique et littéraire*, pourraient être facilement mises entre les mains des élèves. J'ignore comment l'imprimeur procèdera à l'organi-sation matérielle de ces deux parties distinctes, mais pour le moment soumettons un plan, on discutera ensuite sur les objections que nécessitera certainement ce nouveau système.

Admettons donc ces quatre divisions en deux parties distinctes :

> **1°** partie **Documentaire** et **Pédagogique** pour les professeurs,

> **2°** partie **Classique** et **Littéraire** pour les professeurs et les élèves.

Que contiendraient ces différentes parties? Etudions-les les unes après les autres.

1° La Partie Documentaire contiendrait:
— *les circulaires officielles,*
— *les extraits des paroles et des écrits de notre Père sur les études dans les alumnats,*
— *les questions de règlement, de discipline,* etc....

2° La Partie Pédagogique contiendrait :
— *des conseils et des remarques donnés aux professeurs par le Père Visiteur,*
— *des résumés de réunions pédagogiques,*
— *des études sur notre programme et ses applications pratiques,*
— *des articles bibliographiques.* Que de livres nouveaux, souvent très instructifs sur les diverses méthodes d'enseignement et d'éducation, paraissent sans que les alumnats en aient jamais connaissance. Quels sont les nouveaux livres, les récentes et meilleures éditions à signaler aux professeurs?
— Certaines maisons sont abonnées à différentes revues d'enseignement,*des résumés d'articles intéressants* pourraient être publiés dans cette partie, pour en faire bénéficier les autres alumnats.
— Pourquoi ne pas dresser ici, dans cette partie pédagogique, une *liste des livres recommandés pour la lecture au réfectoire ;*
— *le catalogue d'une bibliothèque des livres de lecture* pour nos alumnistes ; littérature, sciences, histoire, controverse, liturgie, géographie, questions sociales, missions, voyages, vie des saints, biographies d'évêques, de grands hommes, etc ;
— *nouvelles pièces de théâtre à adopter dans les alumnats. Pourquoi le collège de Nîmes ne viendrait-il pas à notre aide?* Les alumnats profiteraient de l'expérience des professeurs plus anciens et plus au courant des réformes et des méthodes nouvelles.
— Pourquoi ne ferait-on pas de temps en temps appel aux lumières du P. J. E. Drochon, pour établir un *catalogue de bibliothèque historique, spécialement réservée aux humanités ?* Enfin pourquoi ne publierait-on pas dans le *Correspondant, certains rapports ou passages de rapports lus aux réunions* des professeurs en 1897 ? Oùsont maintenant ces rapports ? Ils dorment peut-être dansla poussière des archives de Livry. Il y en eut de très intéressants; mais en dehors des religieux présents aux réunions, qui les connaît ? Plusieurs supérieurs et bien des professeurs désireraient ardemment la publication de ces travaux.

Voilà pour la première division du Bulletin, destinée aux professeurs.

Elle auraitsa rédaction spécialement réservée aux supérieurs et au Conseil de Direction du *Correspondant.*

*
* *

Nous allons voir maintenant que les professeurs trouveront abondamment de matières pour leur initiative dans la seconde division du *Correspondant*, qui pourrait être lue avec profit par les alumnistes.

3° **La Partie Classique:** qui ne contiendrait que *les devoirs donnés aux cinq sections des alumnats, avec le compte rendu, les critiques, les corrigés et le classement des copies — et cela avec une critique plus impersonnelle.* Il n'y a pas d'inconvénient à ce que les élèves lisent les corrections de leur classe, et des autres sections, il y a toujours profit pour eux. Ils suivront mieux leurs propres progrès ou leur négligence, et seront heureux de voir la marche de leurs anciens condisciples montés en humanités, ou de leurs plus jeunes frères restés en grammaire.

4° **La Partie Littéraire:** ce sera si l'on veut, la plus intéressante du bulletin, celle que les professeurs rédigeront avec le plus grand plaisir, pour leur profit personnel et le bien général, et dont les enfants se disputeront la lecture et l'étude avec le plus grand acharnement.

Ce journal d'études fera, je crois, le plus grand bien dans les alumnats. Nos enfants seront heureux d'avoir *leur* revue, ils seront flattés qu'on les traite en hommes, et qu'on leur parle sérieusement comme à des hommes; ils verront aussi dans la rédaction de ces pages une nouvelle marque de notre affection et de notre dévouement pour eux.

« Mais dira-t-on, tous nos alumnistes ne liront pas ce bulletin, il y en a toujours sur le nombre, qui n'ont pas naturellement l'amour ni le goût des études sérieuses. » Soit, mais si ce journal est varié, s'il est intéressant, vivant, les choses sérieuses mêlées à d'autres plus attrayantes, leur paraitront moins tristes ; et la lecture du Bulletin ne leur demandant pas une attention si suivie que pour la confection d'un discours ou d'une narration, les fatiguera moins en les instruisant agréablement. « Une libre curiosité, disait S. Augustin sur sa propre expérience, excite bien plus l'esprit des enfants, qu'une règle, et une nécessité imposée par la crainte. »

L'alumniste, trop souvent, n'est au courant de rien ; lorsqu'il veut causer avec ses camarades, les sujets intéressants de conversation lui manquent. De quoi parle-t-il, en effet, durant le temps où il n'est pas forcé à jouer ou à courir ? Son journal d'études lui fournira de nombreux thèmes de conversations ; et les religieux, ses maîtres, étant perpétuellement avec lui, dirigeront les causeries dont les sujets abonderont dans cette revue.

Les canevas en effet ne manquent pas, les mines à exploiter sont riches, et les filons inépuisables ; contentons-nous de noter quelques sujets susceptibles de développement, et bien propres à exciter notre zèle et notre curiosité.

1° **Etudes générales sur les Littératures, analyses, critiques...** etc...

2° **Etudes particulières sur les Auteurs du Programme,** complétant ce que, faute de temps, on ne peut voir, ni expliquer en classe.

3° **Résumés des conférences littéraires ou historiques des différents alumnats, noviciats ou maisons d'études:** pourquoi en effet garder pour une seule maison, ce qui peut être profitable à tous ?

4° **Tableaux synoptiques** d'histoire littéraire ou ecclésiastique, résumant une époque, un pontificat, un règne, etc... On pourrait plus tard, réunir tous ces résumés ou tableaux synoptiques, et les mettre entre les mains des enfants pour la repasse des cours.

Les tableaux synoptiques sont si utiles pour prévenir la confusion que peuvent laisser dans l'esprit des enfants la succession des Papes, les règnes rapides des Empereurs et des Rois, les peuples nombreux, les victoires, les défaites, les naissances et les chutes des Empires...

Joindre aussi au récit des évènements les plus importants, des tables correspondantes, des tableaux pour la chronologie et la géographie, qui ne peuvent et qui ne doivent jamais être séparées, d'une étude quelconque de l'histoire. C'est ce que Bossuet faisait pour le Dauphin, sachant bien qu'à la faveur de la table chronologique, l'élève retrouvait l'époque précise des évènements, dont il venait d'entendre le récit, en même temps que la table géographique retraçait à ses yeux le théâtre où ces grandes scènes s'étaient passées.

Ces travaux pourront être d'une grande utilité pour les jeunes professeurs à venir, qui trouveront ainsi dans ces tableaux comme les canevas de leur classe. Il serait en effet bien désirable de voir les trente six leçons, marquées au programme d'histoire littéraire dans les deux sections d'humanités, résumées selon notre esprit et nos vues, en trente-six pages ou tableaux synoptiques. Les professeurs n'auraient plus qu'à développer et à citer des exemples ; tandis que pour les examens, l'élève aurait dans ces feuilles des guides sûrs pour la repasse du cours.

5° **Que dire de cette nomenclature d'auteurs chrétiens, dressée à Alais, en 1878, sur la demande du Père d'Alzon, par les PP. Alexis, Edmond et Géry ?** Bien qu'inscrite depuis lors dans notre programme, cette énumération n'était pas destinée à devenir l'objet d'un cours d'histoire littéraire en humanités : *l'intention était de provoquer la curiosité des professeurs, et par là même, leurs recherches sur des écrivains peu connus de notre moyen-âge ; l'utilité consistait surtout à former une sorte de table de matières, pour toute une série d'ouvrages qui pouvaient, et qui peuvent encore sortir de nos alumnats et de nos maisons d'études.*

Voilà vingt ans que ce programme, dû à l'initiative du P. d'Alzon, reste devant nos yeux à titre de simple document ; ne serait-il pas opportun d'en essayer l'étude et d'aborder au moins quelques sujets ? Il y a dans cette nomenclature d'auteurs bien des noms que nous ignorons, qui n'ont jamais frappé nos oreilles ni nos yeux, mais avec les conseils, et sous la bienveillante direction du P. Edmond, ne pourrions-nous pas visiter ces écrivains peu connus, pour les faire un peu mieux connaître ?

6° Le P. Edouard m'écrivant ses desiderata pour le *Correspondant*, souhaite qu'on relate pour toutes nos maisons, des comptes-rendus soignés de soirées et de fêtes littéraires de nos alumnats, noviciats ou maisons d'études.

Le dernier numéro des *Souvenirs* de Jésus-Naissant, (mars 1899) donne une très intéressante relation de la fête des rois à Clairmarais; quelques récits semblables feraient plaisir.

7º On pourrait aussi publier avantageusement quelques pièces de vers ou de prose, des petites scènes ou parties de mystères, composés pour nos fêtes par les maîtres ou par les enfants.

8º Nous ignorons les Littératures étrangères et leurs chefs-d'œuvres; ceux de nos religieux qui connaissent une langue étrangère pourraient, dans des traductions, nous donner quelques extraits. morceaux choisis, pensées, etc. tirés de poètes ou de prosateurs italiens, espagnols, anglais, allemands, etc.

9º Et nos **auteurs contemporains**, les connaissons-nous, et nos élèves les connaissent-ils ? Plus d'un mérite d'être étudié. Sans nous inspirer des idées et de l'esprit universitaires, nous pourrons avec fruit lire et publier certaines pages, qui sont vraiment des modèles de style, écrites dans une langue harmonieuse et correcte.

Si nous trouvons des excès, montrons les défauts et signalons les qualités. Orateurs sacrés, orateurs de la tribune, évêques, académiciens, historiens, poètes. etc... la liste en est longue,

10º **Morceaux choisis, traduction élégante, explication ou analyse d'un beau passage de la Sainte Ecriture.**

Etude sur les hymnes et les proses de l'Eglise.

Voilà pour les recherches et les études sérieuses.

***

Si maintenant on voulait donner à la dernière page du bulletin un caractère plus intime et plus intéressant, sans nous éloigner du point de vue littéraire et du côté élevé, pourquoi ne pas donner, sans nuire aux *Souvenirs*, sous le titre de : *Chroniques* :

11º **La relation d'une promenade, d'une excursion, d'un pèlerinage, etc., en quelques lignes lestement et gaiement enlevées ?**

Nous regrettons beaucoup la disparition de la correspondance, jadis établie d'alumnat à alumnat, au sujet des fêtes, des conférences, des études, des vocations, etc..., il semblait qu'alors il y avait plus d'union entre les maisons, et les alumnistes formaient mieux un seul groupe.

12º Là aussi prendraient place **quelques variétés sur l'histoire** déjà si longue et toujours si intéressante **des alumnats, anecdotes, vieux souvenirs, courtes biographies des anciens religieux,** que ne connaît déjà plus la jeune génération.

13º La publication de **certains devoirs d'élèves mieux traités, mieux écrits, plus originaux,....** de ces devoirs, disait récemment le Père Visiteur, qu'il est si bon, pour entretenir l'émulation, de coucher de temps en temps sur le cahier d'honneur. Il ne s'agirait, bien entendu, que d'une perfection relative. Cet honneur ne serait certainement pas sans influence sur les progrès des élèves.

14º Pourquoi ne rééditerait-on pas **quelques vieux chants de l'Assomption** des heureux temps de Paris, de Nîmes ou d'Osma ? Ces morceaux donnent bien la note joyeuse. en même temps que distinguée, qui doit régner dans nos fêtes intimes.

15º **Ecrire de temps en temps une conversation supposée, entre maîtres et élèves, au sujet des études,... une classe....** Répondre à quelques questions, résoudre quelques difficultés présentées le plus ordinairement par les élèves, dans les classes, ou les conversations.... Nos alumnistes savent peu, mais comme ils ignorent beaucoup de choses, ils ont beaucoup de questions à faire, et ils doivent en faire beaucoup, Ces questions faites dans un alumnat ou dans une section, sont bien celles que feraient partout ailleurs des élèves du même âge, adonnés aux mêmes études, donc les réponses profiteraient à tous.

Notons certaines questions posées par nos élèves, et si nous jugeons que la difficulté vaincue, que la solution peut être profitable à d'autres, répondons dans le *Correspondant* d'une façon bien précise, et ajoutons quelquefois certaines petites comparaisons, pour rendre plus sensibles les éclaircissements qu'on doit donner à de jeunes intelligences.

16º Le *Correspondant*, dans son quinzième numéro (octobre 1896), avait commencé à donner le **Calendrier de l'Alumniste** où étaient indiqués les jours de classe, de congé, d'examens, d'anniversaires, etc.... Ce calendrier mensuel devait être complété ou modifié et renvoyé chaque mois au secrétaire. Le peu d'ardeur apportée à ce travail fit supprimer la feuille.

N'y aurait-il pas eu cependant, par ce moyen, de précieux documents recueillis pour l'histoire des alumnats, en rappelant selon les mois, les dates des diverses fondations, les évènements importants survenus dans les différentes maisons, les anniversaires, etc...

Nous pourrions, en reprenant ce travail, dresser la liste par maison, de tous les anciens maîtres et élèves des alumnats ; nous aurions aussi le nécrologe des alumnistes. Tant de professeurs et d'enfants nous ont déjà quittés pour une vie meilleure ! L'anniversaire de leur mort signalé sur le calendrier, solliciterait une prière de notre part pour le repos de leurs âmes.

17º De temps en temps. ne pourrait-on pas donner la **description d'un jeu, ancien ou nouveau, à introduire dans nos cours de récréation.**

Conseiller les jeux les meilleurs, à adopter en été. en hiver... Quels jeux groupent mieux les Pères et les enfants dans une salle commune aux temps de pluie..... Quels sont les plus intéressants...? donner les règles.

18º L'ancienne *Revue de l'enseignement chrétien* à laquelle collaboraient nos premiers Pères, sous la direction du Père d'Alzon donnait toujours à la fin de ses fascicules une **Récréation littéraire ;** c'était une épigramme, une épitaphe, une question étymologique, l'origine de telle expression populaire, une curiosité philologique, historique ou anecdotique, la traduction originale et distinguée d'un distique latin, de quelques vers grecs, d'une strophe d'hymne, etc... Quelque sentence, proverbe français, latin ou grec, en un mot quelque chose d'inédit mais toujours de bon goût.

Nous pourrions sans peine reprendre de temps en temps la publication de ces curiosités littéraires. Et quel est le professeur qui, ayant enseigné pendant quelques années, n'a pas dans ses notes, mille variétés dont tous profiteraient avec plaisir.

19° Parfois on terminerait par un *concours poétique ou simplement littéraire entre les alumnistes.* Et à ce concours prendraient part ceux qui voudraient ; les pièces avant leur envoi, seraient lues, mais non corrigées par les professeurs.

Le conseil de direction du *Correspondant* jugerait et classerait les différentes réponses.

Il y aurait des récompenses.

20° Enfin souhaitons que chaque année avec le numéro du *Correspondant* de juillet ou de décembre, on publie une **table des matières** comme pour toute revue de ce genre ; sinon nous perdrons notre temps à la recherche de tel ou tel document ou article de l'année, et la collection du bulletin, si intéressante et précieuse qu'elle puisse être, deviendra comme la revue intime des *Souvenirs*, qui entre dans sa vingtième année sans jamais avoir publié une seule table des matières, et qui s'offre maintenant à nous comme un admirable musée, où il est impossible de retrouver quoi que ce soit.

.*.

Je m'arrête dans cette énumération déjà si longue, et cependant bien incomplète. Que de sujets ! Il aurait tant de choses à dire et à faire avec un joyeux et plein abandon et avec le désir sincère de faire goûter le vrai, le beau à nos alumnistes.

Mais comment ordonner tout cela ? La discussion fera jaillir la lumière et l'on décidera.

Il ne me reste plus qu'un mot à dire pour terminer ce travail sur les *perfectionnements à apporter au « Correspondant »*. Un jour, Démosthènes interrogé sur la première qualité de l'orateur répondit : C'est l'action. La seconde ? — l'action. Et la troisième ? — encore l'action. De même si l'on demandait à chacun de nous quelles dispositions assureraient désormais au *Correspondant* la vie et l'intérêt, une simple réponse dictée par tous nos cœurs, sortirait de nos lèvres :

la première : *la bonne volonté,*
la deuxième : *encore la bonne volonté,*
et la troisième : *toujours la bonne volonté.*

Notre-Dame de Laubat,
20 mars 1899, en la fête de S. Joseph.

P. Eugène.

A PROPOS DE GRAMMAIRE

C'est une belle chose que la persévérance. Nous cherchons depuis de longs mois une grammaire idéale et de temps en temps on croit l'avoir trouvée. Sans doute, ce n'est pas l'idéal de tous les professeurs à la fois, mais de quelques-uns, de deux, de trois, d'un seul.

Ce n'est pas non plus l'idéal pour toujours, ni même pour longtemps, mais enfin dans l'état actuel de la science c'est un livre parfait....

Certainement de tels éloges suffisent à la gloire d'un grammairien...

Je ne proteste pas contre ces petits enthousiasmes, je serais même désolé de les refroidir, mais permettez-moi de réclamer contre le défaut habituel des formules grammaticales.

Je prends vite un exemple pour préciser mes observations : il s'agit de l'emploi de l'ablatif et de l'accusatif avec la préposition *in*.

Lhomond nous dit avec sa simplicité imperturbable : « A la question *ubi,*, après les verbes qui ne marquent pas de mouvement, on met *in* avec l'ablatif : *Habito in Gallia.* Au contraire, à la question *quò*, après les verbes qui expriment un mouvement, on met *in* avec l'accusatif : *Eo in Galliam.*

M. Brelet commence par définir les deux questions *ubi* et *quò* : « La question *ubi* marque l'endroit où l'on est, où l'action se fait ; à la question *ubi*, les noms de pays, les noms communs se construisent avec *in* et l'ablatif : *sum in Gallia, ambulat in horto* ; à la question *quò*, ils se construisent avec *in* et l'accusatif : *Eo in Galliam.*

Il faut être reconnaissant à M. Brelet de l'exemple qu'il nous donne : *Ambulat in horto.* Voilà un verbe de mouvement construit avec l'ablatif, parce que l'action de se promener s'accomplit tout entière à l'intérieur du jardin. C'est ainsi que les interlocuteurs de Cicéron se promenaient dans le Xyste : *ambulare in Xysto*, ou mieux encore se promenaient au soleil : *ambulare in sole.*

Mais ni Lhomond, ni M. Brelet ne nous expliquent pourquoi Salluste écrit : *in fuga sequi*, poursuivre l'ennemi dans sa fuite ; pourquoi Florus nous parle de gens qui voyagent *in equis* ; pourquoi Cicéron nous montre un meurtrier enfonçant un poignard dans le flanc de sa victime : *Gladium in latere defigit* ; pourquoi Horace nous dépeint un noyé *qui vitam amittit in undis.*

En réalité, rien de plus logique que ces constructions de verbes de mouvement avec l'ablatif. *In fuga sequi*, c'est poursuivre l'ennemi dans sa fuite ; *in fugam sequi*, ce serait suivre un fugitif et s'enfuir avec lui. *Venire in equos*, ce serait attaquer un escadron de cavalerie ; *gladium in latus defigere* signifierait que l'on enfonce le poignard au flanc de quelqu'un et qu'on le retire ensuite pour frapper un nouveau coup ; *vitam amittere in undas*, voudrait dire, non pas mourir noyé, mais bien se jeter à l'eau pour y mourir ; *ambulare in solem* supposerait une promenade plus extraordinaire que tous les voyages merveilleux de Jules Verne.

Ces nuances sont extrêmement précieuses à définir, et l'on comprend que la grammaire même la plus complète ne puisse les indiquer toutes, mais il y aurait cependant une indication précise à fournir aux élèves, et cette indication je la formulerais ainsi : On met l'accusatif après la préposition *in* à deux conditions :
1° Si le verbe contient l'idée de mouvement, et
2° Si le complément de lieu est considéré comme le but ou le terme auquel ce mouvement aboutit.

Dans les exemples ci-dessus, la fuite n'est pas le terme du mouvement du vainqueur, ni le cheval le terme du mouvement du cavalier ; bien que le flanc de la victime soit d'une certaine manière le terme visé par le meurtrier, celui-ci a pourtant un but ultérieur ; il en veut non pas au flanc, mais à la vie. Quant à l'expression « *amittere vitam in undis* » elle s'explique à peu près comme la phrase *ambulat in horto,* puisque l'action exprimée par le verbe se passe tout entière dans les flots.

Ce serait donc fausser l'esprit des enfants que de leur faire croire qu'un certain nombre de formules empiriques, signées de Lhomond ou même de Brelet, suffit à leur révéler la syntaxe d'une langue.

Que l'élève fasse une version ou un thème, ce qui importe plus que toutes les règles des grammairiens, c'est cette réflexion : Quelle est l'idée que je veux exprimer ? ou bien : quelle est l'idée que veut exprimer l'auteur d'après le contexte ?

Plus on donnera à l'enseignement et à l'étude des langues cette direction logique, et plus on formera vraiment l'esprit des enfants. En dehors de cette direction, toutes les prétendues règles ne seront que des matières de récitation à l'usage de jeunes perroquets.

Si l'on comprend ainsi l'étude de la syntaxe, les professeurs et les élèves seront moins embarrassés lorsqu'ils se trouveront en présence des irrégularités, des solécismes apparents des Pères de l'Eglise et des auteurs du moyen-âge.

Nous lisons depuis huit jours dans la séquence pascale : *Surrexit Christus spes mea, Præcedet vos in Galilæam,* et instinctivement nous avons compris que c'était là une correction des puristes de la Renaissance. *Præcedet vos in Galilæa* était pour eux une construction barbare. Périsse la rime et tout l'harmonieux parallélisme ; vive le rudiment !...

Mais réfléchissons. Sans doute le texte même de l'Evangile de Saint Marc et de Saint Mathieu, soit en grec, soit en latin, porte l'accusatif, mais au douxième siècle croit-on que l'idée de mouvement contenue dans le verbe *cedere* se soit présentée la première à l'esprit du poète ? Non. Même dans le verbe français précéder songeons-nous encore à l'étymologie latine ? Et en admettant que l'idée de mouvement soit encore obvie, est-elle l'idée dominante ? *Præcedet vos in Galilæam,* cela veut dire : il ira en Galilée avant que vous y alliez vous-mêmes. *Præcedet vos in Galilæa* signifie : il se trouvera en Galilée avant vous. Ces deux idées sont aussi légitimes l'une que l'autre.

Enfin, laissez-moi épuiser mon sujet. J'ai cherché inutilement dans la grammaire de Brelet une règle sur un autre emploi de l'accusatif avec *in.* On dit bien cependant *Vertere aliquid in dolorem ; in bonam partem accipere.* Dans ces phrases le mouvement n'est plus matériel, mais moral, et l'accusatif semble de rigueur.

Saint Thomas d'Aquin, dont la latinité est admirable de précision et de force significative, nous dit dans une strophe de ses hymnes, qui faisait l'admiration de Santeuil :

> Se nascens dedit socium,
> Convescens in edulium,
> Se moriens in pretium,
> Se regnans dat in præmium.

Dans chacun de ces vers, l'accusatif exprime le terme d'un mouvement du Christ. Il y a là une série de transformations que le Sauveur s'est proposées comme des buts à atteindre,

soit au Cénacle, soit au Calvaire, soit dans sa gloire.

Ce qui est mis en relief, c'est la démarche même du Sauveur poursuivant ses buts divins.

Mais dans la même hymne du docteur angélique, on lit cette autre strophe :

> In mortem a discipulo
> Suis tradendus æmulis
> Prius in vitæ ferculo
> Se tradidit discipulis.

L'accusatif *in vitæ ferculum* aurait indiqué la transsubstantiation, le mouvement ou le passage de la substance du pain à la substance du corps de Jésus ; l'ablatif *in vitæ ferculo* attire au contraire l'attention sur la permanence du Sacrement, sur l'état nouveau où Jésus-Christ se place dans l'Eucharistie pour toute la suite des siècles.

Et que l'on ne dise pas que ce sont là des subtilités, c'est le vrai sens des mots, mais c'est leur sens total, et n'est-il pas infiniment désirable que nos enfants ne s'attachent pas seulement à comprendre quelque chose dans leurs auteurs, mais qu'ils s'efforcent de s'assimiler tout ce qu'ils contiennent de vrai, de beau et de saint.

Ne sont-ce pas les gouttes d'eau qui font les grands fleuves et les océans ?

P. EDMOND.

LE COLLÈGE DE DEMAIN

Les occupations multiples qui surgissent avec la semaine sainte et les réunions de Pâques ne me permettent pas de donner cette fois un extrait de la grammaire de M. Stoff. Je profite donc de l'occasion croyant faire plaisir à mes confrères, de leur faire part de l'appréciation de l'étranger de l'ouvrage de M. Henri de France.

La critique est trop spirituelle pour ne pas la donner ici tout entière :

« C'est un collège hypothétique.

Etonné que le collège d'aujourd'hui eût sur les esprits et les cœurs une action si desséchante, Henri de France imagine le collège de demain.

Son œuvre inspirée plus spécialement par la lecture de Demolins, doit donc, pour être complète, caractériser à vif les défauts du collège moderne et y opposer la constitution plus féconde des collèges de l'avenir.

En sa critique des situations actuelles, Henri de France est toujours très net, trop affirmatif souvent, c'est-à-dire excessif.

Ainsi déclare-t-il absolument la faillite du système pédagogique en honneur : le bachelier, ses études terminées, ne sait rien ou presque rien.... son éducation est manquée....

Il ne faut donc pas songer à améliorer les manières d'enseigner et d'étudier ; il y a urgence à renverser la baraque scolaire pour la remplacer par une maison qui tienne et qui vaille.

D'où *le collège de demain,* le collège hypothétique.

Et combien surprenant ! La vie en pleine campagne ; avec des professeurs excellemment choisis ; des élèves « comme il faut » car on ne reçoit point « les sujets trop difficiles, trop inintelligents ou trop paresseux » (pères et mères d'iceux, où les conduirez-vous demain ?) un programme très touffu et très utilitaire, des méthodes neuves et très discutables ; un ingénieux et presque salutaire emploi du temps ; une discipline qui ne punit pas.... mais qui congédie ; une activité fort travailleuse, sous l'aiguillon de l'émulation ; des salles bien sonores où le professeur ne se fatigue point en causant ; un *clairon* (plus *distingué* que le tambour ou la cloche !) pour sonner le réveil des élèves....

Tous points, tous sujets qui intéressent, qui plaisent même, quand on les trouve très contestables, voire nettement paradoxaux.

Le livre est fort curieux.

Et ce collège de demain est sans doute illusoire. »

P. ROBERT.

CANEVAS

DE

NARRATIONS(1)

ALUMNATS D'HUMANITÉS

DEUXIEME SECTION

I

LE JEUNE TROMPETTE

I. — Afin de soulager son pauvre père, un petit villageois des environs de Philippsbourg, âgé de onze ans, s'était engagé comme trompette dans un régiment du Rhin. Après plusieurs années passées dans les camps il désire revoir son père et lui porter ses économies. Il demanda donc un congé de quelques mois et partit.

II. — C'était vers la fin de l'hiver 1709 ; le Rhin était encore pris par les glaces... Le jeune trompette pour arriver plus vite à son village s'engage sur cette voie dangereuse.... Au milieu de la traversée la débâcle survient et il reste sur un glaçon entraîné par le courant.... Vainement il appelle du secours.... Se voyant perdu il prend sa trompette, sonne un air guerrier et s'écrie qu'il donne cinquante ducats à celui qui retrouvera son corps et qui portera à son père les cinquante autres renfermés dans sa ceinture.... Il est renversé dans le fleuve par un énorme glaçon....

---

(1) Nous n'avons pas reçu de canevas, des maisons de *Clairmarais, Brian, Les Châteaux, Sainghin et le Breuil.*

III. — Quelques jours après on rapporta fidèlement à son père la ceinture intacte ; mais l'infortuné vieillard ne put survivre à sa douleur.

II

DEVOIR LITTÉRAIRE

Dans le IIIe chant de son *Art poétique,* Boileau, abordant les genres principaux, parle de la tragédie, de l'épopée et de la comédie. Analyser et apprécier le passage que notre législateur du Parnasse consacre à la *tragédie.*

III

DEVOIR D'HISTOIRE

Au chapitre III du *Songe de Scipion,* le premier Africain prédit à Scipion Emilien toute sa destinée. Confirmer à l'aide de l'histoire et expliquer chacun des termes de cette prédiction.

P. EUBERT *(Laubat)*

ALUMNATS DE GRAMMAIRE

PREMIÈRE SECTION

UN VŒU

I. — Trois jeunes gentilshommes (donnez-leur des noms), voulant fêter le retour d'Amérique d'un de leurs amis, entrent dans un hôtel somptueux de Lyon. Ils demandent bruyamment du vin de Champagne, des cigares, etc... Alfred de Lignon, le héros de la fête, s'adressant au garçon : Apportez-moi, lui crie-t-il, une carafe d'eau.

II. — Etonnement de ses trois camarades : aimables plaisanteries, assaut de questions. Poussé à bout, Alfred leur déclare qu'il a fait vœu de ne plus jamais boire de liqueur enivrante.

III. — Voici en quelles circonstances. Durant la traversée de France aux Etats-Unis, il s'était livré, selon une ancienne et déplorable coutume, à de trop copieuses libations : les hommes de l'équipage, excités par lui, l'avaient imité et tous avaient laissé leur raison au fond de leurs verres. La nuit, le feu prend au navire : personne n'est là pour l'éteindre. Naufrage : récit de la catastrophe. Vœu à N. D. de Fourvières : Alfred est sauvé avec quelques rares passagers. Deux sentiments lui restent, le repentir et la reconnaissance.

IV. — Sous l'empire d'une émotion bien facile à comprendre, les trois amis d'Alfred modèrent leur expansive gaité.

« NE LA BRISONS PAS ! »

I. — Deux charretiers de Passy remplissent leurs tombereaux. Tout à coup l'un d'eux découvre au milieu des gravats une statuette de la Sainte Vierge. « Ne la brisons pas ! » dit-il à son compagnon. Celui-ci l'approuve. Bien qu'indifférents au point de vue religieux, ils n'ont point perdu toute idée chrétienne. Réflexions sur les souvenirs d'enfance, première communion, cérémonies de l'Eglise, etc... que leur inspire la vue de cette image de Marie.

II. — Ils portent leur précieuse trouvaille chez les Oblates de l'Assomption. La Mère Marie du Christ les reçoit au parloir, les félicite, leur promet les bénédictions de la Sainte Vierge, et les congédie, non sans les avoir bien réconfortés. Ils s'éloignent en faisant l'éloge des Bonnes Sœurs de la Religion.

III. — Dix ans après, l'ouvrier qui avait dit : Ne la brisons pas, agonise sur un lit d'hôpital. Une religieuse de S. Vincent de Paul l'exhorte à mettre ordre à sa conscience. Il diffère toujours. Mais la Mère de Dieu devait récompenser sa bonne action. Elle lui remet en mémoire la scène d'autrefois. Il revoit la statue bénie toute resplendissante de lumière. Emu jusqu'aux larmes, il demande un chapelet et récite ce qu'il se rappelle de son *Je vous salue, Marie.* Bientôt après, il sollicitait spontanément le ministère du prêtre et mourait dans les sentiments d'une piété admirable.

3. — Le poison devenu inoffensif

I. — Au Mexique, les rivalités sont héréditaires comme les vendettes de la Corse.

Deux négociants de Mexico, Iglesias et Palafox se détestaient cordialement. Iglesias étant venu à mourir, son fils Jacopo fut en butte à la haine de Palafox.

II. — Jacopo avait 14 ans : bon naturel, perfectionné par une excellente éducation, piété remarquable, tendre dévotion à Marie. Ces avantages et d'autres encore, il les devait en grande partie aux leçons de sa mère Dona Rita.

III. — Palafox feint de vouloir se réconcilier avec la femme et le fils de son ennemi : il les invite tous deux à dîner. Son regard faux inspire des inquiétudes à Dona Rita qui s'excuse de son mieux. Palafox insiste et demande d'avoir au moins Jacopo. La pauvre dame se résigne.

IV. — A table, prévenances, attentions délicates de Palafox envers l'enfant. Après le repas, Jacopo reçoit de son hôte un cornet de bonbons, pour les goûter au retour. Mais c'était un samedi : ce jour là, Jacopo avait coutume d'offrir une petite mortification à la Ste Vierge. Il ne toucha donc pas à ses bonbons, malgré son penchant pour les friandises de cette nature. Bien lui en prit, car, le lendemain une odeur nauséabonde, qui s'exhalait du cornet, l'avertit, lui et sa mère, que le présent de Palafox pouvait lui être fatal : ce qui se trouva vérifié. La Ste Vierge avait préservé du poison son petit serviteur.

P. Georges *(Arras).*

La Pêche du Requin

1° Le requin est le tigre des mers. Malheur au matelot qu'un coup de vent jette loin du bord ; malheur à celui qui s'en écarte pour se livrer au plaisir du bain. Le requin, caché sous l'onde, suit le navire, fond sur le malheureux ou sur l'imprudent et le dévore. Aussi le matelot est-il sans cesse occupé des moyens d'éviter et de détruire son terrible ennemi. Il le prévient par une foule de pièges et réussit souvent à s'en emparer.

2° Décrire une scène de mer entre les deux adversaires : les ruses du marin ; peindre la défiance du monstre, sa fureur lorsqu'il sent que sa résistance devient inutile ; son agonie, la joie, le triomphe des matelots alors qu'il expire, insulté par eux sur le pont du vaisseau.

Histoire d'un Religieux

1° Un religieux est appelé pour confesser un voleur de grand chemin, qui allait subir le dernier supplice. Le prisonnier distrait n'écoute pas les exhortations du prêtre. Enfin il lui propose de l'aider à s'évader, promettant de devenir un honnête homme.

2° Le religieux se laisse toucher. A l'aide de la table, d'une chaise et de ses épaules, il permet au prisonnier de s'échapper par une lucarne. Le bourreau entre pour chercher sa victime : « Je crois que c'était un ange, dit le religieux, il est sorti par cette fenêtre. » Le bourreau avertit les magistrats. Ceux-ci rient du sang-froid du prêtre et laissent aller le prisonnier.

3° Vingt ans après, ce religieux passant par les Ardennes, s'égare dans une forêt. Un paysan le rencontre, le reconnait, lui offre l'hospitalité dans sa ferme. Là, le religieux se trouve en présence de son voleur sauvé, qui avait tenu parole et se trouvait honorablement établi.

P. Emilien *(Miribel).*

DEUXIÈME SECTION

ANALYSE

Groupes de substantifs, avec leurs compléments placés entre parenthèses. Les élèves assigneront à chaque substantif celui des compléments qui lui convient.

L'odeur, le parfum, la saveur *(du miel, de la rose, du tabac).*

Botte, bouquet, gerbe, paquet, tas *(de blé, de foin, de linge, de pierres, de roses).*

Les griffes, les ongles, les serres *(de l'aigle, de l'homme, du lion).*

Une bourriche, une caisse, un maniveau, un panier, un picotin, un pot, un seau, une tasse *(d'avoine, de café, de champignons, de confitures, d'eau, d'huîtres, de raisin, de savon).*

Confirmation, homologation, ratification *(d'une promesse, d'un testament, d'un traité).*

Eternité, immortalité *(de l'âme, des peines).*

Câble, cordon, corde, lacet *(de bottines, de navire, de puits, de sonnette).*

L'ingéniosité, l'ingénuité *(d'un écrivain, d'un enfant).*

Etui, fourreau, gaine *(de couteau, de mathématiques, de sabre).*

Carapace, coquille, écaille *(d'huître, de limaçon, de tortue).*

Effigie, image *(du prince, de la Vierge).*

Les égarements, les erreurs *(du cœur, de l'esprit).*

Echantillon, specimen *(d'une étoffe, d'un livre)*.

Ecale, écorce *(d'arbre, de noix)*.

Le battement, le bruissement, le clapotement, le claquement, le cliquetis, le glouglou, le grondement, le murmure, le pétillement, le retentissement, le sifflement *(des armes, des balles, de la bouteille, de l'écho, du feu, des feuilles, du fouet, du pouls, du ruisseau, du tonnerre, des vagues)*.

Embrasement, incendie *(d'une maison, d'une ville)*.

Défaut, faute, manque, vice *(de français, de mémoire, de prononciation, de savoir-vivre)*.

Le conducteur, le cornac, le guide, le nocher, le pilote *(du chameau, de l'éléphant, des Enfers, du vaisseau, du voyageur)*.

Jus, sauce *(de poisson, de viande)*.

L'élégance, l'exactitude *(de l'écrivain, du traducteur)*.

L'axe, l'essieu *(de la terre, de la voiture)*.

La bannière, le drapeau, l'étendard *(de la croix, du régiment, de Saint-Denis)*.

Baril, barrique, pipe *(d'eau-de-vie, de poudre, de vin)*.

La condescendance, la complaisance, la déférence *(envers un égal, envers un inférieur, envers un supérieur)*.

La basilique, la cathédrale, l'église *(de Saint Pierre, du Saint-Sépulcre, de Strasbourg)*.

Bec, bouche, gueule, *(du cheval, du loup, de l'aigle)*.

Confitures, compote, gelée, marmelade *(d'abricots, de coings, de poires, de prunes)*.

EXERCICE FRANÇAIS

Détruire les inversions, et traduire les termes en italique par des expressions synonymes.

L'ÉTÉ

Quand l'été *vient*, le pauvre *adore* !
L'été c'est la saison *de feu*,
C'est l'*air* tiède, la fraîche aurore,
L'été c'est le *regard* de Dieu.

L'été, la nuit *bleue* et profonde
S'*unit* au jour limpide et *clair* ;
Le soir est d'*or*, la plaine est blonde,
On entend des *chansons* dans l'air.

L'été, la nature *éveillée*
Partout se répand *en tous sens* :
Sur l'arbre en épaisse *feuillée*,
Sur l'homme en bienfaits *caressants*.

Pour *tous* et pour le méchant même,
Elle est bonne, *Dieu* le permet,
Dieu le veut, mais surtout elle aime
Le pauvre que *Jésus* aimait.

A-t-il faim ? au fruit de la *branche*
Elle dit : tombe, ô fruit *vermeil* !
A-t-il soif ? Que l'*onde s'épanche* !
A-t-il froid ? Lève-toi, *soleil* !

V. Hugo.

Corrigé de l'Exercice

L'ÉTÉ

Quand l'été *arrive* le pauvre *bénit* ! L'été c'est la saison *brûlante*, c'est l'*atmosphère* tiède, la fraîche aurore, l'été c'est la *providence* de Dieu.

L'été, la nuit *azurée* et profonde se *joint* au jour limpide et *pur*, le soir est vermeil, la plaine est *dorée*, on entend des *chants* dans l'air.

L'été, la nature *pleine de vie*, se répand partout avec *prodigalité*. Sur l'arbre en *feuillage* épais sur l'homme en *doux* bienfaits.

Elle est belle *pour chaque homme* et pour le méchant même, le *Seigneur* le permet, le *Seigneur* le veut, mais surtout elle aime le pauvre que le *Sauveur* aimait.

A-t-il faim ? elle dit au fruit de l'*arbre* : tombe, ô fruit *doré* ! A-t-il soif ? que l'*eau coule* A-t-il froid ? Lève-toi, *astre du jour* !

CHARITÉ INGÉNIEUSE

Un père de famille, poursuivi pour dettes, va conter ses dettes, à l'abbé Peyramale, curé de Lourdes. Celui-ci n'a pas d'argent, mais il donne au malheureux la bride de son cheval, puis le cheval lui-même, qu'il l'engage d'aller vendre à la foire de Tarbes. Le silence est bien recommandé au protégé reconnaissant. Visite du père du curé a son fils, qui trouve le moyen de ne pas montrer l'écurie. Seconde visite : questions du père à son fils. Embarras du charitable prêtre, qui s'excuse en disant qu'il a gardé la selle. La bonne œuvre se renouvelle plusieurs fois. La famille ne donne plus de chevaux au curé qui se console en disant qu'on va plus vite au ciel à pied qu'à cheval.

(Arras).

LES TROIS MINEURS

(légende)

Trois mineurs, bons pères et bons chrétiens, travaillent dans une montagne d'Alsace. Chaque matin ils font leur prière avant le travail.

Un jour, oubli de leur religieuse coutume ; la terre s'écroule... Les voilà enfermés vivants ; suprême prière.... Apparition du génie de la montagne, qui touche leur dernier morceau de pain, verse un peu d'huile dans leur lampe, puis disparaît dans une galerie resplendissante de.....

Le pain et l'huile durèrent sept ans, au bout desquels les mineurs s'écrièrent, l'un : qu'il voudrait revoir la lumière du jour ! il mourrait content ! le second : qu'il voudrait revoir un instant sa femme et ses enfants ! être une fois au milieu d'eux ! le troisième : qu'il voudrait vivre un an seulement dans sa famille !...

La montagne s'ouvre... Souhaits exaucés. Le premier rend l'âme en revoyant le soleil ; le deuxième jouit un instant des embrassements de sa famille, puis meurt subitement ; le troisième vit un an avec sa femme et ses enfants, et meurt au terme fixé dans sa prière....

Morale.

La Montagne de la Science

Dites ce que vous vîtes une nuit... Une montagne haute et escarpée, dont le pied était entouré de ronces et d'épines, à travers lesquelles il fallait se frayer un chemin....

La plupart des jeunes gens, qui essayaient de grimper sur cette montagne, ne pouvaient y parvenir... mais ceux qui avaient le bonheur d'atteindre le faite y trouvaient la récompense de leurs fatigues...

Ils entraient dans un palais magnifique.... où Marie, trône de la sagesse, siégeait, entourée d'anges... La Ste Vierge posait sur la tête des jeunes gens une couronne... Cette montagne était la montagne de la science.

Développement

Une nuit, pendant mon sommeil, il me sembla voir une haute montagne, dont le pied était tout hérissé de ronces et d'épines. Des groupes de jeunes gens cherchaient à se frayer un passage ; mais les uns, sentant leurs doigts déchirés, renonçaient à leur entreprise, les autres, après avoir surmonté les premiers obstacles, s'arrêtaient et n'avaient pas le courage de persévérer ; quelques-uns seulement, plus intrépides, gravissaient la montagne, d'abord lentement, péniblement, puis avec moins de peine, car les sentiers s'élargissaient, enfin ils parvenaient au sommet. Là, un palais magnifique, ombragé de lilas en fleurs, et embaumé par la senteur des roses et des violettes, s'offraient à leurs regards charmés ; c'était le temple de Marie. Sur le frontispice se lisaient ces mots écrits en lettres d'or : « La couronne est à la persévérance ».

La magnificence de l'intérieur surpassait encore celle de l'extérieur : des milliers de colonnes de marbre blanc soutenaient la voûte, toute éclatante d'or et d'azur ; le sol était pavé de mosaïques et orné de statues admirables ; chacune de ces statues avait sa signification particulière. Au centre de l'édifice s'élevait un trône d'ivoire, sur lequel était assise la Vierge, que l'Eglise appelle Trône de la Sagesse ; des draperies de velours parsemées d'étoiles d'or l'entouraient de tous les côtés ; une couronne de lys ceignait son front, et appuyé sur son bras, l'enfant Jésus souriait gracieusement. Des chœurs d'Anges, parés de guirlandes de fleurs, formaient son cortège : leurs mains faisaient vibrer des lyres d'or, d'où jaillissaient des sons mélodieux. A mesure que les jeunes gens entraient, les anges venaient les chercher et les conduisaient au pied du trône de Marie, qui posait dans leur main une palme, et sur leur front une couronne, en disant : « Mon enfant, voilà la récompense de votre courage et de votre persévérance. » En ce moment, un ange passa près de moi, et sans attendre ma question me dit : « Ce temple est le palais de Marie, reine des docteurs, et cette montagne, la montagne de la science.... Soudain, un concert mélodieux se fit entendre... puis tout disparut, et je m'éveillai.

Dès lors, je pris la résolution de bien travailler, afin de recevoir, à la fin de l'année, une couronne des mains de la Vierge, ma mère.

(D'après Th. Lepetit).

Fr. Philibert *(Taintegnies).*

Le printemps et l'hiver de la vie

I. — Décrire les abords d'un château par une belle matinée de printemps.

Sur la terrasse du château un fauteuil dans lequel est assis un vieillard octogénaire aux cheveux blancs. Aux pieds de l'aïeul joue un petit enfant.

II. — Bientôt s'établit ce colloque :

— Grand'père, pourquoi vos cheveux sont-ils blancs, tandis que les miens sont noirs.

— Mon petit enfant, c'est que tu jouis du printemps de la vie, tandis que moi, je suis arrivé à l'hiver de mes années.

Cet entretien continue. L'enfant interroge successivement son grand'père sur les rides de son visage, sur le branlement de sa tête, sur les cercles qui entourent ses yeux. Il lui demande encore pourquoi il est courbé vers la terre, pourquoi il remue si souvent les lèvres en se signant. Trouver les réponses du vieillard, sans cesser de faire ressortir le contraste entre ces deux âges extrêmes de la vie, comparée ici à l'hiver et au printemps.

III. — La cloche du hameau interrompt ce ravissant entretien. Angélus. Une même prière unit le vieillard et l'enfant.

Vision de Saul

I. — Saül en guerre contre les Philistins consulte le Seigneur pour connaître l'issue de la campagne ; mais il n'obtient pas de réponse. Il regrette alors d'avoir fait mourir les devins comme le prescrivait la loi et demande si l'on ne connaîtrait pas la femme de l'un d'eux qui eût un démon familier. On lui parle d'une pythonisse habitant la vallée d'Endor. Il s'y rend déguisé, lui jure qu'il ne lui arrivera aucun mal et lui demande d'évoquer l'ombre de Samuël...

II. — Samuël parait en effet, d'abord aux yeux de la pythonisse épouvantée..., puis à ceux de Saül.

Le prophète lui demande pourquoi il l'évoque. Saül s'excuse sur le désespoir où il est réduit...

Samuël lui reproche ses crimes..., lui prédit que le lendemain lui et ses enfants seront dans le tombeau.

III. — Il disparait en le laissant dans la plus affreuse consternation.

P. Albert *(Miribel).*

TROISIÈME SECTION

ÉLOCUTION

—

Maximes a expliquer

Tant va la cruche à l'eau qu'à la fin elle se brise. — Comme on fait son lit on se couche. — Il ne faut pas mettre la charrue avant les bœufs. — Petit homme abat grand chêne. — Qui n'entend qu'une cloche n'entend qu'un son. — Qui paye ses dettes s'enrichit. — Une once de vanité gâte un quintal de mérites. — Les maladies viennent à cheval et s'en retournent à pied. — Veux-tu avoir un bon domestique ?

sers-toi toi-même. — L'esprit qu'on veut avoir, gâte celui qu'on a. — Qui veut la fin doit vouloir les moyens.—Celui qui ne fait rien n'est pas loin de mal faire. — Si tu n'écoutes pas la raison, elle te donnera sur les doigts. — Les premiers jougs blessent les jeunes bœufs.

TRAVAIL DE RÉDACTION

Description du printemps a la campagne

Idées à développer :

L'hiver a disparu... réveil de la nature... Tout reverdit : les plantes, les champs, les arbres... etc... Les ruisseaux coulent librement... les oiseaux chantent dans la forêt... Beauté du printemps !

Développement

L'hiver a disparu : plus de froides haleines, de frimas, de brouillards : plus de ces jours monotones, tristes et glacés. La nature entière se réveille comme d'un long sommeil : c'est la résurrection de la terre.

Une sève généreuse ranime et développe les tendres bourgeons et les arbres, hier squelettes de la forêt, se couvrent d'un manteau de feuillage ; les rivières, les ruisseaux, naguère ensevelis sous une voûte de glace, coulent librement entre leurs bords fleuris. Les prés, les vallées se parent d'un habit de verdure : le verger, le jardin étalent leurs fleurs aux nuances variées et délicates ; le parterre se couvre d'un vert et tendre gazon. Les oiseaux, musiciens de la campagne, hôtes charmants peuplent nos bois et mêlent leurs douces voix au chant majestueux de la forêt.

Oh ! qu'ils sont beaux ces jours de printemps, si désirés du vieillard et du convalescent, ces jours, où les bois, les vents, les ruisseaux, l'écho, voix des rochers, chantent au Créateur un hymne universel de reconnaissance et d'amour !

Saison bénie, embellis notre passage ici-bas. Quand l'hiver et son funèbre cortège viendront de nouveau envelopper la terre, revenez-nous beaux jours du printemps !

L'échelle d'or et l'échelle d'argent

Saint Bernard appelle Marie l'Echelle des pécheurs : une légende tirée des Petites Fleurs de S. François d'Assise justifie ce nom donné à la Mère de Dieu.

Frère Léon, religieux franciscain voit en songe le jugement dernier... La scène représente une vaste prairie aux extrémités de laquelle se dressent deux échelles, l'une d'or, celle de Jésus, l'autre d'argent celle de Marie.

S. François exhorte ses religieux à monter au ciel par l'échelle d'or... ses paroles... hélas ! ses frères retombent de l'échelle à la vue de N. S. le Juge sévère... que fait S. François... il fait quand même monter ses frères au ciel... par où ?... qui les reçoit ?...

Développement

..... Une gracieuse légende, tirée des Petites Fleurs de S. François d'Assise, justifie les espérances des serviteurs de Marie pour le jour du jugement. La Reine du Ciel a fait cette promesse : « Je me rendrai au devant de mes dévots serviteurs à l'heure de leur mort pour qu'ils franchissent la muraille de ce monde sans être blessés par les ennemis qui les environnent. » S. Bernard appelle pour cela Marie, l'Echelle des pécheurs : la légende suivante concorde avec cette doctrine.

Frère Léon, l'un des compagnons de S. François d'Assise, vit en songe l'appareil du jugement dernier. Dans une vaste prairie, les Anges rassemblaient, au son des trompettes, une immense multitude. A l'une des extrémités de la prairie une échelle d'or s'élevait depuis la terre jusqu'au Ciel ; à l'autre extrémité, une autre échelle, mais celle-ci d'argent, descendait du Ciel et arrivait à la terre.

Au sommet de l'échelle d'or, frère Léon aperçut Jésus-Christ sous les traits d'un juge sévère ; au dessous de ce Maître irrité se tenait S. François, qui bientôt descendit un peu et appela ses frères : « Venez, mes frères, leur disait-il, venez sans crainte à ce doux Sauveur, approchez avec confiance c'est lui qui vous invite. » Les religieux s'avancent et montent avec assurance les degrés de l'échelle d'or. Mais quand ils furent tous montés, l'un d'eux tomba du troisième degré, un autre du quatrième, un autre du cinquième, du sixième ou du dixième ; bref pas un seul frère ne resta sur l'échelle. S. François se tournant vers Notre-Seigneur, le supplia d'avoir pitié de ses religieux et de ne pas les rejeter loin de lui ; mais Jésus-Christ montrant à son serviteur ses plaies saignantes : « Vois, dit-il, ce que m'ont fait tes frères. »

Alors le saint descendit de quelques échelons et s'adressant de nouveau à ses frères : « Ne perdez pas courage, leur dit-il, ayez confiance, mes frères ; vous voyez l'échelle blanche, c'est par celle-ci que vous monterez au Ciel. »

Il dit, et aussitôt, au sommet de l'échelle d'argent, apparut la glorieuse Vierge, toute clémente, toute douce et miséricordieuse.

Et les enfants de S. François, par l'échelle blanche, c'est-à-dire par le secours de la Vierge Immaculée, parvinrent jusqu'au seuil du Paradis.

(Arras).

Le Printemps

Le *joyeux printemps* est une saison de *vie* et de *mouvement* ; les premières *chaleurs* sont le signal du *réveil* de la nature : tout *renaît ;* les arbres se *couvrent* de leurs feuilles et les bocages, *égayés* par le *chant* des oiseaux, *reprennent* leur verte parure. La sève, longtemps *captive*, *circule* dans les vaisseaux et *va* nourrir les branches ; les troupeaux *quittent* leurs étables et se *répandent* dans les campagnes ; le laboureur s'arrache *au repos* et *retourne* aux travaux champêtres. Les jours sont plus *longs*, les nuits plus *courtes ;* le soleil reste plus longtemps sur l'horizon, et nous envoie plus *perpendiculairement* sa lumière et ses rayons. Quels *riants* tableaux présente alors la nature *embellie.*

1º Décrivez l'hiver en remplaçant par leurs contraires les mots soulignés dans la description du printemps.

2º Donner la signification des mots suivants : Nature, bocage, sève, vaisseaux, horizon, tableau.

SOUHAITS DE BIENVENUE AU CAHIER D'HONNEUR

On vient de vous annoncer un cahier d'honneur, souhaitez-lui la bienvenue, en disant son rôle parmi vous.

1° Qu'est-ce qu'un cahier d'honneur ? Est-ce une chose utile ?... N'êtes-vous pas embarrassés par ces questions ?...

2° Interrogez vos aînés... ils peuvent vous répondre avec quelque pitié.... le cahier d'honneur, c'est pour les versions grecques, l'algèbre... mais les exercices de troisième section !...

3° Interrogez alors votre bon ange, qui vous redira les encouragements employés pour vous jusqu'ici : Caresses de vos mères, bons points à l'école, croix d'honneur... Le cahier d'honneur sera pour vous tout cela... Il témoignera de vos succès devant vos maîtres, vos bienfaiteurs, vos parents... Il faut donc ne pas le dédaigner et travailler énergiquement pour mériter d'y inscrire vos devoirs...

F. RAPHAEL (Taintegnies).

Développement du sujet

BIENVENUE AU CAHIER D'HONNEUR

Cher petit cahier d'honneur,

Je ne sais si tu es bleu ou rose, si tes pages sont dorées ou argentées, je ne te connais pas encore, cependant il me semble que je t'ai déjà vu. Ecoute bien, cher petit cahier d'honneur, je vais te raconter une petite histoire et te dire comment je suis arrivé à te connaître un peu : Quand le Père nous annonça qu'un cahier d'honneur allait arriver à l'alumnat, je restai tout pensif, et je me demandai :... Mais qu'est-ce que ça peut être qu'un cahier d'honneur ? A la récréation, je demandai aux élèves de première section, ce que c'était qu'un cahier d'honneur. Un d'eux me répondit : « C'est un cahier qui...., il me regarda d'un air qui me rendit encore plus songeur, « sur lequel seront inscrits les beaux devoirs de première section, comme : des versions grecques, des devoirs d'algèbre ». J'étais presque découragé. Et puis, est-ce qu'il n'y aurait pas d'orgueil à vouloir être sur ce cahier ! Bah ! je préfère simplement travailler pour le bon Dieu. Mais le Père François ne peut pas nous donner des tentations d'orgueil !

Je m'endormis le soir, sans trouver une solution à ce problème. Mais voilà que bientôt, tandis que mon esprit continuait à réfléchir, je sentis mon ange gardien effleurer ma joue de son aile blanche. Je le regardai, il était si beau et si doux, que j'osai lui dire : « Mon bon ange, on vient de nous annoncer un cahier d'honneur pour mettre les beaux devoirs, est-ce que c'est permis de vouloir y être, et pourrais-je y être moi ? Il me sourit doucement et répondit : quelle était la récompense que ta petite mère te donnait quand tu récitais bien ta prière ? Maman, oh ! elle me donnait un petit baiser pour récompense.— Et à l'école quand tu récitais bien ta leçon ? Oh ! oui je m'en souviens, mon professeur attachait sur ma poitrine une belle petite croix argentée et ma mère m'embrassait bien doucement. » — Mais au collège, lorsque tu faisais bien ton devoir ? — Je recevais une belle carte rose rayée d'or, et sur laquelle étaient inscrits tous mes bons points, et alors mon papa me donnait un petit sou pour acheter des bonbons. — Eh ! bien mon enfant, maintenant, quand tu feras un bon devoir, tu seras inscrit sur le cahier d'honneur et lorsque tes parents ou tes bienfaiteurs viendront à l'alumnat, votre bon Père supérieur leur présentera ce cahier et on reconnaîtra que tu es un enfant bon, travailleur, pieux ; et quand tu auras le malheur de faire une petite sottise, je ferai voir à la Ste Vierge le cahier d'honneur et elle te sourira plus volontiers. »

Le matin, je me réveillai tout content en voyant la Ste Vierge me sourire. Je travaillai plus gaiement. Et voilà, cher petit cahier d'honneur, comment nous nous trouvons aujourd'hui causant ensemble pour la première fois.

Si tu le veux bien, je reviendrai souvent.

Paul DÉSIR de Taintegnies.

LE DÉLIT DE SATAN

(Voir le Correspondant de Juillet, 1898,
p. 142 : 2e Canevas)

I — Un jour, sur les bancs de la classe, prenait place un écolier à l'extérieur grotesque et repoussant... Impression des enfants...

A la question du Maître, lui demandant son nom, il répondit par cet étrange monosyllabe : Barhtz !...

II. — Quand vint l'heure de la récréation, Barhtz fut laissé seul dans un coin de la cour, comme un paria et un maudit... Mais lui, s'approchant de Loïs de San Salvador, l'attira à l'écart : — Deux mots, Maître !

— Vade retro ! murmura l'enfant...

— Ah ! vous me reconnaissez ! moi, je ne vous ignore pas ; je suis Satan, et vous êtes le Christ !.. Voici plusieurs années déjà que vous vivez de la vie d'écolier, et cela dans l'espoir de conquérir quelques enfants... Vous avez réussi... Mais mettre des années à rendre une classe la meilleure du monde !... Moi, je ne demande que 30 jours pour la rendre, la pire possible.

— Arrière Satan ! s'écria le Christ.

III. — Maître, écoutez ! Ces jeunes cœurs sont maintenant imbus de vos préceptes... Eh bien ! pendant 30 jours laissez m'en seul maître, et je me charge de vous prouver jusqu'à l'évidence qu'un souffle du diable fait plus de mal que vingt souffles de Dieu ne font de bien.

— Présomptueux !

— Dans le temps donné, je détruirai votre ouvrage pierre à pierre... Où vous avez mis la vertu, je mettrai le vice.

— Maudit !

— Voyez-vous, Maître ! pas un de ces enfants n'échappera à mon influence. Dans un mois, je vous les montrerai tous dégradés, pervertis... Si vous en trouvez un seul digne de vous, je m'engage à ne plus jamais rôder autour de l'enfance ni de la jeunesse...

Loïs de San Salvador promena un regard rêveur sur ses petits camarades, et murmura : — C'est dit !

Et il disparut.

L'ŒUVRE DU MAUDIT

I. — Eh bien ! Maître, dit Satan, en interpellant le Christ, que pensez-vous de votre fameuse classe ?

— Horreur ! O maudit ! que de jeunes et belles âmes tu as perdues !

— Ce n'a point été sans peine... Toutefois, je triomphe !... Là-bas, voyez le professeur qu'ils aimaient : son cœur a subi autant d'agonies qu'il y avait d'élèves dans sa classe. Et maintenant en lui, un homme est mort ! Il se demande s'il ne ferait pas mieux d'aller combattre les infidèles...

II. — Le Christ pencha la tête, comme écrasé sous le poids de ces vérités infernales... Puis, jetant un regard douloureux sur les jeunes écoliers, il reprit la forme de Loïs de San Salvador.

— Bah ! est-ce que vous comptez sur le souvenir et le remords ?

Et lui aussi reparut sous la forme de Barhtz.

— Peut-être, soupira le Christ.

Et d'une voix triste et mélancolique, il invitait ses petits compagnons à venir consoler leur maître par leur repentir...

III. — Le premier mouvement des enfants, en reconnaissant Barhtz, fut de courir à lui ; mais la vue et les paroles de San Salvador les arrêtèrent dans leur élan...

Cependant, il y eut un moment d'hésitation terrible : auquel des deux iraient-ils ?

Ils allèrent à San Salvador.

— Sauvés ! murmura le Christ.

Et l'on entendit comme un ricanement de désespéré qui semblait sortir des entrailles de la terre : déjà Barhtz avait disparu.

(Les Jouvenceaux de Nostre Dame : Loïs de San Salvador).

P. LEFÈVRE *(Miribel).*

Imp. du Petit Alumniste, Miribel-les-Echelles (Isère). 250. — Avril 1899, 61. — Peticlaude, Gérant.

[illegible]

NUMÉRO SUPPLÉMENTAIRE

LE CORRESPONDANT DES ÉTUDES

BULLETIN MENSUEL

RÉDIGÉ PAR LES PROFESSEURS DES ALUMNATS

SOMMAIRE

EN AVANT!

En avant! c'est le mot qui résume l'impression générale et comme le fruit de nos réunions de Pâques.

Si les innovations en matière d'enseignement doivent être mûries par la réflexion avant d'être adoptées, on verra, soit par les idées émises çà et là en réponse au questionnaire envoyé à tous les maîtres des Alumnats, soit par les rapports dont le plus grand nombre ont donné lieu à des recherches vraiment sérieuses, on verra que, loin d'être immobilisés dans la routine, nous entendons marcher et, sans accepter toutes les témérités des récentes écoles, aller de l'avant dans la voie d'un progrès réfléchi qui ne ressemble en rien à de l'emballement.

Préparées par une petite retraite où, en l'absence du T. R. P. Picard, retenu ce jour-là à Paris à cause de la mort du P. Pernet, le P. Edmond, avec cette élévation de pensées et de langage qui lui est familière, rappela aux congressistes leurs devoirs à l'Alumnat, les réunions furent pleines d'entrain, de simplicité franche et cordiale et surtout d'esprit surnaturel.

Le Père arriva le mercredi, à la fin de la retraite, et nous affermit dans les bonnes résolutions de la journée. Que ne lui fut-il possible, comme en 1897, de présider à toutes nos réunions! mais sa santé exigeait cette fois plus de ménagements.

Pendant les trois jours, il y eut matin et soir, sous la présidence du P. Théophile, deux grandes séances consacrées à l'examen et à la discussion des diverses questions d'études portées à l'ordre du jour; elles duraient souvent deux heures et demie et parfois trois heures.

Voilà, il faut l'avouer, de laborieuses vacances!

Puis venait, matin et soir, une séance spéciale de trois quarts d'heure, présidée par le T. R. P. Picard, où étaient lues, discutées de nouveau sommairement, et au besoin modifiées, les conclusions précédemment arrêtées. A ces séances plus courtes assistaient aussi les PP. Edmond et Ernest, et quelquefois le P. Joseph. Ce fut à une de ces séances que le P. Edmond lut son intéressante étude sur le défaut ordinaire des formules grammaticales, reproduite dans le dernier numéro du *Correspondant*.

Tous les Alumnats étaient représentés aux réunions : Clairmarais, par le P. Ephrem; Brian, par le P. Arthur; Laubat, par les PP. Eugène et Eubert; Notre-Dame-des-Châteaux, par le P. Anastase; Miribel, par les PP. Paul et Albert; Le Breuil, par le P. Sébastien; Arras, par le P. Georges; Taintegnies, par les PP. Emile et Robert; Sainghin, par le P. Gausbert, et Montfort par le P. Denys. Le P. André, qui s'intéresse à toutes les questions de pédagogie, avait tenu, malgré ses occupations, à ne manquer aucune des séances.

Le secrétaire était le P. Eugène, dont on a déjà lu le rapport sur les *Perfectionnements à apporter au Correspondant*: il était assisté des PP. Denys et Eubert.

Aux Supérieurs de dire maintenant ce qu'ils pensent des décisions prises. Afin de leur rendre la tâche plus facile et aussi afin que les rapports lus en séance fournissent à tous d'intéressants sujets d'études et de conversation, il a semblé bon de réunir dans ce numéro supplémentaire du *Correspondant*, dû à l'obligeance de la Bonne Presse, les conclusions provisoires adoptées et les travaux les plus importants des membres des réunions.

Puissent ces travaux, malgré leurs imperfections, susciter de nouvelles recherches et provoquer de nouveaux efforts!

P. Théophile.

CONCLUSIONS
DES RÉUNIONS DE PAQUES 1899

INSTRUCTION RELIGIEUSE

Il est à souhaiter que le Catéchisme du P. Alexis, déjà à moitié imprimé, puisse, dès septembre prochain, grand et petit textes, être mis comme manuel entre les mains des alumnistes de grammaire.

Sans entrer dans tous les détails où s'arrêtent les catéchismes plus récents, il est à désirer qu'on y introduise des notions plus complètes sur la grâce, le péché, les indulgences, le rôle des bons et des mauvais anges, et sur quelques autres points laissés dans l'ombre ou omis par le Catéchisme du Concile de Trente.

Il ne paraît pas utile d'y insérer l'énumération des principaux hérésiarques, ni des papes ou des Conciles qui les ont condamnés, ni d'y ajouter un appendice sur les Eglises orientales, car toutes ces questions sont mieux à leur place dans une histoire de l'Eglise ou dans un cours de liturgie.

Certains détails de style, de disposition des matières, etc., seront encore étudiés et revus, pour que l'ouvrage si attendu soit aussi parfait que possible.

Au sujet de la classe elle-même d'instruction religieuse et des compositions écrites, qu'il s'agisse d'examens ou de concours pour le *Correspondant*, on demande plus de précision dans les questions posées.

Les questions posées seront de deux sortes. Les unes n'appelleront qu'une définition *ad litteram* du catéchisme; elles seront un moyen de contrôler le soin apporté aux récitations quotidiennes. Les autres, en mettant en activité l'intelligence des enfants, témoigneront de l'attention qu'ils auront prêtée aux développements du professeur et de la façon dont ils les auront saisis; ce seront, non plus des réponses *ad litteram*, mais *ad sensum*. Elles devront pourtant être assez générales, s'il s'agit du *Correspondant*, pour que l'on puisse raisonnablement supposer qu'aucun professeur n'a omis de les développer.

Le T. R. P. Picard demande que de temps en temps, même en grammaire, pour habituer les enfants à la précision et aussi comme exercice de latinité, on leur donne à côté de la réponse française la définition latine du Catéchisme romain.

ÉVANGILE DU DIMANCHE

Les élèves doivent avoir en mains, surtout pour le grec, le texte de l'Evangile de chacun des dimanches de l'année; il leur est ainsi plus facile d'entrer dans l'esprit de la liturgie. Les trois éditions de l'abbé de Berranger (Delalain, 115, boulevard Saint-Germain), distinctes pour le texte latin, le texte français et le texte grec, restent le manuel des enfants.

LITURGIE

La liturgie étant une des matières les plus importantes de notre enseignement, certaines dispositions sont prises pour en assurer l'étude plus méthodique et plus soignée.

1° *Emploi du temps de la classe*. — Les premières minutes de la classe seront toujours consacrées à voir si les enfants se sont rendu compte des particularités liturgiques de la semaine.

La partie pratique, consistant en répétitions de cérémonies, dépendra beaucoup des circonstances; mais, en règle générale, il y aura beaucoup plus de répétitions pendant le premier trimestre pour former les nouveaux. Il faudra consacrer à ces répétitions le temps nécessaire pour la bonne exécution des cérémonies.

On abordera enfin les leçons théoriques dans l'ordre fixé ci-dessous.

La composition de liturgie entre Alumnats n'aura jamais lieu avant le dernier trimestre, comme cela se pratique déjà.

2° *Matières de la classe*. — Ces matières seront ainsi réparties sur nos cinq années d'études :

1re ANNÉE : Définition et utilité de la liturgie. — Objets liturgiques servant au culte. — Vêtements sacrés.

2e ANNÉE : Explication dogmatique et liturgique du Saint Sacrifice de la Messe. — Le sacrifice en général. — Le sacrifice de l'autel. — La messe basse. — La messe solennelle.

3e ANNÉE : Le cycle liturgique. — Divisions et degrés des fêtes de l'Eglise. — Le propre du temps. — Le commun et le propre des saints.

4e ANNÉE : Rubriques du missel. — Rubriques du rituel.

5e ANNÉE : Rubriques du bréviaire.

3° *Livres des enfants*. — Deux manuels pratiques que devront avoir les enfants répondent à ce programme.

Pour la grammaire, c'est le *Petit catéchisme liturgique* par DUTILLET (Bricon).

Pour les humanités, c'est le *Cours élémentaire de liturgie sacrée*, par le P. A. VELGHE (Lethielleux).

4° *Livres à consulter par les professeurs*. — On mettrait à l'usage des professeurs quelques ouvrages qu'ils pourraient consulter avec fruit. Voici quelques indications :

D. GUÉRANGER : *Année liturgique* (Oudin).

DURAND DE MENDE : Abrégé du *Rational des divins offices* en français. 1 vol. (Oscar Schepens, Bruxelles).

PRADIER : *Les Fêtes chrétiennes* (Desclée).

GUILLOIS : *Liturgie, fêtes, dévotions et confréries*, 1 vol. du catéchisme (Josse).

POUBLAY : *Sacræ liturgiæ Compendium* (Retaux).

GIHR : *La Sainte Messe* (Explication dogmatique, liturgique et ascétique, chez Lethielleux).

BACUEZ : *Le Saint Office* (Poussielgue).

BATIFFOL : *Le Bréviaire Romain* (Picard).

PRON : *Poésie de l'office divin* (Briday).

CHIPIER : *La Vie liturgique* (Retaux).

ÉPREUVES D'ADMISSION

Les conditions où se recrutent actuellement nos enfants dans les écoles primaires semblent devoir amener quelques modifications aux épreuves écrites en usage jusqu'ici.

Bien que l'analyse grammaticale ne soit plus exigée au certificat d'études et que, par suite, elle soit presque abandonnée dans la pratique des écoles, les professeurs sont d'avis de la maintenir parmi les épreuves d'admission, tout en lui donnant un coefficient inférieur à celui des autres exercices.

Ils sont aussi d'avis qu'il y a lieu de remplacer la composition d'écriture qui, jusqu'ici, n'entrait guère en ligne de compte pour l'admission, par quelques questions très élémentaires d'histoire de France et de géographie.

Voici quelle sera la graduation des épreuves et leur valeur respective :

ÉPREUVES	COEFFICIENTS
1º Lettre de l'enfant	4
2º Dictée	3
3º Arithmétique	2
4º Histoire de France et géographie	2
5º Analyse grammaticale	1

Pour cet examen écrit, les cinq questions donnant comme maximum de points 72, l'ensemble des points pour l'admission devra être d'au moins 30.

TRADITIONS DES ALUMNATS

Tous les religieux présents aux réunions forment des vœux pour que le P. Heury puisse terminer bientôt son travail si important sur les *Traditions et Coutumes des Alumnats*.

MOIS DE FRANÇAIS

Le mois de français, introduit au début de cette année comme préparation au latin, ayant donné de bons résultats, et devenu nécessaire à cause de la faiblesse générale des études primaires, il y a lieu de le maintenir en se conformant au programme fixé pour ce mois dans le *Correspondant*.

HISTOIRE ET GÉOGRAPHIE

L'Atlas F. T. D., dont on est généralement satisfait, surtout à cause de son esprit chrétien, est maintenu dans les Alumnats. En 3e et en 2e section de grammaire, on se servira du cours moyen. En 1re section de grammaire et en humanités, les élèves auront le cours supérieur.

En vue des changements qui semblent devoir s'imposer prochainement pour l'histoire, les professeurs sont invités à étudier l'Atlas de Jousset et à examiner s'il suffirait pour l'étude simultanée de l'histoire ancienne et de la géographie.

Courval, devenant de plus en plus incomplet et inexact, surtout pour l'histoire ancienne, il y a lieu de voir aussi si l'*Histoire Ancienne* de MELIN, son *Histoire grecque* et son *Histoire romaine* (Bloud et Barral, 4, rue Madame) ,conviendraient à notre enseignement. La question sera examinée aux réunions de l'année prochaine; les professeurs sont invités à s'en préoccuper dès maintenant.

CLASSES-ÉTUDES

Après mûre délibération, il est décidé que la méthode des classes-études sera mise en pratique *ad experimentum* l'année prochaine, en 3e section, pendant le premier trimestre, dans tous les Alumnats de grammaire. A la fin de ce trimestre, les supérieurs et les professeurs de 3e section informeront le P. Visiteur des résultats de cet essai, afin qu'il juge s'il y a lieu de continuer cette méthode ou de revenir à l'ancienne.

Le système des classes-études et études-classes n'est autre que celui des Frères appliqué à l'enseignement secondaire. Il consiste essentiellement dans la présence habituelle du professeur, sous les yeux duquel se fait le devoir, et dans la succession des classes et des études revenant à intervalles plus rapprochés; ainsi, dans ce système, il y aura, par exemple, une heure d'étude pour le devoir après une heure de classe et *vice versa*.

Si l'on tient compte de la difficulté qu'il y a pour des commençants à travailler seuls tant soit peu longtemps, et du secours qu'ils trouvent dans des exercices répétés pour graver plus sûrement dans leur mémoire les formes de la déclinaison et de la conjugaison, il semble que ce système, préconisé par les modernes, mérite au moins d'être essayé. C'est dans ce but qu'a été adoptée cette conclusion.

Si le principe en est accepté par les supérieurs, il restera à combiner l'emploi de la journée ou l'ordre des exercices. Il semble que le matin on pourrait se contenter d'une classe, et qu'il serait à propos d'en mettre une autre dans l'après-midi et une troisième dans la soirée, sans préjudice de la demi-heure consacrée au chant ou à la lecture à des jours déterminés.

LECTURE

Une classe du soir d'une demi-heure, commune aux trois sections, aura lieu chaque semaine. Pour la bien faire, le professeur étudiera avec fruit la *Lecture expressive*, cours supérieur par L. RICQUIER (Delagrave) et *l'Art de la lecture*, par LEGOUVÉ (Hetzel, 18, rue Jacob).

TROIS GRAMMAIRES DU MÊME AUTEUR

L'enseignement uniméthodique des langues étant incontestablement la meilleure manière de les rendre faciles à apprendre, et aucun grammairien ne présentant à notre connaissance aussi complétement que BRELET cette similitude de définitions, de divisions et de disposition même matérielle pour les trois langues classiques, ses trois grammaires française, latine et grecque, sont adoptées pour les Alumnats.

Les *Eléments de grammaire française* et les *Eléments de grammaire latine* suffisent pour la 3e et la 2e sections de grammaire. Les *Eléments de grammaire grecque* peuvent suffire, à la rigueur, pour toute la durée des études, mais il sera préférable en humanités de prendre le *Cours supérieur de grammaire grecque*.

Le *Cours supérieur de grammaire française* et le *Cours supérieur de grammaire latine* seront suivis en 1re section de grammaire.

Les enfants actuellement dans nos Alumnats continueront jusqu'à la fin de leurs études de se servir des grammaires française, latine et grecque qu'ils ont maintenant, mais à partir de la rentrée prochaine, les nouveaux prendront les *Eléments de grammaire française* et les *Eléments de grammaire latine* de BRELET (Masson).

ANALYSE

Grâce à l'adoption d'une grammaire présentant la même marche, la même terminologie et les mêmes procédés raisonnés dans les trois langues, l'analyse grammaticale et logique sera aussi simplifiée, et il sera plus facile de s'entendre pour les compositions entre Alumnats.

En attendant que M. Brelet complète son œuvre grammaticale par une méthode d'analyse, il est vivement recommandé aux professeurs des classes de grammaire de se procurer le traité d'*Analyse et de composition française*, par LEBAIGUE, livre du maître (Belin). Avec des exercices intéressants et du meilleur style, ils y trouveront des formules très claires pour l'analyse logique, et surtout des principes de composition et des modèles qui les dirigeront eux-mêmes dans la correction des devoirs.

MOTS LATINS

Il importe de s'ingénier de toutes les façons pour faire apprendre aux enfants le plus de mots possible ; c'est le meilleur moyen de les préparer à lire les textes sans être rebutés à chaque instant par l'ignorance des termes.

Il ne semble pas expédient de proscrire un usage discret du dictionnaire, quoique cet usage doive être plus modéré dans les basses classes. Toutefois, le professeur aura recours à des exercices variés pour habituer les enfants à retenir les mots expliqués en classe. Il fera, au moins chaque huit jours, la *rétroversion* et l'*extemporale*.

Pour la rétroversion, le maître, après avoir fait expliquer et analyser un texte latin, dicte aux élèves le texte français du passage traduit, et ceux-ci doivent le remettre en latin, sans le secours d'aucun livre. Cet exercice peut se faire aussi de vive voix, le maître s'exprimant en français et l'élève rendant aussitôt en latin les paroles du maître.

L'*extemporale* ou *thème instantané* consiste en ceci : Avec les seuls mots fournis par les morceaux récemment traduits, le maître compose un texte français. Ce texte, préparé avec soin et ne contenant aucune règle trop difficile, l'élève est appelé à le mettre en latin, séance tenante, sous la dictée du professeur.

Ces deux exercices prendront plus d'importance et stimuleront davantage la mémoire des enfants, si le professeur a soin, à la fin d'une semaine ou d'une quinzaine, d'y faire entrer un peu de tous les mots ou expressions vus pendant la semaine ou la quinzaine. La concertation hebdomadaire sera aussi très utilement mise à profit dans le même but.

En 3e section de grammaire, les élèves garderont le cours élémentaire des *Mots latins* de Bréal et Bailly ; en 2e et en 1re section, ils auront le cours intermédiaire de ces mêmes auteurs.

Le professeur, sans être obligé de faire apprendre ces mots dans l'ordre du manuel, fera plus sagement usage de ce recueil en se reportant aux groupes ou familles de mots appelés par l'explication des textes vus en classe. Ce n'est qu'après cette explication que les mots seront appris par cœur. Il ne semble pas prudent, en règle générale, d'en faire apprendre plus de 8 ou 10 par jour.

AUTEURS LATINS

Pour rompre la monotonie que peut causer l'emploi à peu près exclusif de Monier en 2e année de grammaire, il sera loisible au professeur de faire expliquer aussi le *Flores sanctorum, altera series*, de Lejard. On n'a pas jugé bon de mettre aux mains des enfants les *Choix de lettres et d'histoires* tirées de Cicéron par le P. Passard, à l'usage des classes de 6e, 5e et 4e, mais les professeurs trouveront à la fin de ces petits recueils des modèles de conversation latine d'une forme irréprochable ; ils s'en inspireront heureusement pour tenter sur des sujets chrétiens quelque chose de semblable.

Le latin parlé est de plus en plus à encourager, mais il faut se défier des improvisations où le choix des mots est laissé au hasard. Ce qu'il y a de mieux à faire, c'est, après la correction d'un devoir dont les élèves ont pu s'assimiler plus aisément les expressions, d'établir de petits dialogues sur le sujet qu'ils viennent d'étudier en latin. Ainsi, ils seront moins exposés à prendre la déplorable habitude de se contenter d'un latin de bas-étage, qui nuit plutôt qu'il ne concourt **à leur formation.**

AUTEURS GRECS

La *Vie de Saint Antoine*, par saint Athanase, étant trop facile pour des élèves de 1re section de grammaire, est transportée au 3e trimestre de la 2e année. L'*Epitome Historiæ sacræ* en grec et la *Vie de Notre-Seigneur*, par Kersten, peuvent donner lieu à d'excellents exercices oraux, mais ne présentent pas, en général, assez de difficultés pour la traduction écrite.

En 1re section de grammaire, on expliquera le *Nouveau choix des Pères grecs à l'usage de la 4e*, par Dübner, et en 2e section d'humanités le *Nouveau choix des Pères grecs à l'usage de la 3e*, par le même auteur (Lecoffre).

SCIENCES NATURELLES

L'essai fait en 2e section de grammaire pour les sciences naturelles ayant parfaitement réussi, l'enseignement de cette branche devient obligatoire à partir de cette année. On y consacrera une demi-heure par semaine, sans prolonger ce temps aux dépens de l'arithmétique. Il ne semble pas possible de reporter une partie de cet enseignement sur l'une des deux autres années de grammaire, ni sur les humanités, déjà surchargées.

SCIENCES

On s'appliquera à relever aux yeux de nos alumnistes le prestige des sciences, en y attachant une grande importance et en les affectant d'un coefficient plus considérable dans les compositions et les examens. Ce coefficient sera désormais 2, au lieu de 1.

Il importe de travailler, dans la mesure du possible, à faciliter les expériences physiques et chimiques, et à constituer dans chacune de nos maisons d'éducation un petit cabinet de physique, un laboratoire de chimie, au moins élémentaire, et toute collection qui peut être utile à l'étude des sciences naturelles.

Quelques modifications sont faites au programme des Mathématiques et des Sciences Physiques pour la 1re année d'humanités :

Mathématiques.

1er Trimestre : *Algèbre.* — Revision des quatre opérations, des fractions, des équations du 1er degré.

Géométrie. — Revision du 1er livre.

2e Trimestre : *Algèbre.* — Équations du 2e degré.

Géométrie. — Revision du 2e livre. Étudier le 3e livre jusqu'au carré de l'hypothénuse.

3e Trimestre : *Géométrie.* — Livres III et IV.

Problèmes sur les surfaces.

Sciences physiques.

Renvoyer à la fin du cours de physique l'étude des Forces et des Lois de la chute des corps. Rattacher aux traités de la Chaleur et de l'Électricité la Météorologie étudiée jusqu'ici séparément.

CAHIER DE CLASSE

Le T. R. P. Picard recommande instamment aux professeurs de ne jamais aller en classe sans avoir, non seulement préparé soigneusement leurs explications, mais encore déterminé le temps qu'ils consacreront approximativement à chaque matière. Toutefois, après essai, le cahier de classe ne semblant pas offrir dans les Alumnats les mêmes avantages que dans les écoles primaires, ce cahier reste vivement conseillé, sans être imposé. Il va de soi que les cahiers de textes doivent toujours être tenus avec le plus grand soin.

PERFECTIONNEMENTS A APPORTER
AU « CORRESPONDANT »

Le *Correspondant* doit être un lien entre nos maisons et les religieux chargés du mouvement intellectuel dans la Congrégation. Il a pour but de rappeler les saines traditions, d'établir et de maintenir une généreuse émulation entre les maîtres et les élèves, d'étudier les progrès modernes et de ramener toutes nos études à l'unité.

Le rapport du P. Eugène indique les *desiderata* de ce journal et les perfectionnements réalisables. Il serait à souhaiter que le *Correspondant* eût deux parties distinctes : l'une, d'un caractère plus intime, serait réservée aux maîtres ; l'autre pourrait être laissée aux mains des alumnistes et serait comme leur journal d'études.

Mais comme aucun progrès ne peut se réaliser sans une participation plus étroite de tous nos religieux enseignants à la rédaction du journal, un appel pressant leur est adressé à cet effet. Pour prêcher d'exemple, chaque professeur présent aux réunions s'engage à fournir, d'ici au mois d'octobre, au moins un article pour le *Correspondant*.

Ces articles, adressés au P. Visiteur, seront comme un fonds de réserve qui permettra de juger si l'on peut aller de l'avant. Si, sans être limés, ils sont suffisamment bien écrits et intéressants, ils seront l'indice de talents trop modestement cachés jusqu'ici et une assurance de vie pour l'avenir. A défaut de ces conditions, il faudrait remettre à des temps plus heureux les magnifiques développements que le P. Eugène a fait miroiter à nos yeux.

La bonne volonté, un peu de science, et surtout l'amour de l'étude, sont indispensables pour faire vivre un journal d'études. Quand ces facteurs seront réunis, l'organisation sera facile.

QUE PRENDRE DES MÉTHODES RÉCENTES
POUR LES HUMANITÉS ?

A l'inverse des classes de grammaire, la méthode des classes-études serait particulièrement funeste à nos humanistes, qu'il importe tant de former à des habitudes de réflexion, d'activité personnelle, de travail soutenu, d'initiative et de persévérance.

Nous nous efforcerons de formuler beaucoup moins de théories et de viser à plus d'applications pratiques. Pas de tirades en l'air, pas de cours proprement dits ! Cherchons à mettre nos élèves en contact avec les auteurs, pour leur apprendre à les comprendre et à les goûter.

Nos explications d'auteurs seront avant tout *littéraires*. Pas trop d'érudition, de philologie ni de métrique. Ne chargeons pas les mémoires ; adressons-nous plutôt aux facultés esthétiques, pour qu'à la fin de leurs études classiques, les têtes de nos élèves soient plutôt « bien faites que bien remplies ».

Gardons-nous de substituer à l'ancienne méthode des traductions à tête reposée et la plume à la main, le système des lectures étendues de textes avec traductions en regard ; l'effort ou, pour mieux dire, la lutte avec un texte ancien pour lui faire rendre tout ce qu'il contient sera toujours à la base de toute culture intellectuelle sérieuse. Pourtant, comme il importe aussi de connaître ce qu'ont écrit les auteurs, le système des textes lus avec traductions en regard ne sera pas complètement banni ; il s'ajoutera simplement comme un pur accessoire, et dans la mesure du possible, aux procédés traditionnels.

LIVRES PÉDAGOGIQUES

A la liste de livres pédagogiques précédemment dressée, et dont on peut retrancher sans grand inconvénient le B. de la Salle, Horner, le Fr. Achille, plutôt faits pour l'enseignement primaire, on ajoutera :

Sublard (L'abbé) : *Esprit de foi dans l'enseignement classique* (Delhomme et Briguet).

P. Passard : *La Pratique du « Ratio studiorum »* (Poussielgue).

P. Bainvel : *Causeries pédagogiques* (Poussielgue).

Vélix (L'abbé) : *Abrégé de pédagogie* (Poussielgue).

Les supérieurs et les professeurs sont invités à signaler au P. Visiteur les ouvrages dont ils auraient expérimenté la valeur, afin que peu à peu notre programme d'études mentionne, à côté des livres des élèves, les ouvrages les plus utiles aux professeurs pour chaque classe. Ce seront des indications précieuses qui éviteront aux débutants bien des tâtonnements.

REVISION
DES CONCLUSIONS DE 1897
ET RÉPONSES AU QUESTIONNAIRE

Mon très Révérend Père,

Mes bien chers Frères,

Avant d'aborder les travaux qui ont fait l'objet de rapports spéciaux pour nos présentes réunions, il me semble qu'une revue des différentes décisions prises en 1897 s'impose naturellement.

Comment ces dernières décisions ont-elles été appliquées ? Quels avantages ou quels inconvénients a-t-on trouvés à leur application ? L'expérience de deux ans ne doit-elle pas en modifier ou même en supprimer quelques-unes qui n'étaient prises que *ad experimentum* ?

Voilà ce que va nous révéler l'examen des réponses faites par tous les professeurs des diverses maisons au questionnaire qui leur a été envoyé à cet effet.

Prenons ce questionnaire et suivons-le pas à pas.

PREMIÈRE QUESTION

L'analyse grammaticale n'étant pas demandée au certificat d'études, et par suite à peu près abandonnée dans les écoles primaires, y a-t-il lieu de la maintenir parmi les épreuves d'admission à l'Alumnat ? Ne nous exposons-nous pas, en la maintenant, à éliminer des enfants d'ailleurs bien doués ?

Les réponses en faveur du maintien de l'analyse sont à peu près aussi nombreuses que celles qui demandent sa suppression. Ces dernières, je dois le dire, sont moins motivées que les autres. Elles se bornent à dire ou que l'analyse est vite apprise par les élèves intelligents et que, dès lors, le mois de français suppléera à cette lacune, ou qu'on voit des enfants réussir très bien une analyse grammaticale pour l'avoir rabâchée, et être d'une intelligence de beaucoup au-dessous de la moyenne.

De ces raisons, la première suppose résolu ce qui est en question, puisqu'il s'agit précisément de savoir si l'analyse bien réussie est une présomption sérieuse en faveur de l'intelligence du candidat ; la seconde prouverait aussi bien contre la dictée ou contre le calcul, où les élèves les plus intelligents n'ont pas toujours les premières places.

Je laisse de côté la raison tirée du soulagement que procurerait soit au candidat, soit au correcteur, une formalité de moins à exiger, une feuille de moins à remplir : la mettre en avant, c'est montrer une prédilection trop marquée pour la loi du moindre effort ; cette loi n'est déjà que trop dans la nature, pour avoir encore besoin d'être encouragée.

Les tenants de l'analyse font valoir que la rayer du nombre des épreuves d'admission, c'est se priver d'un des meilleurs critériums pour juger de l'intelligence des enfants. Aussi bien, par quoi la remplacer ? Par des définitions ou des explications de mots ? comme si les élèves des écoles primaires étaient plus formés à cet exercice qu'à l'analyse grammaticale ! Et puis, il y a le principe à maintenir. Quand on entre à l'Alumnat, on doit être prêt à commencer immédiatement le latin, ce qui ne peut se faire si on ignore l'analyse.

D'ailleurs, l'abandon de l'analyse n'est pas universel : « J'ai corrigé l'an dernier, dit un professeur, des analyses fort bien faites ; elles venaient d'enfants élevés par les instituteurs. » Un autre constate que, dans les écoles des Frères, l'analyse est encore en honneur. Peu importent ces divergences sur les questions de fait.

Il semble que, pour tout concilier, il faudrait, dans l'ensemble des cinq épreuves d'admission, tenir un compte moins rigoureux de la note pour l'analyse. Si l'enfant est intelligent, il compensera sa faiblesse sur ce point par d'autres bonnes compositions.

IIᵉ QUESTION

Que pensez-vous du mois de français établi cette année au début des études ? Verriez-vous quelque chose à changer au programme de ce mois ?

A propos de cette question et de la précédente, s'élèvent de tous côtés des plaintes sur l'insuffisance croissante des enfants élevés dans les écoles primaires, libres ou laïques. C'est au point que l'on se demande si, par la force des choses, nous ne serons pas obligés d'établir dans chaque Alumnat une année préparatoire au latin.

Et remarquons qu'il n'est pas question d'enfants moins bien doués, mais de la presque totalité des élèves de l'enseignement primaire, où l'on n'apprend plus le français.

De presque toutes les maisons aussi, on se plaint du peu de fond à faire sur les compositions envoyées du domicile de l'enfant à l'Alumnat. Nous sommes presque toujours dupes de la mauvaise foi des maîtres ou des parents, et même de l'indélicatesse des curés, qui ne craignent pas, malgré les recommandations les plus formelles, d'aider les candidats. Ce n'est que quand ces derniers sont à l'Alumnat qu'on devine la supercherie, et alors il est souvent trop tard pour les renvoyer, à moins d'insuffisance palpable, car la plupart des admissions ou des refus ayant été signifiés à peu près en même temps aux parents, les supérieurs, trop difficiles à accepter ou trop empressés à renvoyer, risquent de ne plus avoir un contingent convenable. On a beau dire qu'il ne faut pas tenir au nombre, on ne peut pourtant pas avoir un Alumnat sans alumnistes !

Pour atténuer les fâcheux résultats du manque de loyauté en ce qui regarde les épreuves à distance, on propose divers moyens :

1º Faire venir les enfants à l'Alumnat et les faire composer seulement alors. Si l'on songe que la plupart des enfants viennent de loin, cela ne paraît pas très pratique.

2º Faire subir un examen oral à l'entrée. Mais si l'enfant n'est pas jugé apte, — et ce sera le cas le plus fréquent, — c'est imposer une dépense souvent bien lourde et bien inutile à la famille.

3º Interroger l'enfant sur les matières du certificat d'études primaires. Ce n'est pas résoudre la question.

4º Si le pays est assez bon pour donner, dans le rayon du département ou des départements limitrophes de l'Alumnat, un contingent sérieux de vocations, envoyer une quinzaine de jours avant la rentrée, alors que presque toutes les demandes sont arrivées, un religieux qui organiserait son itinéraire de façon à voir tous les candidats de la région et à les examiner sur place. Peut-être ce dernier moyen, qui n'est pourtant pas sans inconvénients, aurait-il quelque chance de succès. La chose mérite d'être examinée.

Pour revenir au mois de français, objet de la question, c'est un essai que tous les Alumnats, à part un, déclarent excellent. Combien ces premiers exercices seraient encore plus profitables, disent plusieurs, s'ils étaient faits d'après une grammaire française en harmonie, au moins pour les définitions et les divisions, avec les grammaires latine et grecque à apprendre plus tard !

Sur la durée du temps à consacrer exclusivement au français à l'entrée à l'Alumnat, les opinions se partagent. « Ce mois arrive bien à propos, dit un des vétérans de notre enseignement ; on finira même par le prolonger. » C'est l'avis de la moitié des professeurs. L'autre moitié trouve qu'il vaudrait mieux, pourvu que la rentrée se fasse régulièrement, — ce qui, presque partout, laisse à désirer, — aborder le latin soit quinze jours, soit huit jours après la reprise des classes. On romprait ainsi la monotonie des exercices français ; on écarterait plus tôt des nullités pour qui le latin est une pierre de touche infaillible ; on mettrait à profit l'ardeur des débuts pour aborder une langue difficile, à laquelle il importe de se mettre tête baissée.

Mais qui n'entend qu'une cloche n'entend qu'un son. « Ce mois permet de repasser bien des choses oubliées, dit-on d'autre part, en particulier l'analyse grammaticale et l'analyse logique. Il devrait être exclusivement consacré au français, c'est-à-dire à l'orthographe, à l'analyse, à des exercices écrits et oraux de composition française, à des lectures expliquées et commentées au point de vue du sens des mots et de l'agencement des propositions. Répétés pendant un bon mois, ces exercices permettent au maître et aux élèves de se comprendre. Les élèves ont eu presque tous chez eux différentes grammaires ; ils en prennent une autre en arrivant à l'Alumnat. Le langage de leur nouveau maître et ses explications sont complètement différents, au moins pour la terminologie, de ce qu'ils ont, jusque-là, entendu ; cela suffit pour les dérouter et tout brouiller. Pendant le mois de français, l'entente s'établira entre le maître et les élèves, au grand profit de tous. »

Il paraît sage, en présence de cette diversité d'appréciations de détail, puisqu'il y a la presque unanimité sur le fond de la mesure, de ne rien changer jusqu'à nouvel ordre au programme du mois de français, qui, d'ailleurs, n'a encore été essayé qu'une fois.

IIIᵉ QUESTION

Quelle grammaire suivent vos élèves? Quelle grammaire aurait votre préférence pour être mise entre leurs mains?

Sur la question de fait, voici comment nos classes se divisent : je dis nos classes et non pas nos Alumnats, car le même Alumnat a parfois diverses grammaires, suivant les classes. Huit ont Edon; quatre Lhomond tout court, trois Lhomond-Deltour, une Lhomond-Mingasson, deux Brelet. En somme, on en est à peu près partout à Lhomond ou à ses divers annotateurs.

En est-on satisfait? Ils sont en bien petit nombre ceux qui disent avec tel professeur : « Le vieux Lhomond, qui a formé nos pères, mérite encore de guider les nouvelles générations, sans avoir besoin du secours des érudits. »

Quelques-uns posent en principe que toute grammaire est suffisante entre les mains d'un professeur expérimenté, qui en est le commentaire vivant. On devine que ce langage ne peut être tenu que par des gens rompus au métier, mais ce n'est pas le cas pour le plus grand nombre de nos professeurs.

Les sympathies les plus prononcées sont en faveur de Brelet qui, en dehors de sa précision, de sa clarté et de sa mise au point pour les progrès des études grammaticales, a l'avantage d'avoir, à partir de cette année, les trois grammaires classiques, française, latine et grecque, faites d'après un même ordre et d'après des définitions aussi uniformes que possible pour ces trois langues.

Après Brelet, les suffrages les plus nombreux sont pour Edon. Taintegnies voudrait voir accepter Danjou, court, simple et avec cela parfaitement au point. Sainghin tient pour le P. Sengler, auquel il reconnaît les mêmes mérites que Taintegnies découvre dans Danjou. Quelques voix isolées réclament pour Ragon, Lhomond pur et simple, Mingasson (Brelet 8, Edon 4, Danjou 3, Sengler 2, Ragon 2, Mingasson 1, Lhomond 1).

C'est le cas de dire : *Grammatici certant*, et d'ajouter, puisque nous sommes en Congrès : *Adhuc sub judice lis est.*

Mais cette fois, il nous faut une solution, et j'espère que le travail du P. Anastase nous aidera à en prendre une, aussi heureuse qu'elle est nécessaire.

IVᵉ QUESTION

Quelle édition ont vos élèves pour l'explication et la récitation de l'Evangile du dimanche?

En 1ʳᵉ section, si la moitié des maisons ont l'édition grecque de M. de Berranger, il en est d'autres qui se contentent de suivre l'Evangile de saint Luc par Maunoury, sans s'inquiéter de l'Evangile fixé pour tel ou tel dimanche. Il y a là quelque chose qui laisse à désirer au point de vue de la formation selon l'esprit de la liturgie. La petite édition de Berranger, en vente chez Delalain (et non chez Belin), est assez bon marché pour qu'on se la procure, étant donné surtout qu'il y a déjà bien des années qu'elle est portée au programme. Evidemment, ceux qui ont, comme à Arras, l'édition complète du Nouveau Testament grec par Tischendorff, sont dans les meilleures conditions pour remplir le programme, et, au besoin, pour aller au-delà de ce qu'il exige.

En 2ᵉ section, les éditions latines du Nouveau Testament sont assez nombreuses et assez identiques pour que l'on ne soit pas embarrassé. Au besoin, le paroissien suffirait.

En 3ᵉ section, Gaume, Parisis, Berranger sont également suivis. Il vaudrait mieux, quand on a à renouveler les livres, se procurer de Berranger que les enfants retrouveront au moins en première section.

Vᵉ QUESTION

Êtes-vous satisfait de l'Atlas F. T. D.?

Cet Atlas n'est encore en usage que dans sept classes. Sept autres suivent Foncin, quatre le cours moyen des Frères des Ecoles chrétiennes, manifestement insuffisant, et une Dupont. Il y a donc encore ici bigarrure, mais on comprend qu'un atlas étant généralement cher, on ait dû se décider à n'en changer que lorsque l'édition en cours aura besoin d'être renouvelée.

Ceux qui ont suivi F. T. D. et ceux qui l'ont étudié en sont généralement satisfaits. On lui trouve surtout la note chrétienne, quoique les cartes ne soient pas tout à fait aussi réussies que celles de Foncin. Quelques-uns trouvent que le cours supérieur n'est pas trop fort pour nos classes de grammaire, étant donné surtout que c'est le cours supérieur qui contient précisément les souvenirs historiques et religieux.

J'ai dit qu'on est généralement satisfait de l'Atlas F. T. D. Il y a pourtant quelques rares exceptions : « Cet atlas se recommande par sa marque F. T. D., dit un professeur pessimiste; c'est pour moi son seul mérite! il n'apprend rien de nouveau; il est absolument vide de renseignements historiques. Il nous faudrait un atlas formé de cartes détachées des grands atlas Drioux et autres, mais le commentaire historique devra toujours provenir d'une étude sérieuse du professeur. » Retenons du moins cette dernière pensée, dont nul ne contestera la justesse. L'enseignement de la géographie, très aride par lui-même, prend tout de suite du relief et de l'intérêt, quand le professeur le rend vivant par ses explications, empruntées surtout à l'histoire.

Puisqu'en général on est content de F. T. D., gardons-le et souhaitons que tous les Alumnats se le procurent dès qu'ils le pourront.

VIᵉ QUESTION

Que pensez-vous de l'essai fait en 2ᵉ section de grammaire pour les sciences naturelles?

A l'unanimité, moins une voix, cet essai est déclaré excellent et mérite de prendre une place définitive dans notre programme. Il intéresse les enfants, rompt la monotonie du latin et du grec, et leur apprend beaucoup de choses pratiques qu'ils risqueraient d'ignorer longtemps.

Ceux qui ont fait usage du manuel F. T. D., où en un seul petit volume se trouvent condensées des notions claires et précises sur la géologie, la botanique et la zoologie, s'en déclarent très satisfaits.

Quelques-uns craignent pourtant que, restreintes à la durée d'une seule classe, les mathématiques et les sciences naturelles n'empiètent les unes sur les autres. Ces dernières, inspirant par elles-mêmes beaucoup plus d'attraits que les mathématiques, il est à redouter que les goûts du professeur ne le défendent pas toujours contre un certain entraînement : *Trahit sua quemque voluptas.*

Si les mathématiques, déjà faibles, devaient pâtir de leur mélange avec les sciences naturelles, il vaudrait mieux supprimer celles-ci ; mais si l'on s'en tient à la demi-heure fixée par le programme, l'inconvénient disparaît. Toutefois, voir en un an et en n'y consacrant qu'une demi-heure par semaine, la géologie, la botanique et la zoologie, cela semble à plusieurs bien superficiel. Aussi ceux-là demandent-ils ou deux leçons par semaine, ou une répartition des matières du cours, soit sur la 2ᵉ année de grammaire et la 1ʳᵉ, soit sur la 2ᵉ et la 3ᵉ. On peut examiner ces propositions et voir dans quelle mesure il serait possible d'y faire droit.

A signaler en passant certains vœux, dont nous ne verrons pas probablement de si tôt la réalisation : 1º qu'il y ait un professeur spécial chargé de ce cours et des cours accessoires dans chaque Alumnat ; 2º que l'on ait des cartes et même quelques petites collections qui rendraient cet enseignement moins théorique et plus palpable.

VIIᵉ QUESTION

Vous êtes-vous servi du Cours de lecture à haute voix *par* RICQUIER ? *Comment le trouvez-vous ?*

Sur 18 réponses à cette question, 12 sont on ne peut plus laconiques ; elles se formulent d'un mot : inconnu.

Ceci ne prouve pas un grand empressement à mettre en pratique les décisions prises aux réunions, car le T. R. P. Picard avait recommandé très spécialement aux membres des réunions de 1897 de se procurer ce livre avant de quitter Paris.

Ceux qui se le sont procuré et l'ont expérimenté le trouvent trop compliqué, utile aux professeurs, mais fastidieux pour les élèves ; aussi bien n'a-t-il été fait que pour les professeurs.

A ce propos, plusieurs réclament, vu le peu de durée de nos classes d'explications, qu'il y ait, au moins une fois chaque semaine, une petite classe du soir consacrée à la lecture. Ce serait, je crois, une mesure excellente qui s'impose à peu près partout.

VIIIᵉ QUESTION

Avez-vous tenu au courant, dans les conditions indiquées en 1897, le cahier dit de classe ? Quels avantages ou quels inconvénients avez-vous vus à son emploi ?

Une bonne moitié des professeurs avouent n'avoir pas tenu ce cahier au courant, au moins cette année. Quant à son utilité, ceux même qui l'ont tenu au courant avouent presque tous qu'elle est nulle. « C'est pure paperasserie, dit quelqu'un ; dans les écoles primaires, le travail est plus mécanique, mais dans les Alumnats, le professeur ne peut facilement prévoir ni déterminer quel temps prendra une explication. Les questions des enfants, certaines explications imprévues, l'empêchent presque toujours de s'en tenir au temps fixé d'avance. De plus, comme moyen de contrôle, ce cahier est d'une valeur plus que problématique. »

En définitive, sans vouloir contester l'utilité de ces sortes de cahiers pour ceux qui affirment s'en trouver bien, il ne semble pas qu'on doive les imposer à ceux qui disent n'y pas trouver d'avantage appréciable.

IXᵉ QUESTION

Quelles modifications particulières verriez-vous à apporter au programme ?

La plupart des professeurs ne signalent aucune modification. Le P. Lefèvre voudrait qu'on remît en 2ᵉ sec-

tion la *Vie de saint Antoine* par SAINT ATHANASE, ce texte étant trop facile pour la première. Il croit aussi que les *Morceaux choisis des Pères grecs* pour la 4ᵉ (Dubner) seraient mieux à leur place en 1ʳᵉ section de grammaire qu'en humanités.

A l'article **Français**, 1ʳᵉ année d'humanités, 2ᵉ trimestre, le P. Eubert voudrait une indication moins vague que celle-ci : *Scènes de Molière*. Quelles scènes faire apprendre ? Ne serait-il pas bon d'en indiquer un certain nombre, parmi lesquelles chacun serait libre de choisir ? On peut évidemment donner ces indications, mais seront-elles bien utiles tant qu'on ne pourra pas conseiller une petite édition contenant ces scènes choisies à l'usage des élèves ?

De nombreux *desiderata* sont formulés relativement au cours de *Catéchisme* par Mᵍʳ GAUME, mais il ne semble pas opportun de s'y arrêter, puisque nous aurons sans doute notre catéchisme à la rentrée prochaine.

L'histoire s'étant bien modifiée, par suite des découvertes faites depuis vingt ans, Courval devient absolument insuffisant et même fautif, surtout sur un grand nombre de points de l'histoire ancienne. Plusieurs proposent comme peu volumineuse, très au point et d'un intérêt qu'augmentent encore ses lectures et ses gravures, l'*Histoire Ancienne* de MELIN (Bloud et Barral). D'autres se contenteraient de l'*Atlas* de JOUSSET, qui fait concorder d'une manière très intéressante l'histoire et la géographie ; ils affirment que les résumés d'histoire de cet auteur suffiraient, avec les explications du professeur, pour faire acquérir aux enfants des notions suffisantes d'histoire ancienne, grecque et romaine. Comme le cadre de nos travaux, déjà bien chargé, ne nous permet pas d'approfondir cette fois les questions relatives à l'histoire et à la géographie, il y aurait lieu de recommander aux maîtres d'étudier spécialement ces deux ouvrages, afin que l'an prochain, on puisse, en connaissance de cause, voir s'il est expédient de les adopter.

En humanités, à la réserve de l'histoire, dont le P. Philippe voudrait que le champ fût moins vaste, et des sciences qui feront principalement l'objet du rapport du P. Arthur, les professeurs trouvent que leur programme est bien comme il est ; il ne contient que l'indispensable, mais il est suffisamment chargé.

Au dire d'un professeur de grammaire, les modifications à apporter au programme pourraient faire l'objet d'articles insérés dans le *Correspondant*, pourvu que les discussions restent toujours courtoises. « Pourquoi ne pourrait-on pas, dit-il, s'exprimer simplement et librement dans notre journal d'études, par exemple sous forme de lettre ouverte ? Ce serait une application de la liberté de la presse dans la mesure du raisonnable. » Il y a trop longtemps que cette discussion franche et courtoise est réclamée, pour que l'on n'abonde pas, surtout en haut lieu, dans le sens de cette demande.

Xᵉ QUESTION

Avez-vous trouvé des indications satisfaisantes dans la liste des livres pédagogiques présentées aux dernières réunions ?

Le plus grand nombre des professeurs sont restés muets sur cette question, ce qui semblerait indiquer qu'ils n'ont guère lu les ouvrages conseillés. Parmi les réponses, il y en a de significatives. Citons-en quelques-unes : « Je n'en ai pas entendu parler ici. » —

« Aucun des livres pédagogiques indiqués aux dernières réunions n'a été acheté ici. » — « J'ai parcouru attentivement cette liste, avec l'espoir qu'il me sera bientôt donné de voir au moins la couverture de quelqu'un de ces livres pédagogiques. » — « Ces livres suffisent. L'important, c'est d'avoir le loisir de les étudier et la volonté de le faire. »

Quelques-uns déclarent qu'ils ont trouvé dans cette liste bien peu d'indications en rapport avec l'enseignement secondaire et un trop grand nombre qui n'ont d'application que dans l'enseignement primaire. Ainsi, il semble que l'on puisse lire pour nos classes d'Alumnat quelque chose de bien plus utile que les livres indiqués du B. de La salle, de Horner, du P. Achille et même de Congnet. Aux livres de Brouard et Defodon, pleins d'excellentes remarques, il conviendrait d'ajouter les *Causeries pédagogiques* du P. Bainvel, la *Pratique du « Ratio studiorum »*, par le P. Passard, l'*Abrégé de Pédagogie*, par l'abbé Vérin. A propos du *Ratio*, le P. Lefèvre dit que c'est un bon guide, à condition que le professeur ne prenne pas les moyens indiqués comme des procédés indispensables, et qu'il sache juger de leur opportunité selon la classe qu'il a.

XIe question

Auriez-vous, en ce genre, à signaler aux professeurs quelques livres connus de vous autrement que par des catalogues de librairie?

« Je suis venu trop tard dans un siècle trop vieux, » répond un jeune professeur, qu'on ne taxera pas de présomption. D'autres, en très petit nombre, déclarent qu'ils n'ont d'autres livres que ceux des élèves, ce qui est déplorable à tous points de vue. Enfin, à part les trois ouvrages pédagogiques cités plus haut, il n'est absolument rien signalé.

XIIe question

Quels sont les livres que vous consultez avec le plus de profit pour les diverses branches de votre enseignement?

Cette question et la précédente avaient pour but de préparer, quand le moment sera venu de réimprimer les programmes, une série d'indications d'ouvrages nécessaires ou utiles aux professeurs pour les diverses classes qu'ils sont appelés à faire. Il est regrettable qu'il n'y ait eu que peu de réponses à ces demandes. Voici cependant quelques indications qui ne sont pas à négliger :

I. — ALUMNATS DE GRAMMAIRE

IIIe section

FRANÇAIS. — Robert : *Méthode pratique et raisonnée de style et de composition, 1re année* (E. Gay et Cie, Lyon).

Lejard : *Les Règles de la prononciation et de la composition française.*

Lebaigue : *Principes d'analyse et de composition* (Belin).

Bigot : *Lectures choisies de français moderne* (Hachette).

Bauer et de Saint-Etienne : *Premières lectures littéraires* (Masson).

F. Mane : *La France et ses Colonies* (Laffitte, Marseille).

LATIN. — P. Sengler : *Exercices, 1er livre* (Lefort, Lille).

Bloume : *Exercices gradués.*

Riemann : *Grammaires et Exercices de 1re année* (Colin).

Viot : *Epitome historiæ sacræ.*

Versions latines à l'usage des classes élémentaires (Quelquejeu, rue Gerbert, 10, Paris).

P. Passard : *Cicéron. Choix de lettres et d'histoires,* classe de 6e. (Voir surtout les dialogues à la fin du volume comme genre de conversation latine.)

IIe section

FRANÇAIS. — Lebaigue : *Principes d'analyse et de composition* (Belin).

Delacroix : *Racines et significations des mots français.*

Bauer et de Saint-Etienne : *Nouvelles lectures littéraires* (Masson).

Morigny : *Recueil de compositions françaises pour les classes de grammaire* (Poussielgue).

LATIN : D. Boussion : *Grammaire latine* et *Thèmes sur la vie de saint Paul et de saint Antoine* (Delhomme et Briguet).

P. Passard : *Cicéron, Choix de lettres et d'histoires,* classe de 5e (Etudier les dialogues de la fin comme modèles de conversation latine).

GREC. — Riemann et Goelzer : *Grammaire grecque et Exercices de 1re année* (Colin).

Ire section

FRANÇAIS. — Brachet : *Dictionnaire étymologique français — Grammaire historique de la langue française* (Hachette).

Stappers : *Dictionnaire d'étymologie française.* (Larousse).

Hardy : *Langue nationale des Français ou la lettre et l'esprit* (Delagrave).

Gardin Dumesnie : *Synonymes.*

Lebaigue et Pessonneaux : *La lecture expliquée* (Belin).

Morigny : *Recueil de compositions françaises pour les classes de grammaire* (Poussielgue).

Le Goffic et Thieulin : *Versification française* (Masson).

Gagnol, Kraus, Crevier, Darras, pour l'histoire.

Cauly : *Cours d'instruction religieuse* (Poussielgue).

P. Lebail : *Algèbre* (très claire).

LATIN. — Riemann, Chassang : *Grammaires latines et Exercices.*

Bréal et Bailly : *Les Mots latins, cours supérieur* (Hachette).

P. Passard : *Cicéron, Choix de lettres et d'histoires,* classe de 4e (Poussielgue).

Méry : *Exercices gradués de versification latine* (Poussielgue).

Benoist et Goelzer : *Dictionnaire latin-français,* le mieux au point (A. Colin).

GREC. — Riemann, Chassang : *Grammaires grecques et Exercices.*

Moreau : *Racines grecques.*

Tournier : *Clé du vocabulaire grec.*

Bailly : *Dictionnaire grec-français,* le mieux au point.

II. — ALUMNATS D'HUMANITÉS

LIVRES UTILES

AUX PROFESSEURS DES DEUX ANNÉES

LONGHAYE : *Théorie des Belles-Lettres* (Retaux).

JACQUINET : *Théâtre classique.*

P. SENGLER : *Théâtre classique.*

SALOMON REINACH : *Manuel de philologie classique* (2 vol., Hachette).

BRÉAL : *Essai de sémantique* (Hachette).

HATZFELD et DARMESTETER : *Dictionnaire de la langue française* (Delagrave).

VERDUNOY et THIERRY : *Les Auteurs français* (Delhomme et Briguet).

URBAIN et JAMET : *Etudes historiques et critiques sur les classiques français* (Vitte).

LEVRAULT : *Les Auteurs français* (Delaplane).

HENRY : *Les Auteurs français* (Belin).

GODEFROY : *Morceaux choisis* (Gaume).

LANSON, HENRY, DOUMIC pour l'histoire littéraire.

VERRET : *La Composition française* (Poussielgue).

ARNAUD : *Recueil méthodique de compositions françaises* (Laffitte, Marseille).

ARNAUD : *Vie publique des Romains* (même librairie).

BAINVEL : *Prosodie et métrique latines* (Poussielgue).

GRUMBACH : *Prosodie et métrique latines* (Garnier).

Seconde.

GAZIER : *Traité d'Explication française* (Belin).

BENNE et BUJADOUX : *Narrations françaises* (Poussielgue).

GASQUY : *La Narration française* (Laffitte, Marseille).

BAURON : *Lettre sur les occupations de l'Académie française, par Fénelon.*

LECHATELLIER : *Virgile* (Poussielgue).

GIRARD : *Catilinaires.*

MÉRY : *Exercices gradués de versification latine* (Poussielgue).

ARNAUD : *Anthologie des poètes latins* (Laffitte, Marseille).

Rhétorique.

CAUSSADE : *Rhétorique et genres littéraires* (Masson).

GIRARD : *Rhétorique annotée par Maunoury* (Poussielgue).

LONGHAYE : *La Prédication. — Histoire de la Littérature française au XVIIe siècle* (Retaux).

G. PARIS : *La Littérature française au moyen âge.*

CHARAUX : *La Littérature française du moyen âge* (1).

CHAUVIN et LE BIDOIS : *La Littérature française par les critiques contemporains* (Belin).

Il est temps de terminer ce rapport déjà trop long ; mais je devais donner aux professeurs qui ont rempli le questionnaire la satisfaction de constater dans quelle mesure leurs remarques ou observations cadrent avec celles de leurs collègues des diverses maisons ou dans quelle mesure elles s'en écartent. Ainsi se fait peu à peu l'entente et disparaît, du moins en partie, l'inconvénient de l'isolement auquel nos réunions amicales et courtoises apportent d'ailleurs le remède le plus efficace.

THÉOPHILE.

(1) Prière aux divers professeurs qui ont fourni ces indications de vouloir bien compléter ce qui manque en ce qui concerne les éditeurs ou les libraires, et de renvoyer au P. Visiteur, sous bande ouverte, ces renseignements comme *papiers d'affaires.*

CATÉCHISME DU P. ALEXIS

A défaut d'un juge plus compétent, je suis chargé de vous entretenir de l'objet le plus important et le plus intéressant de nos études : le Catéchisme.

La division de ce rapport est toute trouvée. Je dirai : 1º Ce qu'est le Catéchisme du P. Alexis ; 2º Ce qu'on en pense ; 3º Les desiderata à formuler à son sujet. Ce dernier point, étant le plus pratique, sera traité plus longuement, puisque nous sommes ici pour faire du pratique.

Qu'est-ce que le Catéchisme du P. Alexis ?

C'est un abrégé du Catéchisme du Concile de Trente ; comme lui, il se divise en quatre parties : le Symbole, les Sacrements, le Décalogue, l'Oraison Dominicale. Les deux premières parties seulement sont connues du rapporteur ; mais comme ce sont les plus importantes et les plus difficiles à traiter, elles paraissent suffire pour qu'on puisse porter un jugement sur l'ouvrage entier.

Chaque partie est divisée en un certain nombre de chapitres et chaque chapitre, à son tour, renferme deux parties : le petit texte par demandes et par réponses, destiné à être appris par cœur, et le grand texte, qui est le développement et quelquefois le complément du petit. Le grand texte est le résumé très fidèle du Catéchisme Romain, tandis que le petit texte s'en écarte quelquefois pour traiter certaines questions de détail, dans lesquelles le Catéchisme du Concile n'a pas jugé bon d'entrer.

Le grand texte doit être expliqué, développé par le professeur, puis être appris, mais non par cœur. D'après le programme en vigueur dans nos Alumnats, le petit texte pourrait être appris pendant la semaine ; le dimanche, le professeur ferait réciter tout ce qui aurait été appris la semaine, expliquerait le grand texte et interrogerait le dimanche suivant sur ce grand texte et sur les explications données.

Qu'en pense-t-on ?

Sauf quelques critiques de détail, sur lesquelles je reviendrai tout à l'heure, le Catéchisme du P. Alexis, et comme fond et comme disposition de matières, et comme forme, est généralement approuvé. Je suis loin, il est vrai, de connaître la pensée de tous les religieux sur ce sujet. Voici cependant ce que m'écrivait le P. Emile : « Le besoin de ce livre se fait généralement sentir. Je pense que ce nouveau Catéchisme sera reçu avec bonheur par tout le monde. »

Le P. Henry est plus explicite : « Appelez de vos vœux l'impression du Catéchisme du P. Théophile. C'est le résumé du Catéchisme Romain, résumé fait une première fois par le P. Alexis. Il a servi de manuel dans nos maisons pendant plus de dix ans. Les enfants y trouveront une doctrine sûre, et les professeurs pourront toujours se reporter au modèle de tous les Catéchismes. »

Pour moi, s'il m'est permis d'exprimer mon opinion personnelle, je crois que ce Catéchisme répond parfaitement au but que nous nous proposons dans les Alumnats de grammaire.

Nous voulons, en effet, donner à nos enfants des convictions solides, fondées sur une connaissance exacte des vérités religieuses. La foi se fortifie dans l'âme, à mesure que nous connaissons mieux les

vérités qui en sont l'objet, et c'est la foi qui est le fondement de la piété. Il ne s'agit pas sans doute de faire
de la théologie, il ne s'agit pas de *prouver* la vérité, ce
n'est pas le moment; l'âge des enfants ne comporte pas,
d'ailleurs, de profonds raisonnements. Il s'agit d'*exposer*
la vérité avec ses preuves les plus faciles à saisir, les
plus élémentaires, surtout les preuves de foi. C'est là
précisément ce que fait le Catéchisme du P. Alexis.

Laissant de côté la partie purement théologique,
ainsi que la partie apologétique, qui ne peuvent être
étudiées avec fruit que plus tard, il se contente d'exposer
la doctrine chrétienne, et cela d'une façon plus développée que ne peuvent le faire les simples catéchismes
diocésains.

Quant à la sûreté de la doctrine, il suffit de dire que
c'est un résumé fidèle du Catéchisme Romain, approuvé
par saint Pie V. C'est le catholicisme puisé à sa source.

Est-il bien à la portée des enfants? Oui. Sans doute,
il y a des mystères dans la religion et les enfants,
moins que personne, ne peuvent tout comprendre. Il
ne faut donc pas s'effrayer de rencontrer ici et là des
passages un peu difficiles; mais le professeur est là
pour donner les éclaircissements nécessaires, comme
aussi pour arrêter les esprits sur la pente d'une curiosité qui pourrait devenir funeste.

Certaines parties me semblent supérieurement traitées; je citerai, en particulier, tout ce qui a rapport
à l'Incarnation et à la Rédemption. Il y a là quelques
pages admirables qui m'ont frappé, et je les signale à
votre attention. Le style est, à part de rares exceptions,
clair et précis. Pas de longueurs, pas de vaine recherche;
l'auteur va droit à son but, expose la vérité simplement, je dirai presque mathématiquement.

DESIDERATA A FORMULER

N'y a-t-il rien à ajouter?

Le Catéchisme du Concile de Trente a été composé
pour les curés; il ne traite pas directement certaines
matières que le Concile lui-même a étudiées et définies
dans ses canons. Il suppose sans doute que les curés
consulteront ces canons et les expliqueront au peuple.
Il y a donc quelques lacunes, ou bien, si le mot paraît
trop fort, il y a certaines parties importantes moins
développées. Le Catéchisme ne parle nulle part, sinon en
passant, ni de la grâce et de ses différentes espèces, ni
du péché et de la distinction entre péchés mortels et
véniels, ni des vertus, ni des péchés capitaux, ni des
moyens de soulager les âmes du Purgatoire, ni des
indulgences, ni du rôle des bons et des mauvais anges,
ni de la Salutation Angélique, etc.

Le Catéchisme du P. Alexis n'ajoute que deux questions qui ne se trouvaient pas traitées dans le grand
Catéchisme Romain : quelques lignes sur la primauté
et l'infaillibilité du Pape et sur l'Immaculée Conception.

Il me semble que les lacunes signalées plus haut
doivent être comblées, au moins pour la plupart. Il ne
faut pas qu'un enfant ignore ce que c'est que la grâce
sanctifiante, la grâce actuelle, ce qui fait qu'un péché
est mortel ou n'est que véniel, ce que c'est qu'une
indulgence, etc.

On me dira : il faut bien laisser quelque chose à faire
au professeur. Oui, je suis de cet avis, mais le professeur doit plutôt développer le livre que le compléter.
Or, ici, il lui faudrait ajouter des chapitres entiers. Et

puis, peut-on toujours compter que le professeur
s'apercevra de ce qui manque? Il pourrait résulter de
certains oublis des conséquences très fâcheuses.....

Les chapitres sur le péché, les vices et les vertus
pourraient être placés comme chapitres préliminaires
aux commandements. Le chapitre de la grâce viendrait
naturellement avant les sacrements; le chapitre des
indulgences après le sacrement de Pénitence, etc.

Voici une autre petite addition proposée par un
annotateur des épreuves: « Pourquoi ne rien dire de
la Pentecôte et de l'action du Saint-Esprit sur l'Eglise,
qu'il instruit, sanctifie et gouverne? Ce serait une
transition au IXe article. » Cette proposition me paraît
acceptable, et voici comment je comprendrais ce développement. A la fin du petit texte, j'ajouterais cette
question :

D. — *Comment le Saint-Esprit s'est-il manifesté sur la
terre?* ou une autre semblable.

R. — Le Saint-Esprit s'est manifesté d'une manière
visible au baptême de Notre-Seigneur et au jour de la Pentecôte; il se manifeste toujours d'une manière invisible,
mais réelle, dans la sanctification des âmes et le gouvernement de l'Église.

Le grand texte développerait cette réponse. Puis
viendrait tout naturellement le IXe article : Qu'est-ce
que l'Église?

D'autres additions ont été proposées : je dois les
signaler.

A l'article du Saint-Esprit, à la question : *Quelle est
l'hérésie qui s'est principalement élevée contre le Saint-
Esprit?* on demande que soient signalées aussi les différentes hérésies qui se sont attaquées aux autres
dogmes. Je ne partage pas cet avis. Ce serait, en effet,
sortir du cadre adopté. Le rôle du Catéchisme n'est pas
d'énumérer les hérétiques, ni d'exposer leurs erreurs,
mais d'*exposer* la vérité.

Laissons à l'histoire ecclésiastique et à la théologie
la part qui leur revient. Ce serait, d'ailleurs, grossir
démesurément le volume, puisqu'il n'est pas de dogme
qui n'ait été attaqué par une ou plusieurs hérésies. Le
professeur pourra, s'il le juge à propos, en dire un
mot dans ses explications, montrer que l'Eglise est
une, que ses dogmes ne varient pas, qu'elle a toujours
rejeté les nouveautés, etc.

Si l'hérésie de Macédonius est signalée ici, c'est
parce que ce dogme de la divinité du Saint-Esprit,
contenu implicitement dans le symbole, fut défini à
l'occasion de cette hérésie.

Voici une autre demande. Il serait bon, dit-on, de
mettre les dates des Conciles et les noms des Papes
qui ont condamné les hérésiarques. — Qu'on mette
quelques dates et quelques noms de Papes, je n'y vois
que des avantages, mais il ne faudrait pas trop les
multiplier, car alors nous aurions un Catéchisme historique et non le Catéchisme Romain abrégé. D'ailleurs,
cela ne ferait-il pas double emploi avec l'histoire telle
que l'étudient nos alumnistes?

Autre demande. On voudrait un appendice sur les
Eglises orientales, les divers rites, etc. Ici encore, il
me semble que ce serait sortir du cadre tracé, s'écarter
du but poursuivi. Qu'on s'occupe de ces questions en
liturgie, en histoire, rien de mieux : mais que le Catéchisme reste ce qu'il doit être, c'est-à-dire un abrégé
de la doctrine chrétienne, du dogme et de la morale.

Tout au plus pourrait-on en dire **un mot à propos**
de l'unité de l'Eglise, mais très court.

N'y a-t-il rien à retrancher?

Certaines explications sur des questions trop difficiles ou un peu délicates ont été supprimées dans la seconde épreuve, je n'ai donc pas à en parler.

Une autre question se présente, que je n'aurais pas songé à traiter, si le P. Lefèvre ne m'eût averti que ce serait là la grosse objection à l'adresse du manuel proposé. « Plusieurs, me dit-il, voudraient en bannir toute explication, et cela, sous prétexte que ce serait enlever les rédactions, et, par là, tuer l'instruction religieuse; car pour eux, sans rédaction, point d'instruction religieuse. »

Voici, en abrégé, la réponse du P. Lefèvre à cette difficulté: « Le nouveau Catéchisme n'enlèvera pas entièrement les rédactions, mais les diminuera et les ramènera à ce qu'elles doivent être, une aide pour l'enfant, et non du *copiage* (1).

Les rédactions ont de graves inconvénients. « Qu'on passe en revue les rédactions des meilleurs élèves, on y trouvera des formules fausses, incomplètes, souvent de grossières hérésies..... L'enfant copie simplement ses notes ou celles de son voisin, mais ne fait pas le moindre travail personnel. D'ailleurs, si quelqu'un juge le copiage nécessaire de nécessité de moyen, qu'il fasse copier le manuel deux et même trois fois.

« Et si on croit les rédactions si avantageuses, pourquoi ne pas les imposer aussi aux explications de grammaire, d'arithmétique, de géographie, etc.? Ne serait-ce pas enlever toute vie à la classe? »

A ces judicieuses observations, je me contenterai d'ajouter deux réflexions. Je ne crois pas faire un jugement téméraire, en disant que parfois le professeur, n'ayant pas eu le loisir de bien préparer sa classe, car la classe d'instruction religieuse est une de celles qui demandent la plus sérieuse préparation, même immédiate, peut donner des explications peu claires, peu sûres, quelquefois même erronées, — *errare humanum est.*

Les enfants reproduiront ces données sur leurs cahiers, en y ajoutant leurs propres erreurs, et ils apprendront ces rédactions par cœur ou à peu près. On voit d'ici les dangers de ce système. Ces inconvénients disparaissent à peu près, grâce aux développements du P. Alexis.

En dehors des rédactions, il y a les devoirs. Ces devoirs pourraient même, s'ils étaient faits dans certaines conditions, remplacer avantageusement les rédactions; ils exercent davantage l'intelligence, mais il faut qu'ils soient bien préparés. On pourrait poser des questions générales portant à la fois et sur le petit texte et sur le grand, et sur les explications données en classe. Ces devoirs devraient être faits sans le secours du livre; on verrait alors si les enfants ont compris, et de quoi ils sont capables par eux-mêmes. Mais pour être profitables, ces devoirs devraient être corrigés, parfois annotés; il faudrait en rendre compte en classe, donner une note, faire faire des compositions écrites tous les trimestres, comme cela se fait dans la plupart des Petits Séminaires, où on s'en trouve bien (2).

Il me semble qu'en suivant cette méthode, à l'aide du Catéchisme du P. Alexis, on obtiendrait d'excellents résultats (1).

En terminant, je forme un dernier vœu : c'est qu'on insère dans ce Catéchisme les actes de Foi, d'Espérance, de Charité, de Contrition, ainsi que les prières les plus usuelles, comme le *Memorare*, car bientôt, lorsque le Catéchisme d'Arras aura disparu, on ne saura où les prendre.

N'ayant eu connaissance que d'une partie de l'ouvrage, j'ai pu voir des lacunes qui, en réalité, n'existent pas et, par conséquent, porter des jugements parfois trop sévères. Lorsque l'œuvre complète aura été mise au jour, il sera plus facile d'en apprécier l'ensemble, d'en voir les beautés et l'harmonie. Espérons que le travail de revision, entrepris par le P. Théophile, sera poursuivi activement, heureusement terminé, et que l'an prochain nous pourrons mettre entre les mains de nos alumnistes un catéchisme conforme à l'idéal rêvé par l'Assomption. (Voir aux Conclusions le résumé des vœux formulés.)

P. GAUSBERT.

LA LITURGIE
PENDANT LES CINQ ANS D'ALUMNAT

Il suffit de parcourir les admirables circulaires de nos vénérés supérieurs majeurs pour être entièrement convaincu de l'extrême importance qu'ils ont toujours attachée à l'étude de la liturgie dans les Alumnats : « Pour former des aspirants au sacerdoce, écrivait en 1875 notre saint Fondateur, il faut, ce semble, leur communiquer une vie pleinement sacerdotale; pour cela, leur donner des mœurs ecclésiastiques. Il ne suffit pas à un prêtre d'être homme de Dieu, il lui faut encore être homme d'Eglise, avoir ses mœurs, ses vertus, jusqu'à ses joies et ses tristesses; il faut être imprégné des parfums du sanctuaire, et, pour cela, en avoir les pensées, les inspirations, la doctrine avec surabondance. »

« La prière et l'étude, voilà la vie de l'alumniste, écrit à son tour le T. R. P. Picard..... La messe, l'office, les prières liturgiques, voilà nos prières..... Les pratiques de piété en usage dans les Alumnats seront conformes à l'esprit de l'Assomption. Il y a, sous ce rapport, des traditions qui doivent être consacrées d'une manière définitive. »

Enfin, le très regretté P. Alexis disait dans son rapport de 1882 : « L'éducation donnée dans nos Alumnats n'est pas seulement une éducation ecclésiastique, mais une éducation monastique. »

Il reste donc bien établi qu'un des caractères distinctifs de nos Alumnats est de former des hommes d'Eglise, c'est-à-dire que, « pour l'enfant qui aspire à franchir les degrés de l'autel, tout doit être une leçon pleine de charmes, où se reflètent à chaque pas les mystères dont il sera un jour le dispensateur. »

---

(1) Terme que l'on comprendra, bien que l'Académie ne lui ait pas encore donné droit de cité. (T. D.)

(2) Le devoir mensuel porté au programme peut servir de composition et être de temps en temps classé comme tel. (T. D.)

(1) Suivent certaines indications ou modifications de détail dont il a déjà été tenu compte d'après les notes envoyées des diverses maisons, ou dont il sera tenu compte dans la revision définitive. Les titres en marge, étant donné la division en grand et petit textes et la répartition par numéros, sembleraient compliquer l'allure d'un livre élémentaire, auquel les titres multipliés donnent un air d'érudition qu'il faut éviter.

(P. d'Alzon.) Or, le meilleur moyen pour atteindre ce but est de faire connaître, apprécier et aimer à nos enfants les prières et les cérémonies de la liturgie.

Le *Catéchisme* de M⁹ᶜ Gaume avait paru apte à ce but. A-t-il répondu à l'attente générale ?

A en juger par les plaintes qui arrivent un peu de toutes parts, il faut conclure à la négative. Dernièrement encore, un vieux professeur me fit observer que ses enfants ne prenaient aucun goût à ce catéchisme, que lui-même avait parfois de la peine à s'y retrouver.....

Comment s'y prendre pour faire goûter à nos enfants toutes les beautés de la liturgie ? C'est ici surtout que je me suis défié de moi-même. J'ai donc consulté des Pères bien plus compétents que moi. Et voici les moyens qui nous ont semblé propres à atteindre ce but.

1º Des classes de liturgie intéressantes, faites suivant un programme méthodique, ordonné pour les cinq années d'études. (Voir aux *Conclusions*.)

2º Deux manuels coûtant bon marché, très substantiels et très courts, permettant à l'enfant de trouver rapidement la réponse aux questions qu'il voudrait résoudre. Les manuels liturgiques ne manquent pas, mais il y en a fort peu qui conviennent à nos enfants et encore moins qui s'adaptent à notre programme.

Aussi, c'est après bien des recherches et grâce encore au concours précieux de plusieurs de mes frères, que je puis proposer ici deux petits ouvrages remplissant à peu près toutes les conditions. Tous les deux se complètent bien l'un l'autre, et ont le précieux avantage de procéder par demandes et par réponses. Il me semble qu'on pourrait fort bien les intituler, l'un : « Cours élémentaire ; » l'autre : « Cours moyen. »

Je me permets donc de proposer comme manuel liturgique pour les Alumnats de grammaire le *Petit Catéchisme liturgique*, par M. l'abbé H. Dutillet, dont la 11ᵉ édition, revue et corrigée par M. l'abbé A. Vigourel (1), a paru en 1897 chez J. Bricon, 19, rue de Tournon, Paris. (1 fr.)

Pour les Alumnats d'humanités, le manuel qui nous a paru le mieux convenir, c'est le *Cours élémentaire de liturgie sacrée*, par le R. P. Velghe (2), dont la 4ᵉ édition a paru en 1899 chez P. Lethielleux, 10, rue Cassette, Paris. (3 fr.) Cet ouvrage est peut-être déjà un peu trop complet pour nos humanistes, mais je ne pense pas qu'il en existe un qui puisse mieux leur convenir.

3ᵉ Il serait très utile de mettre à la disposition du professeur quelques ouvrages liturgiques qu'il pourrait consulter, pour mieux faire comprendre aux enfants le sens caché des cérémonies de l'Eglise, les richesses de doctrine et de piété renfermées dans les formules liturgiques de la Messe et des autres offices. Ce serait un excellent moyen de rendre ce petit cours encore plus intéressant et de faire aimer davantage les offices divins. (Voir aux *Conclusions* la liste de ces ouvrages.)

Il me semble que je resterais incomplet, si je n'ajoutais ici quelques mots sur la manière d'organiser les classes elles-mêmes.

Et tout d'abord, je dirai que, quel que soit le jour fixé pour cette classe, il importe qu'elle soit toujours précédée d'au moins un quart d'heure d'étude pour la préparation.

Les premières minutes de la classe seraient ordinairement consacrées aux particularités qui se présentent dans le courant de la semaine. (*Ordo*, cérémonies, fêtes, etc.) On se rendrait compte si les enfants ont saisi la lecture de l'*Ordo*, s'ils connaissent suffisamment les règles pour la lecture du Martyrologe. Il faudrait s'informer, surtout dans les Alumnats de grammaire, si les élèves savent et observent les prescriptions du cérémonial relativement aux Messes basses, aux Messes chantées, aux Vêpres et autres fonctions liturgiques.

Outre les questions à leur poser à ce sujet, il serait nécessaire de faire de fréquentes répétitions de cérémonies, surtout au commencement de l'année. Tous sans distinction seraient appelés à remplir à tour de rôle les fonctions à l'autel. De plus, tous les samedis du premier trimestre, il y aurait une petite répétition de cérémonies, spéciale à ceux qui devraient servir aux offices chantés de la semaine.

Il me semble qu'on exciterait beaucoup l'amour des enfants pour l'office divin en leur expliquant à propos l'un ou l'autre des psaumes qu'ils récitent fréquemment. Toutes les fois que j'ai recouru à ce moyen, les enfants récitaient l'office avec plus d'attention et de recueillement.

On donnerait encore une brève explication historique et liturgique des fêtes qui seraient célébrées dans le courant de la semaine. De temps en temps aussi, on signalerait quelque hérésie suscitée par un mystère qu'on va fêter. D'autres fois, on parlerait des pieuses et belles traditions qui se rattachent à telle solennité. On leur ferait voir enfin la raison et le bien fondé de telle ou telle pratique liturgique.

Voilà bien des manières d'occuper utilement les premières minutes de la classe et d'intéresser les enfants au cours de liturgie. Ils y prendront bien vite goût, désireront ces sortes d'entretiens et en tireront ainsi un plus grand profit.

Après avoir occupé de la sorte les premières minutes de la classe, on passerait au cours proprement dit. Car ici, comme dans toutes les autres matières, il faut quelque chose de suivi, sinon nous serions exposés à piétiner sur place comme me l'écrivait tout récemment un religieux fort expérimenté, et bien souvent nos enfants des Alumnats de grammaire arriveraient en humanités, encore ignorants des notions élémentaires, comme la connaissance des objets liturgiques.

Pourtant, il ne serait pas à propos d'exposer en détail toutes les règles minutieuses auxquelles le prêtre doit se conformer pour la célébration du culte, ni de faire connaître longuement l'histoire des fêtes, des prières et des cérémonies liturgiques. Ces connaissances constituent, pour ainsi dire, la matière d'un cours supérieur et doivent être réservées pour le séminaire ou le noviciat.

Il faut et il suffit que nos enfants comprennent ce qui se passe sous leurs yeux, qu'ils connaissent en général l'origine, le but, la signification morale et mystique des cérémonies, qu'ils attachent enfin un sens aux formules qu'ils entendent réciter ou chanter. C'est ainsi, comme le disait naguère le P. Henry, que « la vie de l'Eglise, avec ses fêtes et ses cérémonies, contribuera à former des vocations fortes, vraiment sacerdotales. »

P. Robert.

<hr>

(1) Maître de cérémonies au Séminaire Saint-Sulpice.
(2) Professeur au Grand Séminaire de Versailles.

Théories pédagogiques récentes

CE QU'IL CONVIENT D'EN PRENDRE EN HUMANITÉS

Nous savons tous que la question si grave et si complexe à la fois des programmes et méthodes d'enseignement et d'éducation est plus que jamais à l'ordre du jour.

Le Parlement a nommé deux Commissions chargées de résoudre les nombreux et divers problèmes qu'ont soulevés à ce sujet de récentes discussions.

Des livres ont paru avec des titres nettement significatifs : l'*Éducation Nouvelle*, l'*École Nouvelle*, le *Collège de demain*.

Il n'est pas jusqu'à la Sorbonne elle-même qui n'ait retenti de l'exposé quelque peu bruyant des théories dites nouvelles. Ceux que l'on pourrait appeler les deux chefs du mouvement, M. Lemaître et M. Demolins, y ont donné chacun une conférence, l'un sur la *Réforme de l'Enseignement*, l'autre sur l'*Avenir de l'éducation nouvelle*; et d'aucuns, — ceux qui qualifient leurs idées de révolutionnaires, — affirment que l'antique et vénérable coupole qui les abritait a dû en frémir d'indignation.

Le but de ce rapport n'est point de traiter ici de toutes les questions actuellement agitées devant l'opinion. Je dois écarter d'abord tout ce qui touche à l'*éducation proprement dite*.

Aussi bien semble-t-il, pour le dire en passant, qu'en matière d'éducation, nous ayons lieu de croire que nous avons trouvé et appliqué dans nos Alumnats les meilleures solutions, précisément celles, ou plutôt quelques-unes de celles que préconisent les réformateurs du jour : petit internat, vie de famille, rapports aussi fréquents que simples et cordiaux des maîtres et des élèves, une plus grande part laissée à l'initiative et à la conscience de l'enfant, sans toutefois accorder autant que la nouvelle école semble vouloir le faire à la liberté, pour ne pas dire à l'indépendance; identification du professeur et du surveillant; installation à la campagne ou du moins à distance des centres populeux; travaux manuels, grandes promenades, etc., etc.

De telle sorte que nous pourrions, sans forfanterie, je crois, dire à M. Demolins : « Votre éducation nouvelle ne l'est guère pour nous. Sans doute, nous n'avons pas eu comme vous, pour nous affirmer, le vaste amphithéâtre de la Sorbonne, et nous ne songeons pas à nous en plaindre, mais nous n'en existons pas moins. »

C'est donc à l'*enseignement* que se limitera ce travail. Encore n'aurai-je rien à dire des programmes, puisqu'ils doivent former l'objet d'un rapport spécial.

Ma tâche est de vous parler uniquement de ce que l'on s'accorde généralement à désigner sous le nom de *nouvelles méthodes d'enseignement*. Dans quelle mesure nous convient-il, en humanités, de les rejeter ou d'en tirer parti? C'est ce que je dois essayer de vous dire.

1º Il s'agirait de commencer par une transformation de la *méthode de travail*. « Pas d'études proprement dites; presque tout le travail est fait pendant la classe, et le professeur s'y associe. « (*L'Éducat. nouvelle*, par DEMOLINS, p. 58.)

Observons d'abord que, sur ce point encore, M. Demolins n'innove pas autant qu'il paraît le croire. Cette méthode est celle que les Frères pratiquent généralement. Doit-on renoncer absolument à utiliser pour les classes de grammaire le système de la *classe-étude*? Je n'ai pas à me prononcer sur cette question.

Mais si l'on parle de l'appliquer aux humanités, il me semble que le doute n'est pas possible, et que nous devons tous nous rallier aux judicieuses réflexions du P. Burnichon : « S'il s'agit de grands garçons de seize à dix-huit ans, certainement il serait fâcheux qu'on ne les habituât pas à se tirer d'affaire par leurs propres forces. Il y aurait une lacune irréparable dans la formation de l'esprit et du caractère des jeunes gens qui auraient toujours étudié sous les yeux et avec l'assistance de leurs maîtres. Si donc la réforme devait consister à supprimer l'étude, eu ce sens qu'il n'y aurait plus pour les élèves de travail personnel et solitaire, mais seulement des classes où les leçons du maître alterneraient avec de petits exercices, comme à l'école primaire, nous pensons que cette discipline plus douce, plus attrayante, mais plus enfantine, irait à l'encontre du but qu'on se propose; elle accoutumerait les jeunes gens à toute autre chose qu'à l'initiative, l'énergie et la persévérance en face des difficultés. » (*Études*, 20 mars 1899, p. 730.)

2º Une deuxième innovation proposée consisterait à substituer aux procédés dont on se sert actuellement pour apprendre le latin et le grec, ce que M. Demolins appelle la *méthode naturelle*.

« La nature elle-même, dit-il, nous montre comment on apprend une langue. Voyez le petit enfant; on ne lui enseigne pas des règles abstraites, des conjugaisons et déclinaisons; on lui parle et il parle, et sans peine, sans s'en apercevoir, il apprend sa langue maternelle. »

On ne saurait mieux dire, ajoute le P. Burnichon, il semble que la conclusion devrait être: « Parlons latin avec nos élèves. » (*Études*, p. 739.)

Mais M. Demolins a trouvé une autre solution : « Aujourd'hui, dit-il, les professeurs sont hors d'état de parler le latin et, à plus forte raison, le grec. Dès lors, il faut avoir recours au procédé qui se rapproche le plus de la parole : c'est la lecture. L'enfant doit lire, lire, lire beaucoup et d'une façon suivie. S'il ne peut plus causer avec le professeur, il peut, du moins, causer avec les auteurs latins eux-mêmes..... » (*L'éducat. nouvelle*, p. 148.)

Or, quelle est la méthode actuellement suivie? « On ne fait jamais lire aux enfants des ouvrages entiers, mais seulement certains passages, et d'une façon extrêmement lente, quelques lignes seulement par jour, ce qui, on en conviendra, n'est pas un moyen de les intéresser beaucoup à ce que contient le texte..... » (*Ibid.*, p. 120.) Méthode souverainement détestable.

L'élève fera donc « des lectures étendues, comprenant chaque fois une page, puis un certain nombre de pages. Or, cela n'est possible qu'en mettant entre les mains de l'élève le texte latin ou grec avec sa *traduction en regard*. La traduction donne instantanément le sens de chaque mot et de chaque phrase, sans obliger l'élève à faire, dans des dictionnaires, des recherches longues, quelquefois infructueuses, toujours fastidieuses..... » (*Ibid.*, p. 12.) « Quand un élève, conclut enfin M. Demolins, aura lu et compris, ce qui est facile avec une traduction, 12 ou 15 volumes de latin, il saura le latin. » (*Ibid.*, p. 122.)

« Eh bien! non, réplique le P. Burnichon, au risque de passer pour routinier et réfractaire à toute idée neuve, je crois que, cette fois plus que jamais, on se fait illusion. Il y a longtemps que l'on nous propose des recettes infaillibles pour apprendre vite et sans peine le latin ou autre chose. Mais on en revient encore plus vite. Il n'y a pas de manière facile d'apprendre les choses difficiles.

» La méthode des traductions n'est pas nouvelle ; elle a été préconisée et pratiquée dans l'Université ; on appelait cela la *lecture cursive* des auteurs. Utile dans une certaine mesure et dans certains cas spéciaux, celui par exemple d'un homme sérieux qui apprend sans maître, elle est déplorable pour les écoliers, qui y prennent l'habitude de l'*à peu près* et le dégoût de l'effort.

» Non,ils ne sauront pas le latin pour avoir parcouru de cette manière un certain nombre de livres latins, si tant est qu'ils les parcourent jamais. Ils connaîtront le latin de vue, toujours prêts d'ailleurs à commettre quelque énormité dans l'interprétation du texte le plus simple, du moment qu'ils n'auront plus leur guide-âne.

» En somme, dans l'étude des langues plus qu'en toute autre, il faut choisir entre l'une de ces deux méthodes : *beaucoup et mal ; peu et bien*. La nouvelle école paraît préférer la première. Qu'elle soit plus attrayante, nul ne le conteste, mais l'expérience qu'on va tenter (à l'école des Roches) pourrait bien ajouter un argument à ceux que fournissent contre elle les lois de l'esprit et la nature même des choses. » (*Études*, p. 749.)

On le voit, la riposte est nette et catégorique. J'essayerai tout à l'heure, — oh ! bien timidement, et cela se conçoit, — de mettre une légère sourdine à cette sorte de fin de non-recevoir, qui me semble trop absolue. Néanmoins, commençons par reconnaître qu'au fond, dans ce différend, c'est le P. Burnichon qui semble avoir raison.

N'est-il pas moralement certain, en effet, qu'avec cette méthode « des lectures étendues faites à l'aide de traductions », l'élève ne connaîtra jamais le latin que de vue? Beaucoup de mots défileront devant lui, soit ; mais n'est-il pas à craindre qu'il n'assiste malheureusement qu'à un simple défilé et que les mots ne glissent sur son cerveau avec la même facilité qu'ils mettront à passer sous ses yeux?

Et ce résultat paraît d'autant plus inévitable, que l'élève de la nouvelle école n'aura jamais consacré la moindre parcelle de temps à apprendre par cœur les déclinaisons et les conjugaisons. Le texte du procédé à suivre sur ce point est formel : « Chaque déclinaison, chaque conjugaison, aussi bien pour les verbes réguliers que pour les verbes irréguliers, seront transcrites isolément, soit à la main par les enfants eux-mêmes, soit au moyen de l'imprimerie, mais en gros caractères, facilement lisibles à distance, sur des tableaux cartonnés mobiles, qu'on suspendrait aux murailles de la salle de travail, dans un ordre méthodique où l'élève se reconnaîtrait rapidement, de façon à trouver très vite la conjugaison et la déclinaison dont il aurait besoin….. »

« Car il convient, observe à ce propos M. Demolins, d'épargner à l'élève l'ennui et la perte de temps qu'entraîne la nécessité d'apprendre par cœur dans la grammaire les déclinaisons et les conjugaisons. » (L'*Éduc. nouvelle*, p. 124.)

Le malheur, c'est qu'en supprimant l'ennui, on supprime aussi l'*effort*. Et voilà bien, en dernière analyse, tout ce qu'il y a de plus clair dans la nouvelle école : *suppression de l'effort*.

Effort du travail personnel et solitaire pendant l'étude proprement dite, supprimé; — effort pour deviner le sens d'un texte sans le secours d'une traduction, supprimé; — effort pour apprendre par cœur la morphologie, supprimé. Encore si l'on parlait latin dans la nouvelle école, pour suppléer à tant de suppressions, mais il est entendu que les professeurs sont incapables de le faire, et que, d'ailleurs, le système des lectures étendues de textes avec traductions se suffit amplement à lui-même.

Je n'ai pas à discuter à fond cette manière d'apprendre les paradigmes autrement que par cœur : un semblable examen appartient plutôt à celui qui est chargé, pour les classes de grammaire, d'un rapport analogue à celui-ci. Tout au plus me permettrai-je de faire observer qu'un élève habitué à trouver toujours et très vite, sur des tableaux cartonnés, en gros caractères, les formes de conjugaisons et de déclinaisons dont il aura besoin, risque fort de ne jamais se préoccuper de les graver dans sa mémoire, et, si un jour vous l'interrogez hors de la salle où se trouvent suspendus les fameux tableaux, de vous répondre : « Je ne sais pas, mais c'est sur mes cartons; je puis aller voir, si vous y tenez!!….. »

Je passe donc, et j'en reviens à la crainte que je formulais tout à l'heure, et qui se rapporte bien, elle, à l'objet de ce travail; c'est que l'ignorance des paradigmes qu'on ne veut point faire apprendre par cœur ne s'ajoute au secours funeste des traductions pour faire de la lecture des textes la *plus superficielle* des lectures.

Oui, il est infiniment probable qu'une fois en possession du sens, l'élève s'en contentera, remarquera à peine les flexions des mots, et, en tout cas, ne cherchera point à les retenir, — travail trop ingrat!!…..

Les pronostics du P. Burnichon nous paraissent donc justes et nullement entachés d'exagération. « Non, des élèves ne sauront pas le latin pour avoir parcouru de cette manière un certain nombre de livres latins, si tant est qu'ils les parcourent jamais. Ils connaîtront le latin de vue, toujours prêts, d'ailleurs, à commettre quelque énormité dans l'interprétation du texte le plus simple, du moment qu'ils n'auront plus leur guide-âne. »

Mais il y a plus, et voici un plus grave reproche à faire à cette méthode : elle va droit à l'encontre du but de l'enseignement secondaire. Comment envisager, en effet, l'enseignement secondaire, sinon « comme une culture générale de l'esprit humain, comme une discipline qui doit donner à l'élite de la jeunesse un cerveau, non pas bien rempli, mais bien formé, capable d'aborder ensuite avec plus de puissance les études spéciales, selon le goût et l'aptitude de chacun?….. » (*Études*, p. 737.)

Cultiver l'esprit, le discipliner!!….. Est-ce avec le système des lectures, aidées de traductions, qu'on obtiendra ce résultat? M. Demolins nous assure que son élève arrivera par cette méthode à lire 12 à 15 volumes de latin. Admettons ces chiffres….., qu'il faudrait bien diminuer sans doute pour le grec, même avec l'appât des alléchantes traductions. Le joli gain que la lecture de ces 12 ou 15 volumes, lorsqu'il importe avant tout de *former l'esprit!* c'est-à-dire de l'assouplir par une **véritable gymnastique intellectuelle**, qui ne va pas sans effort, ou encore de le polir par un frottement de tous les jours avec les difficultés de tout genre, Montaigne dirait, lorsqu'il s'agit de « limer la cervelle » !

Avec des traductions sous les yeux, il est clair comme le jour que l'élève ira vite en besogne, à la vapeur, à toute vapeur même, s'il le veut ; et, en cela, il sera incontestablement de son temps, il sera un moderne dans toute la force du terme. Mais où sera le mérite de la difficulté vaincue ? et, par conséquent, où le frottement de l'esprit ? où sa gymnastique ? où le travail personnel et l'effort ? Or, nous le savons tous, le grand facteur de tout progrès intellectuel ou moral, c'est précisément l'effort.

L'ancienne méthode, elle, exige l'effort, loin de le supprimer ; et c'est vraiment à la sueur de son front que l'on y gagne son pain, je veux dire qu'on arrive à arracher à un texte tous ses secrets. Il y faut de la peine et comme une lutte acharnée. Mais combien ce travail est plus profitable ! On va moins vite sans doute, on ne se hâte que lentement ; mais n'est-ce pas toujours de la sorte qu'il faut savoir se hâter, si l'on veut faire feu qui dure ?

Comme l'élève dans le travail de ses traductions, le maître de l'ancienne école s'applique, lui aussi, à procéder dans ses explications avec une sage lenteur. « Il prend un passage relativement court, l'analyse à fond, en fait ressortir tout ce qu'il renferme de ressources pour l'intelligence de la langue, du vocabulaire, de la syntaxe ; il le tourne et retourne, et y trouve la matière d'une multitude d'exercices, de phrases, de conversations même. » (*Études*, p. 741.)

C'est toujours la même méthode, et c'est la bonne : peu et bien ; *non multa, sed multum ; non numeratur, sed ponderatur.* Ne soyons pas de ceux qui l'abandonnent.

J'ai longuement insisté, — trop longuement peut-être, — sur cette innovation, ou soi-disant telle, des lectures étendues de textes avec traduction en regard, parce qu'elle m'a paru la plus fondamentale de toutes celles que propose la nouvelle école. C'est par cette méthode que M. Demolins entend résoudre ce qu'il appelle « la question du latin » ; elle est donnée comme la recette infaillible pour apprendre vite et sans peine les langues mortes : le latin et le grec. J'ai essayé d'en faire le procès en ce qu'elle a d'exclusif, et précisément parce qu'on la juge à même de pouvoir se suffire par elle-même et se substituer aux procédés traditionnels.

Mais si l'on se contentait de la surajouter à l'ancienne, qu'elle supposerait et qui lui servirait de base, il me semble qu'elle aurait ses résultats.

Grâce aux traductions, les enfants seraient amenés à lire des textes plus ou moins nombreux et choisis avec goût ; faites ainsi par des élèves formés à la vieille méthode du peu et bien, ces lectures ne paraissent plus courir les risques de rester superficielles ; elles seraient même, je crois, très fructueuses.

M. Demolins conclut son chapitre sur la question du latin par le syllogisme suivant :

« La meilleure méthode, la plus efficace pour enseigner une langue, c'est de l'enseigner en la parlant.

» Or, aujourd'hui les professeurs sont hors d'état de parler le latin et, à plus forte raison, le grec.

» Dès lors, il faut avoir recours au procédé qui se rapproche le plus de la parole, c'est la lecture. » (*L'Éduc. nouvelle*, p. 148.)

Nous ne raisonnerons pas tout à fait de la même

manière, et nos conclusions différeront quelque peu des siennes.

Nous acceptons la majeure, mais en l'adoucissant par une restriction qu'il paraît nécessaire d'indiquer. Oui, les langues s'apprennent en les parlant ; il est donc nécessaire de les parler ; toutefois, cela ne suffit pas.

Quant à la mineure, nous la remplaçons carrément par celle-ci : les professeurs doivent et, avec de la préparation, peuvent toujours parler latin..... Je n'ose pas ajouter parler grec.

Et notre conclusion serait celle-ci : Nous ne refusons pas d'essayer la méthode dite des lectures étendues avec traductions en regard, mais à titre de simple accessoire surajouté aux procédés traditionnels, et nullement pour la substituer à ceux-ci.

3° J'arrive à une troisième méthode que préconise aussi M. Demolins, mais qu'il n'est pas seul à préconiser, que d'autres recommandent de même, sans l'exagérer d'ailleurs comme lui. On peut la formuler de la sorte : *Moins de théories que d'applications pratiques.*

A. — « S'il s'agit de la grammaire, il faut la simplifier et l'apprendre surtout par les applications. » C'est en ces termes que s'est exprimé devant la Commission de l'enseignement M. l'abbé Morel, supérieur de Saint-Sigisbert et de la Malgrange.

Je ne veux pas qu'on abrutisse cet enfant, disait Montaigne, à propos de l'étude de la grammaire. Eh bien ! ne serait-ce pas *abrutir* des élèves (le verbe est de Montaigne) que d'exiger d'eux, par exemple, qu'ils apprennent par cœur dans la grammaire grecque de Ragon, *tous les exemples* quelquefois nombreux de telle ou telle règle, ainsi que *toutes les remarques*, — quelquefois nombreuses aussi, — qui la suivent pour la mieux préciser, ou même la contredire à titres d'exceptions ?

L'exposé de la règle, un exemple pour la justifier, voilà qui semble suffire. Quant aux remarques, on attend pour les faire qu'un texte en fournisse l'occasion.

Autre exemple tiré cette fois de la morphologie. Ne serait-ce pas encore un abus du même genre que d'obliger des élèves à graver dans leur mémoire la longue litanie des verbes grecs à radical renforcé ? Qu'on fasse apprendre la théorie, d'ailleurs courte, qui concerne ces verbes, rien de mieux ; mais que ce soit tout. Quand on rencontrera ensuite dans un texte un verbe à radical renforcé, on le signalera pour faire rapidement l'application de la théorie...., etc., etc.

Inutile de multiplier les exemples. On voit assez, je crois, ce qu'il faut entendre par cette méthode, qui consiste « à simplifier la grammaire, et à l'apprendre surtout par les applications ». Il semble bien qu'elle soit la bonne.

Cependant, ne gâtons pas notre cause en tombant dans les exagérations de M. Demolins, et ne souscrivons pas à des affirmations comme celles qui suivent : « Il convient d'épargner à l'élève l'ennui et la perte de temps qu'entraîne la nécessité *d'apprendre par cœur*, dans la grammaire, les déclinaisons et les conjugaisons..... « Toute personne qui lira des textes latins en quantité suffisante, avec l'aide des traductions, *apprendra les flexions des mots par la lecture même* de ces textes..... » (*L'Éducat. nouvelle*, p. 124.)

Dans un article paru tout récemment (*Revue de l'Enseig. chrétien*, février), M. l'abbé Ragon s'élève précisément contre les prôneurs de la suppression des grammaires et de l'étude des langues par les textes, et établit par un fait vraiment topique, trop long à rapporter ici, — que cette méthode « peut faire bon effet dans un article de journal, mais ne tient pas devant l'expérience ».

Donc, apprenons la grammaire *surtout*, mais pas *uniquement* par les applications.

Voilà pour la grammaire.

B. — S'il s'agit de la littérature proprement dite, la méthode reste la même : *moins de théories que d'applications pratiques*. Qu'on enseigne les préceptes littéraires, il le faut bien ; mais surtout que l'on en fasse constater l'application dans les textes qu'on étudie.

En histoire littéraire, qu'on porte des jugements sur tel ou tel écrivain, rien de mieux encore, mais ce qui importe souverainement, c'est de lire et de faire goûter aux élèves des extraits bien choisis de leurs ouvrages.

Que les jugements portés sur les auteurs soient courts, nets et précis. Pas de tirades à perte de vue ; encore moins de ce que le P. Havret, directeur de l'école de la rue de Madrid, appelait devant la Commission d'Enseignement « l'érudition minutieuse en littérature ». A l'appui de sa déposition, le Père citait des faits qui provoquèrent les surprises et les sourires des membres de la Commission. « Dans certaines Facultés, ajoutait-il, on a posé des questions comme celles-ci : 1° Le genre burlesque en France au XVIIe siècle. Sa définition, ses procédés, ses représentants et leurs œuvres, ses adversaires et leurs critiques. 2° Nisard parle de la « coquetterie vertueuse d'Andromaque ». Justifiez ce jugement.

Franchement, lisez plutôt à vos élèves, en les leur faisant goûter, les plus belles scènes d'Andromaque, et vous constaterez que vous faites une œuvre plus utile et plus intéressante à la fois, qu'en vous perdant dans une foule de considérations plus ou moins générales sur la coquetterie plus ou moins vertueuse ou la vertu plus ou moins coquette de la captive de Pyrrhus. Quant au genre burlesque en France au XVIIe siècle, on en dit trois mots, on peut même se payer la fantaisie de lire quelques vers de Scarron, et l'on saute par-dessus tout le reste à pieds joints avec le plus merveilleux des entrains. Le P. Havret concluait à l'adresse de ces Facultés : « Dans ces conditions, c'est la mémoire qui joue le rôle important ; l'intelligence est noyée. De culture générale de l'esprit, de formation humaine, qui est le premier but de la rhétorique, il n'y en a plus. On ne fait même pas des érudits, on fait des enfants dégoûtés d'étudier. »

4° Ces réflexions du P. Havret nous amènent tout naturellement à parler d'une quatrième et dernière méthode, malheureusement trop à l'ordre du jour, qui menace de s'étendre de plus en plus et que M. Picot, secrétaire perpétuel de l'Académie des sciences morales et politiques, a dénoncée devant la Commission parlementaire sous le nom de *méthode encyclopédique*.

« Il semble, a-t-il fait observer, que l'élève, à dix-huit ans, doive tout savoir. Le progrès des sciences a étendu indéfiniment les programmes. Le jour où les vers latins ont été supprimés, on a introduit la métrique. La philologie a envahi la grammaire. L'orthographe latine, qui éclaircissait les étymologies, a été bouleversée, sous prétexte de reproduire le texte des inscriptions. De cet appareil scientifique sont nées deux conséquences : un dégoût des élèves et une réaction contre l'enseignement du latin. »

M. Doumic, professeur agrégé des lettres, a déposé dans le même sens que M. Picot : « Il faut enseigner mieux les langues anciennes et renoncer à la trop grande extension de l'érudition, de la philologie et de l'esprit critique. »

Les représentants de l'enseignement libre ont exprimé les mêmes plaintes. Nous avons entendu le P. Havret déplorer la trop grande érudition exigée en littérature. M. l'abbé Morel s'est montré bien plus explicite : « Beaucoup moins d'érudition, de philologie, de métrique, etc. On a trop subi la contagion de l'érudition allemande. On emmagasine, on n'élève pas. »

Bref, ces diverses dépositions nous permettent de constater que trop de professeurs sont portés, de nos jours, à se montrer moins littérateurs et hommes de goût que philologues et érudits. Sans doute, il ne faut pas mépriser de parti pris telles ou telles données de la philologie ; il est même bon de savoir en user parfois, mais que ce soit toujours avec réserve et sobriété.

Ne visons pas à emmagasiner ; évitons de charger la mémoire de détails fastidieux, qui n'aident en rien à la formation de l'esprit. Cherchons moins à bien remplir le cerveau qu'à le bien former. Dans nos explications d'auteurs, adressons-nous de préférence, comme l'a demandé Mgr Baunard devant la Commission d'enseignement, adressons-nous aux « facultés esthétiques de la jeunesse, goût, sensibilité, imagination et enthousiasme du beau..... *facultés éminemment françaises* », a fait observer le savant recteur de l'Université catholique de Lille.

La méthode encyclopédique sacrifie ces facultés éminemment françaises..... et compromet ainsi une des gloires nationales que l'étranger nous envie le plus. Ce danger a été signalé par des hommes compétents et de bon goût. Venant de la frontière, le supérieur de Saint-Sigisbert n'a pas oublié le point de vue national dans sa longue et intéressante déposition. Il a demandé que « la France ne sacrifiât pas les études classiques, qui ont fait ses gloires littéraires, alors que l'Allemagne les fortifie, et que l'Angleterre sent le besoin d'établir un enseignement secondaire classique solide à la base de son enseignement professionnel ; il a insisté pour que, « battue sur tant d'autres terrains, notre patrie sût au moins garder *cette hégémonie intellectuelle* qui a été son honneur, et dont nos voisins sont si jaloux. »

Tel est également le sentiment de M. Doumic et de plusieurs autres universitaires, qui sont venus déposer devant la Commission parlementaire de la Chambre.

Concluons rapidement en quelques mots :

1° Gardons-nous (du moins pour nos humanités) de remplacer les *études proprement dites* par ce que l'on est convenu d'appeler les *classes-études*. Ce système de la classe-étude serait particulièrement funeste à des humanistes qu'il importe tant de former à des habitudes de réflexion, d'activité personnelle, de travail soutenu, d'initiative, d'énergie et de persévérance en face des difficultés.

2° Reconnaissons, avec M. Demolins, que « les langues s'apprennent en les parlant » ; mais ayons soin toutefois d'ajouter, pour n'exagérer en rien, que s'il est nécessaire de les parler, cela ne suffit pas. Soyons plus logiques que lui, promettons-nous d'appliquer le principe et ne craignons pas d'établir de temps en temps, assez souvent même, des conversations au moins en latin avec nos élèves. Gardons-nous de substituer à *l'ancienne méthode* le système *des lectures étendues de textes avec traductions en regard.*

Néanmoins, je proposerais l'usage prudent et discret de ce système : ils s'ajouterait simplement comme un accessoire aux procédés traditionnels.

3° Dans tout notre enseignement, qu'il s'agisse de grammaire ou de littérature proprement dite, *moins de théories que d'applications pratiques.* Pas de tirades en l'air, pas de cours proprement dits : l'enseignement secondaire n'est pas l'enseignement supérieur. Cherchons par-dessus tout à mettre nos élèves en contact direct et immédiat avec leurs auteurs; apprenons-leur à les comprendre, à les goûter, à les aimer.

4° Que nos explications d'auteurs soient donc avant tout *littéraires.* Pas trop d'érudition, de philologie, de métrique et de tout ce qui leur ressemble. Ne chargeons pas les mémoires; adressons-nous de préférence aux facultés esthétiques.

Bref, n'oublions pas qu'à la fin des études classiques, les têtes de nos jeunes élèves doivent être plutôt « bien faites que bien remplies ».

P. Ephrem.

ADOPTION D'UNE GRAMMAIRE
et graduation des études grammaticales
DANS LES TROIS LANGUES CLASSIQUES

Avant d'exposer en quoi consiste la réforme visée par ce titre, il me paraît utile de parler de son opportunité, ou mieux, de son actualité.

Il n'y a pas à se dissimuler que, de toutes parts, on entend fulminer contre l'ancien système d'enseignement.

Est-ce à tort ou à raison? Je n'ai pas à l'examiner ; il n'en est pas moins vrai, qu'en fait d'études grammaticales, on n'en est plus, dirait M. l'abbé Châtelain (auteur de *la Singularisation de l'enseignement dans les classes de lettres*) au dogmatisme absolu, qui se contentait de former le goût par des études superficielles.

De nouvelles méthodes, plus logiques, plus fortes, ont pris la place des anciennes dans les différentes branches de l'enseignement, aussi bien que dans les diverses maisons d'éducation.

Pour nous, ne craignons pas de l'avouer, nous sommes trop restés dans l'immobilité, quand autour de nous tout s'agitait et allait de l'avant, quand partout on cherchait, on étudiait, on mettait en pratique des méthodes sur la valeur desquelles on peut discuter, il est vrai, mais qui du moins sortaient de l'ornière.

Non, nous ne devons plus admettre que le français s'apprend tout seul en traduisant du latin et du grec, encore moins que ces deux langues doivent s'étudier sans méthode. Partant de là, il m'a semblé bon, après avoir bien examiné la question, d'élargir le cadre de mon travail. J'ai donc le dessein de vous parler de la graduation des études grammaticales dans les trois langues classiques, puis de l'adoption non pas seulement d'une grammaire latine, mais d'un ensemble de grammaires merveilleusement unies les unes aux autres, et qui, sans être trop savantes, sans aborder la métaphysique de l'enseignement grammatical, sont appelées à jouer un très grand rôle dans le progrès des études classiques.

NÉCESSITÉ DE LA GRADUATION
DES ÉTUDES CLASSIQUES

Personne n'ignore que le grand objet, le terme final de l'enseignement, c'est la formation de l'esprit et principalement de la raison.

Or, il faut s'adresser à cette faculté dès son premier essor, ce qui revient à dire qu'il est nécessaire de coordonner, de graduer tout exercice intellectuel dans un plan, dont la complète formation de la raison soit le but activement poursuivi par les différentes études auxquelles s'adonnent nos élèves.

La grammaire elle-même, je devrais dire la grammaire tout particulièrement, bien qu'elle ait la tâche la plus difficile, doit concourir comme la littérature, l'histoire et les sciences, à la perfection de cet ouvrage que couronnent la philosophie et la théologie. De là ressort la nécessité d'une marche uniméthodique dans les études grammaticales.

C'est la pensée de saint Augustin, qui veut que l'étude s'attache à nourrir l'esprit, et qui rejette de prime abord avec saint Ambroise ces méthodes qui se proposent pour objet, non pas la raison, mais de vains arrangements de mots. Assurément, nous pensons tous comme notre Père et notre Maître. Mais il faut aller plus loin, suivre les préceptes qu'il nous donne dans son livre de l'Ordre, et, de même qu'on doit graduer toutes choses, graduer nos études.

Faute d'une base solide admise par tous et dans toutes nos maisons d'enseignement, faute d'une ligne de conduite générale dont personne ne puisse s'écarter, on est réduit à enseigner sans méthode arrêtée et les élèves se forment sans principes.

Aussi le profit qu'ils devraient retirer de leurs études grammaticales, appelées à exercer une influence sur leur vie tout entière, est à peine digne de remarque.

Saint Augustin a cependant proclamé d'un mot pénétrant et décisif la puissance de la grammaire en la qualifiant de divine : *Grammaticæ pœne divinam vim.*

J'ajoute que, sans méthode, les élèves n'ont que des notions vagues, qui ne laissent aucune trace dans leur esprit, et qu'ils passent d'un genre d'études à un autre avec une légèreté voisine de l'indifférence. Heureux sont-ils encore s'ils gardent de cet amalgame quelques idées incomplètes, quelques connaissances superficielles, dont l'effet est souvent d'égarer l'esprit au lieu de le diriger.

Il nous faut donc une méthode, un règlement bien net qui gradue les études, qui marque les échelons par lesquels tout élève soit obligé de passer, qui enfin, par une marche constante, uniméthodique, force l'esprit à acquérir des idées claires, bien enchaînées, propres à se développer, à s'harmoniser et à se fortifier les unes les autres, pour concourir à la formation de l'homme tout entier.

EN QUOI CONSISTE LA GRADUATION
DES ÉTUDES CLASSIQUES

S'il faut convenir, comme on l'a dit, que la logique est à la grammaire ce que le sens est au son matériel des mots, il faut dire aussi que la grammaire bien entendue est la première logique, logique élémentaire cela va de soi. C'est l'idée qu'exprimait en 1872 un des meilleurs professeurs de notre collège de Nîmes, M. Allemand :

« Si toute grammaire, disait-il, est une ramification

de la logique, il est naturel que l'étude des langues soit placée à côté de la scolastique ; » ce qui veut dire, ce me semble, que la grammaire doit emprunter à la scolastique son esprit de méthode. Dès lors, on s'expliquera que je demande que notre enseignement soit plus logique, qu'il s'inspire d'une méthode dans laquelle toutes les idées s'enchaînent, tous les principes découlent les uns des autres, et où les conclusions apparaissent avec une évidence telle, que l'esprit n'éprouve aucune peine à retenir ou à comprendre les notions étudiées dans les langues mortes comme dans les langues vivantes.

On l'a trop oublié jusqu'ici, les langues ayant une même origine et des principes identiques exigent, non seulement pour être bien apprises, mais pour être bien comprises, l'emploi de la même méthode dans l'étude de leurs éléments et de toutes les parties qui leur sont communes. Pourquoi vouloir professer le français d'une manière et le latin d'une autre? Sans compter que le grec pourrait bien avoir aussi un système tout différent. N'est-ce pas embrouiller le jugement au lieu de le développer et de le fortifier? Pour obtenir graduellement cette puissance d'un esprit synthétique, rien ne vaut une marche progressive qui conduise les élèves comme par la main, depuis les premières études de la langue maternelle jusqu'aux règles les plus compliquées de la syntaxe grecque, allemande ou de n'importe quelle langue analogue.

La logique admise comme base de la méthode, il faut que l'étude du français, tout en étant complète en elle-même, soit aussi une préparation immédiate à l'enseignement du latin, comme celui-ci le sera à l'enseignement du grec. Ce qui revient à dire que l'esprit, aussi bien que la forme des trois grammaires classiques, doit être identique et tendre à ce but : apprendre le français en vue du latin et du grec, et se pénétrer de ces deux langues pour mieux saisir les beautés de la langue maternelle.

M. l'abbé Ragon nous dit que ses ouvrages ont comme un air de famille. Je dirai plus loin s'il a atteint la fin qu'il s'est proposée, mais il serait extrêmement désirable que nos trois grammaires eussent la plus grande ressemblance et dans leur marche et dans leurs définitions. Pourquoi, en effet, vouloir traiter différemment les déclinaisons grecques et les déclinaisons latines? Pourquoi suivre dans la syntaxe française une disposition des principes et des règles qui sera abandonnée en latin et en grec?

Le substantif change-t-il de définition parce qu'on dit *homo* en latin et ἄνθρωπος en grec? et les compléments déterminatifs, directs ou circonstanciels, doivent-ils être différemment définis dans les trois langues classiques?

M. Brelet dit fort judicieusement qu'il vaut cent fois mieux étudier les livres d'un même auteur, fût-il médiocre, que d'avoir en main des ouvrages tout différents, où l'on est contraint, sous peine de tout confondre, d'oublier une première, puis une seconde définition pour en retenir une troisième, qui pourra fort bien encore changer en allemand ou en anglais.

Ceci est par trop évident pour m'y attarder plus longtemps. J'insiste seulement sur ce que je propose, après bien d'autres, comme point de départ de notre enseignement, une méthode basée sur la logique, et des grammaires qui se pénètrent, se complètent les unes les autres et aient l'avantage d'être identiques

dans leurs divisions morphologiques et syntaxiques, comme dans leurs définitions.

Je sais bien que dans l'étude des mots, la logique n'a pas une bien grande part, mais, par contre, elle doit présider à chaque ligne de l'étude des propositions. Bien plus, elle doit faire sentir son influence dans l'ensemble des livres étudiés, au point que l'élève classe aisément dans son esprit chacune de ses connaissances nouvelles et se rende compte de la marche de ses études.

Prétextera-t-on que nos enfants sont trop jeunes pour être bons logiciens? Il y a beau temps que l'objection a été faite et non moins qu'elle a été fort bien résolue.

Le P. Monfat, auteur d'une *Pratique de l'Enseignement chrétien*, n'est pas tout à fait de cet avis. Il dit, en parlant de l'influence de la grammaire sur la raison, que la littérature se sert de la langue, mais ne la scrute pas, et que l'usage qu'elle en pourra faire dépendra toujours de l'intelligence et de l'habitude première que la grammaire aura données, intelligence et habitude qu'il faut acquérir en commençant, avant que les préoccupations des choses à dire et de la manière de les dire n'absorbent l'attention. On conviendra que ce ne sont pas les timides aperçus de deux ou trois classes sur le syllogisme qui donneront à l'intelligence d'un élève de seconde cet esprit de méthode ou de logique si précieux et d'un si grand secours. Toute une formation n'est pas l'affaire d'une classe.

Burnouf a écrit lui aussi : « Le temps n'est plus où l'on n'accordait au jeune âge qu'une mémoire passive. Un enfant auquel vous expliquez la raison des choses vous en sait gré et vous récompense par une attention plus soutenue. » Ces lignes n'ont rien que de vrai et de juste, ajoute M. Bréal, car on doit éviter ces procédés mécaniques qui ne disent rien à l'intelligence, qui sont plus déplacés en notre temps que jamais, et qui, par leur caractère peu sérieux, n'ont sans doute pas été étrangers à la défaveur dont les études classiques ont injustement souffert.

Épargner aux enfants, comme le veut Lhomond, tout raisonnement sur la grammaire, tout esprit de méthode, pour ne leur indiquer que des procédés mécaniques, c'est donc nuire à leur développement intellectuel et en retarder les progrès. « On peut, a dit Chassang, et l'on doit faire raisonner aux enfants leurs études grammaticales; ils retiendront mieux ce qu'ils auront compris. » Et d'ailleurs, l'habitude de raisonner, c'est-à-dire de penser, n'est-elle pas une partie de l'utilité que l'on doit retirer des études classiques?

LES AVANTAGES DE LA GRADUATION
DES ÉTUDES CLASSIQUES

Lors même que des études ainsi graduées n'offriraient pas d'autre avantage que celui d'accoutumer l'esprit à la méthode, il faudrait encore les adopter. « Au bout d'une demi-heure d'entretien avec un homme du monde, je m'apercevrai presque toujours de l'ordre de ses idées et de la précision de ses discours, s'il a fait des études de ce genre, » écrivait La Chalotais au milieu du xviiie siècle. Et de fait, par des études graduées, nos élèves auront l'esprit plus ouvert, le jugement plus formé, la conception plus rapide.

Mais si, de plus, l'enseignement du français est dans son ensemble une préparation à l'étude du latin et du grec, si l'élève retrouve dans les classes supérieures cette méthode qui l'a si bien formé à ses débuts, ces formules qui lui sont si familières, non seulement il apprendra plus sûrement et plus facilement, mais il aura aussi plus de goût à l'étude.

Le P. Bainvel a dit que l'étude du français devrait être pleine de joie, de facilité, d'intérêt, et il se demande comment l'on a réussi à la rendre si difficile, si ennuyeuse. N'est-ce pas un peu la même chose pour le latin? Le contraire existera, à mon avis, et l'ardeur des premières études de latin et de grec ira sans cesse croissant, si l'enseignement de ces deux langues n'est que le développement des études de français. Cet enseignement ne sera plus que l'application de l'intelligence sur un ensemble de connaissances qu'elle possède déjà dans ses grandes lignes, mais qu'on lui présente sous un autre aspect. Allons plus loin. Imagine-t-on le plaisir d'un élève qui découvre de lui-même que sa grammaire latine et sa grammaire grecque sont de tous points identiques avec sa grammaire française?

L'intelligence se complaît alors dans la recherche et la compréhension des principes, la mémoire rencontre un secours extraordinaire en ces règles formulées dans les mêmes termes, et l'étude, dirait le P. Bainvel, devient une marche triomphale de l'esprit, qui s'éveille à travers un domaine qu'il connaît à fond après quelques efforts.

Ce n'est pas tout. Ainsi gradué, l'enseignement des langues classiques devient concret et vivant. L'élève travaille aussi bien pour le présent, en étudiant une langue, que pour l'avenir, et son esprit attentif et curieux se joue dans ces livres qui deviennent de plus en plus sa possession. L'enseignement devient plus large aussi. Dès le début, l'enfant sait qu'il n'apprend pas seulement le français pour le français, mais qu'il l'étudie en vue de l'étude du latin et du grec, et que les principes et les formules confiés à sa mémoire doivent le servir, quand le latin lui présentera ses beautés et le grec toutes ses richesses.

Je dis enfin que l'enseignement, s'il est uniméthodique et raisonné, devient plus lumineux.

La logique a cela de particulier, qu'elle jette de la clarté sur tout ce qu'elle envisage. Une méthode qui la prend pour base ne marche donc plus à l'aventure et n'avance rien qui ne se relie à ce que l'on sait déjà. On ne doit pas oublier que les enfants sont avides de connaissances, mais ne savent rien classer. De là vient qu'ils ne retiennent rien, et que les notions étudiées sont un peu dans leur esprit comme une sorte de chaos. La méthode de la graduation des connaissances dissipera les ténèbres, et mettra de l'ordre et de la clarté dans l'intelligence.

Avant de terminer cette première partie, je préviens une objection. Cet enseignement logique ne doit pas dépasser la portée des jeunes intelligences : *Parva parvis*, dit un adage. D'où la nécessité impérieuse d'écarter les difficultés trop grandes, les abstractions et les subtilités. Un écrivain anglais a fort bien pensé, lorsqu'il a dit qu'on ne faisait pas pousser des ailes à l'esprit, mais qu'on pouvait le former par un travail méthodique. C'est souvent pour vouloir donner des ailes, au lieu d'apprendre à marcher, que la culture intellectuelle manque son but. La formation de la raison, de l'intelligence, de l'âme tout entière doit donc résulter d'une méthode basée sur la logique et progressivement graduée dans les trois langues classiques.

Reste à chercher l'auteur ou les livres qui nous présentent cette allure progressive, cette coordination de l'enseignement uniméthodique.

QUEL EST L'AUTEUR QUI POSSÈDE CETTE GRADUATION DANS L'ENSEIGNEMENT SECONDAIRE?

Ici, j'aborde le point essentiel de ce travail, qui est l'adoption d'un ensemble de grammaires plus particulièrement aptes à fortifier notre enseignement. J'exposerai simplement le résumé des différentes opinions que l'on peut avoir des grammaires connues jusqu'ici. Mais j'avoue cependant qu'après deux ans de comparaison et d'études, je suis entièrement pour l'auteur que je présenterai en dernier lieu.

Que faut-il penser de Lhomond? Je dois le proclamer à sa gloire, le savant latiniste a formé nombre de générations et, le premier de tous, il a eu le talent de résumer en quelques mots les règles les plus abstraites. Mais quelle est sa méthode? on ne le voit pas trop dans son livre; on peut même se demander s'il en a une. De l'avis de tous, Lhomond tout seul n'est plus admissible, si l'on veut, je ne dis pas étudier, mais apprendre le latin.

Avant d'aller plus loin, j'avertis que les jugements portés sur Lhomond s'appliquent à peu près textuellement à ceux qui l'ont suivi et qui n'ont fait que modifier très faiblement sa grammaire. Plus d'un, en effet, a cherché à lui rendre, je dis mieux, à lui donner le principe de vie dont elle manque, mais personne n'y a réussi. Lhomond manque de logique, d'esprit de méthode, et, bon gré mal gré, il en manquera toujours.

Il est à remarquer que tous ceux qui l'ont remanié ont commencé par médire de lui. Celui-ci lui trouve des défauts voyants; celui-là nous apprend que Lhomond ne songe qu'à la traduction du français en latin, comme si la vie entière devait se passer à faire des thèmes. J'avoue que ce critique a quelque peu raison. On apprend le latin pour le comprendre, en saisir le génie et les beautés et en retirer le plus d'avantages possible, mais on ne l'apprend pas pour se donner le plaisir de traduire du français en latin.

M. Le Koff, renchérissant sur ses prédécesseurs, nous déclare que les exemples de Lhomond sont parfois un peu trop enfantins, et que leur latinité (chose curieuse dans un livre fait pour apprendre la langue de Cicéron!) n'est pas toujours au-dessus de la discussion. Il me souvient, en effet, avoir lu dans un numéro de la *Revue de l'Enseignement chrétien* (1892 ou 1893), quatre ou cinq pages où se trouvaient relevées les inexactitudes les plus criantes commises par le savant abbé.

J'ajouterai que Lhomond subdivise ses règles à l'infini; ce n'est pas là être simple et clair, *confusum est quidquid in pulverem sectum est.* Bien plus, il ne donne jamais la raison des règles. On dirait qu'au rebours des vrais maîtres qui cherchent à guider les enfants dans la voie du raisonnement, Lhomond s'ingénie à les dispenser de réfléchir. Or, il faudrait ne pas ignorer que le grand mal n'est point qu'un élève mette un cas pour un autre, un mode pour un autre mode, c'est qu'il mette l'un ou l'autre mécaniquement et sans savoir pourquoi.

Voici enfin ce que Ragon pense de la grammaire de Lhomond : « Il faudrait un volume pour énumérer et faire ressortir les contradictions de Lhomond. Et c'est là, à notre avis, ce qui fait que la grammaire de Lhomond, même retouchée, même corrigée et complétée, n'est pas un livre satisfaisant, un livre définitif. La clarté des mots s'y trouve, mais il y manque la clarté des choses; il y manque l'ordre logique et l'enchaînement des idées. Or, que voulons-nous donner à nos élèves? Est-ce seulement l'intelligence des mots, ou n'est-ce pas plutôt l'art d'ordonner et d'enchaîner logiquement leurs pensées? »

La grammaire de Mingasson n'est ni plus claire ni plus logique que celle de Lhomond. Il avoue lui-même dans sa préface qu'elle n'éclaire pas les enfants, mais qu'elle les guide. C'est un aveu qui ne manque pas d'originalité. Pour faire visiter une galerie de tableaux ou un panorama quelconque, on commence par bander les yeux aux visiteurs et on les conduit par la main! Je ne veux pas m'arrêter plus longtemps à la préface et à la grammaire de cet auteur, car on peut y relever plus d'une contradiction.

D'autre part, sa méthode n'ayant rien de personnel, je ne crois pas que sa cause mérite d'être séparée de celle de Lhomond.

G. Edon n'a pas cru, non plus, devoir s'écarter de la marche suivie par Lhomond. Je me trompe, il nous apprend qu'il y a apporté quelques changements. Ainsi, au lieu de mettre comme titre : *Mots interrogatifs entre deux verbes*, il dit: *Interrogation indirecte*. De plus, il s'est décidé à dénommer le *Que retranché*, *proposition infinitive*.

En approuvant cependant ses annotations et le bon côté de sa grammaire, je ne retiens qu'un de ses aveux en faveur du système rationnel. Et cet argument, je l'oppose à tout système qui manque de principes logiques. Voici ses paroles : « Le classement des matières d'après les données de l'analyse logique serait sans nul doute plus rationnel; » c'est la méthode suivie par M. l'abbé Ragon et Brelet; puis il ajoute : « Quant à la disposition qui consiste à ranger les faits grammaticaux selon les cas et les modes, elle nous paraît incompatible avec l'enseignement du latin par le thème. L'ordre suivi dans ces livres ressemble trop à celui d'un dictionnaire. Il ne permet pas d'engager méthodiquement et peu à peu l'élève dans la connaissance de la phrase latine, en partant du simple pour arriver au complexe. » Or, ces vices de forme signalés par Edon, ne sont pas corrigés dans sa grammaire; il n'a pas eu le courage d'abandonner Lhomond.

Il faut en dire autant du P. Sengler, qui le copie trop encore. De plus, sa grammaire latine, au jugement des Pères Oblats qui l'ont pratiquée, est difficile à comprendre pour des enfants. D'une part, elle ne dit pas assez, et, d'autre part, ce qu'elle enseigne est dans un ordre si confus, que l'auteur lui-même a omis de nous indiquer la raison de sa manière de procéder. Sa *Petite Syntaxe* sourit à beaucoup, mais ils oublient que, basée sur celle de Lhomond, elle a hérité de son incohérence.

Il serait trop long de l'examiner ici règle par règle, mais je ne crains pas de dire que la *Petite Syntaxe* comme la grande présente beaucoup de formules incomplètes; je n'en veux pour exemple que *Liber Petri* et *Amo Deum*, deux règles assez importantes. Pour le P. Sengler, comme pour bien d'autres, « le régime d'un nom se met au génitif. » *Originaire d'Athènes* se traduira donc *Athenarum oriundus*, quand il faut *Athenis oriundus*. Il y a une différence entre le complément déterminatif et le complément circonstantiel; l'éminent Jésuite n'en dit rien.

Voici encore comment il formule la règle *Amo Deum : Tout verbe actif, quelle que soit sa terminaison, gouverne l'accusatif*. Cette définition ainsi présentée est contredite par l'exemple *Imitor patrem*, où l'élève se trouve sans le savoir en présence du régime direct d'un verbe déponent. N'est-il pas plus complet de dire : Le complément direct d'un verbe transitif (actif ou déponent) se met à l'accusatif. L'élève se rend compte de la règle et n'agit pas mécaniquement.

A un autre point de vue, le P. Sengler me semble encore bien faible. Remarquant que Lhomond mélange un peu trop les règles, il a trouvé le moyen fort ingénieux, mais souverainement illogique, de rejeter celles dont l'analyse l'embarrasse et de les transformer en appendices. Tels sont, entre autres, les Suppléments de l'adjectif verbal en *dus* et des Supins, qui cadreraient fort bien avec ces titres : *Noms et Verbes compléments d'un adjectif* et *Syntaxe de la proposition infinitive*.

Ajouterai-je que la grammaire du P. Sengler est un fouillis de verbes, de noms et de gallicismes qui doivent jeter un jour assez douteux sur l'ensemble où ne brille déjà pas la méthode?

Un examen approfondi des grammaires française et grecque du même auteur donne cependant à penser que le distingué grammairien eût pu mieux réussir. Sa Grammaire Française, où se rencontrent d'heureuses innovations, corrige un peu la fâcheuse impression que laisse l'étude de la Grammaire Latine, mais cette pénible impression revient quand on ouvre la Grammaire Grecque.

Néanmoins, j'avoue que les trois grammaires du P. Sengler ne seraient pas sans me sourire, si nous ne trouvions mieux. Elles ont le mérite d'être du même auteur, bien qu'elles présentent le grave inconvénient de suivre une marche assez différente les unes des autres et de manquer de méthode; car il est presque impossible de mettre en son esprit rien que les grandes lignes des grammaires latine et grecque avec leurs surcharges et leurs suppléments.

Que dirai-je de M. l'abbé Ragon? M. Brelet m'écrivait dans le courant de février : « Je ne crois pas que ses ouvrages puissent présenter la même marche, le même plan pour les trois langues; c'est l'opinion de ceux avec qui j'ai pu causer de la question. » En fait, Ragon ne nous a donné jusqu'ici qu'une Grammaire Grecque et une Grammaire Latine. A tout prendre cependant, et d'après l'expérience de certaines maisons d'enseignement, désireuses de se mettre au courant des nouvelles méthodes, ce sont les ouvrages du savant helléniste qui l'emportent.

Sa syntaxe latine, calquée sur la syntaxe grecque, et comme elle, basée sur l'ordre logique, est une nouveauté que l'on ne rencontre pas aujourd'hui chez lui seulement. Toutefois, il est juste de reconnaître que de tous les ouvrages grammaticaux cités jusqu'ici dans ce travail, ceux de Ragon sont d'une incontestable supériorité. Le P. Sengler lui-même ne saurait lui être comparé pour la syntaxe et même pour la morphologie. L'éminent agrégé, laissant de côté les grammaires composées sans méthode, s'est basé sur l'analyse logique, et a su cependant garder de Lhomond ce que celui-ci a de meilleur et d'incontestablement admis.

Il me paraît inutile de faire valoir toutes les qualités de forme et de fond des livres de Ragon; ils sont assez connus et chacun a pu en apprécier le mérite et les avantages. Je ferai seulement remarquer que sa Grammaire Latine est de beaucoup inférieure à sa Grammaire Grecque et qu'elle n'a pas été aussi bien accueillie dans les maisons d'enseignement secondaire.

Il a voulu ressusciter les vers mécaniques de Despautère, jadis goûtés par les professeurs de Port-Royal, mais que les élèves qualifiaient de vers ostrogoths, faisant mal au cœur et ne pouvant entrer dans les oreilles. Cette innovation lui a fait tort dans sa morphologie. Pour le reste de cette partie, je ne crois pas porter un jugement téméraire en disant que le distingué professeur de l'Institut catholique a un peu calqué Brelet, sauf quelques modifications insignifiantes. C'est du moins ce qui m'a semblé résulter d'une comparaison faite page par page, ligne par ligne, entre les deux grammaires de ces auteurs. Une copie ne surpasse jamais l'original. Aussi, ne faut-il pas s'étonner de l'infériorité que je signale chez Ragon, réserve faite toutefois pour le chapitre des adjectifs.

Quant à ce qui est de la Syntaxe, les méthodes sont les mêmes, mais Ragon me semble manquer à la logique, quand il classe la Syntaxe des mots sous le titre : *Propositions indépendantes*, car la Syntaxe des mots se rencontre dans toute proposition.

Malgré tout, si Ragon nous avait donné une grammaire française, et si sa grammaire latine avait la même valeur que sa grammaire grecque, j'inclinerais volontiers, à cause de la méthode, à l'adoption des grammaires de cet auteur.

C'est à dessein que je passe sous silence les travaux de MM. Riemann et Goelzer. Leurs livres, fort bien faits d'ailleurs, ne me semblent pas à la portée des enfants. Il y a trop, je ne dis pas de science, mais d'érudition, ce qu'il ne faut pas confondre; car ici je pense, avec Ragon, qu'on doit se garder de l'utopie de ceux qui réclament des livres de cinq pages. Quand il s'agit de grammaire, on doit en apprendre les éléments, c'est très vrai, mais encore faut-il les apprendre en entier et ne pas faire semblant de les étudier. Or, c'est ce qui arrive quand on se trouve en présence d'un squelette de grammaire.

On objectera le mot d'Horace : *Quidquid præcipies, esto brevis*. Mais n'y a-t-il pas ici une confusion ? L'auteur de l'*Art poétique* parle des règles elles-mêmes, et rien de plus. Il n'exige pas qu'on refuse aux enfants les notions qui leur conviennent et que nous leur demandons parfois, chose étonnante ! sans les leur avoir données.

J'ai déjà dit ce qu'il fallait penser de l'intelligence des enfants. S'il importe de ne pas s'exagérer ce dont elle est capable, il ne faut pas non plus concevoir d'elle une défiance excessive. N'est-ce pas le cas de Mgr Harlez et de M. l'abbé Guillaume ? Je crois qu'on a quelque peu tort de comparer nos enfants à « de pauvres petits esclaves, poussant leur nef à force de rames sur l'océan sans fin de la philologie ».

D'abord, il faudrait citer ces grammaires de philologues, et nous dire ce que peut bien être cet océan sans fin. On n'est pas plus en droit d'exagérer d'un côté que de l'autre et je crois que le P. Verest a raison quand il dit : « Les professeurs doivent être philologues dans leur cabinet, humanistes dans leur classe, » mais encore faut-il qu'ils soient humanistes. Aussi la simplicité d'une grammaire ne semble-t-elle pas incompatible avec certaines notions de science, exigées de tous et partout, et que les enfants sont à même de comprendre et heureux de posséder.

Je passe à l'auteur que je crois le plus en rapport avec notre système d'enseignement, solide et rapide tout ensemble.

APPRÉCIATION DE LA MÉTHODE DE BRELET ET DE SES GRAMMAIRES

Il est difficile d'exprimer la satisfaction qu'on éprouve quand on se met en présence de cet ensemble de grammaires si logiquement conçu, si savamment étudié, conduit d'une manière si parfaite que ces ouvrages, merveilleusement gradués, forment un tout complet cadrant bien avec le programme de nos études. Du reste, j'ai en main le programme de Brelet; or, pour lui comme pour le P. d'Alzon, les études grammaticales, tout en restant fortes et complètes, doivent s'échelonner sur un cycle de trois ans.

L'éminent agrégé, pense avec les professeurs les plus distingués, que l'éducation grammaticale doit avoir pour objet d'accoutumer doucement l'enfant à l'analyse, au raisonnement, et à la généralisation ; il base tout son système sur l'analyse logique. « La méthode, dit-il, que réclame l'enseignement secondaire, avec son groupe de langues diverses se superposant et se pénétrant, est la méthode vraiment élémentaire et pratique qui prend son point de départ dans l'analyse. »

On voit déjà que la grammaire de Brelet ne sera ni Lhomond revu et corrigé, ni une grammaire d'après Lhomond, bien qu'il se soit approprié ce que Lhomond a de meilleur.

Je me hâte de dire, pour ne point effrayer ceux qu'offusquerait cette allure trop rationnelle, qu'aussi ennemi que Lhomond de la métaphysique grammaticale, Brelet ne prend pas toutes les aridités de la logique. L'analyse ne joue pas dans ses livres un rôle tel, qu'elle y prime toute autre étude. Elle est partout à l'état latent. Elle sert de cadre à la Syntaxe; elle a son chapitre propre en tête des règles d'accord et de dépendance, comme en tête des règles de construction des diverses propositions, mais le cadre une fois tracé, elle disparaît pour faire place aux règles usuelles.

Néanmoins, M. Brelet est convaincu et par ses savantes études et par une longue pratique de l'enseignement, que les intelligences auxquelles s'adressent les grammaires de l'enseignement secondaire doivent être non seulement guidées, mais éclairées, et que la mémoire ne retient que ce dont l'esprit s'est rendu compte. Aussi n'y a-t-il pas lieu de s'étonner que ses ouvrages soient à la fois pratiques et rationnels.

Ce double caractère, qui se fait remarquer dans les grammaires de Brelet, fait qu'on se montre très difficile quand on jette les yeux sur toute autre grammaire. Les définitions si complètes, si précises et généralement si nettes, l'ordre si rigoureux et, — ce qui ne se rencontre jusqu'ici nulle part, — l'identité de méthode, de divisions et de définitions pour les trois grammaires française, latine et grecque, donnent aux livres du distingué professeur la première place.

Pour en venir à quelques détails, je dirai que la morphologie de Brelet est fort bien traitée. Rien n'y manque. On peut remarquer chez le P. Sengler ou chez Ragon tel et tel chapitre, ici tout est digne d'attention. Mais où Brelet est sans rival, c'est dans la Syntaxe. Qu'on arrive à l'égaler, j'en doute, mais, à coup sûr, on ne le surpassera pas.

Un mot maintenant sur sa méthode. Trois années paraissent suffisantes à Brelet pour apprendre le latin, mais à condition que le français apporte d'abord un puissant secours à l'étude de la langue de Cicéron et de Démosthène. La confraternité, je dis mieux, la similitude de ces trois langues, qui se complètent et s'enrichissent l'une l'autre, a donné à l'auteur l'idée de ne faire qu'une seule et même grammaire, que les élèves revoient sous une forme nouvelle pendant toutes leurs études grammaticales. On ne peut croire quelle joie éprouveraient nos élèves, quand ils rencontreraient en latin et en grec les mêmes exemples, les mêmes définitions, les mêmes divisions qu'ils ont déjà vus dans la grammaire française. C'est par la grammaire française, en effet, qu'ils doivent débuter. C'est sur elle que doivent reposer les études, non seulement de langues anciennes, mais aussi de langues modernes qui suivront.

Me permettra-t-on d'apporter ici, en faveur de la méthode que je préconise, le résultat d'une petite expérience?

Au dernier examen de Pâques, des élèves de première année de latin, formés avec Brelet, ont montré qu'ils savaient se rendre compte de leur grammaire et raisonnaient fort bien des règles dont leurs camarades de première section ignoraient absolument le mécanisme, tout en possédant parfaitement Lhomond. J'ai même vu un des élèves les plus faibles de 3e section, n'ayant appris les compléments circonstanciels qu'en français, les donner en latin. Un des élèves moyens de cette même section nous a analysé, avec ses seules notions de français, tous les compléments de la grammaire latine, qu'il n'avait bien entendu jamais appris dans cette langue. Enfin, un des plus avancés nous rendit compte de toute la première partie de la syntaxe latine dans un ordre irréprochable.

Bien mieux, le dimanche des Rameaux, une concertation fut engagée entre la 1re et la 3e section sur les adjectifs. La supériorité des plus jeunes fut un triomphe en faveur de la méthode de Brelet, non seulement au point de vue de la manière de formuler les règles et d'en rendre compte, mais encore pour la connaissance des mots et la propriété des termes.

Tous les professeurs des Châteaux assistaient à la joûte entre les partisans des deux méthodes, et n'aurions-nous pas été gagnés à la cause de Brelet, que cette seule expérience eût suffi pour nous convaincre.....

Nous l'avons encore expérimenté : un professeur lisant la grammaire grecque de Brelet est suivi presque page par page par deux autres professeurs ayant en main, l'un la grammaire française, l'autre la grammaire latine du même auteur. A part quelques idiotismes, on peut donc dire que la similitude, j'allais dire l'identité des trois grammaires, est poussée aussi loin que possible.

Mais qu'on me permette, vu l'importance du sujet, de revenir au français. Si, en effet, les études de français sont indispensables pour aborder les langues vivantes, elles le sont encore plus pour les études latines et grecques. Ici, en effet, les désinences de la déclinaison et de la conjugaison n'ont leur raison d'être que pour marquer le rôle grammatical joué par chaque mot dans la proposition. Mais comment attacher ce rôle à des flexions spéciales, si on ne connaît en français et si on ne distingue parfaitement la fonction des divers termes de la proposition, y compris celle des divers compléments?

Aussi demanderai-je, si la méthode de Brelet est

adoptée, que le premier trimestre tout entier, et non pas un mois seulement, soit consacré à l'étude du français. Ce trimestre sera de la sorte une solide préparation aux études subséquentes, car il en livrera la synthèse et l'analyse, et tout ce qui sera appris à ces débuts se retrouvera avantageusement plus tard.

De plus, il est indispensable que ces études de français s'inspirent des méthodes suivies dans l'enseignement du latin et du grec. Si, par exemple, le latin et le grec ont telles ou telles classifications, la grammaire française les adoptera également, dès là qu'elles existent aussi en français. Autant il semblerait déraisonnable d'avoir des grammaires française, latine, grecque, allemande ou anglaise, où la même formule serait torturée pour être adaptée à une langue à laquelle elle ne convient pas, autant il semble peu conforme à une bonne méthode de mettre entre les mains des mêmes enfants des grammaires qui expliquent d'une manière toute différente des questions de morphologie ou de syntaxe ayant dans les différentes langues une conformité manifeste. On doit chercher dans l'enseignement secondaire à simplifier le plus possible les études. Or, l'enseignement uniméthodique des langues, tant qu'il respectera le génie particulier de chacune d'elles, qu'il mettra en relief les ressemblances et les dissemblances, semble une des conditions de progrès rapides pour les élèves.

Il faut ajouter que l'enseignement uniméthodique peut trouver facilement son point de départ dans une partie commune à toutes les langues, mortes ou vivantes, je veux dire l'analyse. De l'avis de Brelet, Riemann, Ragon, et des grammairiens les plus renommés, c'est l'analyse qui doit être la base de l'enseignement grammatical dans l'enseignement secondaire.

On a fulminé jadis contre l'analyse logique. Peut-être a-t-on trop fulminé, car on est revenu depuis à des idées plus justes. Il y a analyse et analyse. Autant il semble fastidieux, inutile, funeste même de faire des analyses qui se perdent dans des divisions infinies, qui vont chercher le fin fond de la pensée, autant l'analyse semble féconde, indispensable, si l'on s'en tient aux grandes lignes, aux classifications générales, aux divisions usuelles.

L'analyse étant la base naturelle et logique de toute étude grammaticale, pourquoi n'en ferions-nous pas comme le trait d'union de nos trois grammaires ? Par elle nous arriverions à la méthode uniforme si désirable pour simplifier l'étude des langues. Et voilà précisément la pensée qui a présidé à la composition des diverses grammaires de Brelet, absolument identiques dans leur ensemble et dans leurs détails.

Pour être complet, je devrais louer la clarté de ces grammaires, leurs tableaux synoptiques, leurs divisions et leurs subdivisions parfaitement raisonnées. J'aime mieux vous entretenir d'une petite expérience faite aux Châteaux, sous forme de repasse, le lundi de la Semaine Sainte. Les huit premiers élèves de première année de latin, qui n'avaient étudié la syntaxe des propositions qu'en français, furent tout étonnés de voir qu'ils connaissaient déjà et avaient comme trouvé d'eux-mêmes toutes les divisions générales de la syntaxe latine, plus la concordance des temps de la proposition infinitive.

Sur la fin de la séance, j'eus l'idée de mettre entre les mains des élèves la grammaire grecque sur laquelle je suivais l'expérience. Ce fut de l'enthousiasme. D'eux-mêmes, les enfants, à qui le grec était absolument inconnu, trouvèrent les différentes règles d'accord et de compléments, signalant même celles qui faisaient défaut en grec. On n'entendait que ces cris naïfs et pleins de surprise : Mais c'est la même chose qu'en français et en latin !

Je ne sais l'impression que les trois grammaires de Brelet produiront sur les professeurs, mais je ne puis taire que les élèves de 1re et de 2e sections des Châteaux ont formé l'innocent complot de mettre Mingasson et Ragon de côté, pour nous obliger à leur donner Brelet.

Somme toute, je ne propose qu'une seule et même grammaire qui sert pour l'étude des trois langues de l'enseignement classique. Il est vrai que le livre pour la classe de 4e et pour les classes supérieures est un peu plus volumineux que nos livres ordinaires, mais qu'on se rappelle bien que c'est la même grammaire que les élèves ont déjà vue en 6e et en 5e, avec quelques remarques et quelques chapitres de plus.

M. Brelet, sachant fort bien qu'il faut toujours du nouveau à l'esprit des enfants et que s'ils apprennent volontiers une leçon nouvelle, ils ne s'appliquent guère aux repasses de leçons déjà vues, a fait de ses *Grammaires Supérieures* un complément de ses *Eléments de Grammaire*, sans rien changer toutefois aux définitions et aux divisions de ces derniers. Ainsi les élèves, sans faire un nouvel effort pour ce qui est essentiel à apprendre, voient s'accroître graduellement leurs connaissances et cela contribue à entretenir en eux le feu sacré. Avouons qu'actuellement nos élèves de 3e année de latin n'apprennent pas plus la grammaire française de Brachet que la grammaire latine de Lhomond, qu'ils sont censés rapprendre indéfiniment, mais dont la monotonie les fatigue et les dégoûte à tout jamais. Dans les ouvrages de Brelet, tout est au contraire gradué ; chaque année, l'élève va de découvertes en découvertes toujours proportionnées à son intelligence, qui se développe et se fortifie en même temps que ses études se complètent.

Je n'ai point à analyser ici chaque grammaire de Brelet prise en particulier, mais il me paraît utile de signaler que la Grammaire française est supérieurement bien faite. En mettant de côté le système uniméthodique dont j'ai signalé les avantages, je ne puis m'empêcher de remarquer que les seuls *Eléments de Grammaire française* sont, à peu de chose près, supérieurs au cours supérieur de Brachet.

Ces remarques sur les trois grammaires, qu'on veuille bien le croire, n'ont pas été faites à la légère. Il y a longtemps que j'ai entrepris ce travail de comparaison. C'est page par page que j'ai opposé les grammaires latines de Sengler et de Ragon aux *Eléments de grammaire latine* de Brelet, et j'avoue que celui-ci ne m'a paru inférieur que sur un point dans la morphologie, je veux dire sur le chapitre des adjectifs. Pour tout le reste, il me semble d'une supériorité incontestable, surtout pour la syntaxe.

On m'objectera peut-être qu'il faut un livre très court. Je ne partage pas entièrement cette opinion, et je crois avec M. l'abbé Ragon qu'il faut définir ce qu'on entend par là. Une langue ne s'effleure pas, elle s'apprend. De plus, je le répète, non seulement les trois grammaires de M. Brelet sont sous tous rapports identiquement les mêmes, mais les *Eléments* des grammaires française et latine n'ont guère que quelques pages

plus que les livres similaires des autres grammairiens.

Maintenant, pour tout dire, je conviens que, dans les débuts surtout, si le professeur se contente de faire réciter Brelet, sans l'expliquer, sans guider les enfants, les résultats pourront bien n'être pas merveilleux ; mais je ne suppose pas que le professeur s'imagine n'être en classe qu'un enregistreur automatique de leçons plus ou moins mal sues.

Cette routine déplorable, là où elle existe, n'aboutit qu'à faire des perroquets et non à développer des intelligences. Ne soyons pas des maîtres de récitation, mais avant tout des maîtres de doctrine.

Donc, ceux qui enseignent commenceront par bien posséder la grammaire qu'ils enseignent ; ils l'étudieront et se l'assimileront. Dès lors, non seulement les élèves comprendront mieux et retiendront plus facilement, mais les traductions seront plus intéressantes. On ne se bornera plus à un simple mot à mot, enrichi d'un français quelconque ; les auteurs serviront à mieux retenir la grammaire.

En résumé, les ouvrages de M. Brelet me semblent devoir donner une force nouvelle à notre enseignement, précisément parce qu'ils exigent quelques légers efforts et de la part de l'élève et de la part du maître, de celui-ci surtout.

Telles sont, dans leur ensemble, les idées que j'ai cru devoir vous présenter. L'enseignement uniméthodique — c'est l'opinion d'un grand nombre de bons esprits, — est appelé à produire des résultats aussi heureux que rapides, et comme aucun auteur, à ma connaissance, ne l'a aussi bien compris que M. Brelet, nos études grammaticales ne peuvent que gagner à accepter ses trois grammaires. Si l'adoption en est décidée, je demanderai du temps pour en arrêter la répartition sur nos trois années de grammaire et exposer plus à fond dans le *Correspondant* la méthode du distingué et savant grammairien.

P. ANASTASE.

L'ENSEIGNEMENT DES SCIENCES

DANS LES ALUMNATS

Ce n'est un mystère pour personne que les sciences ont pris une place prépondérante dans notre société contemporaine. Est-ce un bien, est-ce un mal ? Il ne m'appartient pas de trancher la question. Mais le fait est incontestable. A aucune époque on n'a assisté à une pareille divulgation de la science et notre civilisation moderne n'est en grande partie que le résultat de ses découvertes et de ses applications pratiques.

Le prêtre, qui doit être l'homme de son temps, qui doit en étudier les aspirations, les tendances et les ressources, pour les tourner au profit de la vérité et du bien, n'a pas le droit de rester étranger à ce grand mouvement scientifique. Ce serait se fermer tout un champ d'influence et d'apostolat, aussi bien social qu'individuel. Il doit descendre sur ce terrain et, avec une ardeur au moins égale à celle des simples laïcs, y fouiller les arcanes de la science, sous peine, encore une fois, de se priver, lui et l'Eglise, dont il est le ministre, d'un appoint précieux.

C'est ce qu'ont bien compris les catholiques les plus

éminents de notre époque, et c'est ce qu'ils ont redit à l'envi dans les congrès ou les assemblées privées.

Vous rappellerai-je la lettre si autorisée de Mgr Baunard aux évêques de France, ou le substantiel rapport lu au Congrès national de 1898, à Paris, par M. le chanoine Senderens, directeur des hautes études scientifiques à l'Institut catholique de Toulouse (1)?

Les évêques eux-mêmes ont abondé dans ce sens et plusieurs d'entre eux ont déjà prescrit de profondes modifications dans les programmes scientifiques de leurs séminaires.

Me désapprouverez-vous, si j'affirme que cette question des sciences et de l'influence à exercer par leur intermédiaire doit nous préoccuper plus encore, nous Religieux et membres d'une Congrégation dont le but principal est l'enseignement sous toutes ses formes?

Nous avons, depuis longtemps déjà, une revue scientifique, le *Cosmos*, et nous venons de saluer dans son gracieux berceau une première revue littéraire, le *Mois pittoresque*. Pourquoi ne préparerions-nous pas de loin des collaborateurs à ces revues? Devrions-nous par hasard nous résigner à les voir éternellement rédigées, en majeure partie, par des plumes étrangères?

Vous ne le penserez pas et vous conclurez avec moi de cet état de choses l'impérieuse nécessité de nous intéresser aux sciences et d'y intéresser nos enfants dans une mesure aussi large que possible.

Me permettrez-vous quelques aveux? Trop longtemps peut-être dans nos Alumnats on a traité les sciences comme une quantité plus ou moins négligeable. C'était le résultat d'une situation inévitable sans doute : manque de programme nettement arrêté, de professeurs rompus au métier; tâtonnements du début; insuffisance de temps; mais peut-être aussi, pourquoi ne pas le dire ? préjugé injustifié de l'inutilité des sciences pour un prêtre ou un religieux. D'où cette conviction, trop fréquente chez les alumnistes, qu'il ne valait guère la peine de s'appliquer à cette étude.

Nous parlions autrefois des « séductions » de la littérature pour les opposer aux « aridités stériles » de la géométrie, de l'algèbre et des autres sciences exactes. L'époque, il est vrai, de ces enthousiasmes et de ces dédains par trop exclusifs est déjà lointaine; les idées ont marché depuis et, grâce à l'intervention si heureuse, si féconde du regretté P. Alexis, les programmes ont été mieux fixés, les matières mieux réparties; les hommes compétents aussi sont arrivés et l'on peut saluer le jour où nos Alumnats produiront, sous leur intelligente formation, autant de bons élèves de sciences qu'ils ont déjà produit d'excellents rhétoriciens.

Ne nous le dissimulons pas cependant : le préjugé existe encore et nos enfants ne sont guère éloignés de croire, même à l'heure actuelle, qu'on ne fait de sciences que sur les bancs de la classe et qu'une fois passé le temps des humanités, c'est un fardeau qu'on se hâte de déposer. Je pourrais, s'il en était besoin, vous en donner plus d'une preuve.

Que faire pour remédier à cet état de choses? Je proposerai tout d'abord un moyen bien simple et, je crois, très efficace. C'est de faire aux sciences une large place dans notre estime et notre sollicitude. Il faut qu'à nous entendre parler et qu'à nous voir agir, nos élèves comprennent que nous ne tolérerons aucune

négligence en cette matière; il faut qu'ils se pénètrent de cette pensée : qu'entre les mains et sur les lèvres du prêtre, les sciences peuvent et doivent devenir une source de bon renom pour l'Église, un puissant moyen d'apostolat sur les intelligences.

C'est en conséquence de ces principes que je demanderai à notre cher P. Visiteur s'il ne serait pas juste d'accorder aux sciences une place un peu plus honorable dans le tableau des coefficients. Ne pourrait-on pas au moins les assimiler à l'histoire et à la géographie ?

L'instruction religieuse est affectée du coefficient 4 : c'est juste, car la dignité de la matière lui fait une place à part. Pourtant, au point de vue du travail personnel qu'elles exigent et des difficultés qu'elles présentent, les sciences sont loin d'être au dernier rang. Ils le savent bien ceux qui, pour éviter un labeur trop pénible, se retranchent derrière la phrase consacrée : « *Je n'ai pas la bosse.* » S'il est incontestable qu'on peut n'avoir pas la bosse des sciences, il ne l'est pas moins qu'on n'obtient en cette matière de vrais résultats qu'à la condition d'un travail opiniâtre. Eh bien! ne conviendrait-il pas de tenir compte de cette considération dans le tableau des coefficients?

Continuons. Les sciences étant par elles-mêmes peu attrayantes pour l'imagination, si puissante chez les enfants, il importe d'en rendre l'enseignement aussi intéressant que possible. Cela est facile au moyen des « expériences et de certaines manipulations » qui, bien préparées, réussiront et seront pour l'élève un enseignement vivant et parlant.

Il y a là sans doute un danger pour la discipline et le silence en classe, mais il paraît très possible d'y obvier par certaines mesures préventives, et, d'ailleurs, si le professeur a bien préparé ses expériences, il y a toutes chances pour qu'elles réussissent.

Ne pourrait-on pas aussi, toujours dans le même but de rendre les sciences attachantes pour l'imagination, essayer de constituer peu à peu dans nos différents Alumnats un petit cabinet de physique et un laboratoire de chimie? Les débuts seront humbles, je le veux bien, mais qui sait si, grâce à l'industrie des professeurs et peut-être à la générosité des bienfaiteurs, le grain de sénevé ne deviendra pas vite un arbre? On en peut dire autant de la Botanique et de l'Histoire naturelle. Rien n'est ingénieux comme le zèle, rien n'est fécond comme la persévérance.

Un ancien élève des Frères de Lyon me racontait que son professeur de sciences avait réussi, en mettant à profit la bonne volonté de ses élèves, pendant les promenades du jeudi et du dimanche, à constituer un herbier des mieux fournis, une riche collection d'insectes variés et tout un musée de minéralogie. La flore de la région lyonnaise, une partie de sa faune et les mille variétés de ses minerais et de ses métaux y étaient aussi artistement que scientifiquement classées. Que penser des résultats merveilleux auxquels nous pourrions arriver, nous, en établissant des échanges entre nos maisons d'Europe, d'Asie et d'Amérique?

Qu'on veuille bien examiner cette idée et en retenir ce qu'elle peut avoir de pratique. Il me semble qu'elle pourrait être féconde en heureux résultats (1).

P. Arthur.

(1) Suit le détail de certaines modifications proposées, et dont la plupart ont été acceptées après discussion : on les trouvera aux Conclusions. (T. D.)

LES MOTS LATINS
EN IIIᵉ SECTION DE GRAMMAIRE

On n'apprend les langues que par l'étude parallèle des mots et des règles. C'est un principe devenu banal à force d'avoir été répété. Il est impossible, en particulier, de savoir le latin et le grec, si on ne connaît la grammaire et les mots de ces langues.

Le présent rapport envisage un côté de la question : il va traiter de l'étude des mots, des mots latins et grecs.

Cette étude des mots est-elle vraiment nécessaire ? — Pourquoi et pour qui ? — Et si elle est nécessaire, comment faut-il la faire pour la mener à bien ? telles sont les deux parties de ce petit travail.

I

L'ÉTUDE DES MOTS EST NÉCESSAIRE

Est-il besoin de prouver cette affirmation ? Tout le monde en demeure d'accord. Si je m'y arrête un instant, c'est pour donner un fondement à ce qui va suivre.

La question peut être examinée pour les mots pris isolément, et pour les mots groupés ensemble et constituant ce qu'on appelle des expressions. De là une subdivision dans ce premier paragraphe.

1º Nécessité d'apprendre des mots ;
2º Nécessité d'apprendre des expressions.

I. — NÉCESSITÉ D'APPRENDRE DES MOTS

Il est évident d'abord qu'on ne peut parler une langue, si on en ignore la plupart, ou une partie trop considérable des termes. Si donc nous voulons, ainsi que le demande le programme, avoir dans nos classes des conversations latines, mais des conversations latines variées, instructives, fructueuses, il est nécessaire de savoir, et, par suite, d'avoir appris et retenu des mots latins. C'est une première raison de la nécessité d'apprendre des mots.

Sans la connaissance des mots d'une langue, il est impossible non seulement de converser dans cette langue, mais encore de prendre goût à la lecture des auteurs qui ont écrit dans cette langue. C'est une observation du P. Théophile dans le *Correspondant* d'octobre 1898. « Sans la connaissance des mots, dit-il, toute lecture, en n'importe quel idiome, rebute bientôt par ses obscurités et ses lenteurs. »

En effet, comment s'intéresser aux écrivains, comment s'intéresser à nos admirables auteurs chrétiens en particulier, comment aimer la lecture du Missel et du Bréviaire, si on ne peut les lire sans être arrêté à tout instant par des vocables inconnus qu'il faut chercher dans les lexiques ? Comment prendre plaisir à pénétrer dans le détail des ouvrages littéraires, si on n'entrevoit rapidement le sens général ? Pour cela, il faut s'être préalablement approprié les mots les plus ordinaires.

— Très bien, me direz-vous, mais cette étude est-elle aussi nécessaire aux débutants ? — Je réponds oui sans hésiter, car si on veut que les jeunes latinistes et les jeunes hellénistes s'appliquent de suite sérieusement à la traduction, il faut qu'ils n'aient pas à lutter contre deux choses à la fois : l'ignorance du vocabu-

laire et les difficultés de la construction. C'est une remarque de MM. Bréal et Bailly. « Si les enfants, disent-ils, ne connaissent pas de mots, ils croient bien faire en recourant aux plus gros dictionnaires, et ils se perdent au milieu des significations multiples et différentes qu'ils y trouvent. Alors qu'arrive-t-il ?

Tandis qu'ils cherchent les mots, ils oublient l'ensemble de la phrase : leur intelligence se trouble, et, le plus souvent, ils restent embarrassés dans la mauvaise construction qu'une première vue imparfaite leur avait suggérée. Il faut donc, dès le principe, assurer à nos jeunes alumnistes la possession des mots les plus importants pris dans leur sens propre et dans leur acception ordinaire.

Et puis, n'est-ce rien et n'y a-t-il pas, pour l'enfant surtout, un vif plaisir à sentir qu'il devient maître d'un instrument nouveau pour exprimer ses pensées !...

Il faut donc apprendre des mots ; j'ajoute rapidement qu'il faut apprendre des expressions.

II. — NÉCESSITÉ D'APPRENDRE DES EXPRESSIONS

Pour parler, comprendre et écrire une langue, ce n'est pas assez d'en connaître les termes ; avec les termes tout seuls, on ne parlera ni on n'écrira jamais conformément au génie de cette langue ; il faut, de plus, connaître les différentes façons de s'exprimer, particulières à cette langue.

Chaque langue a, en effet, des expressions qui lui sont propres. C'est ce qu'on appelle les idiotismes. Pour faire entendre, par exemple, qu'une entreprise a réussi, le français dira qu'*elle a été couronnée de succès;* le latin qu'*elle s'est bien avancée, res bene processit.*

Il est certain que ces idiotismes constituent la partie la plus difficile des langues. Rendre sa pensée sous une forme libre, arbitraire, dit l'abbé Reniez, est chose facile avec les mots du dictionnaire et les règles de la grammaire ; mais, quand la langue elle-même a créé pour la pensée une expression propre et que cette expression a été consacrée par l'usage, c'est cette expression qui s'impose à l'écrivain et il doit la connaître.

Pour la connaître, il doit l'avoir apprise, c'est une conséquence logique.

N'est-ce pas faute de connaître ainsi les expressions toutes faites des langues latine et grecque que nos élèves sont accusés de n'avoir rien de latin ni de grec dans leurs compositions latines et grecques ?

Il est donc nécessaire de joindre à l'étude des mots celle des expressions.

Avant de passer outre, je fais immédiatement une petite remarque. Le grec tenant moins de place que le latin dans nos programmes, la nécessité de savoir des expressions grecques est moins grande que la nécessité de savoir des expressions latines ; partant, l'étude des premières sera moins étendue que celle des secondes.

II

MÉTHODE A SUIVRE POUR L'ÉTUDE DES MOTS

Je passe à la question importante : Comment faire pour arriver à posséder sûrement et rapidement les mots ?

Je suppose qu'il n'y a pas chez nous de professeurs qui s'imaginent n'avoir pas à intervenir dans ce travail, laissé au libre jeu de la mémoire de l'enfant. Cette mémoire a besoin d'être aidée et dirigée. Comment cela ? C'est la question.

Certains professeurs se soucient uniquement de faire apprendre les mots contenus dans les exercices, au fur et à mesure qu'on les voit. Il en est qui vont plus loin et en font étudier d'autres, afin que l'élève puisse arriver plus tôt à avoir moins besoin du dictionnaire.

De ces derniers, les uns font apprendre les mots à l'occasion des exercices ; les autres en font une étude indépendante et séparée. C'est cette dernière méthode que j'ai suivie.

Etant chargé « de vous faire un rapport sur ce qui m'a le mieux réussi, en fait d'exercices de mémoire et d'application », je vous dirai d'abord ce que j'ai fait, puis la manière dont je conçois que pourrait être améliorée et perfectionnée la méthode que j'ai suivie.

I. — Je regrette vivement que le P. Albéric ne soit pas là pour présenter lui-même le rapport qui m'a été confié. Ainsi que le faisait remarquer le P. Théophile, nul ne semblait plus désigné que lui pour cela. C'est le P. Albéric qui m'a fait faire ce que j'ai fait comme professeur de 3e section. C'est à lui que je dois ma formation. Je suis heureux de lui exprimer publiquement toute ma reconnaissance.

Je voudrais, dans l'intérêt de notre enseignement, que nos jeunes professeurs trouvassent partout près d'eux des guides comme celui qu'il a été pour moi. Encore un coup, je n'ai fait que suivre ses indications, et si j'ai quelque crainte en vous les rappelant, c'est celle de ne pas exposer assez clairement et assez complètement ses idées.

Dès le début de l'année scolaire, — c'était en 1896-1897, — le P. Albéric me dit son désir de voir mes élèves de 3e section apprendre des mots. Nous n'avions pas de livres ; je commençais par les dicter. Je le faisais au fur et à mesure que les enfants étudiaient les déclinaisons, faisant cadrer les mots avec chaque paradigme.

Le système n'était pas très pratique. Au bout de quelque temps, les enfants se seraient perdus dans leurs cahiers. Il fallait imaginer autre chose. On acheta Bréal et Bailly (*Cours élémentaire*) et on le mit aux mains des jeunes alumnistes de 3e section.

Alors, toujours sur les indications du P. Albéric, je donnais à chaque leçon huit mots à réciter **en suivant l'ordre du livre**, quatre substantifs et quatre verbes. Je me bornais là.

Rien des explications que demandent Bréal et Bailly dans leur préface ! Rien du commentaire ni du dessin qu'appellent des termes comme *stilus, volumen, cœstus, bigœ, pilum !* rien des particularités de la vie antique que servent à faire connaître d'autres mots comme *familia, Penates, census, augur, haruspex, prodigium !* rien des petites leçons d'histoire auxquelles donnent lieu d'autres vocables encore, tels que *gens, patronus, vates !* rien des distinctions entre verbes voisins par le sens comme *ingredior, ineo, invado, penetro !* rien des indications sur le sens et la forme suggérées par les composés d'un même verbe, comme *statuo, constituo, restituo, destituo !* Je reconnais maintenant que c'était bien un peu sec, mais, pour diverses raisons, je ne pouvais faire autrement.

Alors à Arras, me direz-vous, les enfants apprenaient par cœur les listes de mots et ils n'étaient pas rebutés ! Oui, ils apprenaient des listes de mots par cœur et ils n'étaient pas rebutés. Comme le P. Théophile, le P. Albéric ne croyait pas que la méthode fût impraticable avec des enfants comme les nôtres, appliqués à l'étude et désireux d'avancer.

A ce propos, ne cherche-t-on pas trop de nos jours à faire faire les études comme en se jouant, retranchant impitoyablement tout ce qui nécessite un tant soit peu d'effort ? Agir de la sorte, n'est-ce pas s'exposer à ce que les études manquent de solidité et que tout le fruit s'en aille comme il est venu, avec une extrême facilité ? Un sol fortement et profondément déchiré par la charrue est plus fertile qu'un terrain légèrement retourné par le hoyau et seulement à la surface. Une intelligence, une mémoire qui sait se fatiguer à l'occasion sera plus développée qu'une autre à qui on aura diminué et adouci mal à propos le travail et la peine.

Tout progrès nécessite et suppose un effort. Je ne sais si je traduis bien ma pensée. Loin de moi l'idée de vouloir bannir de l'enseignement l'intérêt et l'agrément qui naissent de la variété ; il me semble cependant qu'en pédagogie, comme en toute autre matière, la théorie du moindre effort à faire par les élèves n'est pas toujours la meilleure.

Je reviens à mon sujet. Mais encore, me répondrez-vous, vous stimuliez les enfants de quelque façon ? — Oui !

1° Je ne manquais pas une occasion de leur signaler les avantages qu'il y avait pour eux à savoir des mots. Dans les thèmes, dans les versions, je leur faisais voir combien il y avait peu de termes inconnus, qu'ils fussent obligés de chercher. Et les enfants étaient heureux, et à mesure qu'ils avançaient, c'était une joie plus grande.

2° Si la façon d'apprendre la leçon restait la même, j'essayais de varier presque chaque fois celle de la réciter. Pour les substantifs, un jour je faisais décliner le mot complètement avec des remarques sur les déclinaisons ; un autre jour, je demandais quelques cas à l'improviste et au débotté, ou bien encore je donnais à traduire une petite phrase où se trouvait le mot appris, etc., etc. Pour les verbes, je variais les interrogations à toutes les personnes et à tous les modes.

3° La section était partagée en deux camps. Chaque semaine, le camp vainqueur obtenait trois images ; à la fin du trimestre, chaque élève avait sa part. Bien entendu, les mots latins entraient en ligne de compte.

4° Ainsi que le demande le P. Théodore dans ses remarques sur la manière d'enseigner, il y avait des repasses fréquentes et tous les mois un examen que le P. Albéric faisait toujours passer et pour lequel les enfants avaient à réciter le vocabulaire appris pendant le mois écoulé.

Quant aux exercices d'application, je crois avoir plutôt suivi la routine et reproduit ce qui se fait partout. Ils se bornaient à peu près aux petites phrases dont je parlais tout à l'heure à propos de récitation.

Relativement à l'importance du thème et de la version, le P. Albéric voulait qu'en 3e section on fît plus de thèmes que de versions ; qu'en 2e section on fît autant de versions que de thèmes et qu'en 1re section, on fît plus de versions que de thèmes.

J'ai encore sur ce point suivi ses indications, je veux dire que j'ai fait plus de thèmes que de versions. Quant au reste, écoutez si nous innovions à Arras.

Nous avions comme livre de thèmes *le Petit Élève de Lhomond* DE BLANCHIN (Edition de l'Alliance). J'en ai fait traduire toute la première partie jusqu'à la syntaxe, et de la syntaxe à la fin, tous les thèmes de récapitulation.

Après la correction des thèmes sur la syntaxe, je

donnais toujours un corrigé. On revenait souvent par des repasses sur ces thèmes, si bien que les élèves finissaient par savoir presque par cœur les mots et les règles de chaque phrase.

Blanchin n'a pas de thèmes sur des sujets suivis. A partir de Pâques, j'en dictais quelques-uns, pris dans Edon, dont les enfants suivaient la grammaire.

La correction du devoir faite, les enfants en avaient le corrigé à apprendre comme leçon. Seulement, au lieu de le réciter sans déplacer aucun mot, comme cela se pratique pour les auteurs latins, ils avaient une certaine liberté pour l'ordre des mots.

La repasse des thèmes de phrases et la récitation des thèmes suivis, tels sont les exercices dont j'ai eu le plus à me féliciter.

Pour la version, le P. Albéric voulait que l'on gardât longtemps l'*Epitome*. Il disait, non sans raison, qu'il y avait dans ce livre les termes les plus usuels de la langue latine et que le bien faire connaître, c'était rendre aux enfants le plus grand service, parce qu'ils auraient ensuite à feuilleter moins souvent le dictionnaire. Ai-je besoin d'ajouter qu'ici encore je me suis laissé guider?

Je crois me rappeler que l'*Epitome* a été l'unique auteur latin des enfants jusqu'au mois de mai. De mai à la fin de l'année, les élèves traduisirent le *De Cæsaribus* avec les mêmes exercices que pour l'*Epitome*.

J'allais oublier de dire qu'avec la connaissance que les enfants avaient des mots latins, je pouvais dès janvier leur dicter de petites versions et, qu'à partir de Pâques, ils écrivaient le latin sans presque aucune faute d'orthographe.

Ici c'est la rétroversion qui m'a le mieux réussi en fait d'exercices. Elle me permettait, du reste, de voir ce que les enfants avaient retenu en fait de mots.

Pour les versions dictées, comme d'ailleurs pour les *Thèmes* d'Edon, afin d'éviter aux enfants l'inconvénient de fouiller et de se perdre dans de gros dictionnaires, on leur donnait la traduction des vocables qu'ils ne connaissaient pas. C'était aussi la méthode suivie pour les devoirs du *Correspondant*.

II. — Après réflexion, je trouve qu'on pourrait avantageusement modifier le procédé, en s'inspirant du même principe, puisqu'on continuerait d'apprendre d'autres mots que ceux des textes traduits. Voici rapidement de quelle façon.

Au lieu de faire étudier aux enfants les mots et les expressions **indépendamment** des exercices, je les leur ferais apprendre à l'occasion des exercices, en groupant ces mots et ces expressions tantôt d'après le sens, tantôt d'après l'étymologie pour la variété et l'agrément.

Par exemple, si je traduisais cette phrase de saint Ambroise : « *Non prætereamus etiam sanctum Laurentium, qui, cum videret Xistum, episcopum suum, ad martyrium duci, flere cœpit, non passionem illius, sed suam remansionem.* » (*De Officiis Ministrorum, XLI.*) A propos de *prætereamus*, je ferais apprendre aux élèves les composés et les dérivés du verbe *ire* (*Mots Latins, cours intermédiaire*, p. 32); à propos d'*etiam*, je leur ferais apprendre l'étymologie et un autre dérivé *etenim* (p. 33). A propos de *sanctus*, je remonterais à l'étymologie *sancio* et m'arrêterais au dérivé *sanctitas* (p. 104); à propos de *videret*, nous verrions tous les verbes qui se rattachent à l'idée de voir (p. 32), avec les différentes nuances de ces synonymes. Si les mots à

apprendre réclamaient quelques explications relatives à l'histoire, à la géographie, à la vie des peuples, je ne manquerais pas de les donner, avec mesure toutefois.

Rattacher ainsi aux exercices l'étude des mots groupés d'après le sens, ce serait mettre en pratique le conseil du P. Théophile, dans son article sur l'étude du grec. « Au lieu d'apprendre à la suite et page par page les mots qui se trouvent dans le recueil de Bréal et Bailly, j'aimerais mieux, dit-il, relier telle famille de mots à apprendre à tel mot de la version ou du thème qui vient d'être corrigé. C'est toujours une question de mémoire, mais cela paraît moins mécanique. »

D'autre part, l'étude des mots rangés d'après l'étymologie n'est pas moins intéressante ni moins fructueuse. C'est celle que, dans les lettres qu'ils m'ont envoyée, préconisent les PP. Sébastien et Hubert.

Je viens de parler des enfants. Pour cette étude des mots, je voudrais qu'ils eussent entre les mains les *Cours élémentaire et intermédiaire* de Bréal et Bailly. Le *Cours supérieur* serait réservé aux seuls professeurs.

Le P. Lefèvre et le Fr. Cyprien, qui m'ont d'ailleurs soumis d'excellentes idées, sont partisans de cahiers que les alumnistes feraient eux-mêmes, mais j'ai quelque peine à me ranger à cette manière de voir (1). Des cahiers à faire, cela prend d'abord beaucoup de temps. Puis quel ordre suivre dans ce cahier! et même une fois un certain ordre adopté, quelle peine pour le poursuivre! On n'arriverait, je le crains, qu'à avoir des cahiers mal faits, dont l'élève serait le premier à se rebuter. Il n'y a pas à craindre le même inconvénient avec les livres de Bréal et Bailly, parce qu'ils sont bien ordonnés.

Pour les expressions à retenir, le cahier me sourirait assez, mais je lui préférerais encore un manuel bien fait, comme la *Phraséologie latine* de Meissner ou les *Décades latines* de Batiffol, quoique ces ouvrages soient peut-être un peu forts pour des grammairiens.....

Jusqu'ici, je n'ai, pour ainsi dire, parlé que du latin. Il va de soi que, pour unifier les méthodes, je suis pour le même système, s'il s'agit du grec.

Person, à la fin de sa préface aux exercices de traduction et d'application sur les mots latins, propose de faire dire de mémoire, à côté du mot latin, le mot correspondant dans le vocabulaire grec. « Les mots latins et grecs se prêtent ainsi, dit-il, un mutuel secours; ils s'apprennent les uns par les autres avec une certaine rapidité, et la comparaison ne manque pas d'intérêt. »

Je n'ai pas besoin d'ajouter qu'en grec aussi bien qu'en latin, il faudrait bien se garder de surcharger les enfants, sous prétexte d'aller plus vite. « A vouloir trop apprendre d'un coup aux élèves, disent Riemann et Goelzer, on risque de les fatiguer et de les rebuter; surcharger l'esprit, n'est pas le moyen de l'instruire. »

Je passe bien vite aux exercices d'application, en tâchant d'être le plus bref possible.

Person a adapté de ces sortes d'exercices aux *Mots latins et grecs* de Bréal et Bailly. On dit qu'ils ne sont pas intéressants et qu'ils ne font pas aux idées chrétiennes une assez large part. C'est vrai, mais on peut les modifier, tout en les imitant. Plusieurs professeurs m'ont écrit qu'ils le faisaient. On pourrait faire avec ce livre des exercices oraux en classe et par écrit en étude.

---

(1) C'est la méthode pratiquée avec succès chez les PP. Jésuites et dans bien d'autres établissements. (T. D.)

Un autre exercice bien profitable, ce sont les **extemporalia** dont parle le P. Théophile dans son article sur le grec. Le professeur dicte en français et l'enfant écrit, séance tenante, en latin ou en grec.

Le Fr. Cyprien recommande particulièrement la **concertation hebdomadaire**. Voici en quels termes il en parle : « La classe est divisée en deux camps : chaque élève a son émule. La veille, chacun a à préparer des phrases sur les mots étudiés. Au moment de la concertation, le premier élève dit sa phrase à son adversaire, qui doit sur-le-champ la traduire. La concertation intéresse beaucoup les enfants, et ainsi ils étudient les mots avec enthousiasme.

Enfin, il y a la conversation, exercice assez semblable à la concertation, et lui aussi très fructueux. Je ne parle ici que de la conversation latine ; il serait plus délicat de proposer la conversation grecque.

Je ne cache pas qu'ainsi modifiée, la méthode ébauchée à Arras demande beaucoup de bonne volonté, d'esprit de suite et de persévérance ; mais combien n'unifierait-elle pas notre enseignement, si elle pouvait être adoptée et mise en pratique partout ! Je me hâte de dire que, ne l'ayant pas mise en pratique, je ne la propose que pour éveiller des idées, sachant bien d'ailleurs que la théorie et la pratique diffèrent souvent du tout au tout.

Mais c'est trop abuser de votre attention : si le moi est toujours haïssable, il a dû l'être ici d'autant plus qu'il s'est trouvé sur des lèvres moins autorisées. Veuillez excuser cette nécessité de mon sujet.

En résumé, qu'on attache dans nos Alumnats une plus grande importance à l'étude des mots. Si la connaissance du latin et du grec a baissé de tous côtés, c'est que celle des vocables a partout diminué. Voulons-nous ne pas avoir à déplorer le même abaissement dans nos maisons ? Faisons la place large à l'étude du vocabulaire. Pour cela, ayons une méthode.

Ne nous contentons pas de faire apprendre les mots des exercices, mais à l'occasion des exercices, enrichissons la mémoire de nos enfants de mots nouveaux s'adaptant aux premiers et les complétant heureusement. Ainsi les préparerons-nous à lire avec fruit tout ce qui s'est écrit et tout ce qui s'écrit encore en latin.

P. EUBERT.

ANALYSE GRAMMATICALE ET LOGIQUE
USAGE ET ABUS

THÉORIE DE L'ANALYSE — SES EXCÈS

La théorie de l'analyse grammaticale n'offre pas de difficultés.....

Pour que les exercices d'analyse logique produisent leurs fruits, il faut que la théorie soit mise à la portée des enfants et que les dénominations employées expriment clairement ce qu'elles représentent, sous peine de dérouter l'esprit et de l'égarer.

La théorie de l'analyse logique doit être simple ; des considérations abstraites sur la nature des idées et du jugement, sur les opérations de l'intelligence, ne doivent pas sortir du domaine de la pure logique.

Les notions plus simples de sujet, de verbe et d'attribut logiques, et l'analyse de ces trois termes ; les rapports des propositions entre elles dans une même phrase : c'est tout ce que peuvent porter des intelligences d'enfants. C'est dans ces exercices surtout qu'il faut appliquer le principe de toute bonne pédagogie : aller du simple au composé, donner peu de principes, mais en faire de nombreuses applications.

Un autre défaut aussi funeste, qui rend stériles pour les enfants les exercices d'analyse, ce sont les dénominations arbitraires, vagues et peu significatives. Certains traités sont vraiment déplorables sous ce rapport. Les mots techniques qu'ils emploient pour désigner les choses les plus simples constituent tout un jargon grammatical, incompréhensible même aux grandes personnes ; comment les enfants débrouilleraient-ils ce chaos ? Le plus fort, c'est qu'on prétend dans ces traités donner aux enfants des idées claires.

Souvent ces dénominations prises absolument sont contradictoires : sujet simple et complexe, multiple et incomplexe. Que dire de celles-ci : propositions directes, indirectes, inverses, pleines, explétives, explicites, implicites, etc. ? Ces notions subtiles ne constituent-elles pas pour les enfants une véritable torture de l'esprit ? Ce sont des énigmes aussi inintelligibles pour eux que les expressions techniques de la langue médicale ou philosophique.

La solidité de l'édifice grammatical et une bonne méthode d'analyse ne semblent pas réclamer un échafaudage aussi monstrueux d'expressions singulières et obscures. Si le sujet est simple ou multiple, complexe ou incomplexe, l'analyse elle-même du sujet et de ses compléments ne le montrera-t-elle pas assez clairement ? Si la proposition est directe ou indirecte, pleine ou elliptique, explétive, explicite ou implicite, ne suffit-il pas pour l'analyse de signaler les inversions, les pléonasmes et autres particularités de la proposition ?

Est-il toujours nécessaire de décomposer le verbe attributif en verbe être et en attribut ? Certains logiciens n'admettent que deux termes dans la proposition, faisant entrer le verbe dans l'attribut.....

EXERCICES D'ANALYSE ET LEURS VARIÉTÉS

Les exercices d'analyse doivent être variés et intéressants. Pour qu'ils aient ces qualités, il faut d'abord choisir des textes latins ou français que les enfants expliquent ou apprennent par cœur. Des textes choisis uniquement pour l'analyse n'intéressent que médiocrement les élèves, et ils n'en retirent pas le même profit, puisque ces textes ne passent qu'une fois sous leurs yeux.

Le système des phrases détachées est monotone et fastidieux. Il ne faut s'en servir qu'avec réserve, quand on veut faire faire des applications particulières et plus difficiles. Des morceaux suivis plaisent toujours plus aux enfants.

Il faut alterner les exercices d'analyse avec les exercices de synthèse. Ces derniers sont plus difficiles, parce qu'ils réclament une certaine invention. Ils sont pour le professeur un moyen de s'assurer si les principes d'analyse ont été bien saisis. Ils constituent de petits exercices de style, intermédiaires entre l'analyse et la composition proprement dite.

Un autre moyen de varier utilement ces exercices, c'est le système des phrases défectueuses à corriger, françaises, latines ou grecques. On fait rendre compte de la correction. Par exemple : « Quelque chose que nous avons dit, ne le soutenons jamais, si nous venons à en découvrir l'erreur. » *Quelque chose* signifie ici *quelle que soit la chose* laquelle nous avons dite; il faut corriger en conséquence.

Dans ces phrases doivent être visées les fautes que commettent le plus ordinairement les enfants en conversation.

GRADUATION DE L'ANALYSE GRAMMATICALE ET LOGIQUE

Les alumnistes nous arrivent des écoles primaires avec des notions d'analyse à peu près nulles. Il faut d'abord les exercer à l'analyse grammaticale.

Elle comprend deux degrés. Le premier consiste à indiquer l'espèce et la forme des mots; le second y ajoute les fonctions grammaticales.

Pour les fonctions des mots, on ne fait analyser d'abord que les plus simples et les plus faciles. Les espèces du complément circonstanciel étant assez nombreuses, on ne demande que les principales, celles qu'il faut connaître pour l'étude du latin.

Les propositions secondaires doivent être analysées d'abord comme des propositions simples. Les conjonctions n'entrant pour rien dans la formation des parties logiques de la proposition, on se contente de les analyser grammaticalement.

Avant d'aborder l'analyse de la proposition composée, l'élève doit être initié à toutes les particularités de la proposition simple. Il doit connaître la construction logique et la construction grammaticale de la proposition, les figures de grammaire, l'inversion, l'ellipse, le pléonasme. Il doit savoir distinguer les différentes espèces d'articles simple, partitif et indéfini. Les professeurs des basses classes savent par expérience les difficultés que présentent aux débutants des phrases comme celles-ci : *Donnez-moi du pain.* — *Achetez-moi des livres.* Ou encore : *Un général qui n'aurait qu'un soldat serait un bien pauvre général.*

Quand toutes ces questions sont élucidées, l'enfant peut aborder l'analyse de la proposition composée, où il rencontre des difficultés plus sérieuses. Les propositions circonstancielles sont les plus difficiles à spécifier; elles présentent les mêmes difficultés que le complément circonstanciel dans la proposition simple. Il faut donc en réserver l'analyse pour la fin. On fera d'abord reconnaître les propositions principales et complétives, puis les propositions relatives, déterminatives ou explicatives, et enfin les propositions circonstantielles.

La série de ces exercices se termine par une étude des particularités de la langue française, des gallicismes, en les comparant, quand il y a lieu, aux latinismes correspondants.

Ces exercices peuvent se prolonger aussi longtemps que dure l'étude des grammaires, jusqu'en première section. Il reste toujours des difficultés d'analyse qu'on n'a pu éclaircir dans les classes inférieures. La syntaxe grecque renferme des difficultés particulières qui peuvent faire l'objet d'exercices nouveaux.

« Qui sait parfaitement décomposer sa phrase, sait parfaitement sa langue, » dit un grammairien (Napoléon Landais). « La parfaite connaissance des parties de la phrase, ajoute-t-il, est un flambeau qui répand, non pas seulement des rayons, mais des éclats de lumière sur toutes les parties de la syntaxe, et en particulier sur l'arrangement et la disposition des mots, cet objet si important et d'où naissent la clarté et l'harmonie, nous avons presque dit, les seuls charmes du style. »

Les incorrections et les incohérences de style, qu'on remarque quelquefois dans les copies des élèves les mieux doués, s'expliquent moins par l'absence d'attention et de réflexion que par le manque de cette formation de l'esprit par l'analyse.

La logique est dite la clé de la philosophie ; l'analyse, qui est comme la logique des enfants, est pour eux la clé de la science grammaticale.

TRAITÉS D'ANALYSE

Après avoir examiné divers traités d'analyse, le P. Albert ajoute :

Principes d'analyse et de composition, par LEBAIGUE.

Ce traité joint aux avantages des traités précédents d'autres plus grands encore.

Il est divisé en trois parties : 1º Principes d'analyse logique; 2º Petit traité de composition ; 3º Exercices de style et de composition.

Dans la première partie, on trouve un exposé clair et succinct des principes d'analyse logique avec des exercices variés et intéressants d'analyse et de synthèse. Ces exercices, extraits des meilleurs auteurs, peuvent être appris par cœur comme morceaux choisis. Cette première partie se termine par une leçon théorique et pratique de ponctuation.

La deuxième partie forme un petit traité élémentaire de composition.

Les exercices lexicologiques, la grammaire, les exercices d'analyse et de synthèse ont appris à l'enfant à écrire une phrase correcte, et à exprimer clairement des pensées isolées. Il est temps de lui montrer comment on peut enchaîner toutes ces pensées selon les lois du jugement et du bon goût. C'est le travail de la composition proprement dite, à laquelle doivent tendre tous les exercices qui constituent l'enseignement d'une langue.

Sans doute, les premiers essais de l'enfant seront très modestes, et la matière de ses premiers exercices d'élocution sera très simple. Chez ses parents, ou à l'école de son village, il a vu et entendu bien des choses, il a peut-être beaucoup lu. Il possède aussi des connaissances d'histoire incomplètes et peut-être fausses. Les exercices de style permettront au professeur de redresser ses idées fausses, tout en ne paraissant s'occuper que de la formation du style.

Rien n'empêche du reste de lui faire faire de temps en temps une petite excursion en dehors du cercle de ses connaissances. Le développement de ses facultés intellectuelles ne peut que gagner à s'exercer sur des sujets nouveaux. L'essentiel est que la tâche ne soit pas disproportionnée à ses forces.

Ces exercices, pour être fructueux, réclament de la part du professeur une direction et une méthode. Il peut se contenter d'enseigner les principes élémentaires de la composition par la correction des devoirs français. Les copies des élèves, avec leurs imperfections nombreuses, leurs infractions aux règles de la grammaire et aux lois du bon sens et du bon goût, lui fournissent bien des occasions de formuler des remarques sur l'art de bien écrire et de bien dire. Il faut toutefois que l'élève comprenne clairement les observations du professeur. Ces expressions : transitions, disposition des idées, naturel dans le style, emphase, n'offrent pour lui qu'un sens vague, s'il ne les a pas vues définies et expliquées dans un auteur quelconque. Des leçons préliminaires de style s'imposent donc au début des exercices de style, et sont aussi nécessaires que la grammaire pour l'étude d'une langue. Un petit traité de style sera aussi un guide précieux pour la lecture des auteurs expliqués et analysés par le professeur.

Le *Petit traité de Composition* de LEBAIGUE possède toutes les qualités d'un livre élémentaire. Il est remarquable par sa clarté, sa méthode et sa simplicité. Les principes de la composition française y sont énoncés dans l'ordre des trois parties essentielles de la composition : invention, disposition et élocution. De nombreuses applications viennent à l'appui des préceptes.

Ce traité est suivi de plusieurs leçons courtes et pratiques sur la traduction des vers français en prose, la lecture expliquée, la correction des devoirs, et la versification française.

La troisième partie de l'ouvrage renferme des exercices de composition adaptés à la méthode de style. Ils comprennent trois séries d'exercices. La première série donne la matière, l'étude, le plan et le développement du sujet. La deuxième donne de nouveaux exercices, sans le développement. La troisième ne fournit que la matière, et laisse à l'élève le soin d'étudier lui-même le sujet, d'en trouver le plan et le développement.

Ce recueil d'exercices est plus approprié à l'enseignement secondaire des classes de grammaire que les autres recueils de ce genre. On peut en juger par ces titres d'exercices : *Le Naufrage du Kent*, narration ; *Les Quatre Saisons*, dialogue entre quatre élèves ; *Le général Desaix à sa sœur*, lettre ; *Un épisode de la guerre d'Afrique*, narration.

P. ALBERT.

VITE ET BIEN

MÉTHODE SUIVIE A MONTFORT
POUR L'ÉTUDE DU LATIN

La vie, la vraie vie, qu'est-ce autre chose que le mouvement ? Seuls les êtres notoirement médiocres qui n'ont de la vie que les superficielles apparences n'évoluent pas, irrémédiablement fixés qu'ils sont par leur imperfection volontaire dans l'ornière où tout d'abord ils se sont laissés choir pour y croupir.

Si notre enseignement est informé d'une vie réelle et point seulement factice, il doit aller en se perfectionnant chaque année. Du reste, j'insiste inutilement sur ce point, puisque c'est dans ce but que nous sommes réunis.

Je commence donc mon travail sur la méthode la plus rapide d'apprendre le latin et particulièrement sur la marche à suivre, d'après l'abbé Viot, en donnant quelques aperçus généraux sur ce mode d'enseignement des langues mortes.

Tout le monde convient que les résultats dans l'acquisition du latin sont en disproportion avec le temps qu'on y consacre. Envoyez un jeune homme intelligent et studieux en Allemagne, je suppose, il en reviendra deux ans après, s'il n'a pas employé ses heures à

arpenter les boulevards, capable de causer aisément et correctement, et de lire les auteurs même difficiles.

Dira-t-on que l'étude de l'allemand est moins ardue que celle du latin ? C'est là une opinion qui ne dépasse pas les limites de la probabilité.

Il y aurait donc une méthode à suivre pour l'acquisition du latin, qui devrait quelque peu calquer celle employée dans les langues vivantes, d'autant plus que certains voudraient de nos jours faire revivre cette langue pour l'usage universel et qu'on va jusqu'à fonder, en Amérique par exemple, des journaux rédigés en latin, comme le *Prœco Latinus*.

Sans avoir cette prétention de rajeunir ainsi de plusieurs siècles cette vieille langue, nous pouvons bien dire qu'elle n'est pas morte à la façon de l'hébreu, je suppose, surtout pour un prêtre qui doit s'en servir dans ses études supérieures et les offices religieux.

Quand j'étais à Rome, j'ai remarqué que les Français parlaient latin d'une façon déplorable. Je n'entre pas dans la question de l'accentuation, qui tient à une sorte de vice d'origine, mais je veux parler de la facilité d'élocution.

On se souvient encore des rires moqueurs provoqués chez les étrangers par la façon embarrassée avec laquelle certains s'exprimaient, et une preuve que des hommes même éminents éprouvaient ces mêmes difficultés, fruits de notre éducation, c'est que M. Ollé-Laprune, invité par le P. Lepidi à dire quelques mots aux nombreux disciples de la Minerve, s'excusa de ne pouvoir s'expliquer convenablement en latin.

Dira-t-on que les Français ont moins d'aptitudes pour les langues ? C'est une thèse assez à la mode. Mais ce qu'on caractérise de manque d'aptitudes n'est souvent qu'un résultat de l'indifférence. Il y a d'autres causes. D'abord cette opinion injustifiée, que le latin ne doit pas s'apprendre comme une langue vivante.

Quel est, en effet, le but qu'on se propose en étudiant une langue, sinon de la parler et de l'écrire ? Le dictionnaire n'est qu'un moyen, un instrument qu'il faut remplacer le plus possible par la mémoire.

Je vais plus loin. Le dictionnaire est-il un moyen efficace de retenir des mots ? L'expérience nous montre le contraire. On ne retient, en effet, que ce que l'on cherche à retenir par des efforts réitérés ; or, les enfants habituellement n'ont en vue que la nécessité actuelle de tel terme. L'expression une fois choisie, ils s'empressent de l'oublier.

Ma première conclusion est donc celle-ci : habituer les élèves à ne consulter le dictionnaire que de temps en temps, afin d'activer la marche du travail, et comme corollaire : apprendre le plus de mots possible.

Or, pour apprendre les mots qui sont les canaux des idées, deux voies peuvent être employées :

1° Faire étudier des séries de termes plus ou moins heureusement groupés, — c'est la méthode Bréal et consorts.

2° Apprendre les mots dans les auteurs, mais d'une façon spéciale, comme dans Viot. Je n'insisterai que sur cette deuxième méthode, le P. Eubert ayant consciencieusement examiné surtout la première.

Que prétend l'abbé Viot ?

Faire apprendre des mots et de bonnes expressions latines, sans parcourir des colonnes du dictionnaire, où l'on ne trouve que des tournures isolées, sans lien, séparées de leur contexte ; les faire apprendre dans le texte même que l'on traduit. Pour cela, ne jamais passer d'un chapitre à un autre sans s'être assuré au préalable que les élèves le possèdent parfaitement, car il ne suffit pas d'avoir traduit pour savoir; ce n'est là que le premier pas.

Quand la traduction juxtalinéaire est achevée, les enfants apprennent par cœur ce texte, qu'ils récitent. Puis le professeur reprend chaque membre de phrase, que les élèves répètent et traduisent successivement. Si l'un hésite, on passe au suivant. Rien ne met plus de vie dans la classe que ce genre d'exercices. Après avoir épuisé le sujet, on le reprend en français et les élèves traduisent en latin.

Puis, lorsque le texte est possédé à fond, alors on fait des phrases plus libres, on change l'ordre des mots, les temps des verbes, la tournure des propositions.

L'avantage de cette méthode est d'habituer l'intelligence à n'être pas routinière; de plus, elle permet de substituer aux longs exercices passifs et ennuyeux des exercices actifs qui développent la réflexion. Avec cette méthode, on ne se contente pas, suivant un mot de Montaigne, d'emmagasiner des fourgons de connaissances, mais on apprend bien, on digère, on revoit cinq ou six fois les mêmes choses, qui finissent par se graver dans la mémoire et que l'intelligence s'assimile sans effort.

En résumé, la méthode Viot comprend quatre exercices.

Le premier présente aux élèves un texte latin assez court dont on fait en classe la traduction littérale avec le français.

Le 2e consiste à faire apprendre ce texte par cœur aux élèves.

Le 3e comprend la traduction littérale alternative par fragments de phrases, soit en français, soit en latin, comme je l'ai dit plus haut.

Le 4e est la conversation latine proprement dite, mais sur le texte appris et expliqué.

Il est bien entendu que les explications au point de vue de la grammaire ne sont nullement négligées.

Ma persuasion est qu'en procédant ainsi, on arriverait à savoir passablement le latin en moins de cinq ans et qu'il serait loisible de consacrer plus de temps au grec, de façon à le posséder moins superficiellement.

Cette méthode d'apprendre le latin comme une langue vivante n'est pas nouvelle et nous avons pour nous l'exemple du moyen âge. Il a fallu les rhéteurs de la Renaissance pour nous doter de notre déplorable méthode actuelle. Au moyen âge donc et jusqu'au xvie siècle, on apprenait le latin déjà avec des listes de mots. Je puise ces détails dans un ouvrage allemand du docteur Paulsen.

Ces listes étaient sues par cœur et l'on composait des dialogues comme ceux des Pères Jésuites. Dans les écoles, il était interdit de se servir d'une langue autre que le latin. Or, les documents nous disent que, grâce à cette étude, on arrivait à manier le latin non seulement par écrit, mais de vive voix. Sans doute, certains termes n'étaient pas de la haute élégance, plusieurs étaient inventés. Du reste, on affectionnait davantage les Pères de l'Eglise que les païens et l'on recherchait moins dans les auteurs le style que les idées qui y sont traitées. N'est-ce point le principal ?

Pourquoi ne se contenterait-on pas (cette opinion n'attirera peut-être des critiques), de former la plupart des élèves à parler et à écrire correctement le latin et ne laisserait-on pas à quelques-uns, qui auraient un attrait spécial, le soin de devenir des humanistes consommés, désireux avant tout de la forme? Ce serait une vocation. Pourvu que l'ensemble des élèves puisse comprendre les Pères de l'Eglise, les consulter pour les sermons, les controverses, cela ne suffit-il pas?

En un mot, il ne faudrait pas que notre latin fût purement académique, bon tout au plus à composer un discours ou une pièce de vers dans quelque occasion solennelle, mais que nous visions un peu au pratique, c'est-à-dire à l'intelligence de nos auteurs chrétiens, de notre bréviaire, avec la facilité de parler dans un cours de philosophie ou de théologie. Le reste, c'est-à-dire la culture exagérée de la forme, doit, à mon avis, être le fait d'un petit nombre d'esprits d'élite qui seront encore en assez grand nombre pour faire honneur à l'Eglise.

Le mal est de vouloir que tous les élèves se ressemblent; mais alors c'est la monotonie et l'ennui forcé et, de plus, on se heurte à une complète impossibilité et à une perte de temps considérable.

En résumé donc, on devrait donner une plus grande place aux exercices actifs et, de ce chef, il serait désirable que les classes fussent plus nombreuses; au lieu d'en avoir deux, on en mettrait trois d'une heure et demie.

Ces exercices se feraient de deux façons :

1º Sur des listes de mots, par phrases détachées ou par texte suivi; tantôt ils seraient oraux, tantôt écrits sous la dictée du professeur et directement sans grammaire, ni dictionnaire.

2º Ils se feraient sur un texte précédemment traduit avec le dictionnaire et suivant une méthode analogue à celle de l'abbé Viot.

Pour toutes ces études, le Bréviaire et le Missel sont-ils suffisants? C'est une opinion qui a été, il y a quelques années, soutenue ici par un homme d'autorité qui devait développer sa thèse dans la tribune toujours grande ouverte du *Correspondant*. Il n'est pas encore trop tard, mais je ne voudrais pas aborder cette question, ni moissonner dans le champ d'un autre dont la parole a plus de créance que la mienne.

Le P. Ernest ne me contredira pas. Sur ce point, nous n'avons qu'à attendre très patiemment le résultat de ses conclusions, que l'on connaîtra, j'espère, avant quelques années.

En attendant, je me borne à formuler deux desiderata qui ne sont pas irréalisables.

Pourquoi, dans les Alumnats, ne se servirait-on pas du texte du Concile de Trente comme livre de traduction dans la dernière année de grammaire par exemple?

2º En second lieu, pourquoi n'aurions-nous pas une édition classique des passages intéressants tirés des Encycliques de Pie IX et de Léon XIII? Ce serait un excellent moyen d'initier les enfants aux grandes questions modernes traitées si magistralement dans les Encycliques. Quant au style, il ne laisse rien à désirer, ce semble. Ce ne serait pas un livre de grammaire, mais d'humanités et, à cet âge, les jeunes gens saisiraient mieux les points traités.....   P. DENYS.

Imp. du Petit Alumniste, Miribel-les-Echelles (Isère). 250. — Avril 1899, 43. — Petitclaude, Gérant.

LE CORRESPONDANT DES ÉTUDES

BULLETIN MENSUEL

RÉDIGÉ PAR LES PROFESSEURS DES ALUMNATS

SOMMAIRE

AVIS

—>∗<—

RETRAITE ET RÉUNIONS DES SUPÉRIEURS

Afin que les supérieurs puissent dès maintenant prévoir les mesures à prendre en vue de l'absence occasionnée chaque année par la retraite et la tenue des réunions, le T. R. P. Picard me charge de les informer que la retraite des supérieurs s'ouvrira à Livry, le mardi soir 27 juin, en la Fête du Très Pur Cœur de Marie, pour se terminer le dimanche 2 juillet, fête de la Visitation.

C'est donc sous le regard et les auspices de la Sainte Vierge, que se commenceront et s'achèveront ces jours de grâce, dont l'heureuse influence se fera sentir pendant tout le cours de l'année. Aussi ne saurait-on trop recommander aux maîtres et aux élèves d'en assurer le succès par leurs prières.

Les réunions dureront quatre jours pleins, du lundi 3 au jeudi 6 juillet.

Elles auront principalement pour objet, la révision des conclusions formulées à Pâques par les professeurs, et l'examen de la première partie du Coutumier des Alumnats, parue dans le *Correspondant* à la suite du vœu exprimé aux dernières réunions de 1897. Le P. Henry, auteur de ce travail, réunira en quelques feuilles imprimées les points spéciaux qui semblent devoir attirer plus particulièrement l'attention et qui lui ont déjà été ou lui seront signalés dans le délai d'un mois au plus tard. Ainsi la discussion, au lieu de marcher au hasard, se portera sur les points les plus nécessaires. Que chacun veuille donc bien revoir cette partie du coutumier et noter les observations qu'elle lui suggèrera.

En dehors de ces deux questions, le T. R. P. Picard a jugé bon d'assigner aux divers supérieurs des études spéciales qui feront l'objet d'un rapport particulier.

Ces travaux sont mentionnés ici pour faciliter l'entente et les communications désirables entre supérieurs et professeurs des diverses maisons.

P. Edouard. — Rapport sur les renvois des enfants. Série d'expériences qui semblent apporter un élément plus décisif à la solution d'une question si grave et si complexe, particulièrement en ce qui concerne les enfants n'ayant que des marques négatives de vocation. Intelligence jointe au mauvais esprit, à la dissimulation, à l'absence de piété, etc. Ce qu'il y a à faire suivant les diverses situations.

P. Henry. — Révision du coutumier. Les pénitences envisagées comme sanctions dans les Alumnats.

P. Alype. — Deux questions : 1° Moyens d'émulation et très spécialement les certificats et diplômes soit d'élève de grammaire, soit d'élève d'humanités. Utilité de ces diplômes et certificats. Leur forme. Y a-t-il lieu de les établir comme une mesure générale ? — 2º Les livres de lecture. Choix de ces livres. Comment les répartir pour les diverses classes de grammaire ?

P. Théodore.— Questions matérielles, en particulier les bulletins envisagés comme moyens de ressources. Zônes de propagande. Dans quelle mesure accepter des annonces et lesquelles? Achats. Assurances. Hygiène, etc.

P. François. — Conférences intéressantes à l'alumnat de grammaire : quand les faire et quels sujets choisir? Séances instructives (pas nécessairement récréatives). Projections, graphophones, etc.

P. Augustin. — La méditation et la lecture spirituelle : but commun de ces deux exercices, malgré la diversité de leur forme. Choix des sujets et manière de les traiter.

P. Borromée. — Moyens de maintenir et de développer la vie intellectuelle chez les religieux dans les alumnats. Bibliothèques roulantes. Echanges de livres. Abonnement aux revues pédagogiques et aux publications théologiques ou littéraires. Ne serait-il pas opportun d'établir un budget fixe qui représenterait un minimum de livres à acheter chaque année pour la bibliothèque des religieux et pour celle des enfants dans chaque maison ?

P. Benoit-Labre. — Cas de conscience dans les alumnats. Manière de les tenir. Sujets à traiter de préférence. Serait-il possible de s'entendre avec Livry, qui imprime déjà les cas de conscience discutés au noviciat, pour traiter les mêmes questions dans les autres maisons et recevoir un peu plus tard les solutions données par les religieux de Livry ?

P. Julien. — Améliorations à apporter au plan d'études de Montfort tant au point de vue de la durée des études que de leur organisation.

Ascendat en Humanités

Il me revient de divers côtés que les notes de l'examen de Pâques, — je parle de la première section de grammaire — n'ont pas encore été envoyées aux supérieurs d'humanités.

Faut-il rappeler à ce propos le texte du programme ? (page 26) « A Pâques, les supérieurs de grammaire enverront aux supérieurs d'humanités les notes de l'examen du deuxième trimestre de la première section, en y ajoutant une note relative à l'intelligence et au travail de chaque élève. »

Ces données, comme celles qui résultent des épreuves écrites fixées au même endroit, sont extrèmement importantes pour que l'admission en humanités se fasse avec toutes les garanties

désirables. Aussi ne saurais-je trop engager tous les supérieurs à veiller à ce que les diverses mesures exposées au paragraphe de l'*Examen d'ascendat* soient ponctuellement observées.

Le nombre des alumnats de grammaire n'ayant pas augmenté depuis quelques années, et un nouvel alumnat d'humanités s'étant fondé, il en résulte que les diverses recrues de grammaire sont exposées à être versées dans un alumnat d'humanités plutôt que dans un autre, suivant les exigences des cadres à compléter, des santés à ménager, etc. Dès lors, il importe que les divers supérieurs d'humanités tiennent très exactement au courant les résultats des diverses épreuves d'*ascendat*, afin de pouvoir au besoin les transmettre à la maison où seraient envoyés les enfants qu'ils avaient d'abord supposé leur être destinés.

Pour tout ce qui regarde ces questions d'*ascendat*, les Châteaux et Miribel correspondent avec Brian, Taintegnies et Sainghin avec Clairmarais, Arras et le Breuil avec Laubat.

Et les Canevas ?

D'où vient que les deux tiers des professeurs (16 sur 24) manquaient à l'appel dans le numéro de Pâques ? Seraient-ils déjà fatigués d'un premier effort presque unanimement accompli en janvier ? J'aime mieux croire qu'ils ont eu la mémoire courte. Peut-être en définitive est-ce ma faute ; j'aurais dû me rappeler que nous avons tous une tendance à avoir la mémoire courte, quand il s'agit de choses, je ne dis pas difficiles, mais tant soit peu incommodes ou assujétissantes.

Pour rafraichir leur mémoire, je rappelle donc aux seize contrevenants qu'ils doivent dès maintenant se mettre en mesure de payer en août prochain le droit d'accroissement, c'est-à-dire, quatre canevas au lieu de deux. Comme il ne s'agit ni d'immeubles, ni d'espèces sonnantes, mais d'une dette parfaitement équitable, j'ai lieu de croire qu'il ne sera formé à cette mesure aucune de ces oppositions que les religieux font pleuvoir depuis quelques années sur le fisc un peu décontenancé.

Que les intéressés veuillent donc bien se le tenir pour dit !

P. Théophile.

REMARQUES SUR LES DEVOIRS

Parus dans les Correspondants
de février et de mars

———

Pile ou face ! Ce jeu d'enfants m'est revenu tout naturellement à l'esprit, lors d'une petite aventure qui n'est pas de l'histoire ancienne. Un sujet de composition entre alumnats étant arrivé dans une maison au moment où je m'y trouvais, j'eus l'idée, sans marquer les copies d'aucune annotation, de les lire attentivement et de les classer à part moi, avant que le professeur les envoyât à qui de droit pour le classement général.

Qu'on ne m'en veuille pas de cette petite ruse de guerre, si ruse il y a, car de divers côtés j'avais entendu dire tout bas que parfois les classements donnaient lieu aux surprises les plus étranges. Il ne s'agit pas de surprises résultant de l'impressionabilité de certains enfants qui, tout en réussissant habituellement leurs devoirs, éprouvent je ne sais quelle défaillance en présence d'une composition, uniquement parce que c'est une composition ; mais certains professeurs, ayant lu les devoirs de leurs élèves avant de les envoyer, trouvaient une telle distance entre leur classement à eux et celui du correcteur de concours, qu'ils en étaient un peu déconfits.

Je fis donc à mon tour l'expérience, et quand le bulletin parut, je me reportai au classement de ladite composition. Le croiriez-vous ? l'élève classé le dernier sur mon carnet arrivait bel et bien en tête de tous ses condisciples du même alumnat. Comme d'ailleurs la place assignée par moi à ce dernier coïncidait, à peu de chose près, avec celles qu'il occupait habituellement dans sa classe, j'avais bien quelque raison de croire que je ne m'étais pas trompé. Passe pour un écart de trois ou quatre places ! il peut tenir à des causes d'appréciation personnelle ; mais tomber du premier au dernier rang et *vice versa*, il y a dans cette chute imprévue ou cette élévation subite quelque chose qui rappelle beaucoup le jeu de pile ou face. Il est à croire que l'élève si diversement apprécié ne mérite

Ni cet excès d'honneur ni cette ignominie.

Sans vouloir tirer d'un fait particulier une conclusion générale qui serait, dans presque tous les cas, souverainement injuste, les professeurs me permettront bien de leur dire de se défier des jugements précipités et de tout ce qui pourrait, en matière si délicate, les déconsidérer aux yeux de leurs collègues et même des enfants, souvent plus perspicaces qu'on ne pense.

Il est un point bien négligé en général depuis quelque temps dans les devoirs d'élèves et même dans les critiques adressées au *Correspondant*. Si distraits que puissent être à certains moments les typographes, ils ne sauraient — j'en ai la preuve — endosser la responsabilité de textes mal orthographiés, d'épreuves insuffisamment corrigées, de négligences que les auteurs laissent passer d'un œil distrait et peu être trop complaisant, surtout quand il s'agit

de devoirs d'élèves. Dans une conférence donnée il y a quelque temps à Rouen sur l'éducation, M. Brunetière insistait sur l'orthographe, « cette parure de la langue, cette marque de bon goût dont les malappris seuls se dispensent. » On ne saurait mieux dire ; c'est bien comprendre le point d'honneur que de ne pas s'exposer à être rangé parmi les malappris.

Faut-il ajouter un autre avis ? Pour dissiper toute équivoque, qu'il soit bien entendu que la première copie du concours n'a pas toujours les honneurs du *Correspondant*, parce qu'elle « paraît digne d'être proposée comme modèle », mais parce qu'elle offre un spécimen vraiment utile de correction soignée ; elle a encore l'avantage de servir de base à une appréciation sur la force ou la faiblesse des élèves en toutes les matières.

Venons-en maintenant aux remarques de détail.

Je n'essaierai pas de jeter une planche de salut aux naufragés du P. Arthur (p. 65) ; aussi bien serait-ce un peu tard. Mais si Criton, avec sa connaissance affinée de la langue et de la philosophie grecques, ne comprend pas la question de Socrate, après avoir pourtant suivi pendant dix chapitres le fil des raisonnements subtils de son maître, est-il étonnant que nos rhétoriciens, peut-être pour la première fois aux prises avec Platon, ne montrent pas plus de perspicacité ?

Dans une version, comme dans beaucoup de choses, tout dépend du point de départ. Or, le point de départ ici, c'est la question de Socrate. Elle suppose que l'on est au courant des lois d'Athènes ; que l'on connaît le serment imposé aux éphèbes devenus citoyens ; qu'en outre, on est au courant des règles du juste et de l'injuste précédemment établies. Si encore on avait la ressource de recourir au contexte ! Impossible avec une version détachée et dictée sans commentaire.

Fûssiez-vous très fort en grec, avouez que vous ne sortiriez pas de ce petit labyrinthe sans aller un peu à l'aventure. Si vous avez la bonne fortune d'en sortir à votre honneur, ce sera pour vous retrouver en présence d'expressions consacrées par la langue de la philosophie ou du droit, p. e. τὸ κοινὸν τῆς πόλεως, αἱ γενόμεναι δίκαι, τὰς δίκας τὰς δικασθείσας. Que d'écueils sous les pas d'un jeune homme encore peu fait aux abstractions du raisonnement et de la métaphysique !

Aussi, ne puis-je souscrire qu'avec bien des réserves au principe formulé au bas de la p. 66, 1re col. : « Pour juger de la valeur réelle d'un élève, il faut le laisser livré à lui-même. » J'incline plutôt à croire avec M. Arnaud (*Vie publique des Romains*, préface) et bien d'autres qu'il n'y a rien de plus irritant et de plus ingrat pour un élève que de se trouver en face d'énigmes, dout on n'a pas raisonnablement le droit de lui demander la solution. Je n'ai sous la main, en fait d'éditions de *Criton* à l'usage des élèves, que celle de Maunoury. Et bien, pour le passage qui nous occupe, elle ne renferme pas moins de huit notes. Même avec ce secours, est-il bien sûr que les rhétoriciens des collèges où cette édition est en usage feront une bonne version grecque ? S'il est juste d'être plus exigeant vis-à-vis des alumnistes, ne l'oublions pourtant pas, il est des bornes à tout.

Sans compter que la traduction juxtalinéaire donnée p. 66 peut bien laisser quelques scrupules.

Τι est-il bien pronom interrogatif dans la locution ἄλλο τι ἤ? Les grammairiens que j'ai consultés (Guardia et Wierzeyski, Brelet) en font un pronom indéfini ou un mot inséparable (sans accent) de la formule interrogative ἄλλο τι ἤ : *n'est-il pas vrai que?* Dans le premier cas, la phrase de Platon devrait se traduire : *Par cette action.... te proposes-tu quelque autre chose que de détruire, etc.?* dans le second : *N'est-il pas vrai que, par cette action, tu te proposes de détruire, etc.?* La traduction juxtalinéaire que je critique ne forme pas contresens, mais ne paraît pas grammaticalement exacte.

P. 67. Les romanciers modernes les plus en renom ne tiendront-ils pas rigueur au P. Philippe d'avoir traité de non-sens « l'aquilon qui chante dans les grands bois comme un archet magique courant sur des cordes merveilleuses »? Ici Barbier a utilisé une réminiscence de ses lectures, mais n'a rien « découvert ». Cette figure un peu voyante, où se reconnaît vite le goût des modernes, ne déplairait certainement pas à Fulbert Dumonteil. En quoi serait-elle plus choquante qu'une « fumée d'harmonie » ou qu'un clocher « blanc comme un cygne »? Que la cloche en fusion « se torde comme un damné », si grimaçante que soit la comparaison, elle est expressive ; mais quand il prend fantaisie à cet airain fondu de se transformer en un « monceau de braise », je ne puis m'empêcher de trouver qu'on abuse de ma crédulité.

Pourtant, sachons gré au P. Philippe d'avoir transformé les mariages de jeunes filles, où l'écrivain du *Figaro* s'arrête trop volontiers. Reconnaissons aussi qu'il a eu raison de replacer Marengo et Austerlitz avant Wagram, car ici l'imagination n'a plus le droit de transformer.

P. 70, 2ᵉ c. 15ᵉ l. *Stare nescias* serait plutôt à mon avis, une expression amphibologique qu'un contresens. Les classiques l'ont parfois employée pour signifier *s'arrêter*, dans le même sens que Buttin a voulu dire ici « ne t'arrête pas. » Dans la langue chrétienne, nous retrouvons assez souvent ce dernier sens, témoin cette interrogation adressée par les anges aux Juifs aussitôt après l'Ascension : *Quid statis aspicientes in cœlum?* et dans l'Évangile : *Quid hic statis tota die otiosi?* Cependant *stare* signifie plus souvent *être debout, être droit.* — P. 71, vers le milieu de la 1ʳᵉ colonne, que veut dire cette proposition *définitive?* — Même page, 2ᵉ col. Burnouf se reconnaîtrait-il dans cette proposition où abondent les énigmes : *(Memento) vix natum hum vitæ florens cito marcescere.*

P. 72. *Le Christ mourant* est un sujet bien au-dessus de la portée d'élèves de seconde section. Le combat qui se livre dans l'âme du sculpteur à la recherche de l'idéal, les angoisses du jeune homme fixé à la croix, la fureur de l'artiste fasciné par son modèle, tout cela demande une observation pénétrante et une plume exercée. Aussi ne suis-je pas surpris du ton faux et de l'allure vulgaire qui choquent dans le devoir de Pozot. Donner au Christ des traits « jolis », c'est assez laisser voir qu'on n'a pas saisi les nuances délicates d'un tel sujet.

La critique de ce devoir renferme de très bons conseils, mais s'il sied bien aux professeurs d'y aller bonnement, leurs observations ne pourront que gagner à être faites dans un style qui ne sente pas trop la petite tenue. Ainsi, « vous avez lu déjà pas mal » et quelques autres expressions de ce genre doivent être laissées au langage de la conversation. Ne l'oublions pas,

Le style le moins noble a pourtant sa noblesse.

Dans le corrigé, écrit de verve, (p. 74) il ne semble pas naturel que ce soit au jeune homme à faire des instances pour poser comme modèle. Encore moins faut-il lui supposer une assez forte dose d'héroïsme pour lui faire dire, en présence des conditions du sculpteur : « La souffrance me paraîtra légère. » Il est vrai que son abnégation ne se maintient pas à cette hauteur. Craignant sans doute de s'être trop engagé, il ajoute presque aussitôt : « Mais vous me détacherez dès que je le demanderai. »

Peu naturel aussi le discours de l'artiste dans le feu de l'action : « Il me faut un modèle ; je veux un chef-d'œuvre ; je veux la gloire à tout prix ! tu vas souffrir ! » S'il est vraiment artiste, il doit être comme muet devant la crise poignante qui étreint son âme tout entière ; à plus forte raison ne doit-il pas, à ce moment suprême, éprouver ni manifester de vues intéressées.

P. 75. F. Floribert est un partisan décidé du latin usuel et pratique ; c'est du moins ce que semble indiquer son texte de version latine. Il ne tiendra pas à lui que les enfants ignorent les noms des culottes, des vases, des assiettes, du bouillon, etc., tout un attirail de lingerie et de cuisine ! Aura-t-il le droit de se plaindre plus tard, si on lui reproche que ses élèves font du latin de cuisine... ? J'aime à croire qu'avec celui-là il leur en apprendra un autre.

C'est égal ! « cette assiette qui vous tombe sur le nez et vous renverse dans le bouillon contenu par le vase » ne doit pas, je le crains, inspirer de hautes idées de distinction aux petits nouveaux, qu'on se plaint d'avoir déjà tant de peine à dégrossir. Si Furet a été par ce moyen corrigé de ses défauts, il fallait que ce fût une bonne nature et pas aussi vicieuse que nous le laissait supposer le tableau du début.

P. 83, 1ʳᵉ col., 7ᵉ l. *In poculo honorum bibi*, d'une latinité douteuse, serait facile à transformer : *ex honorum poculo hausi* — ibid. l. 31 *impletum iri* marquerait mieux le futur simple : le participe verbal *implendum esse* y ajoute l'idée d'obligation — ibid. l. 42, *eosdem vosmetipsos præstetis* sans un second terme auquel il puisse se rapporter est peu latin ; il serait facile d'employer ici une tournure élégante : *ut eosdem erga successorem meum vosmetipsos præstetis, qui erga me fuistis.* Au point de vue des règles du développement oratoire, le devoir de C. Thomas comporterait plusieurs remarques, mais le facteur n'a sans doute pas laissé au P. Ephrem le loisir de les formuler ; aussi, je n'insisterai pas.

P. 84. Dans le canevas de vers latins sur le mort de N. S., dû à l'abbé Méry, il s'est glissé par mégarde un solécisme trop scrupuleusement respecté par le P. Patrice : *mortuos e sepulchro exisse dicuntur* au lieu de *mortui e sepulchro, etc.* — Le dixième vers de la copie de l'élève *Et sŭb tĕnĕbrās*, etc. n'est pas né viable. Dans le douzième, la cheville *perdura*, signalée par le correcteur, n'en est que le moindre défaut ; *furor* affublé d'une épithète au féminin choque bien davantage. Dans le treizième, je ne vois pas pourquoi *durior saxis* serait impropre chez l'élève et parfaitement poétique dans le corrigé de l'abbé Méry.

Plus d'un lecteur, en lisant le premier alinéa de la critique (p. 84), se sera sans doute demandé, comme je l'ai fait moi-même, s'il n'avait pas été distrait en lisant le titre du début : *La Mort de N. S. Jésus-Christ.* En effet, il n'est question pendant 14 lignes que des «pentes de l'Hélicon, de ses frais ombrages, de l'onde cristalline et de la fontaine sacrée, de Pégase et des neuf sœurs, etc. » Ce luxe de mythologie est-il bien à sa place en présence d'un sujet aussi grave que le drame du Calvaire ! L'Hélicon et le Calvaire ! cela jure bien un peu, n'est-ce pas ?

La vue des « avortons plus ou moins estropiés », qui étalent leur misère sous ses yeux, pousse le P. Patrice à se demander quelle est pour certains élèves l'utilité des vers latins. Que de devoirs pour lesquels on pourrait se poser la même question ! Établissons bien que tout ce qui force l'élève à chercher des mots et des expressions, à les comparer, à recourir à la périphrase là où le mot propre ne saurait se faire accepter, est un excellent exercice de gymnastique intellectuelle. A part un très petit nombre d'élèves, c'est à cela que se bornera l'utilité des vers latins. Quant à s'attendre à rencontrer dans des devoirs d'élèves (et même de professeurs) « tous les charmes de la poésie», qui a pu y songer sérieusement un seul instant?

En bon professeur, le P. Patrice ne voudrait pourtant pas décourager ses élèves. Il leur promet qu'avec de l'application et du goût, ils deviendront de dignes « émules de Virgile » ; certes, la fortune vaut la peine d'être tentée. Cependant, n'est-il pas à craindre que l'appareil des hexamètres catalectiques, hypercatalectiques, brachycatalectiques, miurus ou téliambres, autrement dits scazons ; que la précipitation du tribraque à coudoyer effrontément le crétique amphimacre, sans compter l'intrusion de l'iambe, etc.; que toutes ces belles choses, dis-je, si complaisamment étalées devant leurs yeux ébahis, ne refroidissent un peu la séduction que pourrait exercer sur eux le cygne de Mantoue ?

C'est sans doute par inadvertance que, dans le premier vers du corrigé, le mot *cruore* a été substitué à *funere* qui, outre l'avantage de ne pas briser la mesure, a encore celui d'exprimer l'idée générale du morceau. On peut remarquer aussi que le terme *penates*, employé par M. Méry, évoque une idée bien païenne dans un sujet aussi chrétien.

P. 86. *La convalescence du jeune malade* est un de ces sujets dont le classement est difficile. Comme l'imagination peut voler à l'aise sur toutes les fleurs du printemps, la matière est tellement abondante que souvent un bon élève se perdra, là où un médiocre réussira sans effort. Les sujets de ce genre ont du moins l'avantage d'exercer les enfants à *choisir* parmi

les mille détails qui s'offrent à leur imagination et à faire preuve de goût.

Je ne puis ici examiner une à une toutes les métaphores louées ou blâmées par le P. Clair ; je constaterai seulement que plusieurs de celles qu'il condamne sont souvent admirées dans nos meilleurs écrivains. Pour ne prendre qu'un exemple, peut-on prononcer le nom de Charles d'Orléans, sans qu'aussitôt revienne à la mémoire au moins la première strophe de son rondeau sur le printemps ! Il y est bien question aussi du « manteau de la nature », et en quels termes gracieux !

> Le temps a laissé son manteau
> De vent, de froidure et de pluye,
> Et s'est vestu de brouderie,
> De soleil luisant, cler et beau.

Ce n'est pas, après tout, avoir si mauvais goût que de s'inspirer de cette poésie.

Sur le terrain de l'histoire littéraire, je ne défendrai pas non plus l'hôtel de Rambouillet de l'esprit prétentieux et de la préciosité que lui prête le P. Clair. Ce reproche va à une autre adresse et à des contrefaçons maladroites de cette société, qui contribua pour sa part à épurer chez nous les sentiments et le goût.

P. 89. Voilà bien trop de questions à développer en deux heures, ou du moins il eût été prudent de dire que l'on se contenterait des définitions ! Rien que pour répondre aux objections de la deuxième question, c'est tout un exposé de controverse. Il y aurait plus d'utilité, je crois, à circonscrire un peu plus la matière du concours en instruction religieuse. Il y faudrait à la fois des questions qui ne demanderaient que de simples définitions, pour bien s'assurer que le texte, dans ses parties essentielles, est possédé *ad litteram* et des questions roulant plutôt sur les développements plus importants que tous les professeurs ont dû donner.

P. 91. Des enfants qui, après quatre ou cinq mois de latin, peuvent traduire ce texte presque sans faute, comme Duviols, n'ont certainement pas perdu leur temps. Toutes les formes de la déclinaison et de la conjugaison s'y présentent avec les principales règles de syntaxe ; la tournure latine elle-même n'y laisse presque rien à désirer. Mais ce résultat est loin d'être général, puisque la moitié des copies restent au-dessous du passable (2 1/2). Les vingt-et-une tout-à-fait mauvaises indiquent qu'il y aura encore sans doute des éliminations à faire un peu partout ; en élaguant avec discrétion les branches stériles ou paresseuses, nous fortifierons d'autant celles qui promettent fleurs et fruits.

P. Théophile.

UN MOT SUR L'ENSEIGNEMENT

DES MATHÉMATIQUES

Dans les Alumnats de Grammaire

(SUITE)

Je serai court encore une fois.

Le but

Quel est le but que nous nous proposons en enseignant les mathématiques à nos enfants ?

Former leur esprit : lui donner de la précision ; l'exercer, en lui demandant un effort, une recherche ; lui faire acquérir des notions qui seront utiles pour la parole, pour la pratique, pour comprendre, pour se faire comprendre.

Le moyen

Est-il nécessaire, pour atteindre ce but, d'étudier une multitude de questions, sans en approfondir aucune ? Ne vaut-il pas mieux se limiter aux matières les plus importantes, y revenir plus souvent et les graver plus profondément dans sa mémoire ? Ne vaut-il pas mieux s'attacher aux principes essentiels et abandonner le reste à la lecture, à la réflexion spontanée, aux exercices d'application ?

Est-ce que l'intelligence des alumnistes y perdra ? Est-ce qu'elle ne s'exercera pas suffisamment ? est-ce qu'elle ne prendra pas assez de précision, si on la ramène trop souvent aux mêmes principes ?

Mais, tant que l'esprit apprend du nouveau, que ce soit sur les mêmes sujets, ou sur des sujets différents, il trouve de quoi s'exercer, il peut faire des efforts. Or une théorie oubliée est chose nouvelle et, de plus, ancienne pour la raison. Une nouvelle application dans une réponse à donner, dans un problème à résoudre, joint le mérite de la nouveauté à celui de l'ancienneté.

Le seul excitant qui manque ici c'est cette démangeaison de curiosité nuisible qui veut parcourir des volumes entiers, sans s'arrêter suffisamment nulle part.

Nous reconnaissons tous que nos élèves sont très ignorants en sciences. Le remède, ce n'est pas d'accuser les professeurs des classes inférieures, les professeurs autres que nous. Ce n'est pas de nous jeter la pierre les uns aux autres. C'est de faire apprendre moins et mieux.

Le T. R. P. Picard l'a dit aux réunions des professeurs en 1897, en parlant des sciences : « on en fait trop et on n'en fait pas assez. » On étudie trop les inutilités et pas assez les éléments essentiels.

Parcourons les matières indiquées par le programme et voyons ce qu'elles renferment de plus essentiel, c'est à dire les principes auxquels il faut ramener sans cesse les enfants.

Définitions

Elles sont peu nombreuses. On peut facilement les rendre courtes et simples, si elles ne le sont pas.

Par exemple : Une *quantité* c'est ce qui peut être mesuré ; l'*unité* c'est une quantité bien connue et choisie pour mesurer les autres : un *nombre* c'est un résultat qu'on obtient, en mesurant une quantité (1) ; l'*Arithmétique* c'est la science des nombres et de leurs opérations.

Numération

La numération parlée n'étant que l'expression par la parole de la numération écrite, doit être lue et expliquée *une fois et rapidement*.

Une seule connaissance est essentielle dans la numération écrite, c'est celle-ci : Les chiffres ont une valeur absolue et une valeur relative.

Prenons le nombre 22222.

Le dernier 2 n'a que sa valeur absolue 2.

L'avant dernier a une valeur relative et conventionnelle 10 qui multiplie sa valeur absolue. Il vaut 10×2.

Celui qui précède a une valeur relative dix fois plus grande encore. Il vaut $10 \times 10 \times 2$.

Etc...

D'où : *Les chiffres ont deux valeurs : La valeur absolue, celle qu'ils ont par eux-mêmes : la valeur relative, celle qu'ils ont par leur rang. Leur valeur absolue est multipliée par dix, toutes les fois qu'ils avancent d'un rang vers la gauche.*

Tout le reste de la numération n'est que l'explication ou l'application de cette convention ; ou bien, ce sont des considérations peu importantes qu'il suffit d'expliquer *une fois et rapidement*.

Addition

Après la définition de l'addition, les règles de l'opération et de la preuve peuvent être exposées de la façon la plus simple, comme suit :

Additionnons

$$\begin{array}{r} 123 \\ 345 \\ 567 \\ \hline 1035 \end{array}$$

Les 3 unités du premier nombre doivent être ajoutées aux cinq unités du second nombre et aux 7 du troisième nombre, en commençant par 3, par 5 ou par 7. Ce qui donnera 15 unités, c'est à dire une dizaine et cinq unités. Vous écrivez 5, vous portez la dizaine à la colonne qui lui convient, c'est à dire à la seconde. Les unités ne doivent pas être additionnées avec les dizaines, ni les dizaines avec les centaines. Vous faites avec les dizaines ce que vous avez fait avec les unités, etc.

Quand on sait cela, on sait tout ce qui a rapport à l'addition.

La preuve qui consiste à faire l'opération de bas en haut, se tire de ce principe : « L'addition peut commencer par n'importe quel chiffre et suivre n'importe quel ordre, pourvu que les unités soient réunies ensemble, les dizaines ensemble, etc.

---

(1) Il faut préférer cette définition à celle qui est ainsi conçue : un nombre c'est le résultat de la comparaison entre une quantité et une autre plus connue qu'on appelle unité.

Soustraction

Après la définition, faisons la soustraction suivante :

$$\begin{array}{r} 4553 \\ 2641 \\ \hline 1912 \end{array}$$

1 étant ôté de 3, il reste 2. 4 ôté de 5, reste 1. 6 ne peut pas être ôté de 5. Empruntons aux 4 mille un mille ou dix centaines que nous ajoutons aux cinq centaines, et disons : 6 centaines ôtées de 15 centaines, restent 9 centaines. Les 4 mille ayant été diminués d'un mille, 2 mille doivent être retranchés non pas de 4 mille, mais de 3 mille, ou ce qui est la même chose, nous ajouterons en bas ce qui doit être retranché en haut et nous dirons : 2 + 1 ôtés de 4, reste 1.

Preuve de la soustraction

Quand nous avons deux nombres, si nous ajoutons au plus petit la différence qui le sépare du plus grand, nous obtenons ce dernier. C'est le cas de la soustraction : la différence et le petit nombre ajoutés l'un à l'autre doivent égaler le plus grand.

Toute la soustraction est là et il faut répéter ce que j'ai déjà dit à propos de la numération.

Tout le reste est { ou peu important { ou une application { de ces { ou une explication { quelques { lignes

Il suffit donc de le lire et expliquer *rapidement et une fois pour toutes* et de faire des exercices jusqu'à ce qu'on sache la pratique. Nos enfants étant déjà exercés, quand ils viennent à l'alumnat, il n'y a pas lieu de s'arrêter ici.

*
* *

O vous, cher lecteur, qui venez de parcourir mon article, gardez-vous bien de dire qu'il est ennuyeux ou inutile. D'abord cela n'est pas, et ensuite vous empêcheriez les autres de le lire. Dites au contraire qu'il est très intéressant et très utile, surtout vers la fin. 1° Vous ferez un acte de charité, 2° vous engagerez votre prochain à lire mes lignes jusqu'au bout.

Dans l'espérance que vous agirez ainsi je termine par ces mots *à continuer et à finir.*

P. THÉODORE.

SYNTAXE
DE LA
LANGUE DE L'ÉGLISE
par L. STOFF (¹)

3. — Accord des mots

§ 7. — *Règle fondamentale* : Dans une phrase simple, le sujet se met au nominatif ; le verbe et l'attribut s'accordent avec le sujet en cas, en genre, en nombre, en personne, suivant leur nature.

§ 8. — Le sujet de tout verbe personnel qui n'est pas à l'infinitif se met au nominatif, et le verbe s'accorde avec son sujet en nombre et en personne.

Domine, tu **scis** *quia amo te.*

a) Si le sujet est un *nom collectif,* comme **multitudo, turba,** etc., le verbe peut se mettre au *pluriel.*

Multitudo *hominum venerunt.*

b) Si les sujets sont des êtres *animés* et de *même genre,* l'attribut prend aussi ce genre.

Sᵃ Agatha et Sᵃ Catharina **præclaræ martyres** *sunt.*

c) Si les sujet sont des êtres *animés,* mais de *différents genres,* l'attribut se met au masculin.

Laurentius et Cæcilia **martyres clarissimi** *sunt.*

d) Si les sujets sont des êtres *inanimés,* l'attribut se met au neutre.

Omnium vitiorum iracundia stridorque dentium maxime **odiosa** *sunt.*

e) Si un adjectif *neutre* ne s'accorde pas avec le substantif, c'est qu'il est employé comme *substantif.*

Bonum *est sal.*

§ 9. — *L'adjectif* s'accorde en nombre, en genre et en cas, avec le mot qu'il qualifie.

Ego sum **Pastor bonus.**

§ 10. — Le *substantif* s'accorde en cas avec le mot auquel il sert d'*apposition.*

Te Deum *laudamus.* — *Natus ex* **Maria Virgine.**

§ 11. — Le *relatif* s'accorde avec son antécédent en genre, en nombre et en personne. — En ce qui concerne le cas, il dépend de la proposition à laquelle il appartient.

Deus, qui **corda** *fidelium* **docuisti.** — *quid est hic sermo,* **quem dixit ?**

4. — Emploi des cas (¹)

I. — LE NOMINATIF ET LE VOCATIF

§ 12. — Le *nominatif* est le cas du sujet. Il répond à la question : qui ? Lequel ? (v. n° 38, déc. 98).

§ 13. — Le *vocatif* indique la personne ou la chose à qui l'on parle. Dans la phrase il est placé entre deux virgules et ne fait pas partie de sa construction.

Il est à remarquer que, dans le *latin de l'Eglise,* quelques mots en **us,** appartenant à la seconde déclinaison, conservent au vocatif la forme du nominatif.

Quid est, quod volo dicere, **Domine Deus** meus.

II. — LE GÉNITIF

§ 14. — Le *génitif* répond à la question : de qui ? de quoi ? duquel ?

---

(1) Il me semble que c'est ici le moment de noter les judicieuses observations de plusieurs savants ecclésiastiques (L. Guillaume, Legrain, etc.) touchant la latinité chrétienne : « Ce qui donne à la latinité ecclésiastique son cachet particulier, c'est 1° l'emploi des expressions et des constructions abstraites. — 2° l'abondance des expressions et des tournures bibliques jaillies de la plume des écrivains de l'Eglise. — 3° l'introduction des tournures de la poésie dans la prose, et cela se conçoit si l'on songe au caractère lyrique qu'a très souvent la prose chrétienne. — 4° l'usage de certaines tournures archaïques. — 5° l'usage très étendu des prépositions. »

Ces auteurs éminents font observer, *avec preuves à l'appui,* qu'on rencontre, bien que rarement, la plupart des tournures et des constructions des auteurs chrétiens même chez les meilleurs écrivains profanes ; tournures et constructions qui les rapprochent des auteurs païens antérieurs et postérieurs à l'époque classique.

I. — Comme génitif *possessif* :
Filius **Dei** c'est-à-dire le fils que Dieu possède.
Cette idée de possession est exprimée surtout par le verbe *sum*.
Domini *est terra*. — **Judicis** *est*. — **Duri hominis** *est*.
II. — Comme génitif *objectif* :
Amor **Dei** (dont Dieu est l'objet). — *Spes* **vitæ æternæ**. — *Cura* **salutis animarum**.
III. — Comme génitif *explicatif* :
Virtus **modestiæ**. — *Festum* **Pentecostes**. — *Transmigratio* **Babylonis**.
IV. — Comme génitif de *qualité* :
Pius IX **bonæ memoriæ**. — *Tertullianus vir erat* **magni ingenii**.
Ce génitif, par sa signification a des rapports avec l'abl. de qualité. Cependant on met toujours le génitif : 1° lorsqu'il est question des qualités qu'on *exige* du sujet. — Ex. *Sacerdotium est munus* **maximæ sanctitatis**. — 2° lorsqu'au substantif est joint un *nom de nombre*.— Ex. *sacerdotio non induatur nisi juvenis XXIV* **Annorum**.
V. — Comme génitif *partitif* :
Virtutum omnium *modestia suavissima est*.
Avec un nom de nombre on trouve ordinairement *de* ou *ex* avec l'abl. au lieu du génitif.
Duo de discipulis.
VI. — Comme génitif de *mesure* :
Tres modii **farinæ**.
Il en est de même avec les expressions *tantum, quantum, multum, plus, plurimum, minimum*, etc., *aliquid, nihil, satis*, etc.
Multum **temporis**. — *Nihil* **laboris**.
VII. — Comme génitif *d'estime* avec les verbes *æstimare, existimare, ducere, facere, pendere, putare*.
Aliquem **magni, parvi, pluris, minimi**, *æstimare*.
Ces verbes, pris dans le sens de *valeur matérielle*, gouvernent l'ablatif.
Id non **nihilo** *æstimavit*.
VIII. — Comme génitif *d'accumulation* :
Sæcula **sæculorum**. — *Cœli* **cœlorum**.
IX. — On trouve encore le *génitif* avec les adjectifs qui signifient *avide, capable, participant, se souvenant*, ou leur contraire. — Aussi avec ceux qui marquent *abondance* ou *disette*.
Theologiæ **studiosus**. — **Gratiæ** *et* **veritatis** *plenus*.
§ 15. — Avec l'impersonnel *interest*, il importe, le nom de la personne ou de la chose se met au *génitif*.
Interest **omnium** *recte facere*.
Cependant on emploie au lieu des génitifs *mei, tui*, etc., l'abl. fém. sing. des pron. possessifs *meâ, tuâ; suâ, nostrâ, vestrâ*.
Et **tua** *et* **mea** *interest te valere*.
§ 16. — On trouve le *génitif* avec les verbes *meminisse, recordari, reminisci, oblivisci*. Ces verbes admettent encore à l'abl. le nom de la chose.
Recordata est Jerusalem **dierum** *afflictionis* **suæ**.
§ 17. — Le verbe *misereor* gouverne le génitif ou le datif.
Miserere **mei** *Deus*. — *Miserere* **animabus**.
§ 18. — Les verbes impersonnels *pœnitet, piget, pudet, tædet, miseret, miseretur*, veulent à l'accusatif le nom de la personne qui est en peine, et au *génitif* le nom de l'objet qui inspire ces sentiments.

Te **fratrum** *misereatur*.
§ 19. — Les verbes actifs qui signifient *faire souvenir, avertir, informer* régissent au *génitif* ou à l'*ablatif* avec *de* l'objet dont on rappelle le souvenir, etc.
Grammaticos **officii sui** *commonemus*.
§ 20. — Les verbes qui signifient *accuser, convaincre, condamner, absoudre* veulent avec l'accusatif de la personne, le *génitif* du délit dont on accuse, etc.
Nolo vos **inertiæ** *insimulare*.
§ 21. — A la question où? les noms de villes ou de petites îles employés *seuls*, se mettent au *génitif* s'ils sont au singulier de la première ou de la deuxième déclinaison.
Saulus confundebat Judæos qui habitabant **Damasci**.

P. ROBERT.

Une petite sottise du B. Pierre Fourrier

Le Procureur des Chanoines Réguliers lui avait demandé la permission d'offrir au Pape un poème de sa composition. « Puisqu'il est question de vers, lui répondit le Bienheureux, je me souviens d'une *petite sottise* que je fis pendant mes humanités (Dieu veuille que les humanistes n'en fassent jamais d'autre) ; la voilà, je vous la donne :

Animosus ore pete perosus omina.

L'historien du Bienheureux relève en ces termes le mérite de « cette petite chosette » : ce qui est présentement de mon subject, c'est de descouvrir deux merveilles de cette poésie à ceux qui ne l'entendent pas, la première que lisant ce vers à rebours commençant par la dernière lettre pour remonter en haut de droicte à gauche, on y trouve les mesmes parolles qu'en lisant à l'ordinaire, passant de la gauche à la droicte. La seconde que coupant ce vers justement au milieu jusqu'à la lettre T inclusivement, et de là retournant en haut vers le commencement, vous trouvés pareillement le vers entier dans ceste autre moitié, *qui sont les plus grands miracles que puissent faire les Déesses du Parnasse*. (P. Jean Bedel, de la même Congrégation).

P. FÉLICIEN.

Le Baccalauréat et le Père d'Alzon

Le P. d'Alzon a formulé, en 1871, son opinion sur une question qui préoccupe, en ce moment, l'Université et les collèges libres. C'est dans un article de la *Revue de l'Enseignement chrétien*, qui a pour titre « de la réforme de l'enseignement ».
Cette opinion, on peut la résumer ainsi :
1° Suppression du baccalauréat.
2° Droit pour chaque établissement de faire subir ses examens comme il l'entend et de distribuer des *certificats d'études* sous le terme qui lui plaira ».

3º Série d'examens à l'aide desquels les jeunes gens, montant successivement, pour l'enseignement secondaire, de degré en degré, comme pour le droit et pour la médecine, n'en seront plus à réserver des efforts exagérés pour la dernière année quelquefois même pour les six derniers mois de leurs études.

4º Dans les maisons chrétiennes les certificats d'études ne seront délivrés qu'après des examens où l'instruction religieuse sera placée en première ligne.

5º A l'entrée des carrières militaires, scientifiques ou autres, examens divers. Point de type unique. Des commissions, prises dans les différents corps où les aspirants demandent à être admis, formeront les jurys les plus compétents.

Evidemment, ou peut faire des objections à ce projet : quel est le projet qui n'en souffre pas ? Le Père les a d'ailleurs prévues, et il les a aussi réfutées brièvement. On n'a qu'à lire l'article indiqué. *(Coll. de la Revue de l'Enseignement chrétien.* Tom. I., p. 120). J'ai voulu seulement rappeler que le Père avait une opinion sur une question qui est redevenue actuelle.

P. FÉLICIEN.

DEVOIRS CLASSIQUES

ALUMNATS D'HUMANITÉS

Devoirs donnés par les Professeurs de Clairmarais

PREMIÈRE ET SECONDE SECTIONS

INSTRUCTION RELIGIEUSE

I. — Jésus-Christ est-il le fondateur de l'Eglise ?

II. — Montrer que l'Eglise est une société parfaite, spirituelle et cependant visible.

III. — Qui sont ceux qui font partie de cette société ?

Remarques sur la composition

La critique est aisée et l'art est difficile

a dit un poète connu et ce vers, accepté par tous comme un axiome, a eu la chance imméritée de devenir proverbe. Convaincu jusqu'ici de la justesse de cette pensée, je me réjouissais en corrigeant la dernière copie, car je croyais être au bout de mes peines. Pourquoi faut-il que mes illusions tombent et que je sois obligé d'être en désaccord avec Boileau et de dire que pour moi la critique n'est point du tout aisée. Je me trouve exactement dans la situation de Gargantua à la naissance de Pantagruel son fils. Rabelais nous le montre « esbahy et perplex, car voyant d'un costé sa femme Badebec morte et de l'autre son fils Pantagruel né tant

beau et tant grand, ne sçavait que dire ny que faire. Et le doubte qui troublait son entendement estait assavoir s'il devait plorer pour le deuil de sa femme ou rire pour la joye de son fils ? » Voilà pourquoi tantôt « il plourait comme une vache mais tout soubdain riait comme un veau ». Je suis dans l'impossibilité, il est vrai, de verser d'aussi grosses larmes ou d'avoir un rire aussi large, mais je suis fort embarrassé pour donner mon appréciation sur la composition qui vient d'avoir lieu.

Elle n'est ni bonne ni mauvaise ; la note moyenne est *assez-bien*. Je relève au courant de la plume quelques erreurs rencontrées çà et là. Lucien Couderc nous affirme que les enfants morts après avoir reçu le Baptême appartiennent à l'âme de l'Eglise militante. Joseph Perrier à son tour, attribue au corps de l'Eglise les protestants et les schismatiques en général et les infidèles de bonne foi. Et comme si cela ne suffisait pas, Mathurin Bourgeois veut que les excommuniés soient aussi membres du corps de l'Eglise. Par contre, Joseph Carbonnier retranche du corps de l'Eglise les prêtres atteints simplement de suspense et Gustave Hanson prétend que celui qui a commis un péché mortel ne fait plus partie de l'Eglise. Albert Bideaux écrit : « La charité parfaite à défaut de la grâce sanctifiante peut suffire pour appartenir à l'âme de l'Eglise. » Cette phrase est étrange est semble dire que la charité parfaite peut exister dans une âme, sans la grâce sanctifiante.

Une remarque générale inspirée par l'ensemble des devoirs, c'est le manque de précision et de logique. On ne sait pas distinguer parmi les matériaux qu'on a sous la main, ceux qui doivent être mis à la base de l'édifice à élever et ceux qui doivent servir de clef de voûte ; on ignore l'art de les coordonner entr'eux, voilà pourquoi la plupart du temps, au lieu d'avoir un monument solide, capable de résister à tous les assauts, on n'a qu'un amas confus qui croulera à la moindre secousse. C'est à ce manque de discernement et d'ordre que beaucoup, avec tous les éléments pour réussir, n'ont donné qu'une composition passable.

Je n'ai pas rencontré de copie irréprochable pouvant servir de modèle ; j'ai pris dans les divers devoirs ce que j'ai trouvé de mieux pour répondre aux questions données et voici le tout plus ou moins homogène que j'ai pu former.

Extrait de diverses copies

I. — J. C. est-il le fondateur de l'Eglise ?

Un fait éclatant qui se constate dans l'univers tout entier, c'est l'existence d'une société qui se proclame la colonne de la Vérité, le fléau de l'erreur, l'arche d'alliance. Elle se dit fondée par Dieu pour changer le monde et le restaurer. Cette société c'est l'Eglise. Jésus est son fondateur. *(Onésime Rossall).*

Etablie à l'origine des temps, l'Eglise se perpétua d'âge en âge mais n'exista véritablement avec sa constitution actuelle, qu'à l'avènement du Sauveur. Les prophètes l'ont chantée comme un fruit de sa venue : « *Surge, illuminare Jerusalem quia venit lumen tuum et gloria Domini super te orta est.* » Et en effet, J. C. dont la mission sur la terre a été de sauver le genre humain a laissé l'Eglise pour continuer son œuvre d'amour. Tantôt il lui confère le pouvoir de pardonner les péchés, de lancer ses foudres contre ses adversaires, d'ouvrir son sein aux pécheurs et à ses fils les portes du royaume des cieux ; tantôt il la compare à un bercail dont il est le pasteur et il en fait le sujet d'une de ses plus touchantes paraboles. C'est pour cette Eglise bien aimée qu'il a répandu sur le Calvaire jusqu'à la dernière goutte de son sang. Il l'a édifiée sur cette pierre ferme et solide, sur cette pierre angulaire qu'avaient annoncée les prophètes. Voilà pourquoi elle est appelée l'héritage de Dieu, le corps, l'édifice du Christ, sa colombe et son peuple choisi.

Et puis sur le point de retourner vers son Père, le Sauveur se choisit un remplaçant. Il met à la tête de son troupeau un de ses apôtres ; c'est à Pierre, l'Apôtre de la foi, qu'il a confié la garde du bercail : «*Pasce agnos meos; pasce oves meas.* »

C'est donc Pierre qui est devenu la colonne inébranlable de l'Eglise, la pierre fondamentale de l'édifice sacré : « *Tu es Petrus et super hanc petram ædificabo Ecclesiam meam et portæ inferi non prævalebunt adversus eam.* » *(Jules Larmignat).*

D'ailleurs si ce n'est pas J. C. le fondateur de l'Eglise, c'est donc un autre. Qu'on nous donne le nom de ce mortel ? Quel est le pays qui a vu naître ce grand homme ? Quel siècle fut illustré par un si brillant génie ? Non, ce n'est pas un homme qui a fondé l'Eglise, c'est J. C., fils de Dieu et Dieu lui-même. *(Jean Garde).*

II.—Montrer que l'Eglise est une société parfaite, spirituelle et cependant visible.

Et d'abord l'Eglise est une société. Une société en effet, est une réunion d'hommes qui, soumis aux mêmes lois, obéissent à un même chef et tendent de concert à un même but. Ne trouvons-nous point tout cela dans l'Eglise ? C'est bien une réunion d'hommes soumis aux lois de Dieu et à des lois particulières ; ils obéissent à un même chef, le Pape, représentant visible d'un chef invisible ; ils tendent tous à un même but, leur salut en se servant des mêmes moyens: la grâce donnée par les sacrements et la prière.

De plus, *l'Eglise est une société parfaite.* On entend par société parfaite, celle qui ne dépend d'aucune autre et qui possède tous les moyens pour arriver à son but et pour se conserver.

L'Eglise n'est-elle pas tout cela? S'il existe une société indépendante c'est bien l'Eglise. Elle a sa législation propre, son gouvernement propre; elle ne relève d'aucun Etat. N'a-t-elle pas tous les moyens pour arriver à sa fin ? Elle a pour elle les mérites surabondants de N.-S. et des saints. Et Jésus, son divin fondateur, ne lui a-t-il pas promis d'être avec elle jusqu'à la consommation des siècles? *(M. Félix Déroulez).*

Pour atteindre son but et pour se conserver, elle a un Magistère, un Ministère et un Gouvernement. N. S. a institué le Magistère quand il a dit à ses apôtres : *Docete omnes gentes....,* Toutes les nations entendront la bonne nouvelle et devront la recevoir sous peine des plus terribles châtiments : « *Qui non crediderit condemnabitur.* » L'Eglise possède un Ministère. Elle prend l'homme à sa naissance et le conduit jusqu'aux portes du ciel. Elle le consacre son Enfant par le baptême, « *baptizantes* » elle lui donne la nourriture des forts « *Hoc est enim corpus meum* », elle le relève quand il a eu le malheur de tomber « *quorum remiseritis peccata remittuntur eis* ».

L'Eglise possède un gouvernement. C'est du Pape que dépend tout pouvoir. « *Pasce agnos meos, pasce oves meas.* » Ce pouvoir découle du Pape sur les Evêques, des Evêques sur les Prêtres et de ceux-ci sur les simples fidèles. Ce gouvernement fait observer les lois données par J. C., en formule d'autres toujours pour le plus grand bien des âmes. Ainsi donc l'Eglise est une société parfaite. *(Jacques Mégnin).*

L'Eglise est une société spirituelle. — Toute société se spécifie par sa fin. Et quelle est la fin de l'Eglise? La sanctification et le salut des hommes par la grâce. Nous le voyons, c'est un but tout spirituel. L'Eglise est donc une société spirituelle. *(Marie-Félix Déroulez).*

Et cependant visible.—La visibilité de l'Eglise résulte de sa forme sociale. Il est impossible, en effet, qu'une société composée de membres visibles, où se trouve une hiérarchie visible, un ministère visible, un magistère visible, il est impossible, dis-je, que cette Eglise ne soit pas visible. D'ailleurs N. S. la compare à une cité placée sur une haute montagne. Il ordonne à tous les hommes d'écouter l'Eglise et de ne pas la mépriser : «Si un homme, dit-il, a péché, avertissez-le en particulier ; s'il ne vous écoute pas, prenez deux témoins avec vous ; si malgré tout il ne veut pas se rendre, avertissez l'Eglise ». Or, si cette Eglise n'était pas visible, comment pourrait-on l'avertir et pourquoi J. C. aurait-il dit de s'adresser à elle ? *(Valentin Prats).* En outre, N. S. lui a donné avec un chef visible des institutions que nous pouvons constater sans les confondre avec celles de toute autre société. Le sacrifice de la messe restera toujours comme la marque par excellence de cette Eglise. Au signe de la Croix, on reconnaîtra toujours le chrétien. Et les sacrements eux-mêmes qui ont une vertu invisible, tombent sous nos sens par la manière dont ils nous sont administrés. L'Eglise, société spirituelle est aussi visible. *(Marius Genevès).*

III. — Qui sont ceux qui font partie de cette société ?

Après avoir vu que l'Eglise est une société, l'on se demande naturellement qui sont ceux qui sont membres de cette société. D'après S. Augustin, l'Eglise se compose de tout le peuple chrétien, répandu dans l'univers entier : « *Populus christianus per totum orbem diffusus.* » Par conséquent, l'Eglise se compose non seulement des fidèles qui sont sur la terre, mais encore des âmes qui gémissent dans le Purgatoire et des bienheureux en possession de la gloire du Ciel.

Pour l'Eglise militante, il faut distinguer ceux qui appartiennent au corps et ceux qui appartiennent à l'âme de l'Eglise. *(Alcide Espritoz).*

Tous les hommes baptisés et professant la foi chrétienne font partie du corps de l'Eglise à moins qu'ils n'en aient été exclus par l'excommunication ou n'en soient sortis d'eux-même par le schisme, ou l'hérésie, ou l'apostasie. *(Théophane Trannoy).* Font partie de l'âme de l'Eglise tous ceux qui possèdent la grâce sanctifiante. C'est ainsi que les hérétiques, les schismatiques et les infidèles de bonne foi peuvent appartenir à l'âme de l'Eglise et arriver au Ciel. Il suffit pour cela, qu'ils aient la charité parfaite et qu'ils soient prêts à embrasser la vraie religion dès qu'elle se manifestera à eux.

« *La maxime : Hors de l'Eglise point de salut* » est applicable à l'âme de l'Eglise mais non à son corps. *(Cyrille Thomas)*.

Ordre des places

4

Larmignat, C. — Mégnin, B. — Ramyr, C. — Rossat, B. — Sollier, B.

3 1/2

Bideaux, B. — Bonnet, B. — Burgard, C. — Courtin, B. — Destouches, C. — Pellet, B. — Prats, C. — Six, C. — Thomas, B.

3 1/4

Antoine, C. — Chaffard, B. — Couderc, B. — Dauby, C. — Deroulez, C. — Genevès, B. — Lédez, C. — Parreau, B. — Preyre, B.

3

Byache, C. — Chelle, B. — Espritoz, B. — Larue, C. — Lemaitre, C. — Romelaere, C. — Rouan, B. — Rousseau, B. — Sontag, C. — Spinaël, C. — Talva, C. — Trannoy, C.

2 3/4

Barbier, C. — Barthe, B. — Baudaert, C. — Bégon, B. — Bernard, B. — Bicais, B. — Bois, B. — Bourgeois, C. — Bruguet, C. — Carbonnier, C. — Charloteaux, C. — Deléglise, B. — Foulon, C. — Garde, B. — Giudicelli, B. — Graugnard, B. — Hudruy, B. — Janin, B. — Mermoud, B.—Miqueu, B.—Muller, C. — Pavageau, C. — Payelle, C. —Petit, B.— Perrier, B. — Piessens, C. — Ranson, C. — Romani, B. — Seneau, B. — Serine, B.— Teck, B.— Tourbez, C. — Unterleidner, C. — Vandycke, C.

P. Constant.

ALUMNATS DE GRAMMAIRE

Devoirs donnés par les Professeurs des Châteaux

PREMIÈRE SECTION

INSTRUCTION RELIGIEUSE

1. — Que nous apprend le symbole ?
2. — Que savez-vous sur la nature et les perfections de Dieu ?
3. — Qu'est-ce que le mystère de la Trinité ?
4. — Quelles sont les trois vérités contenues dans le troisième article ?
5. — Quelles sont les conséquences de la seconde vérité ?

Première copie

1. — Que nous apprend le symbole ?

Le symbole nous apprend en abrégé tout ce que nous devons croire, tout ce que nous devons savoir sur Dieu, sur l'homme et le monde. Sur Dieu, il nous apprend qu'il y en a un, qu'il n'y en a qu'un, qu'en Dieu il y a trois personnes distinctes, le Père, le Fils, le Saint-Esprit, qui ne forment cependant qu'un seul et même Dieu parce qu'elles ont la même nature et la même divinité. Sur Dieu, il nous apprend que le Père engendre le Fils, que de l'un et de l'autre procède le Saint-Esprit, égal en tout au Fils, comme celui-ci est égal en tout au Père.

Sur l'homme, le symbole nous apprend un grand nombre de vérités. Il enseigne que l'homme est la créature de Dieu, qu'il a péché et qu'il a été racheté de la mort éternelle par Notre-Seigneur. Il nous enseigne encore que l'homme sera jugé par Dieu, qu'il ressuscitera pour un bonheur ou pour un malheur éternel.

Sur le monde, il nous apprend que c'est l'œuvre de Dieu qui l'a mis à la disposition de l'homme ; il nous apprend encore que le monde aura une fin.

Voilà en général, ce que nous apprend le symbole des apôtres, ainsi nommé parce que les douze le composèrent avant leur définitive dispersion. Il nous apprend encore d'autres vérités particulières relativement au Saint-Esprit, à Jésus-Christ, à la Vierge Marie. ([1])

2. — Que savez-vous sur la nature et les perfections de Dieu ?

Dieu a un grand nombre de perfections toutes portées au plus haut degré. D'abord par sa nature, c'est un esprit et un pur esprit, infiniment plus parfait que les anges. Il possède des perfections innombrables : l'unité, la sainteté, l'immutabilité, l'indépendance, la Toute-Puissance, l'éternité, la spiritualité, etc., etc. ([2])

Un mot sur chacune de ses qualités.

L'unité : Dieu est un, c'est-à-dire qu'il n'y a qu'un Dieu, un seul Dieu. Il ne peut y en avoir plusieurs, parce qu'alors comme dans le paganisme, l'un aurait des qualités que l'autre n'aurait pas, l'un aurait un pouvoir, son voisin un autre, et aucun ne serait Dieu, car aucun n'aurait l'omnipotence.

La sainteté : La sainteté pour Dieu consiste dans l'immunité complète, absolue du péché et de tout ce qui a rapport au péché. Cette sainteté pour l'homme consiste à se rapprocher de Dieu, et plus il en est rapproché, plus il est saint, plus il s'en éloigne, plus il est pervers. Dieu est donc le centre de la sainteté, la sainteté elle-même par son essence. La Sainte Ecriture a plusieurs passages qui montrent la sainteté de Dieu : Sanctus in omnibus operibus suis. Saint Pierre dit aux fidèles : Secundum eum qui vocavit vos sanctum, et ipsi, in omni conversatione sancti sitis, quia scriptum est : Sancti eritis quia ego sanctus sum.

L'immortalité : Il est évident que Dieu peut ne pas changer ; s'il changeait il ne serait pas parfait car en changeant ou bien il s'augmenterait d'une vertu, ou bien il la perdrait. ([3]) Tout changement suppose une imperfection, mais Dieu est parfait, donc il ne change pas. Saint Jacques dit : Apud quem (Patrem) non est transmutatio, vicissitudinis obumbratio.

Les autres qualités de Dieu se prouvent encore d'elles-mêmes : l'indépendance ; peut-on se figurer un Dieu créateur du ciel et de la terre, obéissant à un homme ou bien à n'importe laquelle de ses créatures ? La Toute-Puissance : si on accepte la création comme l'œuvre de Dieu, il faut lui reconnaître la Toute-Puissance. On a trouvé bon nombre d'athées pour nier l'existence de Dieu, mais presque pas pour lui refuser la Toute-Puissance. L'éternité de Dieu est une autre qualité de Dieu qui a été souvent attaquée. Il faut reconnaître aussi que si Dieu était l'ouvrage de quelqu'un, ce que nous appelons Dieu ne serait plus Dieu, ce serait ce quelqu'un auquel on devrait adjuger l'éternité. (4)

3. — Qu'est-ce que le mystère de la Trinité ?

Le mystère de la Trinité est le mystère d'un seul Dieu en trois personnes. En Dieu il y a trois personnes, le Père, le Fils et le Saint-Esprit. Le Père engendre le Fils de toute éternité, le Saint-Esprit procède de l'un et de l'autre. Ces trois personnes ont la même nature, la même divinité et par là ne forment qu'un seul et même Dieu.

Jésus-Christ, la deuxième personne de la Sainte Trinité n'est pas le fils du Père par adoption, mais par nature. Le Père n'est pas plus ancien que le Fils ni que le Saint-Esprit : Tout est égal. (5) On place ainsi les trois personnes dans cet ordre : Père, Fils, Saint-Esprit, parce que le Père engendre le Fils, et que le Saint-Esprit procède de l'un et de l'autre. Lorsque Notre-Seigneur s'est fait homme, il n'y a eu que la deuxième personne, ce n'était (6) pas le Père, ni le Saint-Esprit qui s'est fait homme. Le mystère de la Trinité est le fondement du symbole des apôtres, et c'est à cause de cela qu'on a divisé le symbole en trois parties : la partie qui regarde le Père, la partie qui regarde le Fils, la partie qui regarde le Saint-Esprit. Ce mystère est admirablement figuré dans un endroit de la Bible : Abraham vit trois anges, servit à manger aux trois, et à un seul il rendit ses hommages, tres vidit et unum adoravit. Les trois personnes se trouvent réunies au baptême de Notre-Seigneur, et ce n'est que dans le Nouveau Testament que l'unité de Dieu est explicitement montrée.

4. — Quelles sont les trois vérités contenues dans le troisième article ?

Voici le troisième article : Qui a été conçu du Saint-Esprit, est né de la Vierge Marie. De cet article qui renferme en entier le touchant mystère de l'Incarnation, découlent trois grandes vérités qui sont :

1° Notre-Seigneur, par l'opération du Saint-Esprit s'est incarné dans le sein de Marie ;

2° Après son incarnation, la deuxième personne de la Sainte Trinité s'est réunie à son corps et à son âme ;

3° Marie, même après son incarnation est restée toujours Vierge, et elle est devenue Mère de Dieu.

Lorsque l'Ange eut annoncé à Marie sa future mission et qu'elle eut prononcé son Fiat immortel, le corps de Notre-Seigneur par l'opération de l'Esprit Saint se forma de son sang le plus pur. Lorsque, ensuite, le corps et l'âme de Notre-Seigneur se furent unis dans le sein de la Vierge, alors la deuxième personne de la Trinité, la personne du Fils de Dieu se réunit au corps et à l'âme pour former la nature de Notre-Seigneur, nature qui devait être humaine et divine. Enfin, après son enfantement la Sainte-Vierge resta toujours pure, sans tache, reine des Vierges. Le passage du corps de Jésus dans son sein ne la souilla d'aucune sorte. Comme après sa résurrection, Jésus passait dans le Cénacle, même si les portes étaient fermées, ainsi son corps passa dans le sein virginal de Marie sans lui donner la moindre tache. En donnant ainsi naissance à Jésus, Marie donnait (7) naissance à Dieu et devenait mère de Dieu, de Jésus en tant qu'homme.

5. — Quelles sont les conséquences de la seconde vérité ?

Les conséquences de la seconde vérité sont au nombre de trois et ont rapport à la nature, à la volonté et à la personne de Jésus Notre-Seigneur.

En Notre-Seigneur après son incarnation, il y eut deux natures : la nature divine et la nature humaine et ces deux natures sont distinctes, séparées l'une de l'autre. Par sa nature divine, il pouvait faire des miracles et agir comme un Dieu, par sa nature humaine, il pouvait avoir faim, avoir soif, souffrir.

En Notre-Seigneur il y a encore deux volontés, malgré ce qu'en ont dit les Monothélites : il y a la volonté divine et la volonté humaine. Ces deux volontés étaient bien distinctes en Notre-Seigneur mais toutes deux agissaient de concert, ce que pensait l'une, l'autre le pensait, ce que voulait l'une, l'autre le voulait.

En Notre-Seigneur cependant, il n'était qu'une seule personne : la personne du Fils de Dieu la deuxième personne de la Sainte Trinité.

Les trois conséquences sont donc :

1° Qu'en Notre-Seigneur il y a deux natures ;

2° Deux volontés ;

3° Une seule personne.

Félix Escudé, de N.-D. du Breuil.

(1) Il n'y a pas assez d'ordre dans le développement de cette question. Elle est parfois même un peu trop arbitraire et pas assez française. De plus le symbole ne dit rien explicitement de la Très Sainte Vierge.

(2) Vous ne dites pas qu'elle est la nature des perfections divines.

(3) Pas français.

(4) Vous ne parlez que des attributs qui constituent l'essence de Dieu. On dirait que vous ignorez qu'il y a aussi en Lui d'autres perfections dites attributs opératifs, et enfin une troisième classe qu'on appelle attributs moraux.

(5) Expression un peu trop cavalière et d'un français douteux.

(6) Solécisme affreux.

(7) Dans une ligne et demie vous répétez trois fois le verbe donner.

Critique

Dans une lettre d'approbation adressée à M. l'abbé Dementhon, le supérieur du grand séminaire de Brou, se demandait d'où provenait la faiblesse des élèves en fait d'instruction religieuse. Déjà auparavant la *Revue du monde catholique* avait dit : « Dans les maisons ecclésiastiques elles-mêmes, l'instruction religieuse proprement dite n'occupe qu'une trop faible place. On y consacre à peine une heure par semaine, et *les élèves sont assez disposés à la considérer comme une classe de repos, un temps de diversion à leurs études habituelles.* » *L'Enseignement chrétien,* constatait lui aussi en 1886, que l'instruction religieuse ne donnait pas les résultats qu'on pouvait espérer.

Aujourd'hui j'avoue bien simplement que la composition sur cette partie de l'enseignement me laisse assez perplexe. Un seul alumnat a donné des copies satisfaisantes et par la clarté des réponses et par la solidité des raisons. On voit avec plaisir que le professeur a travaillé son cours. J'en parle en connaissance de cause, car je puis dire avec S. Paulin :

Sed mihi mite patris plus quam censoris acerbum
Sedit, et e blandis aspera penso animo.

Malheureusement ces devoirs d'élèves si bien
par ailleurs sont quelquefois surchargés de
notions étrangères.

Dois-je féliciter aussi les autres concurrents.
Devrait-on m'en vouloir de ma franchise, je ne
puis le faire. A quelques exceptions près, on
voit que dans plus d'une maison, le cours
d'instruction religieuse ou n'est pas travaillé
par les élèves ou se borne à trop peu d'explications. C'est là je crois, et d'après ce que j'en ai
appris j'en dois être persuadé, qu'il faut chercher la cause de ces réponses insignifiantes,
laconiques au possible et de ces expositions
confuses et miséreuses.

Je signalerai un article de M. Guiraud paru
dans le *Correspondant* de 1897, sur l'instruction
religieuse dans l'enseignement secondaire. Ces
quelques pages documentées par 89 rapports
envoyés par des maisons d'enseignement chrétien m'ont donné à réfléchir. Nous ne parta-
geons pas aux alumnats toutes les idées de cet
auteur ; mais il faut admettre avec lui que s'il
est une matière que l'on doive travailler et
étudier sérieusement, c'est l'instruction religieuse en classe d'instruction religieuse. Chacun sait en effet ce que sont les explications
données en classe de latin ou de grec. Encore
d'après l'article de M. Guiraud ne devrions-
nous pas admettre que les professeurs fassent
leur cours respectif, on éviterait ainsi de se
trouver embarrassé comme Sainghin, ou de se
voir obligé de mettre sous les yeux des élèves
de seconde section des notions en harmonie
avec l'histoire ecclésiastique.

On remarquera que je ne critique pas les
compositions, il y aurait trop à dire. Je préfère féliciter les premiers et encourager les
autres, sans être plus précis.

Ordre des places

4

Félix Escudi, B. — Antoine Barland, M.

3 1/2

Augustin Sauvebois, M. — Barthélemy Falloni, M. — René Villard, A.

3

Edouard Raffin, M. — Aquilin Bouillon, B. —
Etienne Patras, M. — Clément Debos, M. —
Gaston Vergnes, B. — Jules Artus, T. — Albert
Pons, A.

2 1/2

Victor Arveiarux, T. — Léonard Jaumard,
M. — Petrus Buttin, M. — Augustin Coudre,
B. — Isidore Boulière, B.

2

Albert Robin, T. — Vincent Revol, M. —
Pétrus Donnève, A. — Léonard Burr, T. — J.
Joseph Mees, T. — Alphonse Darsy, A. —
Prosper Détrois, M.

1 1/2

Ignace, T. — Antonin Grosdemange, A. —
Florimond Fay, A. — Paulin Salaville, M. —
Théophile Vandenholt, T. — Joseph Saive, T.
Martin Mignolet, T.

1

M. Joseph Espargilière. B. — Fortuné Badaroux, B. — Alexandre Grégoire, B. — Jean
S. Martin, A. — Augustin Destiné, T. — Aloys
Sontag, T. — Constant Cleret, T. — Guillaume Riether, T.

P. ANASTASE.

SECONDE SECTION

VERSION LATINE

DENYS LE TYRAN

Propter injustam dominatus cupiditatem in
carcerem quodam modo se incluserat Diony-
sius. Quin etiam, ne tonsori collum commit-
teret, tondere filias suas docuit. Ita sordido
ancillarique artificio regiæ virgines, ut tonstriculæ, tondebant barbam et capillum patris.
Et tamen ab his ipsis, quum jam essent adultæ,
ferrum removit instituitque, ut barbam sibi
et capillum adurerent.

Sic noctu in cubiculum ventitabat, ut omnia
specularetur et perscrutaretur ante : quum
fossam latam cubiculari lecto circumdedisset,
ejusque fossæ transitum ponticulo ligneo con-
junxisset, eum ipse, quum forem cubiculi clau-
serat, detorquebat. Idemque quum in communibus suggestis consistere non auderet concio-
nari ex turri alta solebat.

Atque is, quum pila ludere vellet (studiose
enim id factitabat), tunicamque poneret, ado-
lescentulo, quem amabat, tradidisse gladium
dicitur. Hic quum quidam familiaris jocans
dixisset : « Huic quidem certe vitam tuam
committis, » arrisissetque adolescens utrumque
jussit interfici.

(Cicéron, Tusc. V. 29, 58).

Première copie

DENYS LE TYRAN

Denys, à cause de son injuste ambition du
pouvoir absolu, s'était pour ainsi dire, emprisonné (1). Bien plus, ne voulant pas confier son
cou au barbier, il apprit à ses filles à raser. (2).
C'étaient donc aux filles du roi qu'était échue la
basse et vile fonction de raser, barbe et cheveux à leur père (3). Cependant, lorsqu'elles
eurent grandi, il leur enleva le rasoir et leur
apprit à lui brûler la barbe et les cheveux (4).

Il venait aussi souvent dans sa chambre la
nuit, afin de tout voir et tout visiter auparavant. (5). Il avait établi autour de son lit un
large fossé, et pour le franchir un petit pont
en bois qu'il détournait après avoir fermé la
porte de sa chambre (6).

Et n'osant se tenir sur les tribunes ordinaires,
il avait coutume de faire ses harangues du haut
d'une tour élevée (7).

Un jour, voulant s'amuser au jeu de paume
(car il le faisait souvent et y prenait un plaisir
extrême) il enleva sa tunique, et on dit qu'il
remit son glaive à un enfant qu'il aimait beaucoup (8). Un de ses amis lui dit alors en
riant : « Tu livres sans doute ta vie aux mains
de cet enfant. » (9). Le jeune homme se mit à
rire et le roi les fit tuer l'un et l'autre.

CUNÉO HECTOR, *de Miribel.*

(1). Phrase lourde. Vous auriez dû employer ici la construction figurée ou oratoire, et votre phrase en s'éloignant
du pur mot à mot y aurait gagné en élégance.

Les traductions inexactes abondent : « Animé par son
insatiable désir de régner, Denys était monté sur le trône.
— Par une excessive cupidité, Denys le tyran s'était en
quelque sorte emprisonné. — Denys dominé par le désir
immodéré et injuste... Monté sur le trône grâce à son
excessive cupidité. — Le tyran Denys s'enferma dans une
prison à cause d'une injuste passion, etc. etc.

Cupiditatem rendu par passion, soif, était plus expressif.

(2) Phrase généralement bien rendue. Le mot *tondere* rendu par *tondre* par plusieurs, est dans le cas présent une expression d'une distinction suspecte

(3) *C'étaient* au pluriel est inutile ; bien plus constitue une faute d'orthographe. Bien peu ont saisi la fine ironie renfermée dans le diminutif *tonstriculœ*.

(4). *Tamen* rendu par, malgré cela, encore, serait meilleur. Plusieurs se sont crus obligés de commenter ici le texte latin, et de lui faire dire plus par conséquent qu'il ne dit en réalité.

(5). *Sic* se rend ici par *de même*. Traduction par trop fantaisiste chez un grand nombre.

La nuit il se promenait dans sa chambre pour tout entendre. — La nuit il venait dans une chambre à coucher pour épier ses ennemis. — La nuit il changeait souvent de lit. — Il se promenait toute la nuit pour voir ce qui se passait, etc. etc.

Le fréquentatif, *ventitare*, venir habituellement en a embarrassé un grand nombre.

(6) Vous oubliez ici *ipse* mot qui détermine admirablement le sens. Peu ont réussi à rendre cette phrase en bon français. La traduction de plusieurs copies est même inacceptable. Un grand trou entourait sa chambre... — Lorsqu'il avait fermé sa porte en dehors il se tournait de l'autre côté. — Lorsqu'il allait dans sa chambre il tordait le pont et le fermait — etc. etc.

(7) Ici encore, on nous dit que Denys ne voulait pas se tenir au milieu de son peuple. Qu'il n'osait pas se tenir dans les lieux publics.

D'autres plus brefs ont dit seulement : Denys haranguait son peuple de temps en temps.

(8). Phrase dans laquelle beaucoup se sont peu préoccupés du sens, du français et même de l'orthographe. — *Pila*, est ici un ablatif d'instrument ; plusieurs ont voulu le rendre par un nominatif, de là échec complet. *Dicitur* ; on devrait savoir que la troisième personne du singulier de tous les temps du passif s'emploie sans sujet, pour rendre l'idée du pronom français on.

(9). Tu livres sans doute, etc — ne rend pas toute la force de la phrase latine.

Hic est ici un adverbe et signifie *alors — certe* ; rendu par sans doute est insuffisant, *certes ou certainement* auraient été beaucoup mieux *Arrisisset*, sous-entendu *his verbis*. Beaucoup n'ont pas su faire la construction de cette phrase, et le sens s'en est ressenti. *Uterque* a toujours voulu dire : *l'un et l'autre, chacun des deux*, les *deux* et n'a jamais été employé pour remplacer *is, hic* ou *qui* ; certains l'ont cru cependant et ont agi en conséquence. La plupart des élèves n'ont pu malgré tous leurs efforts tirer cette phrase du pur mot-à-mot. D'autres, faute d'avoir fait la construction sans doute, n'ont pas su éviter l'écueil du commentaire ou de la narration.

Critique

Le nombre des copies reçues pour être corrigées a été de 62. Plusieurs, sur ce nombre renferment d'excellentes qualités ; aucune cependant n'émerge d'une façon particulière.

44 copies seulement ont obtenu la note passable, c'est-à-dire 2 1/2 et au-dessus. Les autres, c'est-à-dire les trop faibles me paraissent être en trop grande quantité. Mais inutile de jeter la pierre à ces derniers dont les efforts réels, j'en suis persuadé, n'ont pas été cette fois couronnés de succès, car parmi eux, plusieurs ont obtenu une place honorable dans les précédents *Correspondants*.

Le texte proposé m'avait paru assez simple pour ne pas embarrasser nos jeunes élèves de cinquième. Malgré cela, trop de copies, où, même l'ensemble n'a pas été saisi. D'autres ont trop mal rendu ce qu'ils avaient l'air d'avoir compris. Enfin, certains détails du sens ont été laissés de côté ; la traduction sans parler du manque d'élégance et de correction n'a pas été assez précise dans plusieurs copies même parmi les premières. Quelques élèves se sont permis de prendre avec l'orthographe des libertés absolument intolérables chez des cinquièmes.

Les notes qui accompagnent la première copie justifieront les réserves que j'ai dû faire au sujet de la valeur des copies corrigées.

Ne vous laissez pas décourager par ces quelques observations, mais tenez-en compte et faites-en votre profit ; car elles ne sont pas données sous la forme de blâme, mais au contraire comme des recommandations. Je suis persuadé que si vous êtes dociles à la direction de vos maîtres dévoués, vous arriverez à mieux la prochaine fois. Tel est mon espoir, mes chers amis, qu'il soit aussi le vôtre.

Ordre des places

4

Cunéo Hector, M. — Léon Hurtevent, S. — Alexis Timmermans, T. — Isaïe Landru, S. — Lucien Debondues, T. — Justin Eche. — S.

3 1/2

Jean Buyaters, A. — Fricou Alphonse, M. — Rémy Hauvenaghel, S. — Alcide Duret, B. — Arthur Trinve, T. — Robert Bedoy, A. — Augustin Merlin, S. — Georges Neusch, T. — Henry Lapaume, B. — Jean Lespome, S. — J. B. de Wadder, T.

3

Lucien Delannoyes. — Fernand Desmarteau, A. — Alfred Gœttelmam, X. — Laurent Henry, S. — Urbain Bélard, A. — Barthélemy Deschodt, S. — Henry Mience. A. — Jules Larmignat, A. — Ludovic Nadaud, B. — Gérard Meertens, T. — Marcellin Temple, B. — Gabriel Girard, M.

2 1/2

Albert Pons, M. — Florent Millet, T. — Louis Lavoisier, A. — Georges Porcheret, X. — François Pierson, T. — Gaston Caron, S. — Joanny Défradas, M. — J.-Marie Martin, S. — Alfred Lammer, T. — Albert Loizeau, B. — Engelbert Tek, T. — Marcel Rive, B. — Maurice Patinier, A. — Marcel Baret, S. — Escandare Tarabay, B.

2

Henry Debos, M. — Eugène Jouglard, S. — Emile Veruhié, B. — Clément Stanislas, A. — Luc Cottet, M. — Arthur Godant, A. — Gaston Guez, A. — Benjamin Barbot, B.

1 3/4

Guédy Joseph, M. — Jules Bernet, B. — Paul Peyrouse, M. — Dominique Wild, B.

1 1/2

Clodomir Aural, B. — Adolphe Leleu, A. — Armand Valès, M — Marcel Roux, A. — Ferdinand Presnau, A.

1 1/2

Adrien Cabrit, A.

Corrigé

DENYS LE TYRAN.

La passion injuste du pouvoir absolu fut cause que Denys s'était pour ainsi dire, enfermé dans une prison. Il y a plus : pour ne point confier sa tête à un barbier, il avait appris à ses filles à raser ; de sorte que les jeunes princesses étaient ainsi ravalées aux basses et serviles fonctions de raser la barbe et les cheveux de leur père. Encore leur ôta-t-il à elles-mêmes le fer des mains, lorsqu'elles furent un peu grandes, et il les dressa à lui brûler la barbe et les cheveux.

De même la nuit, il ne venait habituellement dans sa chambre qu'après avoir tout examiné et scruté avec soin. Il avait fait creuser un large fossé dans sa chambre à coucher, autour de son lit : un petit pont établissait la communication, et ce pont, lui-même le faisait pivoter, une fois qu'il avait fermé la porte de sa chambre.

Il n'osait pas non plus se tenir sur les estrades communément en usage pour parler au public et quand il prononçait une harangue. c'était du haut d'une tour.

Autre trait : un jour qu'il voulait jouer à la paume (il était passionné pour cet exercice). et quittait sa tunique, il remit, dit-on, son épée à un tout jeune homme, son favori. Alors un de ses intimes se prit à dire en plaisantant : « Voilà certes quelqu'un à qui vous confiez vos jours. » et le jeune homme ayant souri d'un air d'approbation, le tyran les fit mettre à mort tous les deux.

(*D'après Cicéron, Tusculanes, V. 20, 58.*)

P. J. Damascène.

TROISIÈME SECTION

ARITHMÉTIQUE

Numération

Ecrire en chiffres les nombres suivants :

1. — Vingt-quatre unités douze millièmes.
2. — Deux centièmes.
3. — Huit cent vingt quatre dixièmes.
4. — Cent quatre dix millièmes.
5. — Cinquante quatre mille trois cent quatre millièmes.

Questions

1. — Qu'est-ce que la multiplication ?
2. — Donnez la règle de la division ?
3. — Comment réduisez-vous une fraction à sa plus simple expression ?

Problèmes

1. — Il faut à un industriel 432 fr. par semaine pour payer ses 18 employés. Combien gagne chaque employé par semaine et par jour ?

2. — Un bassin vide reçoit de l'eau par deux robinets qui donnent en moyenne, l'un 42 litres, l'autre 50 litres par minute ; mais le bassin perd par deux fissures 15 litres par minute. Le bassin a été rempli en 35 heures. Quelle est sa contenance ?

3. — Une machine bat 50 gerbes de blé par heure. Combien mettra-t-elle de temps pour battre 1800 gerbes, si elle fonctionne 8 heures par jour ? Combien le propriétaire retirera-t-il de litres de blé, s'il est obligé de donner une gerbe sur 20 au maitre de la machine et si l'on admet que 6 gerbes donnent 20 litres.

4. — Un Auvergnat achète 10 décalitres de marrons à 2 fr. 75 le décalitre. Pour plus de sûreté, il compte ses marrons et en trouve 1.650 par double décalitre. Combien doit-il donner de marrons pour 0 fr. 05 pour gagner là-dessus 0 fr. 02 ?

NUMÉRATION

1re Copie pouvant servir de corrigé.

1° Vingt-quatre unités douze millièmes .... R. 24, 012
2° Deux centièmes................ R. 0. 02
2° Huit cent vingt quatre dixièmes R. 82, 4
4° Cent quatre dix millièmes..... R. 0, 0104

5° Cinquante quatre mille trois cent quatre millièmes................ R. 54, 304

2ᵉ Question

1. — Qu'est-ce que la multiplication ?
La multiplication est une opération par laquelle on répète un nombre appelé multiplicande autant de fois qu'il y a d'unités dans un autre appelé multiplicateur.
Cette règle ne s'applique que lorsque le multiplicateur est un nombre entier.
Celle-ci est générale : La multiplication est une opération par laquelle étant donné deux nombres l'un appelé multiplicande l'autre multiplicateur on en cherche un troisième qui soit au multiplicande ce que le multiplicateur est à l'unité. Le résultat se nomme *produit*.

2. — Donnez la règle de la division ?
La division est une opération par laquelle on cherche combien un nombre appelé dividende contient de fois un autre nombre appelé diviseur. La division est une opération par laquelle étant donné le produit de deux facteurs et l'un de ces facteurs, on cherche l'autre.
Le résultat se nomme quotient (1).

3. — Comment réduisez-vous une fraction à sa plus simple expression ?
Pour réduire une fraction à sa plus simple expression on peut diviser ses deux termes par un même nombre et répéter cette opération sur la fraction résultante jusqu'à ce qu'on ait pour numérateur et dénominateur deux nombres premiers entr'eux. On peut encore la réduire par le plus grand commun diviseur.

Problèmes.

1° Il faut à un industriel 432 fr. par semaine pour payer 18 employés. Combien gagne chaque employé, par semaine, et par jour ?

1ʳᵉ Rép. 24, 2ᵉ Rép. 4 fr.

SOLUTIONS	OPÉRATIONS
Gain hebdomadaire d'un ouvrier ou ═══ 432 : 18 ═══ 24 fr. Gain journalier 24 : 6 ═══ 4 fr.	432 | 18 072 | ──── | 6 00 | 24 | 4 | 0 |

2° Un bassin vide reçoit de l'eau par 2 robinets qui donnent en moyenne l'un 42 litres l'autre 50 litres par minute ; mais le bassin perd par 2 fissures 15 litres par minute. Le bassin est rempli en 35 heures quelle est sa contenance ?

(1) La question n'est pas : définissez, mais donnez la règle,.

Voici comment on pourrait *brièvement* énoncer cette règle ; Pour diviser un nombre quelconque par un autre nombre on écrit le dividende et le diviseur sur une même ligne, on les sépare par un trait vertical et l'on souligne le diviseur. On prend ensuite sur la gauche du dividende autant de chiffres qu'il en faut, pour former un nombre contenant le diviseur, au moins une fois et moins de dix fois, on devine ce dividende partiel par le diviseur et l'on trouve le premier chiffre du quotient, on multiplie le diviseur par ce chiffre et l'on retranche le produit du dividende partiel. A côté du reste on écrit le chiffre suivant du dividende. On divise par le diviseur le nombre ainsi formé, appelé deuxième dividende partiel, et l'on trouve le deuxième chiffre du quotient ; on multiplie le diviseur par ce chiffre et l'on retranche le produit du dividende partiel. On continue ainsi jusqu'à ce qu'on ait écrit tous les chiffres du dividende partiel. Le nombre formé par les chiffres trouvés est le quotient.

Lorsqu'un dividende partiel ne contient pas le diviseur, on met 0 au quotient, on écrit le chiffre suivant du dividende et l'on continue l'opération.

SOLUTIONS

Les 2 robinets versent 42 × 50 = 92 par minute 35 heures, font 35 × 60 = 2100 minutes.
Les 2 robinets versent en 35 heures 2100 × 92 = 193.200 litres.
Perte 2100 × = 31.500.
Capacité du bassin 193.200. 31,500.

Rép. 161. 700 lit.

OPÉRATIONS

```
  42      2100
  50        92
  ——      ————
  92      4200
        18900      193 200
        ————       ————
        193200     31 500
                   ————
                   161 700
          2100
            15
          ————
        10500
         2100
         ————
        31500
```

3° Une machine bat 50 gerbes de blé par heure. Combien mettra-t-elle de temps pour battre 1800 gerbes si elle fonctionne 8 heures par jour. Combien le propriétaire retirera-t-il de litres, s'il donne 1 gerbe sur 20 au maître de la machine et si 6 gerbes donnent 20 litres.

SOLUTIONS

Temps que la machine met 1800 : 50 = 36.
36 : 8 = 4 jours 1/2.
Il donne 1800 : 20 = 90 gerbes.
Reste 1800 − 90 = 1700 g.
6 gerbes donnent 20 litres
1 — — 20 —

et 1710   — 20 × 1710 / 6

Rép. 4 j. 1/2 et 5700 lit.

OPÉRATIONS

```
1800 | 50        1800
 300 | 36    8     90
  00 |  0  |——    ————
          | 4 1/2 1710
1800 | 20
  00 |——
      90
        1710
          20
        ————
        34200 | 6
           42 |————
            0 | 5700
            0
```

4° Un auvergnat achète 10 décalitres de marrons à 2 fr 57. le décalitre. Pour plus de sûreté, il compte ses marrons et en trouve 1.650 par double décalitre. Combien doit-il donner de marrons pour 0 fr. 05 pour gagner là-dessus 0 fr. 02 ?

SOLUTIONS

Marrons 1650 × 5 = 8250.
Pour 0 fr. 05 on aura 8250 × 0, 05 = 15
Pour 0,02 on a 15 × 0,02 = 6.
Reste 15 − 6 = R. 9 marrons (1).

OPÉRATIONS

```
8250
0,05
————        15
4125 | 275   0,02
1375 | ——    0,30 | 0,05
 000 | 15     6  |  6
          15
           6
          ——
           9
```

(1) On pourrait faire ce problème plus simplement et plus brièvement.
Prix des 10 décalitres 2,75 × 10 = 27,50
Nombre de marrons 1650 × 5 = 8250
Ce qu'il a acheté 0 fr. 03 il doit le vendre 0 fr. 05
Or voici le nombre de marrons qu'il a eu pour 0 fr. 03
    pour 27, 50 il a eu   8250 marrons
    pour 0, 01 il a eu   8250 / 27,50
et pour 0, 03 il a eu   82 50 × 0, 03 = 9 marrons. / 27,50
Les marrons qu'il a eu pour 0 fr. 03 il les donne pour 0 fr. 05.

Observations

Il y a peu d'observations à faire sur cette composition, qui en général comme les notes le prouvent a été assez bien réussie.

Presque tous les alumnistes, je dis presque tous, car dans le nombre il y a eu d'incroyables étourdis, ont compris la numération.

Les questions ont été convenablement, mais pas toujours assez clairement traitées.

La seconde cependant n'a pas été comprise. La plupart imitant à tort cette fois, Denys Mathurin, ont lu : « Qu'est-ce que la division ?.. « lorsqu'il fallait lire : Donnez la règle de la « division. » Sans doute, cette question était un peu longue, mais elle était très facile pour qui voulait réfléchir.

Les deux premiers problèmes ont été compris par la grande majorité.

Une vingtaine d'alumnistes seulement ont bien traité le troisième.

Quant au 4° il a été pour la plupart une pierre d'achoppement. On a envoyé les réponses les plus variées et les plus bizarres. D'aucuns ont fait vendre au brave auvergnat 1 ou 2 marrons pour 0 fr. 05. (Ils lui ouvraient le chemin de la fortune.) D'autres plus généreux lui ont fait donner 60, 70, 80, voire 100 marrons pour 0 fr. 05. Avouez que c'est d'une générosité inconcevable pour un marchand, fut-ce un marchand Auvergnat. D'autres enfin par un procédé qui a son cachet d'originalité, lui ont fait partager un marron et vendre 2 marrons 1, 550 marrons 4, 1 de marrons!! pour 0 fr. 05.

10   5 1000

Les 0 fr. 02 que l'auvergnat voulait gagner ont embarrassé beaucoup quelques alumnistes pas encore versés dans les questions commerciales.

Voilà les observations que l'on pouvait faire sur cette composition dont en somme il y a lieu d'être satisfait.

Ordre des places

Presque très bien.

Denis Mathurin, A.

Bien.

J. J. Arassus, B. — Daniel Bizet, A. — Alph. Vœgelé, T. — Ange Duviols, M. — L. Martel, A. — Arth. Bocié, B. — André Lusenchi, M. Ch. Ousset, B. — Vict. Hohel, S. — Gustave Gautherie, B. — Arth. Segard, S. — Henri Derracle, T. — E. Maurmeaux. — Armand Mercier, B. — Ulysse Leray, S. — Paul Payelle, A. — Martin Raymond, M. — Félix Falempin, A. — Fr. Boulé, M.

Assez bien.

Sauvan, M. — Paul Melleville, S. — S. Vallecalle, M. — Léopold Pronier, S. — E. Crocheles. — Maurice Demclenne, T. — Prosp. Vamableghem, A. — Ars. Tasseur, A. — L. Lebloir, A. — M. Lourteau, B. — Norb. Claes, T. — Laurent Noirs, T. — Gilles Bohon, T. — Eugène Larroque, B. — Ch. Novelle, S. — Jeannet, M. — J. Herbeaux, A. — Pierre Marie, B. — Noël Deleris, A. — Aug. Marly, A. — Deroudille, M. — Gustave Godaut, A.

Passable

Georges Favier, A. — Canulle Robert, B. — S. Desir, T. — Alex. Dury. T. — Valentin Lin, T. — P. Robin T. — Marius, B. — Gilbert Denoël, S. — Benjamin, S. — Rom. Demailly, A. — Spinelli, M. — Marius Cordier, M. — Arthur Gillet, M. — Nicolas Netti, M. — P. Villeseche, M.

Médiocre

Théodore C., A. — Louis Fabaves, A. — Et. Bihel, S. — F. Pavy, S. — Achille Rosenzncig, S. — Jules Leroy, S. — Cyr. Delecœuillevie, A. — M. — Cassagnard, B. — Raphaël, S.

Très médiocre.

Alexandre Batsere, S. — Joseph, B. — Emile Cazes, B. — Louis Leygoni, B.

Mal

Lucien Allagnier, M. — Rodolphe Quevy.

F. CYPRIEN.

Imp. du Petit Alumniste, Miribel-les-Echelles (Isère) 250.
Le Correspondant des Etudes, Mai 1899, N. 44 — PETICLAUDE, gérant

LE CORRESPONDANT DES ÉTUDES

BULLETIN MENSUEL

RÉDIGÉ PAR LES PROFESSEURS DES ALUMNATS

SOMMAIRE

AU CONGRÈS DE LYON

On a dit des congrès beaucoup de bien et beaucoup de mal, et, de vrai, il semble que l'on puisse leur adresser des éloges enthousiastes ou des critiques peu flatteuses, selon le point de vue où l'on se place.

S'ils sont faits pour éclairer l'opinion, il n'est que trop vrai aussi que parfois l'imprévu de leurs délibérations, la précipitation avec laquelle, sous l'influence d'une parole chaude ou exercée, sont souvent prises les résolutions les plus graves, nuisent beaucoup à leur succès auprès des esprits pondérés et point amis de l'emballement.

Quant à leurs résultats, c'est peut-être la partie qui prête le plus justement le flanc à la critique. Nous avons encore dans les veines un reste de sang gaulois. Les Gaulois, impétueux dans l'attaque, ardents à porter de grands coups, se lassaient vite d'une lutte un peu prolongée.

Héritiers de l'humeur gauloise, nos congressistes font entendre des accents enflammés, des revendications magnifiques, des paroles vibrantes de foi et de patriotisme, des toasts où sont épuisées toutes les formules de la galanterie chevaleresque... et puis, quand il faut attacher le grelot, c'est presque toujours l'histoire de la fable : chacun s'esquive. L'héroïsme en commun fait place aux difficultés d'ordre pratique, devant lesquelles il reste bien peu de héros isolés.

Mais, ce n'est pas pour faire le procès des congrès que j'ai pris la plume. C'est simplement pour mettre nos chers religieux des alumnats un peu au courant de ce qui peut les intéresser dans les questions traitées au congrès de Lyon, où l'Assomption était représentée par les Pères Stéphane, Edmond et votre serviteur. Sans répéter ce qu'a dit *La Croix*, je m'attacherai surtout à ce qu'elle ne pouvait dire. Une feuille intime n'est pas tenue aux réticences et aux conventions obligées d'un journal fait pour le public.

****

Notons d'abord une chose frappante. C'est que ce congrès, organisé par l'*Association catholique de la Jeunesse française*, comptait très peu de jeunes gens. Les organisateurs parisiens et angevins étaient là, mais la jeunesse lyonnaise était presque complètement restée à l'écart. C'est au point qu'un des jeunes gens les plus actifs du comité me disait : — « On se croirait à Moscou, quand Napoléon Ier y entra ; *La Croix* a joliment bien raison de faire la guerre à la dépopulation ».

Qu'avons-nous perdu à cette absence de jeunesse ? Sans doute quelques saillies originales qui auraient déridé les fronts. Sans doute aussi quelques discussions un peu tapageuses, où l'on aurait jeté à l'eau tout ce qui existe pour mettre à sa place... des chimères qui n'auraient jamais vu le jour.

Ne soyons pourtant pas trop sévères pour la jeunesse. Dans deux circonstances elle a pris la parole en la personne de M. Gallet, et si elle a été battue c'est du moins avec honneur.

M. Gallet est un étudiant des Facultés catholiques d'Angers, audacieux, incisif, défendant ses idées avec une conviction de vendéen et une verve que la présence de quarante évêques ne lui ferait pas perdre. Une occasion superbe vient de surgir, qui lui permet de faire entendre un coup de clairon retentissant.

M. Taudière, professeur à l'Institut catholique de Paris, vient de démontrer, dans un beau et ferme langage, que l'instruction ne peut pas plus se séparer de l'éducation que l'intelligence dans l'homme ne peut se séparer de la volonté. Pour lui, l'Etat ne possède ni mission naturelle, ni mission surnaturelle comme éducateur : son rôle se borne à seconder l'action de la famille et, en certains cas, à en suppléer les lacunes, en facilitant à chacun l'exercice de la liberté. La liberté de l'enseignement est un droit absolu.

« Parler, écrire, enseigner, s'écrie Taudière s'adressant aux législateurs modernes, voilà les trois formes de la manifestation de la pensée : que ne leur accordez-vous les mêmes droits ! Vous ne pouvez admettre qu'on limite la liberté de la presse, parce que, dites-vous, elle a une mission éducatrice : pourquoi alors restreindre la liberté d'enseignement, dont l'objet est précisément d'instruire et d'éduquer ? »

L'orateur, après avoir établi le droit absolu de l'Eglise à enseigner, montre aux catholiques trop disposés à abandonner la lutte, que l'amour de la paix ne doit jamais engager à de regrettables compromissions.

— « Tant que l'enseignement de l'Etat, dit-il, ne sera pas foncièrement chrétien, ce serait lâcheté pour nous de déposer les armes. Ne nous exagérons pas notre faiblesse ; il faudrait vouloir. « Si vous l'aviez voulu, évêques de France, et vous, pères de famille, il y a longtemps que nous serions libres, et quand vous le voudrez, nous le serons, » disait Montalembert. Je vous répète aussi que nous aurons la liberté si nous la voulons. »

L'assemblée applaudit à tout rompre, ce qui ne l'empêchera pas d'applaudir tout à l'heure avec le même enthousiasme, quand des orateurs prudents lui diront qu'elle ne peut prétendre actuellement qu'à une liberté limitée.

Gallet électrisé bondit à la tribune :

— « Je prends acte, dit-il, du dernier mot que vous venez d'applaudir : Nous aurons la liberté si nous la voulons ! Est-ce la vouloir, que de nous tenir sur la défensive, en nous contentant de lutter pour garder les derniers lambeaux de liberté qu'on veut nous ravir ? Notre attitude ne serait-elle pas plus franche, plus digne et mieux comprise du peuple, si nous réclamions toute la liberté à laquelle nous avons droit, en d'autres termes, si nous prenions résolument l'offensive ? Voilà plus de vingt ans que cette tactique de la défensive nous mène à de continuelles défaites. Nous, les jeunes, nous en avons assez ; nous demandons une consigne ! »

Fier langage en vérité, qui soulageait bien des consciences.

Déjà cinq ou six mains s'étaient levées vers le président pour demander à approuver ou à combattre cette audacieuse tactique. Le Père Edmond tendait désespérément la sienne pour appuyer des paroles où vibrait si bien l'esprit du Père d'Alzon. Mais quel malheur de n'être pas aux premiers rangs !

Mgr Péchenard, plus en vue, jeta un seau d'eau froide sur le brasier. Selon lui, nous nous trouvions en présence de difficultés urgentes ; il fallait d'abord s'efforcer de parer aux mesures prises contre nous ; après cela, on verrait s'il restait encore des forces à dépenser pour ces luttes plus théoriques que pratiques.

Ainsi parla le recteur de l'Institut catholique de Paris, qu'il devenait difficile, même à un Assomptionniste, de contredire, tant à cause de son caractère que de ses relations avec nous. Le P. Edmond renonça à son speech, mais M. de Gailhard-Bancel, notre ami d'Allex, ne se crut pas tenu à la même réserve.

— « Il semble que depuis la loi Falloux, dit-il, les catholiques de France se sont habitués à croire qu'ils avaient conquis le maximum de liberté. A mon avis, ils auraient mieux fait de marcher, de conquérir ce qu'on ne leur donnait pas. Ne nous le dissimulons pas, les libertés forment un bloc ; quand l'une est attaquée, il faut les défendre toutes. Pratiquer les libertés, quand on refuse de nous les accorder, c'est la meilleure tactique. » *(Applaudissements prolongés.)*

La tournure que prend le débat semble inquiéter M. de Mun, l'homme des habiletés parlementaires : « Messieurs, je vous en prie, s'écrie-t-il, examinez la question très froidement et voyez ce que vous voulez faire. Les dispositions de la commission d'enquête, dont je fais partie, d'abord assez flottantes, sont maintenant mauvaises. Sur 33 que nous sommes, nous ne pouvons sûrement compter que sur six voix de droite ; peut-être quelques libéraux se joindront-ils à nous ; mais ne nous le dissimulons pas, nous marchons sur un terrain miné. La majorité de la Chambre se prononcera sans doute contre le rétablissement du monopole universitaire, mais les propositions Rabier, Levrault, Combe, etc., surtout le projet Combe, répondent aux vœux de la majorité des modérés. Faisons donc une campagne contre ces projets ; c'est ce qui paraît pour le moment le plus urgent et le plus sage. »

On n'entend pas un orateur comme M. de Mun, sans subir l'ascendant de sa parole. Aussi, le congrès est-il résolu maintenant à se contenter d'une liberté limitée. Qui prendra l'initiative de la lutte contre les projets liberticides dont la Chambre est saisie ? qui donnera un corps à cette résistance aux mesures d'oppression ? Cela va faire l'objet d'un gros débat, et sera à vrai dire, le seul résultat pratique du Congrès.

.*.

Quand on n'est pas un peu dans le secret des coulisses, bien des choses paraissent étranges aux congressistes venus là sans préventions.

L'Association catholique de la Jeunesse française, dirigée par un Jésuite, le P. Tournade, très bien vue de nos Pères de Paris à qui elle avait souvent demandé conseil, impatiente de moisir dans l'inaction, avait préparé dans le silence un petit coup, qu'elle n'eut garde d'éventer.

Elle avait chargé un mandataire étranger à l'Association, M. de Bellomayre, grand ami du P. Adéodat, de la pousser devant le congrès, de la mettre en avant pour lui faire confier officiellement par les congressistes la mission de centraliser la résistance en ses mains jeunes et actives.

M. de Bellomayre s'acquitta de son mandat avec une ténacité à l'emporte-pièce.

Repoussé le premier jour par M. de Mun, qui trouvait qu'une organisation aussi improvisée risquait de n'inspirer guère confiance au public catholique, il revint à la charge le lendemain, et cette fois, au grand étonnement de ceux qui n'étaient pas initiés aux mystères des coulisses, c'est à dire de la masse des congressistes, non-seulement il ne fut pas combattu par M. de Mun, mais fortement appuyé et défendu, même contre Mgr de Cabrières.

Que s'était-il passé dans l'intervalle ? On le devine, M. de Bellomayre et les présidents de l'Association de la Jeunesse catholique étaient allés s'aboucher avec M. de Mun, et lui avaient fait comprendre que le congrès resterait sans effet pratique, si la mesure sollicitée par M. de Bellomayre n'était point acceptée.

Revenons à la tribune. M. de Bellomayre y parle avec éloquence. Il montre que la jeunesse qui a organisé ce congrès, est mieux à même

que personne de lui donner une sanction pratique. Il dépose donc une résolution aux termes de laquelle « le congrès, après avoir remercié ses promoteurs, demande à l'Association catholique de la Jeunesse française de poursuivre son œuvre, en organisant, avec le concours de tous les catholiques, un comité central et des comités locaux chargés de prendre toutes les mesures nécessaires ou utiles pour la défense de la liberté d'enseignement. »

Mgr de Cabrières, après avoir dit qu'il est de cœur avec la jeunesse catholique, et émis le vœu que le comité central prenne le nom de comité Montalembert, formule quelques réserves. J'ai pu prendre à peu près mot à mot les paroles de l'éminent élève du P. d'Alzon, et comme la presse catholique les a arrangées pour la circonstance, ou n'a pas eu la liberté, sur le désir même exprimé par S. G., de les reproduire intégralement, je les relève ici :

« Je verrais un inconvénient, a dit Mgr, à ne parler que des jeunes gens dans une circonstance où il faut que les évêques s'engagent *(bravos prolongés)* ; oui, je le répète, il faut que les évêques s'engagent. Or, je n'ai jamais été soldat, mais peut-être quelques gouttes du sang paternel bouillonnent-elles encore dans mes veines. Je crois que des hommes ayant combattu longtemps, éprouvés dans la lutte, ont besoin d'être placés de nouveau à la tête des cadres.

« L'épiscopat français est gêné par mille difficultés dans son action, ce qui explique la lenteur avec laquelle il marche, mais qui oserait douter que, provoqué sur un devoir précis, en face d'une obligation positive, l'épiscopat français reculerait ?

« Soyez-en sûrs, aucun évêque ne se refuserait à marcher, car tout évêque porte sur sa poitrine la croix, symbole de lutte et de victoire, et au doigt l'anneau, symbole d'une alliance inviolable avec l'Eglise.

« Jeunes gens, constituez avec les conseils des promoteurs de ce congrès, avec le concours de l'Alliance des Maisons d'éducation chrétienne et de toutes les bonnes volontés, une réunion préparatoire, d'où vous ferez sortir votre comité d'action. Vous en serez, je le veux bien, les membres les plus actifs ; à vous suivre, les vieux traineront peut-être un peu le pied, mais vous aurez cet avantage que, quand les prêtres et les fidèles viendront demander conseil à leur évêque, celui-ci parlera avec moins de réserve et montrera plus d'enthousiasme.

« Laissez-moi vous le dire, j'ai sur vous un avantage, je suis un vieillard ; j'ai suivi dans ma jeunesse les luttes des Parisis, des Dupanloup, des Montalembert, du P. d'Alzon, mon maître bien-aimé. J'ai connu ce régime de l'internat catholique mêlé à l'externat universitaire, que quelques-uns osent bien préconiser aujourd'hui, car c'est sous ce régime que j'ai fait mes classes de 6e, de 5e et de 4e, alors que l'Assomption ne jouissait pas encore du plein exercice. J'aurais mauvaise grâce à accuser mes anciens maîtres, qui subissaient, bien à regret, cet état de choses, mais je vous déclare que ce n'est pas l'idéal.

« Quand, en 1848, le P. d'Alzon obtint de M. de Salvandy le plein exercice, c'est de la main défaillante de Mgr Karr, que j'en reçus l'authentique pour le transmettre à mes vénérés maîtres, et vous devinez avec quels transports je le fis.

« Oui, j'ai vu Montalembert, j'ai vu le P. d'Alzon et bien d'autres, se donner sans réserve à cette cause de la liberté d'enseignement : aussi, ai-je le droit de parler. Laissez entrer quelques vieillards dans votre comité ; il aura un caractère plus universel, et rencontrera moins de difficultés à avoir l'adhésion de tous les évêques et de tous les catholiques français ». *(Applaudissements prolongés)*

Il semble que tant d'éloquence aurait dû l'emporter, mais M. de Bellomayre et M. de Mun avaient leur siège fait. Sous mille formules respectueuses, ils démontrèrent à l'éminent évêque que ses appréhensions n'étaient pas justifiées ; que plus de quarante membres de l'épiscopat appuyaient la campagne qui allait se faire, et que d'ailleurs la jeunesse ne serait pas à la tête du mouvement, mais seulement à la tête de l'organisation.

M. de Bellomayre dit assez nettement qu'il n'entendait rien changer au projet présenté par lui au congrès, et il mit presque Mgr de Cabrières en demeure de l'accepter.

Il y eut un moment de silence dans l'assemblée, et chacun se demandait comment cela allait finir, quand Mgr de Cabrières, déférant visiblement aux désirs de M. de Mun, se déclara satisfait des explications qui venaient d'être données et des garanties de soumission qu'elles contenaient vis-à-vis de l'autorité religieuse.

Le projet présenté par M. de Bellomayre fut voté par presque tous les membres du congrès, mais sans enthousiasme. Nos Pères de Paris se sont réjouis de ce vote, car la jeunesse dont il s'agit est sincèrement obéissante, et ne doit nullement être confondue avec celle qui, groupée sous l'impulsion de MM. Lamy, Bonjean, etc., a fait si tristement parler d'elle en divers congrès, notamment à Marseille et à Lille.

A peine rentrés à Paris, les chefs du comité sont venus avec le P. Tournade présenter leurs hommages au T. R. P. Picard et lui dire qu'ils

entendaient marcher avec nous la main dans la main.

Et voilà comment bien des gens, faute d'être au courant des dessous de cartes, croient que rien n'a marché dans un congrès, quand tout a été pour le mieux, sauf bien entendu les formes anguleuses et rudes qui ne concilient guère les sympathies, même aux vainqueurs.

Il est touchant de voir comment Mgr de Cabrières s'applique, en toute circonstance, à mettre en relief le nom du P. d'Alzon passé sous silence par tant d'autres ; il en avait déjà fait un bel éloge l'an dernier au congrès de l'Alliance tenu à Montpellier.

Hélas ! il faut bien constater qu'à part cet hommage filial, il y a je ne sais quelle ignorance ou quel parti pris touchant la mémoire de notre Père. Que de circonstances dans ce congrès, où il n'aurait été que juste de le citer à côté des Montalembert, des Parisis, etc. ! Pour ne donner qu'un exemple, un très beau rapport sur l'histoire de la liberté d'enseignement en France a été lu par M. Bidou ; le P. d'Alzon n'y était même pas nommé.

Et maintenant, direz-vous, que va faire l'Association catholique de la Jeunesse française ? Elle va d'abord organiser un vaste pétitionnement en faveur de la liberté d'enseignement, puis elle recrutera des hommes de talent, magistrats, avocats, professeurs, etc., pour donner un peu partout des conférences sur ce sujet. Enfin, elle s'efforcera d'agir sur l'opinion par des brochures, des tracts populaires, des affiches, etc.

Attendons de la voir à l'œuvre pour la juger et souhaitons-lui sincèrement de réaliser tout ce qu'elle promet.

*
* *

Et les questions d'éducation et de pédagogie proprement dites, quelle place ont-elles eu dans le congrès ?

Bien que portées à l'ordre du jour en nombre à peu près aussi considérable que les études sur la liberté d'enseignement et les moyens de la défendre, elles ont été forcément reléguées au second plan. Par une abnégation héroïque, plusieurs rapporteurs, comme M. l'abbé Ragon, ont sacrifié leurs mémoires sur l'autel... de la défense catholique. Plusieurs autres n'ont lu que certaines parties de leurs travaux et la discussion a été fort sommaire. Toutes ces questions seront traitées plus à propos dans le congrès de l'Alliance qui, cette année, aura lieu à Bourges à la fin d'Août.

A plusieurs reprises est revenu le procès de l'enseignement moderne, que l'on trouve trop prétentieux, incapable de former l'esprit français comme les études grecques et latines, et que l'on voudrait voir remplacé par un enseignement moyen sans baccalauréat. Cet enseignement secondaire moyen serait modeste, français, facile, utilitaire, couronné par un certificat d'études. — « Sous ce rapport, a dit M. l'abbé Crosnier, professeur à l'Institut catholique d'Angers, chaleureusement applaudi, il faut faire machine en arrière résolument ! »

On devine que les bons Frères, forcément visés par ces coups qui revenaient dans divers rapports avec une persistante unanimité, n'étaient rien moins qu'à la noce. Comme palliatif, on a loué leur dévouement et leurs méthodes, et couvert de fleurs ces éducateurs de la jeunesse victimes d'une abominable campagne de calomnies.

Sur la proposition de M. l'abbé Ragon, le congrès a voté à l'unanimité quatre ou cinq résolutions, déjà votées au récent congrès des professeurs de l'enseignement secondaire, universitaires en grande majorité, et adversaires résolus de l'enseignement moderne.

Les Pères Jésuites ont demandé le maintien du baccalauréat, avec des réformes portant surtout sur les programmes ; mais dans les alumnats, ceci ne nous intéresse que médiocrement.

Dans un remarquable rapport, le R. P. Dublanchy, mariste, supérieur de l'école Saint-Martial de Limoges, a examiné de quel profit a été pour la France la liberté relative accordée depuis 1850.

L'enseignement libre, d'après lui, n'est pas étranger à la faveur que retrouvent les idées chrétiennes dans les hautes classes de la société. Dans la classe moyenne, son influence bienfaisante s'est fait sentir en favorisant le progrès religieux, moral et social.

Puis il a contribué, beaucoup plus qu'on ne le reconnaît dans certains milieux, à mettre en honneur l'éducation physique par les jeux et les exercices du corps ; à résoudre le problème délicat de la surveillance morale ; à assurer le jeu complet de ces deux ressorts nécessaires de toute éducation : l'autorité du maître et l'initiative personnelle de l'élève.

Y a-t-il des établissements qui offrent des ressources semblables à celles de nos établissements libres ? Les discussions publiées dans l'*Enseignement secondaire* et le récent congrès des professeurs de l'Etat ont montré à quelles difficultés ils se heurtent tous les jours.

L'éducation intellectuelle a bénéficié de la concurrence faite à l'Université par les établissements libres ; l'Université elle-même en a

profité pour modifier et améliorer ses méthodes. C'est l'enseignement libre qui a pris l'initiative de la création d'écoles professionnelles de toute sorte pour le commerce, l'agriculture, les aveugles, les sourds-muets, etc.

« Si la question posée devant le parlement l'a été par la passion, il faut, conclut le religieux, qu'elle soit résolue par la raison et la justice, sous peine d'amener un recul du progrès moral et social dans la patrie. »

Qu'il y aurait encore de choses intéressantes à glaner dans ce congrès ! mais il faut se borner.

Espérons que les efforts des catholiques et les prières qui vont s'élever de toutes parts, spécialement des alumnats, déjoueront les machinations néfastes tramées dans les loges contre l'enseignement chrétien, mais il n'y a pas à se le dissimuler, — M. Lerolle le répétait encore hier — humainement parlant la situation est des plus graves. — La jeunesse catholique échappera encore aux ruses des nouveaux Hérodes, mais à condition qu'elle fasse violence au ciel par ses supplications.

P. THÉOPHILE.

UN MOT SUR L'ENSEIGNEMENT
DES MATHÉMATIQUES
Dans les Alumnats de Grammaire
(SUITE)

Reproches

On me reproche de m'arrêter aux quatre opérations de l'arithmétique, c'est-à-dire à ce qu'il y a de plus simple, à ce que les alumnistes savent le mieux. Je me suis attendu à ces observations, voici mon excuse.

Mon but n'est pas précisément de simplifier l'arithmétique, mais de déterminer ce qu'il y a de plus essentiel, ce sur quoi on doit insister et revenir. Je prends donc le programme des alumnats de grammaire par le commencement, avec l'intention de le suivre jusqu'au bout. Si, chemin faisant, je trouve quelque point à éclaircir, je le ferai autant qu'il me sera possible.

Je crois que nous devons donner à nos enfants qui connaissent déjà la pratique, une petite théorie des quatre opérations, qui les initie petit à petit aux raisonnements de l'algèbre et de la géométrie et qui leur apprenne pourquoi ils opèrent de telle manière plutôt que de telle autre.

Il ne faut pas pousser trop loin cette théorie. On doit la préparer à l'avance pour la rendre aussi claire que possible. Il ne suffit pas que le professeur la comprenne lui-même pour la faire comprendre. Sans une préparation minutieuse, on ne donnera aux enfants que des explications obscures, embrouillées, diffuses, qui ne serviront qu'à les rebuter et à les dégoûter des sciences.

Suivons le programme du premier trimestre, première année de grammaire.

MULTIPLICATION

Soit la multiplication suivante :

$$\begin{array}{r} 234 \\ 567 \\ \hline 1638 \\ 1404 \\ 1170 \\ \hline 132678 \end{array}$$

Pour faire cette multiplication totale, il faut faire les six multiplications partielles qui suivent :

$$7 \times 4 = 28 \qquad 6 \times 4 = 24 \qquad 5 \times 4 = 20$$
$$7 \times 3 = 21 \qquad 6 \times 3 = 18 \qquad 5 \times 3 = 15$$
$$7 \times 2 = 14 \qquad 6 \times 2 = 12 \qquad 5 \times 2 = 10$$

Les résultats de ces multiplications partielles ou *produits partiels* doivent être placés : les unités à la colonne des unités, les dizaines à celles des dizaines, etc...

Ainsi 7 unités $\times$ 4 unités = 28 unités ou 8 unités que l'on pose au 1er rang à droite, et 2 dizaines que l'on retient pour les ajouter aux dizaines du second produit partiel.

7 unités $\times$ 3 dizaines = 21 dizaines, ou 1 dizaine et 2 centaines. On ajoute la dizaine aux 2 dizaines retenues, ce qui fait 3 dizaines que l'on écrit au second rang à droite. On retient les 2 centaines pour les ajouter aux centaines du troisième produit, etc.

Toutes les parties du multiplicande ayant été multipliées par toutes celles du multiplicateur, et les produits partiels étant posés, unités sous unités, dizaines sous dizaines, etc., il n'y a plus qu'à faire l'addition de ces produits, pour avoir le produit total.

LA PREUVE

Elle se fait en *intervertissant* l'ordre des facteurs, ou *par 9*.

Le *Correspondant* a déjà donné une petite théorie de la première preuve.

En voici une de la

PREUVE PAR 9

Prenons la multiplication suivante :

$$\begin{array}{r} 121 \\ 323 \\ \hline 363 \\ 242 \\ 363 \\ \hline 39083 \end{array}$$

Le multiplicande renferme un nombre exact de fois 9 + 4, c'est-à-dire n 9 + 4.

Le multiplicateur renferme un nombre exact de fois 9 + 8 ou n 9 + 8.

Le produit doit renfermer un nombre exact de fois 9 + 8 $\times$ 4 ou n 9 + 8 $\times$ 4.

On constate tout cela, en additionnant les chiffres soit du multiplicande, soit du multiplicateur, soit du produit.

DIVISION

Exemple :

$$\begin{array}{r|l} 630 & 14 \\ 070 & \overline{45} \\ 00 & \end{array}$$

Je décompose le dividende 630 en plusieurs dividendes partiels.

Le premier dividende partiel (63 dizaines) renferme le diviseur 4 dizaines de fois et il reste 7 dizaines.

En effet, 63 unités le renfermant 4 fois, 63 dizaines le renfermeront 4 dizaines de fois.

Pour le second dividende partiel nous avons les 7 dizaines qui restent + 0 unité, ce qui fait 70 unités, qui renferment le diviseur 5 fois.

Le dividende complet renferme donc le diviseur 4 dizaines de fois + 5 fois, c'est-à-dire 45 fois.

QUOTIENT ÉVALUÉ EN DÉCIMALES

En ajoutant un zéro au reste, quand il y en a, on l'exprime en dizièmes, et en poursuivant la division, on obtient les dizièmes du quotient.

En effet les dizièmes du quotient multipliés par les unités du diviseur doivent reproduire le reste en question.

PREUVES DE LA DIVISION

1° *Par la multiplication.* — Le dividende moins le reste doit être le produit du diviseur par le quotient, puisqu'il renferme le diviseur autant de fois qu'il y a d'unités dans le quotient, plus le reste.

2° *Par 9.* — On opère comme pour la multiplication.

Le dividende moins le reste est le produit.

Le diviseur et le quotient sont les facteurs.

NOMBRES DÉCIMAUX

Ces nombres au lieu de s'arrêter aux unités s'étendent aux dizièmes, aux centièmes, etc.

Dans l'addition de ces nombres on doit veiller à ce que les dizièmes soient ajoutés aux dizièmes, les centièmes aux centièmes, etc.

Dans la soustraction la règle est semblable; les quantités de même rang doivent être retranchées les unes des autres.

Dans la pratique de la multiplication, on opère, sans s'occuper des virgules et l'on sépare à droite du produit autant de chiffres décimaux qu'il y en a dans les deux facteurs.

On doit savoir que des dixièmes multipliés par des dixièmes, produisent des centièmes, et que des dixièmes multipliés par des centièmes produisent des millièmes.

En effet : par exemple, 1 fois 5 dixièmes = 5 dixièmes et 1 dixième de fois 5 dixièmes = 10 fois moins ou 5 centièmes.

Dans la division une règle suffit pour tous les cas.

Faire en sorte qu'il y ait autant de chiffres décimaux dans le dividende que dans le diviseur, en ajoutant des zéros là où c'est nécessaire.

On sait que les zéros ajoutés à droite des nombres décimaux, n'en changent pas la valeur. Par ex. : 5,3 = 5,30, car les 3 dixièmes restent 3 dixièmes.

On sait également que les dixièmes divisés par les dixièmes donnent, au quotient, des unités ; de même que les centièmes divisés par les centièmes.

P. Théodore.

DEVOIRS CLASSIQUES

ALUMNATS D'HUMANITÉS

Devoirs donnés par les Professeurs de Clairmarais

PREMIÈRE ET SECONDE SECTIONS

COMPOSITION D'HISTOIRE

1° — Quels sont les grands desseins de Richelieu ? Comment les a-t-il réalisés ?

2° — Quelles sont les grandes divisions du règne de Louis XIV ?

3° — Comment un prince français fut-il appelé au trône d'Espagne ? Quelles furent les clauses du traité d'Utrecht ?

4° — Expulsion des Jésuites au XVIIIe siècle. Quels en furent les fauteurs et les prétextes ?

Première copie

1° — Quels sont les trois grands desseins de Richelieu ? Comment les a-t-il réalisés ?

Richelieu, ministre de Louis XIII, (1624-1642,) eut en vue trois grands desseins : la soumission des protestants, l'humiliation des Grands, l'abaissement de la Maison d'Autriche.

Les protestants *avaient concerté* [1] *le projet de former un Etat dans l'Etat.* En vain Louis XIII et Albert de Luynes leur avaient-ils enlevé bon nombre de places. Le duc de Rohan se met à leur tête et les excite de nouveau à la révolte. Le Cardinal aussitôt va mettre le siège devant la Rochelle, le principal boulevard des Calvinistes en France. D'immenses digues construites sur l'ordre et sous la direction du ministre, ferment le port à deux flottes anglaises venues pour ravitailler la place. [2] *Les habitants après onze mois de siège se rendent, poussés par la famine, réduits de vingt-cinq mille à six mille.* Le roi leur accorde la vie. Les chefs des révoltés sont exilés. — Par l'édit de grâce ou paix d'Alais (1629), les Calvinistes obtiennent la liberté de conscience, mais *leur puissance politique est ruinée* [3].

Humilier les Grands : [4] tel est le projet qui contribua le plus à rendre impopulaire le Cardinal-Ministre.

Les Grands Seigneurs se soulevaient sans cesse contre l'autorité royale en même temps qu'une plaie profonde, le duel, causait dans les rangs de la noblesse de grands ravages.

Le Comte de Chalais, trame un complot contre le Cardinal ; il est exécuté (1626), Bouteville, exilé à Bruxelles, pour cause de duel, rompt son ban et vient se battre en plein Paris. Richelieu le fait mettre à mort (1627). Après la journée des Dupes, la reine-mère mécontente est exilée (1630).

Gaston d'Orléans se déclare lieutenant général du royaume. Le connétable de Montmorency qui commande ses troupes, est battu à Castelnaudary. Le ministre fait décapiter le vaincu à Toulouse (1632).

Cinq-Mars complote contre Richelieu [5]. Son ami de Thou ne le dénonce pas. Ils sont exécutés tous les deux à Lyon (septembre 1642). Voilà comment par son *autorité* [6], le Grand Cardinal affermit le trône du roi *contre* les Grands.

Il reste à abaisser la maison d'Autriche. C'est le but de la Guerre de Trente-ans. Soutenus par Richelieu, les protestants avec Frédéric V pendant la période palatine (1619-1625), avec Christian IV, roi de Danemarck (1625-1529), avec Gustave Adolphe, pendant la période Suédoise (1629-1635), les protestants dis-je, font la guerre à *Ferdinand II d'Autriche* [7].

Enfin, les Français eux-mêmes paraissent sur le champ de bataille. Le comte d'Haucourt et Turenne sont vainqueurs en Italie, à Queers, Casal, Turin. [8] *Condé bat les Impériaux* à Rocroy (1643), à Fribourg (1644), à Nordlingue (1645), à Lens (août 1648). La paix de Westphalie est signée à Munster et à Osnabrück (6 août et 8 septembre 1648).

La France a pour elle le Lundgau, l'Alsace, les Trois évêchés. L'Autriche reconnaît l'indépendance de la Hollande, renonce à sa juridiction sur les cantons de la Suisse, consent à la sécularisation d'évêchés en faveur d'électeurs protestants, admet un parlement mixte [9].

Voilà le troisième projet du Cardinal accompli.

2o — *Quels sont les Grandes divisions du règne de Louis XIV ?*

Le règne de Louis XIV se divise en deux grandes parties : la minorité du roi (1643-1659) [10]. La majorité (1659-1715). On comprend dans la première partie, la *Cabale des importants* [11] (1643), la Vieille Fronde, la Nouvelle Fronde (1650-1652). La majorité du roi comprend la période des succès et celle des *revers*.

Pendant la période des succès ont lieu : la guerre d'Espagne avec le Traité des Pyrénées (1659) [12], la Guerre de Dévolution avec la paix d'Aix-la-Chapelle, (1668), la Guerre de Hollande (1672) [13].

La période des revers commence à la guerre contre la ligue d'Augsbourg, terminée par le traité de Ryswick (1697, et finit par la Guerre de la Succession d'Espagne, avec les traités d'Utreck (1713) et de Rastadt (1714).

Comment un prince français fut-il appelé au trône d'Espagne ? Quels sont les conditions du traité d'Utrecht ?

Charles II, roi d'Espagne, frère de l'épouse de Louis XIV [14] mourut sans laisser d'enfant (1700). Dans son testament, il désigna comme son successeur, le duc d'Anjou, petit-fils de Louis XIV qui dit au nouveau roi : « Mon fils, il n'y a plus de Pyrénées... Le successeur de Charles II prit le nom de Philippe V.

L'Europe vit d'un mauvais œil, un héritier des Bourbons sur le trône d'Espagne et craignait qu'un jour les deux couronnes fussent réunies sur le même front [15]. Elle se déclara donc tout entière contre le nouvel ordre de choses et soutint les prétentions de l'archiduc Charles [16] qui en étant allié à la maison d'Espagne n'avait pas de testament à alléguer en sa faveur [17].

Les armes françaises battues partout [18] furent victorieuses pourtant à Villa-Viciosa, sous le commandement du maréchal Vendôme (1710), et à Denain sous le maréchal Villars (1712).

Ces victoires amenèrent la conclusion du traité d'Utrecht (1713)

Il fut arrêté que Philippe V garderait la couronne d'Espagne, mais il renoncerait à tous ses droits à la couronne de France.

L'Espagne *perdit quelques colonies* [19]. Gibraltar et Minorque demeurèrent entre les mains des Anglais.

4o — *La suppression des Jésuites. Quels en furent les fauteurs ?*

Les Jésuites furent expulsés de *certains royaumes* [20]. Le coup partit du Portugal.

Les Jésuites avaient beaucoup d'influence en Portugal. Le ministre Pombal les chargea de fausses accusations. On confisqua leurs biens et on les chassa du royaume. Les religieux se réfugièrent dans les Etats Pontificaux [21].

En Espagne, d'Avanda [22] *contrefaisant l'écriture du Supérieur Général de l'Ordre*, écrivit une lettre dans laquelle il était dit que les Jésuites *conspiraient pour enlever à Charles III* la couronne d'Espagne.

Les religieux subirent les mêmes violences qu'en Portugal.

En France, les encyclopédistes : Voltaire, d'Alembert, firent *ce qu'ils purent* pour l'expulsion des Jésuites. « Quand nous aurons détruit les Jésuites, disait Voltaire, nous aurons beau jeu contre l'infâme. »

De plus, en France, un Père Jésuite refusa l'absolution à Madame de Pompadour. Celle-ci mécontente et le duc de Choiseul, ministre, usèrent de tout leur crédit auprès de Louis XV pour l'expulsion des religieux.

Ajoutons à cela, le procès du Père Lavalette, procureur de la Société de Jésus à la Martinique. Pour soutenir les missions, le Père Lavalette *fit du commerce* et entretint des relations avec tous les pays de l'Europe. Mais pendant la guerre, plusieurs de ses vaisseaux furent pris par les Anglais ou coulèrent, de sorte qu'il fit banqueroute.

Louis XV résistait, mais il se laissa fléchir par les supplications d'une femme avilie [23].

La cour de Naples demanda la suppression des Jésuites en sorte que les Bourbons d'Espagne, de France et d'Italie *conjurèrent tous* à la fois pour la perte de la Compagnie. Le pape Clément XIV leur résista longtemps.

Après beaucoup d'instances, il consentit à publier le bref Dominus ac Redemptor [24]. Le pape y déclarait que les Jésuites ne pouvant plus *rendre les services* pour lesquels ils avaient *été créés*, ils ne sauraient désormais que troubler la paix de l'Eglise. Les Jésuites se soumirent tous. Ils furent recueillis en Prusse par Frédéric II, luthérien et par Catherine II, princesse protestante, impératrice de Russie.

Pie VII rétablit la Société de Jésus pour la Russie d'abord, puis pour tout l'univers chrétien en 1814.

(1) C'est trop peu dire. La vérité est que, depuis l'Edit de Nantes (1598), les protestants formaient un parti armé au sein de l'Etat, faisaient des plans de république et correspondaient avec tous les rebelles du royaume.

(2) La construction de la phrase est défectueuse.

(3) Cette affirmation, juste du reste, exige une explication, un court développement

Comment Richelieu ruine-t-il la puissance politique des protestants ? En leur enlevant ce dont ils avaient fait mauvais usage ; c'est-à-dire, leurs places de sûreté, leur organisation militaire, leurs assemblées politiques.

(4) *Humilier les Grands*, n'est pas d'une rigoureuse exactitude. Richelieu ne voulait pas humilier la noblesse pour le plaisir de l'humilier. Depuis Henri VI, un assez grand nombre de seigneurs s'était désaccoutumés d'obéir et violaient impunément les lois. C'est cet orgueil indocile que voulut briser le rude justicier.

(5) Ajouter à cette phrase le court développement suivant: Complot d'autant plus grave et plus odieux que Cinq-Mars avait traité avec l'Espagne et conspiré contre Richelieu son bienfaiteur.

(6) Ces coups d'autorité.

(7) Ferdinand II et Ferdinand III, empereurs d'Allemagne.

(8) Oui, mais à cette époque, Richelieu était mort. Il ne fut pas témoin de ces victoires, ni de l'heureuse issue de cette guerre.

(9) Les clauses principales du traité de Westphalie et leurs conséquences désastreuses au point de vue religieux et même politique, ne sont pas exposées. On ne voit pas par exemple, comment la prépondérance de la Maison d'Autriche passe à la France, le protestantisme entre dans la constitution politique de l'Allemagne, etc..... Ce résumé du Traité de Westphalie est très incomplet.

(10) Mieux 1661, année où commence le règne personnel de Louis XIV.

(11) Peu important. A omettre.

(12) Cette guerre à sa place marquée dans la première partie du règne de Louis XIV, pendant sa minorité.

(13) A ajouter : la guerre contre la première coalition ou Grande Alliance de la Haye et le Traité de Nimègue (1678), qui marque l'apogée du règne de Louis XIV.

(14) Marie-Thérèse.

(15) L'Europe apprit avec crainte cet événement qui, en réunissant sous la domination de la famille des Bourbons, la France, l'Espagne, les Pays-Bas et une partie de l'Italie, reconstituait un empire plus redoutable que celui de Charles-Quint.

(16) L'archiduc Charles, était fils de l'empereur d'Allemagne Léopold Iᵉʳ.

(17) Cet événement donne lieu à la guerre de la succession d'Espagne (1701-1714).

(18) A Hochstedt, à Ramillies, à Oudenarde, à Malplaquet.

(19) Elle perdit aussi bon nombre de possessions continentales, le Milanais, le royaume de Naples, etc.

(20) Trop vague. Dire lesquels.

(21) Quelques détails sur les menées et les calomnies de Pombal seraient ici nécessaires.

(22) Mal écrit et légèrement inexact. Le véritable auteur de cette fameuse lettre est Choiseul. De connivence avec d'Aranda, il la fit adresser de Rome au Père recteur de la première maison des Jésuites à Madrid. Cette lettre, tissue de calomnies, fut saisie et remise à Charles III. Ce prince y lut, avec indignation qu'à Rome il courait des bruits fondées sur l'illégitimité de sa naissance et sur une révolution prochaine en Espagne, dans le but de faire passer la couronne sur la tête de l'héritier légitime. Enfin on y recommandait au Père Recteur de préparer les Jésuites d'Espagne à ces événements.

(23) La marquise de Pompadour.

(24) Qui supprimait la Compagnie de Jésus (1773).

Malgré toutes ces remarques, cette copie est bonne. Les faits y sont condensés, exacts, les dates très sûres, le récit ne languit pas, il est rapide et le style, à part quelques négligences, est bien dans le ton historique.

Critique

Elle sera courte, très-courte même, car je suis en retard. Les copies de Brian ne sont arrivées à Clairmarais que le 28 mai !

Je tiens à dire cependant que la composition d'histoire a été bonne. Plus de trente copies ont une note assez-bien. Et elles la méritent à tous égards ; sept élèves seulement sur soixante-cinq, ont donnés des devoirs médiocres. Ce résultat très satisfaisant, prouve assez que l'histoire ecclésiastique et l'histoire profanée sont étudiées avec amour à Brian comme à Clairmarais.

Ordre des places

4

Bernaîd, B. — Charloteaux, C. — Janin, B. — Larue, C. — Mégnin, B.

3 3/4

Barbier, C. — Bourgeois, C. — Chaffard, B. — Déroulez, C. — Destouches, C. — Pellet, B. Rossat, B.

3 1/2

Bruguet, C. — Burgard, C. — Couderc, B. — Giudicelli, B. — Larmignat, C. — Parrau, B. — Perrier, B. — Petit, B. — Rousseau, B. — Six, C. — Spinnaël, G. — Thomas, B. — Tourbez, C.

3 1/4

Carbonnier, C. — Dauby, C. — Foulon, C. — Miqueu, B. — Preyre, B. — Trannoy, C.

3

Bicais, B. — Bonnet, B. — Boyez, C. — Deléglise, B. — Garde, B. — Graugnard, B. — Ledez, C. — Lemaitre, C. — Muller, C. — Payelle, C. — Piessens, C. — Ramyr, C. — Sollier, B. — Sontag, C. — Unterleidner, C, — Bidaud, B.

2 3/4

Bégon, B. — Genevès, B. — Hudry, B. — Pavageau, C. — Teck, C. — Vandyck, C.

2 1/2

Baudard. C. — Byache, C. — Courtin, B. — Espritoz, B. — Rouan, B.

2

Barthe, B. — Chelle, B. — Mermoud, B. — Romelacre, C. — Senaux, B. — Sérine, B.

1

Ranson, C. *(Devoir assez nul).*

P. PHILIPPE.

ALUMNATS DE GRAMMAIRE

Devoirs donnés par les Professeurs d'Arras

PREMIÈRE SECTION

VERSION LATINE

TONSOR

Erat in civitate quadam peritissimus tonsor qui denariis ternis unumquemque detondens, tenuem vilemque mercedem sui operis acqui-rendo, ex hac eadem quantitate necessaria suo victui quotidie comparabat. Sed audivit in qua-dam longe posita civitate singulorum solido-rum singulos homines tonsori præbere merce-dem. Quo ille comperto, sumens artis suæ protinus instrumenta, ad urbem illam quæstu-osissimam cum summo labore pervenit.

Ubi cum, ea qua ingressus est die, ab uno-quoque mercedem sui operis recepisset, ad macellum lætus intendit, escas refectionis suæ necessarias coempturus. Quas cum cœpisset magno solidorum pretio comparare, ne unius quidem denarii intulit lucrum. Cumque ita singulis diebus acquisitionem suam vidisset insumi, ut non solum nihil redigeret, sed vix ipsam quotidianæ substantiæ necessitatem pos-set explere, apud semetipsum recogitans : « Revertar, inquit, ad civitatem meam, illum-que repetam tenuissimum quæstum, ex quo mihi expleta omni corporis cura, quod ad sustenta-tionem senectutis accresceret, quotidiana exu-berantia conferebat ».

(CASSIEN)

Première copie

LE BARBIER

Il y avait dans une ville un très habile barbier qui rasait ses clients pour trois deniers ; son travail lui procurait un mince et modeste salaire avec lequel il se procurait chaque jour le nécessaire. Il apprit que dans une ville loin-taine les (¹) *hommes* payaient le barbier *à raison* d'un sou d'or par tête. A cette nouvelle, il prend aussitôt ses instruments de travail, et arrive à grand peine à (²) cette ville si *opulente* (³).

Le jour même de son arrivée il reçut de cha-cun le prix de son travail, et tout joyeux il se dirigea vers le marché pour se procurer la nourriture nécessaire à son entretien. Quand il l'eut acheté (⁴) très cher, il ne lui resta pas même un denier de bénéfice. Voyant que son gain disparaissait ainsi tous les jours et que

non seulement il n'économisait rien, mais encore (⁵) il avait peine à subvenir aux besoins de sa subsistance, il réfléchit et se dit en lui-même : « Je reviendrai dans ma ville, je ga-gnerai (⁶) le modeste salaire qui me permettait de satisfaire à tous les besoins de mon existence, et dont le bénéfice journalier augmentait pour soutenir ma vieillesse.

Gaston VERGNES, *du Breuil.*

(1) les barbiers se faisaient payer un écu par tête.
(2) en.
(3) si féconde en ressources.
(4) faute de participe.
(5) le relatif est absent.
(6) repetam : je gagnerai de nouveau.

Critique

Quarante-quatre copies ont défilé sous mes yeux et leur physionomie m'a généralement satisfait. On rencontre bien ça et là quelques aspérités ou incorrections de langage ; mais en revanche, les contresens sont rares, les fautes d'orthographe clairsemées : ce qui dénote de la part des élèves une application sérieuse. A quoi bon d'ailleurs se montrer difficile et grin-cheux ? Les professeurs qui ont un tant soit peu blanchi sous le harnais, savent par expérience qu'une composition en passant ne peut donner une idée adéquate de la valeur intellectuelle d'un sujet ni de son acquit et que tel s'éclipse sur un point qui brille sur un autre : les nul-lités complètes ne doublent ordinairement pas en première section de grammaire, le cap du second trimestre. Aussi ai-je la confiance que des notes supérieures feront, à la prochaine épreuve, contre-poids au petit nombre de notes moins honorables dont quelques-uns ont été gratifiés. A l'œuvre donc, alumnistes studieux. Profitez bien du temps qui vous reste pour combler les dernières lacunes et vous mettre en état d'entrer de plein pied à l'alumnat d'hu-manités. Examinez votre côté faible et fortifiez-le par un travail persévérant. Labor improbus omnia vincit.

Je vous ai placés en face d'une version, où le sens, loin de se dérober sous des circonlo-cutions enchevêtrées, se laissait clairement apercevoir à l'œil nu. Il vous importait surtout, après un léger effort de compréhension, de reproduire en excellent français de France l'anecdote du barbier, sans vous écarter de la simplicité qui règne dans le texte. Plusieurs y ont assez réussi : leur traduction est exacte, aisée, naturelle, exempte de prétention et de romantisme, leurs termes bien choisis, leurs expressions heureuses. Certains (c'est la mino-rité) semblent n'être pas encore sortis des langes du mot-à-mot. Vous allez en juger sur l'heure.

« Il (le barbier) pouvait à peine *compenser la nécessité de* sa nourriture quotidienne (!) — Je *regagnerai* mon petit gain — tournure vicieuse : regagner signifie proprement retourner au lieu que l'on vient de quitter — Je *gagnerai mon ancien gain* (hellénisme) qui *accroît le délai* de ma vieillesse (comprenne qui pourra !) — Le barbier moyennant trois deniers, *rasait une tête* (où placez-vous la barbe ? au sommet de la tête ?...) Avec le *médiocre et vil gain* de son métier (élégance douteuse). — Avec ce chétif salaire, il *tirait* son pain quotidien (du garde-manger ?) — Il s'en alla au marché pour y acheter le *nécessaire de quoi manger* (ni correct, ni distingué). — Il commença à *acheter* (ici, l'on dilate démesurément les mâchoires) — Il entendit dire *que* dans une ville *qu'*il y avait un autre barbier (une seule conjonction aurait suffi). — Je reprendrai ma faible *solde* (c'était sans doute le barbier du régiment). — A peine pouvait-il suffire à sa *substance* quotidienne (ne confondez pas substance avec subsistance). — Ce menu salaire pourvoyait au *soin de mon corps augmenté* par la vieillesse (amphibologique et obscur). Il recevait de *tout homme* (vivant en ce monde) un salaire de chaque sou (!) Il *tondait* pour trois deniers (sous ent : tous les moutons du pays) — Il acheta ses aliments à un prix si élevé qu'il ne lui *restât* pas un denier. Lorsqu'il vit que son gain se *consumât* ainsi et que non seulement il ne *ramassât* rien mais, qu'il *suffit* à peine (ne soyez pas à ce point idôlâtre du subjonctif !) Loin de *ne* rien obtenir, il ne pouvait même pas satisfaire aux besoins de sa nourriture (Ne détermine un contresens. Rappelez-vous que rien (etym. rem) n'est pas négatif par lui-même et qu'il peut fort bien en certains cas se passer de la négation. Il fallait dire : Loin de rien obtenir. Rien signifie quelque chose de peu important). — Il se hâta de prendre l'*attirail de sa profession, les outils de son art* (Le barbier a des instruments, et non des outils : leur ensemble ne constitue pas un attirail. Il n'exerce pas un art, mais un métier, une profession.) Après s'être procuré sa nourriture aux prix *de force sous* (vous avez peut-être voulu imiter le procumbit humi bos de Virgile).

Le barbier *tondait tout le monde* (bon gré mal gré). Pour acheter *les nourritures* de son repas (le pluriel est déplacé).

Je viens de vous vanner. Jetons la paille au feu et ne conservons que le bon grain. Dieu merci ! vous savez en produire. Au fond de vos coquilles, on voit briller des perles. Les citations suivantes en sont la preuve.

« Je retournerai dans ma cité et je *regagnerai* cette mince somme d'argent, qui, subvenant à tous mes besoins corporels, me rapportait en outre, par son abondance quotidienne, de quoi pourvoir au soutien de ma vieillesse. » Etienne Patras.

« Il vit ainsi son salaire absorbé chaque jour entièrement, au point que non seulement il ne faisait pas d'économie, mais que c'était à grand peine qu'il se procurait au jour le jour le strict nécessaire pour vivre. » Clément Debos.

Vous abusez un peu des conjonctions, mais à part « ce léger défaut, si l'on peut l'appeler ainsi, qui vous est commun avec Bossuet et les grands auteurs du XVIIᵉ siècle, votre phrase a un réel mérite. Si toutes les autres ressemblaient à celle-là, vous occuperiez une meilleure place dans le cortège de Gaston Vergnes. Mais aussi, pourquoi avez-vous émaillé votre copie de contre-sens et de faux-sens ? Ce ne sont point là des fleurs printanières. Inspirez-vous davantage du renouveau de la nature, en cette saison où tout s'épanouit au gai soleil du Bon Dieu.

Ordre des places

4

Gaston Vergnes, B. — Isidore Boulière, B. — Jules Artus, T. — Barthélémy Falloni, M. — Félix Escudé, B. — Désiré Delory, S. — Vincent Revol, M.

3 3/4

Aloys Sontag, T. — J. J. Mees, T. — Alexandre Grégoire, B. — Edouard Raffin, M. — Auguste Cazenave, S. — Joseph Hautmann, S. — Michel Lemaire, S.

3 1/2

Etienne Patras, M. — Louis Delfortrie, S. — Joseph Saive, T. — Prosper Détrois, M. — M. T. Espargilière, C. — Théophile Vandenholt, T. — Aquilin Bouillon, B. — Gabriel Savourat, S. — Augustin Coudre, B.

3/14

François Cartier, C. — Léonard, T. — Gustave Géneau, S. — Albert Robin, T. — Fortuné Badaroux, B.

3

Isidore Gonthier, C. — Petrus Buttin, M. — Augustin Destiné, T. — Ignace Ahumada, B.

2 3/4

Jourdan Cyrille, C. — Abel Gauthier, C. — Albert Grand, C. — Clément Debos, M. — Antoine Barland, M. — Guillaume Riether, T. — Martin Mignolet, T.

2 1/2

Léonard Jaumard, M. — Victor Anciaux, T. — Augustin Sauvebois, M. — Constant Cléret, T.

2 1/4

Paulin Salaville, M.

Corrigé

LE BARBIER

Il y avait dans une certaine ville un barbier très habile qui rasait pour trois deniers. C'était peu de chose, il est vrai, mais ce modique salaire de son travail suffisait à lui procurer sa nourriture de chaque jour..... Il se faisait ainsi des économies réglées, quand il apprit que dans une ville fort éloignée de là, les barbiers percevaient un écu par personne..... A cette nouvelle, il prend avec lui les instruments de sa profession, et, après bien des fatigues, il atteint cette cité où il devait tant gagner. En effet, le jour même de son arrivée, il se met à l'œuvre et reçoit de chacun le salaire indiqué : il s'en va tout joyeux au marché, afin d'y acheter ce qu'il lui fallait pour son repas. Mais les aliments étaient à de si hauts prix qu'il ne lui resta pas même un denier de profit. Chaque fois, la dépense absorbait son gain, et non seulement il ne mettait rien de côté, mais il pouvait à peine joindre les deux bouts. L'extrémité où il se vit réduit lui donna à réfléchir : « Ah ! dit-il, je retournerai dans mon pays ; j'irai reprendre ces petits gains d'autrefois, qui, après avoir pourvu à mes besoins, me permettaient encore, par un excédent quotidien, d'amasser de quoi soulager ma vieillesse ».

D'après *Gorini*.

P. X.

❀❀❀❀❀❀❀❀❀❀❀❀❀❀❀❀❀❀❀❀❀❀

SECONDE SECTION

ARITHMÉTIQUE

1. — Quand est-ce qu'un nombre est divisible par 9 ?

2. — Comment trouve-t-on le plus grand commun diviseur de deux nombres ?

3. — Trouvez le p. g. c. d. entre 132 et 30 ?

4. — Qu'est-ce qu'une proportion ? Donnez un exemple.

Première copie

Réponse

1° Un nombre est divisible par 9 quand la somme de ses chiffres significatifs égale 9 ou un multiple de 9.

Ex. : 945 est divisible par 9 parce que $9+4+5 = 18$ qui est un multiple de 9.

2° On peut trouver le p. g. c. d. de deux nombres de deux façons : *1re manière*. On divise le plus grand nombre par le plus petit si la division se fait sans reste le plus petit nombre est le p. g. c. d. ; si il y a un reste, on divise le plus petit nombre par le reste et ainsi de suite

jusqu'ace (1) que la division se fasse sans reste. Le dernier diviseur employé est le p. g. c. d.

2me manière. (par la méthode des facteurs premiers). 1° On décompose chaque nombre en ses facteurs premiers. 2° On prend les facteurs premiers *communs* à tous les nombres avec leur plus petit exposant. 3° Le produit de ces facteurs premiers est le p. g. c. d.

3° $\quad$ *1re manière*

$$132 \,|\, 4 \qquad 30 \,|\, 2 \qquad 2 \atop 12 \,|\, \overline{30} \quad \overline{12} \quad \overline{6} = 6 \atop 6 \quad\;\; 0$$

2me manière

$$\begin{array}{c|c} 132 & 2 \\ 63 & 2 \\ 33 & 3 \\ 11 & 11 \\ 1 & \end{array} \qquad \begin{array}{c|c} 30 & 2 \\ 15 & 3 \\ 5 & 5 \\ 1 & \end{array} \qquad 2 \times 3 = 6$$

R. 6

4° Une proportion c'est l'égalité de deux rapports.

$$\text{Ex} : \frac{2}{4} = \frac{8}{16}$$

PROBLÈMES

1. — Un bassin se remplit d'eau au moyen de 3 robinets, et peut se vider au moyen d'un quatrième. Le 1er remplirait seul le bassin en 3 h. 3/5 ; le 2e en 2 h. 3/4 ; le 3e en 4 h. 1/2 ; le 4e le viderait en 3 h. 3/5. On les ouvre tous quatre : En combien de temps le bassin se trouvera-t-il rempli ?

Solutions

Je remarque d'abord que le 4e robinet vide autant que la *première* (2) : je les supprime et j'opère sur le reste.

$$2 \text{ h. } 3/4 = \frac{11}{4}. \quad 4 \text{ h. } 1/2 = 9/2.$$

Je cherche d'abord combien chaque robinet remplit en 1 h. ; le 1e en 11/4 remplit le bassin, en 1/4 il remplira 11 fois moins et en 4/4 4 fois plus $= \dfrac{1 \times 4}{14} = 4/11$. Le 2e en 9/2 remplit le bassin en 1/2 9 fois moins et en 2/2 2 fois plus $= \dfrac{1 \times 2}{9} = 2/9$.

Je cherche ensuite combien ils remplissent à 2 : $4/11 + 2/9 = 58/99$. Je dis que pour remplir 58/99 il faut 1 h., pour 1/99 58 fois moins et pour 99/99 99 fois plus $= \dfrac{1 \times 99}{58} = \dfrac{99}{58}$ ou 1 h. 41/58.

2. — Un certain capital placé pendant 27 mois, à raison de 4 fr. 50 p. °/o a rapporté 311 fr. 85. On demande la valeur de ce capital.

Solution

Je dis pour 4,50 il faut 100 fr. ; pour 1 fr. il faut 4,5 fois moins et pour 311,85 il faut 311,85 fois plus. Cela en 12 mois ; en 1 mois il faudrait 12 fois plus et en 27 mois 27 fois moins.

Réponse 3080 francs.

(1) Jusqu'ace, jusqu'à ce.
(2) La première, le premier.

Critique

J'aurais voulu ne donner qu'une seule note pour l'arithmétique et l'histoire naturelle. Cette manière d'apprécier m'a paru par trop incomplète et surtout peu équitable pour la plupart des concurrents. Aussi après hésitation, me suis-je décidé à scinder la composition et à donner un double classement.

Arithmétique. — Sur les premières questions le grand nombre a donné d'assez bonnes définitions. Quelques-unes, il faut le reconnaître, sont excellentes et auraient mérité une approbation sans réserve si quelques fautes d'orthographe n'étaient venues malencontreusement pocher le travail de nos jeunes étourdis.

D'autres ont formulé des définitions incomplètes, ou même absolument fautives. Cependant l'ensemble des quatre premières questions a été satisfaisant.

Le même bonheur n'est pas échu aux problèmes. Ceux qui ont réussi le premier sont assez rares. On les compte, 6 seulement ont eu la bonne fortune de décrocher la timbale. Les autres sont restés sur le carreau, après des efforts plus ou moins heureux. Une dizaine ont presque atteint le but, mais saisis de vertige au moment où leurs doigts atteignaient le joujou envié, ils ont facheusement dégringolé.

Tous ces chers débris, je les ai ramassés et de mon mieux je les ai pansés, en leur versant l'huile et le vin. La guérison ne sera pas longue, et plus que jamais nos courageux athlètes se relèveront plus forts et plus agiles pour de nouvelles luttes.

Quelques autres de nos champions se sont contentés de mesurer de l'œil leur adversaire, et après une gracieuse révérence lui ont tourné les talons. A ceux-là, je leur souhaite un peu plus de cœur.

Le second problème sur les règles d'intérêts a été mieux traité. En général, les alumnistes semblent comprendre ce langage. Encore faut-il signaler bien des inexactitudes, dues, à n'en pas douter, à la préoccupation de bien faire, — ce qui est louable, — mais cette préoccupation ne doit pas aller jusqu'à paralyser les moyens dont le bon Dieu nous a doués. Qu'on se rassure, qu'on garde son sang-froid et qu'on laisse la peur à la porte de l'étude ; c'est le moyen de voir clair et juste.

Souvent j'ai rencontré des idées justes, mais affublées d'un accoutrement d'expressions si bizarres que la pensée vraie ne paraissait plus être qu'une caricature. L'exception, ce sont quelques copies poussées au petit bonheur ; mais c'est l'exception.

Ordre des places

4 1/2

Léon Hurtevent, S. — Luc Cottet, M. — Arthur Trinc, T. — Gerard Meertens, T. — Florent Millet, T. — Alfred Lammer, T.

4 1/4

Henri Debos, M.

4

Georges Nœuch, T. — Eche Justin, S. — Alfred Gœttelmann, M. — Eugène Jouclard, S. — Marcellin Temple, B. — Marcel Rive, B. — René Pozot, C.

3 3/4

Alphonse Fricou, M. — Albert Loizeau, B. — Escandare, B. — Lucien Debondues, T. — Jean-Baptiste de Vadder, T. — Alexis Timmermans, T.

3 1/2

Marcellin Cayré, C.

3

Cunéo Hector, M. — Enjalbert Jean, C. — Gabriel Gérard, M. — Clodomir Arnal, B. — Ludovic Nanaud, B. — Georges Porcheret, B. — X., M.

2 3/4

Laurent Henri, S. — Guédy Joseph, M. — Charrot Albert, C. — Adelin Jorat, C. — Remy Houvenaghel, S. — Lucien Delannoye, S. — Baptiste Dhers, C.

2 1/2

Joanny Defradas, M. — Barthélemy Deschodt, S. — Isaïe Landru, S. — Jean-Marie Martin, S.

2 1/4

Jean Lesponne, S. — Alcide Duret, B. — Jules Bernet, B. — Marcel Buret, S. — Benjamin Barbot, B. — Blanc Henri, C. — Fort Albert, C. — François Pierson, T. — Augustin, S. — Paul Peyrouse, M. — Joachim Barria, T. — Désiré Chauvet, C.

2

Maurice Chappet, C. — Dominique Wild, B. — Armand Valès, M.

1 1/2

Henri Lapaume, B.

Corrigé

PREMIER PROBLÈME

Solution

En ne tenant pas compte du 1er et du 4e robinet qui s'annulent tous les deux, il suffit de chercher le temps que le 2e et le 3e robinet mettront ensemble pour remplir le bassin.

En 1 h. ils remplissent : $\frac{4}{11} + \frac{2}{9}$ ou en réduisant au même dénominateur $\frac{36 + 22}{99} = \frac{58}{99}$ du bassin.

Pour remplir les $\frac{58}{99}$ du bassin il faudrait 1 h. et pour en remplir les $\frac{99}{99}$ ou le bassin tout entier il faudra :

$$\frac{1 \times 99}{58} = 1 \text{ h. } 42'^m 24'' \text{ secondes.}$$

DEUXIÈME PROBLÈME
Solution

4 fr. 50 sont rapportés en 1 an ou 12 mois par 100 francs :

1 franc est rapporté en 1 an ou 12 mois par $\frac{100}{4,5}$:

1 franc est rapporté en 1 mois par 12 fois plus ou $\frac{100 \times 12}{4,5}$:

311 fr., 85 sont rapportés en 1 mois par $\frac{100 \times 12 \times 311,85}{4,5}$:

311 fr. 85 sont rapportés en 27 mois par 27 fois moins ou $\frac{100 \times 12 \times 311,85}{4,5 \times 27}$

$$\frac{100 \times 4 \times 311,85}{1,5 \times 27} = \frac{100 \times 4 \times 34,65}{1,5 \times 3} = \frac{100 \times 4 \times 11,55}{1,5} =$$

$$\frac{400 \times 11,55}{1.5} = \frac{4620}{1,5} = 3,080 \text{ francs.}$$

RÉPONSE : *Le capital cherché est* **3,080 francs.**

HISTOIRE NATURELLE
—

1. — Qu'entendez-vous par grand sympathique ?

2. — Décrivez l'œil.

3. — Quelles sont les principales plumes des oiseaux, et quelles en sont les fonctions et les noms ?

Première copie

I.— On entend par grand sympathique le système nerveux qui préside aux fonctions de la vie organique. Il consiste en un grand nombre de petits nerfs qui sont disséminés dans notre corps et s'entrecroisent en formant de nombreux plexus ; ils n'ont donc aucun ordre apparent. D'autre part, ce sont des amas de substances nerveuses disposés en sorte de petites boules ou ganglions qui forment une chaîne de chaque côté de la moëlle épinière et qui vont du cerveau jusque à l'extrémité de l'abdomen. Ces nerfs tiennent sous leur dépendance tous les actes des organes intérieurs et agissent à notre insu. On peut piquer, lacérer, déchirer, le nerf du grand sympathique sans en avoir conscience.

II. — L'œil est l'organe de la vue. Il peut se diviser en parties indispensables ou nécessaires et en parties accessoires.

Les parties indispensables sont la cornée, le cristallin, l'iris, la pupille et la scléroïde ; les parties accessoires sont les paupières, les cils, les sourcils et les glandes lacrymales.

A la partie extérieure apparaît la scléroïde ou blanc de l'œil. Au centre se trouve l'iris, percé au milieu d'une ouverture appelée pupille. C'est par la pupille que les rayons lumineux se reflètent sur la cornée. En arrière de l'iris est le cristallin. Derrière encore se trouve une espèce de chambre remplie d'une substance appelée « humeur vitrée ».

L'œil est entouré d'une triple membrane, la dure-mère qui est céreuse, l'arachnoïde fibreuse, la pie-mère qui est celluleuse.

Les paupières et les cils protègent les yeux en empêchant *d'y entrer les corps étrangers* (¹); les sourcils arrêtent la sueur du front et *l'empêche* (²) de couler dans les yeux. Les glandes lacrymales l'humectent (³) par les larmes.

III. — Les principales plumes sont les pennes et les rémiges.

(⁴) Les *pennes* qui ne sont que de faibles plumes servent à conserver la chaleur de l'oiseau; les remiges, plus grandes, servent à régler et à diriger son vol.

(René Pozot, *des Châteaux.*)

(1) Le complément direct est mal placé et la phrase devient obscure.

(2) L'empêchent.

(3) Les humectent.

(4) Ce ne sont pas les pennes qui conservent la chaleur, ce sont les plumes tectrices. Les pennes servent à fendre l'air à peu près comme les avirons fendent l'eau.

Critique

Histoire naturelle. — Elle semble avoir souri aux alumnistes ; elle leur a ménagé un petit triomphe qui les encouragera. Les copies dignes d'éloges sont nombreuses. Cependant tout, à vrai dire, n'est pas parfait. Que ne voit-on pas en effet. Le mot œil a eu surtout les honneurs de la guerre. Sur 14 copies, on trouve ce mot écrit ainsi : œuil. Nous avons l'*orbitre* pour l'orbite. Quelqu'un ose « déposer lœuil comme sur un bon coussinet crasseux. » Oh ! le vilain! Un autre a vu un *lynx* dans l'œil ! Son voisin nous dit gravement : « l'œil c'est la partie qui nous fait voir les objets qui sont devant nous. »

Plusieurs se sont exercés dans des comparaisons heureuses et ont fait de l'œil un atelier de photographie ; et, installés tout à leur aise, ils ont passé en revue les différentes fonctions de l'œil et la manière dont la lumière pénètre dans ce minuscule atelier et y produit d'une façon sensible l'image des objets.

Le grand sympathique, il fallait s'y attendre, n'a pas été trop maltraité. C'est bien.

Les plumes des oiseaux ont excité l'imagination autant que la science des concurrents. Les uns ont vu surtout le côté utilitaire, le bon et doux duvet dont leur maman entourait leur enfance. Ce souvenir leur est allé droit au cœur et on sent, à leur manière de dire, toute leur reconnaissance pour les charmantes créatures qui se dépouillent de leurs vêtements pour couvrir les enfants délicats. Ils ont payé leur dette de reconnaissance. D'autres, plus tournés vers le jeu, ont vu dans les ailes des oiseaux des espèces de « balançoir *(sic)* qui servent à nager dans les airs ! » Va, pour la balançoire.

Un autre moins enfant et plus méthodique nous explique « que ce qui fait surtout l'oiseau c'est l'aile ; que les plumes se forment dans de petits sacs placés au-dessous de la peau. On y distingue une partie creuse, le *tube*, puis la *tige*, et enfin de chaque côté de la *tige*, des *bar bes*. Les plus grandes sont fixes ; elles représentent des sortes de rames : on les nomme *pennes* « pennæ, » ou rémiges. Les autres *rectrices* « dé *rego*, je gouverne, rectrix » elles dirigent l'oiseau dans son vol. D'autres enfin sont appelées *tectrices ;* c'est le duvet : elles forment le vêtement de l'oiseau. Cette réponse méritait bien de paraître dans le *Correspondant*.

L'expérience montre que les élèves ne sont pas rebelles à cette branche de l'enseignement Leur imagination se développe et leurs idées ne font que se fortifier par les connaissances variées et utiles.

Ordre des places

4 1/2

René Pozot, C. — Georges Porcheret, B. — Cunéo Hector, M. — Remy Houvenaghel, S. — Ludovic Nadaud, B. — Alexis Timmermans, T. — Henri Laurent, S. — Arthur Trine, T. — Alfred Lammer, T.

4 1/4

Léon Hurtevent, S. — Gérard Meertens, T.— Benjamin Barbot, B. — Adelin Jorat, C. — Florot Millet, T. — Georges Neusch, T. — Dominique Wild, B.— Justin Eche, S.— Marcel Buret, S. — Charrot Albert, C. — Albert Loizeau, B. — Lucien Debondues, T. — Jean-Baptiste de Vadder, T. — Enjalbert Jean, C. — Eugène Jouclard, S.

4

François Pierson, T. — Joanny Defradas, M. — Jean Lesponne, S. — Alcide Duret, B. — Henri Lapaume, B.

3 1/2

Augustin, S.— Armand Valès, M. — Maurice Chappet, C.— Barthélemy Deschodt, T. — Marcellin Cayré, C. — Luc Cottet, M.

3 1/4

Gabriel Girard, M. — Escandare, B.— Lucien Delannoye, S. — Henri Debos, M. — Marcel Rive, T. — Clodomir Arnal, B.

3

Guédy Joseph, M. — Blanc Henri, C.

2 1/2

Jules Bernet, B.

2

Alfred Gœttelmann, M. — Isaïe Landru, S.— Marcellin Temple, B. — Joachim Barria, C. — Baptiste Dhers, C. — Alphonse Fricou, M. — Désiré Chauvet, C.

1 1/2

Paul Peyrouse, M. — Fort Albert, C.

1

X., M.

0

Jean-Marie Martin, S.

P. AUGUSTIN.

TROISIÈME SECTION

LITURGIE

Trois questions ont été posées.

1º Jacques est désigné pour servir la messe basse. Suivez-le dans tous ses mouvements à la sacristie et à l'autel, avant, pendant et après le saint sacrifice, et détaillez le cérémonial auquel il doit se conformer.

2ºMathieu, un nouveau, s'étonne de voir la couleur des ornements sacerdotaux changer si souvent. Prenez-le à part pour lui expliquer combien il y a de couleurs liturgiques et en quelles circonstances chacune d'elles est employée.

3º Que savez-vous de l'institution de la Fête-Dieu ?

Trois alumnats ont envoyé des copies. Les deux premiers ont fort bien répondu à toutes les questions, le troisième ne s'est pas expliqué sur la Fête-Dieu. Les deux autres alumnats se sont totalement abstenus. Dans ces conditions, le classement régulier était impossible. En ce qui concerne la liturgie, il sera difficile, jusqu'à l'adoption définitive d'un auteur uniforme, de proposer un sujet que les élèves soient à même de traiter convenablement et avec ensemble. Les réunions de Pâques ont prévu le cas, et, à partir de l'an prochain, espérons-le, les alumnistes auront à leur disposition un excellent manuel de liturgie, qui sera le même pour tous. Il ne restera plus dès lors qu'à distribuer les matières, trimestre par trimestre, d'une façon identique dans les alumnats de grammaire.

P. GEORGES.

Imp. du Petit Alumniste, Miribel-les-Echelles (Isère) 250.
Le Correspondant des Études, Juin 1899, N. 45— PETICLAUDE, gérant

LE CORRESPONDANT DES ÉTUDES

BULLETIN MENSUEL

RÉDIGÉ PAR LES PROFESSEURS DES ALUMNATS

SOMMAIRE

REMARQUES SUR LES DEVOIRS

Parus dans les Correspondants

de mai et de juin

Avant d'aborder directement mon sujet, on me permettra de renouveler une recommandation déjà faite précédemment: il s'agit de **notre participation aux concours de l'Alliance.**

L'isolement est toujours fâcheux, mais il l'est surtout, quand il a pour effet de laisser dans un oubli presque absolu une œuvre aussi excellente que l'enseignement, entendu dans un sens aussi élevé que le Père d'Alzon le voulait dans les alumnats.

Tandis que nos œuvres de presse, nos pèlerinages, nos missions pour le retour des Orientaux, etc., jouissent de la plus heureuse et de la plus légitime notoriété, nos œuvres d'enseignement sont à peu près ignorées et ne comptent pas dans le monde de l'enseignement, même catholique.

Il serait trop long et trop délicat d'examiner les raisons qui ont amené cette situation ; du moins puis-je en signaler une : notre abstention dans les manifestations du mouvement d'études de l'enseignement secondaire catholique.

Le dernier Chapitre général a émis le vœu que nous participions d'une manière plus suivie et plus active aux congrès de l'enseignement. Mais ces congrès sont des réunions plus solennelles et par là même plus rares.

Au contraire, la participation soit aux concours régionaux des établissements catholiques d'enseignement secondaire, soit surtout aux concours généraux de l'Alliance, prouverait, j'en suis convaincu, que pour être formés par l'étude presque exclusive des auteurs chrétiens, nos alumnistes ne sont pas, dans leur ensemble, inférieurs aux bons élèves des établissements où est en usage une autre formation, embrassant un nombre plus considérable d'années.

En tous cas, cette participation aux concours d'une société qui compte actuellement en France la presque totalité des établissements religieux (près de 500 maisons), nous permettrait de savoir où nous en sommes par rapport au niveau général des études.

Aussi, ai-je vu avec plaisir dans le numéro de l'*Enseignement chrétien* du premier juin dernier, figurer parmi les six premières copies du concours en thème latin pour la classe de sixième, un alumniste de Miribel que le correcteur des épreuves avait certainement en vue dans son compte-rendu, en signalant ce résultat comme obtenu « après quelques mois seulement d'étude du latin. »

Ces quelques mois d'étude représentaient sept à huit mois de latin, tandis que les autres concurrents en avaient pour la plupart dix-sept. Je sais bien que cela ne prouve rien pour établir la force de la généralité des élèves d'une classe, mais la preuve n'est pas plus forte pour les autres établissements prenant part au concours, puisqu'il est établi que chacun d'eux n'envoie pour chaque classe que la meilleure copie.

Sans exagérer la portée de ce petit succès, j'en profite pour rappeler aux professeurs des alumnats l'utilité de ces concours, toutes les fois qu'ils sont possibles, et j'en viens à la critique des compositions du *Correspondant* pour les mois de mai et de juin.

Qui aurait pensé qu'un mathématicien de race, comme le P. Constant, pût éprouver les embarras de Gargantua à la naissance de Pantagruel ? (p. 149) Au ton si parfaitement calme de cette critique d'instruction religieuse, nul ne se serait douté que le cher Père se fût demandé, avant de l'écrire, s'il devait « plourer comme une vache ou rire comme un veau ».

Il n'a fait, je le pense, ni l'un ni l'autre, car c'eût été le cas de dire : Il n'y a pas de quoi.

Aux lacunes signalées par le P. Constant, j'ajouterai l'insuffisance ou même l'absence de preuves. Affirmer que l'Eglise est une société intrinsèquement parfaite et le démontrer par l'existence et le fonctionnement de son organisme divin, constitué par un magistère, un ministère et un gouvernement, c'est fort bien. Mais ajouter que l'Eglise « ne relève d'aucun Etat » (p. 150, 1re col. 8e alinéa), c'est toucher à une question qui a soulevé à toutes les époques, mais surtout à la nôtre, de gros orages, et l'on aimerait à voir une proposition aussi importante appuyée sur quelques solides arguments, au lieu d'une affirmation pure et simple.

A la troisième question : *Qui sont ceux qui font partie de l'Eglise ?* on répond : « D'après Saint Augustin, l'Eglise se compose de tout le peuple chrétien, répandu dans l'univers entier: *populus christianus per totum orbem diffusus*. Par conséquent, l'Eglise se compose non seulement des fidèles qui sont sur la terre, mais encore des âmes qui gémissent dans le Purgatoire et des bienheureux en possession de la gloire du Ciel. » Il y a là une conclusion qui ne découle pas des prémisses. Par l'univers, *orbis,* on n'entend en général que le monde sensible par opposition au monde invisible. Le contexte indique bien que c'est de la sorte que l'entend Saint Augustin. Il dit en effet dans ce passage, presque toujours cité inexactement : *Hæc est ecclesia sanctorum, ecclesia frumentorum* (fidelium) *toto terrarum orbe diffusorum, per agrum Domini disseminata, quod est hic mundus* S. Aug. in psalm. CXLIX).

P. 152, 2e col. note (1). Si la question n'est pas assez française et si elle est même un peu trop arbitraire, que peut bien y faire l'élève ? il semble que cela ne dépende pas de lui. De plus, le symbole dit au moins deux choses explicites sur la Sainte Vierge: c'est qu'elle est la Mère de Jésus et qu'elle est Vierge : *natus ex Maria Virgine.* — Il n'est personne qui ne voie la différence entre ces deux propositions : *Dieu peut ne pas changer* et *Dieu ne peut pas changer.* Apprenons bien aux enfants l'importance d'un mot mis à sa place. — Ibid. note (4). Attributs essentiels, attributs opératifs, attributs moraux! voilà de bien belles choses, mais un peu prématurées en grammaire : il faut laisser quelque chose à faire aux professeurs d'humanités. — La réponse à la quatrième question est rédigée de façon à laisser croire qu'il y a eu un moment où le corps et l'âme de Jésus-Christ ont existé sans que la divinité leur fût personnellement unie ; il eût fallu le faire remarquer à l'élève.

La citation de la *Revue du monde catholique* (p. 152, 1er alin. de la Critique) ne prouve pas, à mon sens, ce qu'elle promettait. Quel mal y a-t-il à ce que « les élèves soient assez disposés à considérer l'instruction religieuse comme une classe de repos, un temps de diversion à leurs études habituelles ? » Une étude qui repose de l'aridité des autres parties de l'enseignement, qui fait diversion aux règles assez compliquées des trois langues classiques, est une heureuse étude, et il en faudrait beaucoup comme cela.

Quant à l'enquête dont parle un peu plus loin le Père Anastase d'après un article de M. Guiraud, paru dans le *Correspondant* en 1897, elle s'est faite dans des conditions tellement anormales qu'on n'en peut rien conclure. Je me rappelle encore l'indignation que manifestèrent au congrès d'Angers, la même année, les nombreux supérieurs d'établissements libres, qui en savaient long sur les procédés louches de cette enquête. Pour la faire, on n'avait consulté qu'un nombre extrêmement restreint de collèges catholiques, et encore ne s'était-on pas en général adressé aux chefs d'établissements, mais à des subalternes, voire même à des étrangers en relations plus ou moins directes avec le personnel enseignant, en tout cas n'ayant le plus souvent aucune notion exacte de ce qu'on leur demandait ni qualité pour répondre. Ce fut le coup d'essai d'une tactique universitaire où, comme il est arrivé souvent dans ces deux dernières années, des catholiques trop naïfs ont été dupes.

Qu'il faille travailler et faire travailler le cours d'instruction religieuse, c'est incontestable, mais encore ne faut-il pas se hâter de mettre au compte des professeurs les explications peu claires ou trop laconiques des élèves, car en pareille matière la précision et l'aisance sont les qualités qui s'acquièrent les dernières. Et puisque nous sommes sur le chapitre de la clarté et de la précision, j'avouerai n'avoir pas saisi et ne pas saisir encore le sens de cette phrase : « Encore d'après l'article de M. Guiraud ne devrions-nous pas admettre que les professeurs fassent leur cours respectif... » etc. Doivent-ils donc faire le cours du voisin ? Cela demanderait quelques éclaircissements.

P. 153, 2e col. — Que devient la décision, tant de fois rappelée, de ne pas faire traduire en grammaire les auteurs profanes, si l'on se met à donner aux enfants du Cicéron ? Certes j'admire les *Choix de Lettres et d'Histoires* du P. Passard et il serait bien à désirer que nous eussions, pour les auteurs chrétiens, des choix de ce genre où les dialogues variés et les exercices d'imitation se joindraient heureusement au texte lui-même, mais quand une règle est fixée, il ne dépend pas de nous de la changer, quelles que puissent être nos préférences personnelles. Ceci soit dit pour bien maintenir le principe.

Quelques remarques maintenant sur les annotations de la première copie et sur le corrigé de la version latine ayant pour titre *Denys le tyran.*

Sic noctu in cubiculum ventilabat, ut omnia specularetur... Il est trop évident que *sic... ut* sont en relation tellement directe, que le premier ne saurait grammaticalement se traduire par *de même,* comme s'il était indépendant. La tournure française correspondante serait: *il n'entrait jamais le soir dans son appartement, sans examiner et fouiller partout. (fouiller* et non *scruter,* ce dernier s'appliquant surtout aux choses de l'esprit).

Plus loin, à propos de *dicitur,* le P. Damascène dit : « On devrait savoir que la 3e personne du singulier de tous les temps du passif s'emploie sans sujet, pour rendre l'idée du pronom français on. » C'est en effet la règle formulée par Riemann, mais elle est loin de s'appliquer à tous les cas, comme il le remarque lui-même. Dans le cas visé, nous ne sommes pas en présence d'un passif impersonnel, car *dicitur* devient grammaticalement inexplicable, si on ne lui donne pas pour sujet *is,* exprimé au début de la phrase. — Enfin, *hic*, signalé un peu plus bas comme adverbe, n'est-il pas tout simplement le sujet de la proposition principale : *utrumque jussit interfici ?* S'il était *hic*, il marquerait un lieu dont on a déjà parlé, mais Cicéron n'a pas indiqué où se passe la petite scène qu'il décrit.

Quant au corrigé, le P. Damascène a justement fait remarquer la fine ironie renfermée dans le diminutif *tonstriculæ*, viles perruquières : pourquoi cette épithète est-elle omise dans sa traduction ? Pourquoi aussi retrancher du texte de Cicéron ce détail curieux, que c'était avec des coquilles de noix embrasées que les filles du tyran brûlaient la barbe à leur père, *candentibus juglandium putaminibus ?— Quum fossam latam cubiculari lecto circumdedisset.* C'est prendre trop à la lettre ce passage que de traduire : *Il avait fait creuser un large fossé dans sa chambre à coucher, autour de son lit.* Fût-on partisan à outrance du sytème Kneip, on y regarderait à deux fois, car ce serait s'exposer à de désagréables surprises, et on peut supposer que Denys le tyran, dont le sommeil devait être agité, avait de bonnes raisons pour mettre ce fossé un peu plus loin qu'autour de son lit. Ici évidemment nous sommes en présence d'une métonymie ; la partie est prise pour le tout ; *cubicularis lectus*, lit pour passer la nuit, (par opposition aux lits de table, de repos, de travail, etc. en usage chez les anciens) est mis pour *cubiculum*, chambre à coucher. Aussi le P. Passard a-t-il traduit: *Un large fossé entourait la chambre où était le lit.*

Cum in communibus suggestis consistere non auderet, traduit par : *Il n'osait pas se tenir sur les estrades communément en usage pour parler au public,* est d'abord fort lourd ; de plus, le mot *se tenir* semble faire croire qu'il appréhendait un danger matériel, comme la rupture de l'estrade ou quelque accident de ce genre, tandis qu'il s'agit surtout d'un danger d'ordre moral. Ces inconvénients de traduction ne sont plus à craindre, semble-t-il, si nous disons : *Il n'osait paraître à la tribune publique.* — Enfin, dans l'espèce, n'est-ce pas un peu forcer le sens que de traduire *arrisissetque adolescens* par *ayant souri d'un air d'approbation ?* Ce jeune homme cédait sans doute à un instinct naturel, sans prétendre approuver ou désapprouver.

P. 155. Un mot seulement de la composition en arithmétique donnée par le F. Cyprien. Les questions théoriques étaient de trop ; les problèmes suffisaient pour les deux heures de la composition. Je ne suis guère étonné que la deuxième question : *Donnez la règle de la division ?* n'ait pas été comprise; elle était trop générale. Une question, surtout quand celui qui la pose n'est pas là pour s'expliquer, doit être claire et se comprendre toute seule. Le F. Cyprien s'en est rendu compte et y veillera certainement une autre fois.

P. 163. Quel est l'humaniste qui a résumé d'une façon aussi exacte, avec dates à l'appui, les quatre questions données en composition d'histoire? il ne serait pas sans intérêt de le connaître. Les bonnes notes de l'ensemble, venant d'une main qui n'en est pas prodigue, n'ont ici que plus de prix. La justesse des appréciations prouve assez que ni à Brian ni à Clairmarais on n'étudie une « histoire profanée », quoi qu'en puisse insinuer une malen-

contreuse coquille. Les desiderata sont d'ailleurs minutieusement relevés dans les notes.

Pourtant n'y a-t-il pas quelque chose de choquant à entendre dire que Catherine II, impératrice de Russie, papesse de l'orthodoxie, était une princesse protestante ? Si par son origine elle appartenait au protestantisme, il y avait beau temps qu'elle y avait renoncé, quand elle accueillait dans ses Etats les Jésuites bannis par les Bourbons. Autre détail : est-ce bien l'absolution refusée à la Pompadour elle-même par un jésuite qui l'indisposa contre la Compagnie ? Si les derniers historiens sont les mieux informés, le refus d'absolution aurait été fait à Louis XV lui-même. Voici ce qu'écrit l'abbé Beurlier, professeur à l'Institut catholique de Paris dans une récente *Histoire de l'Eglise :* « Les Jésuites rencontrèrent deux ennemis puissants dans la personne du ministre Choiseul et de la marquise de Pompadour, qui ne pouvait pardonner au confesseur de Louis XV de refuser l'absolution au roi, tant qu'elle resterait à la cour. » Au P. Philippe d'éclaircir ce point, qui ne serait pas sans importance pour justifier les Jésuites du reproche de morale facile qu'on leur a si souvent adressé.

P. 166. Décidément le vent est aux histoires de barbes et de barbiers ; celle que le P. Georges emprunte ici à Cassien fait penser à certaines anecdotes de *Restez chez vous.* En son style original, le correcteur dit à ses élèves « qu'il les a placés en face d'une version où le sens, loin de se dérober sous des circonlocutions enchevêtrées, se laisse clairement apercevoir à l'œil nu. » Je le crois bien ! pour plusieurs le sens a dû être d'autant plus transparent qu'ils n'ont eu qu'à saluer au passage une ancienne connaissance. Ce morceau du *Barbier ambitieux* se trouve en effet dans le recueil de Versions de l'abbé Monier pour la classe de cinquième.

A première vue, la note relativement élevée de certains élèves qui d'ordinaire ne vont guère au-delà du passable, quand ils y arrivent, m'avait quelque peu surpris. Tout s'est expliqué en relisant la table du petit volume de Monier, porté à notre programme pour la 2ᵉ année de grammaire. Bon nombre de concurrents avaient dû traduire ce passage et peut-être en garder le corrigé. Assurément l'erreur est explicable pour quelqu'un qui n'a jamais professé la cinquième avec Monier comme auteur ; il est toutefois à souhaiter que, pour la valeur même des compositions et l'importance que doivent y attacher les enfants, ces petites méprises soient aussi rares que possible.

P. 170. A la bonne heure ! Voilà l'histoire naturelle qui vient pour la première fois prendre place à côté de l'arithmétique dans les compositions du *Correspondant,* et pour un début, c'est réussi. Si les enfants de toutes nos maisons ont pris plaisir à développer les questions qui leur étaient posées, le P. Augustin n'a pas mis moins d'intérêt à raconter leurs petits essais, pas plus qu'il n'a reculé devant le travail de deux critiques et de deux classements distincts. Mon rôle ici est donc bien agréable, puisqu'il ne comporte que des félicitations. Pourquoi cette bonne fortune hélas ! ne m'arrive-t-elle pas plus souvent !

P. 171. Il est vraiment étonnant qu'après plus de deux trimestres passés à l'alumnat, il y ait des enfants qui ne sachent pas encore les cérémonies de la messe basse et ne soient pas à même d'indiquer les couleurs liturgiques qu'ils ont sans cesse sous les yeux. en même temps que les principales circonstances de leur emploi. Aucune maison n'aurait dû en cette matière s'abstenir complètement. Encore pourrait-il y avoir une excuse pour l'historique de la Fête-Dieu, mais pour les deux questions précédentes l'abstention est inconcevable.

Serait-il donc vrai qu'il y a des alumnats où on laisse les enfants assister fréquemment aux offices sans éveiller leur attention sur ce qui s'y passe et où par la force des choses, ils suivent ou exécutent les cérémonies comme mus par des ressorts automatiques, sans savoir autrement ce qu'ils font ? Je n'ose y croire. Quelle responsabilité pour les maîtres qui laisseraient prendre aux enfants ces habitudes déplorables, aussi funestes à la piété qu'au développement de l'intelligence surnaturelle! Espérons que nous ne verrons plus se produire une abstention, qui s'expliquerait difficilement sans un affaiblissement de l'esprit liturgique si cher à l'Assomption.

P. THÉOPHILE.

P. S. — Prière de ne pas oublier l'envoi des canevas à Miribel pour le 1er Août au plus tard... avec l'accroissement, s'il y a lieu. — Envoyer aussi de chaque alumnat d'humani·és au Visiteur le tableau des compositions d'ascendat avec la moyenne, effectuée d'après les coefficients spéciaux à chaque matière.

DEVOIRS CLASSIQUES

ALUMNATS D'HUMANITÉS

Devoirs donnés par les Professeurs de Brian

PREMIÈRE SECTION

COMPOSITION DE SCIENCES

GÉOMÉTRIE

1° Volume de la pyramide. — Théorie.
2° Trouver la surface et le volume d'un cône dont la base a 12 mètres de diamètre et la hauteur 8 mètres.
3° Trouver la surface d'une sphère de 0m 30 de diamètre.

Résultats

Presque très bien
Pellet, B. — Cyrille, B.

Bien
Tourbez, C. — Trannoy, C. — Ramyr, C. — Larue, C.

Presque bien
Bernard, B. — Coudert, B. — Unterleidner, C.

Assez bien
Bourgeois, C. — Ledez, C. — Burgard, C. — Six, C. — Destouches, C.

Presque assez bien
Bideaux, B. — Deléglise. B. — Sollier. B. — Boyer, C.—Courtin, B. — Alcide, B.—Byache, C.

Passable
Mermoud, B. — Bonnet, B. — Rossat, B.

Médiocre
Paraud, Chelles, Genevès, de Brian.

Inachevé
Sontay, C.

Observations.— Bonne composition dans l'ensemble. — Confusion dans le volume de la pyramide, les uns ont pris la pyramide triangulaire, les autres la pyramide en général.
La solution des problèmes est satisfaisante. Quelques uns ont été presque nuls : Chelles, Genevès, Mermoud, Boyer et Unterleidner.
Sontay a été satisfaisant pour le théorème, mais n'a rien donné comme problème.

QUESTIONS DE PHYSIQUE

Théorie et conditions du paratonnerre.

Résultats

Presque très bien
Sollier, B. — Bernard, B.

Bien
Pellet, B. — Destouches, C. — Cyrille, B. — Bonnet, B. — Bourgeois, C. — Sontay, C.

Presque bien
Byache, C. — Coudert, B. — Unterleidner, C.

Assez bien
Deléglise, B. — Paraud, B. — Rossat, B. — Boyer, C. — Ramyr, C. — Tourbez, C. — Six, C.

Passable
Genevès, B. — Mermoud, B. — Burgard, C. — Larue, C. — Bideaux, B.

Faible
Chelles, B. — Courtin, B. — Ledez, C.

Observations.— Sujet convenablement traité. Grande faiblesse chez les trois derniers, Ledez insuffisant.

DEUXIÈME SECTION

GÉOMÉTRIE

1° La somme des trois angles d'un triangle est égale à deux droits.
2° Un angle qui à son sommet sur la circonférence a pour mesure la moitié de l'arc compris entre ses côtés.

Résultats

Très bien

Mégnin, B. — Ranson, C.

Presque très bien

Romelacre, C. — Déroulez, C. — Spinnaël, C. — Garde, B. — Jannin, B. — Bruguet, C. — Barbier, C.

Bien

Payelle, C. — Larmignat. C. — Lemaitre, C. Rousseau, B.—Bicais, B.— Teck, C.— Piessens, C. — Graugnard, B. — Chaffard, B.

Presque bien

Foulon, C. — Preyre, B. — Hudry, B.

Assez bien

Bégon, B. — Carbonnier, C.

Passable

Pavageau, C. — Barthe, B. — Baudart, C. — Romani, B. — Séneaux, B.

Faible

Miqueu, B. — Muller, C. — Giudicelli, B.

Très faible

Vandick, C. — Petit, B. — Charlottaux, C. — Périer, B. — Sérine, B.

Observations. — Le premier théorème est très faible dans les copies de Sérine, Petit, Vandick et Périer. Disons de suite que ce dernier a donné une composition faible sur toute la ligne. Muller est à peu près nul pour cette question. — Le second théorème est faible chez Baudart et Carbonnier, nul chez Barthe, Romani, Sérine, Petit, Périer, Charloteaux et Giudicelli.

QUESTIONS DE PHYSIQUE

Différents thermomètres. — Construction du thermomètre centigrade.

Résultats

Presque très bien

Mégnin, B.—Jannin, B.— Spinaël, C.— Rousseau, B. — Barbier, C. — Graugnard, B.

Bien

Foulon, C. — Payelle, C. — Garde, B. — Hudry, B.

Presque bien

Giudicelli, B. — Lemaitre, C. — Bruguet, C. — Pavageau, C. — Piessens, C. — Séneaux, B.

Assez bien

Sérine, B. — Déroulez, C. — Baudart, C. — Petit, B. — Barthe, B.

Passable

Bicais, B. — Muller, C. — Charloteaux, C. — Vandick, C. — Romelacre, C. — Larmignat, C. Preyre, B. — Bégon, B. — Miqueu, B. — Chaffard, B. — Romani, B. — Carbonnier, C. — Teck, C.

Faible

Ranson, C. — Périer, B.

Observations. — Sujet facile, bien traité par la majorité. Beaucoup d'élèves de Clairmarais n'ont cru n'avoir qu'à nommer les thermomètres. Ranson qui a ouvert la marche pour la géométrie n'a pas été heureux en physique. Pourquoi voir dans le passable des élèves qui pourraient donner d'excellents résultats ?

La parole est au secrétaire

Dans le compte-rendu de cette composition mon rôle est celui d'un simple secrétaire. Tous connaissent le zèle et la science profonde de M. l'abbé Silvestre notre professeur de sciences. Je n'ai pas cru exiger de lui pour le *Correspondant* une critique détaillée, un corrigé peu nécessaire pour les théorèmes demandés, bien qu'utile pour les problèmes.

M. Silvestre a corrigé toutes les copies avec un soin méticuleux, une précision mathématique : il m'a présenté un tableau donnant à chaque élève une note spéciale pour chaque question, et en physique pour chaque partie de la question. Les élèves sont classés d'après ces notes. Cette correction et ce classement sont donc le résultat d'un travail aussi sérieux que laborieux.

Un mot sur le sujet même de la composition. Ce n'est pas chose facile que ce concours en sciences, nous l'avons vu les années précédentes. Pour éviter des ennuis, nous avons cru, M. Silvestre et moi, devoir proposer à Clairmarais plusieurs sujets choisis dans le cours même. Pour être plus sûrs de tomber sur un terrain commun, nous avons choisi dans les matières vues pendant les trimestres précédents.

Dirons-nous que les sujets n'offraient pas de grandes difficultés. Une seule existait : les enfants auraient-ils encore présentes à la mémoire des questions étudiées depuis longtemps ? Ce fut notre objection, ce fut aussi celle du Père Constant qui nous écrivait : « La première section n'a pas réussi, car elle avait vu l'électricité l'année dernière au premier trimestre et la géométrie cette année au premier trimestre encore. Et vous savez combien est courte la mémoire des enfants, surtout en ces matières toujours peu attrayantes pour eux. La seconde section également a composé sur des matières vues au premier trimestre, mais parmi eux il y a beaucoup plus de mathématiciens parce qu'il y a beaucoup plus d'application. »

L'objection a sa valeur, cependant je crois qu'il ne faut pas trop s'y arrêter et le résultat de la composition semble donner raison puisque M. Silvestre est satisfait de l'ensemble. En effet, les élèves ne doivent pas apprendre pour un seul trimestre, et même après plusieurs mois, ils doivent être à même de parler et d'écrire scientifiquement sur un thermomètre ou sur un paratonnerre.

Clairmarais a un avantage sur Brian, il n'a pas à traîner cette lourde queue que nous avons ici. Elle pourrait disparaître puisque nous y trouvons des élèves qui réussissent pour les lettres, mais les malheureux s'imaginent qu'ils n'ont pas la bosse des sciences, il n'ont que celle de la paresse. Nous verrons à la faire disparaître.

En terminant cette critique qui n'en est pas une, me sera-t-il permis d'émettre un avis ? Le P. Théodore nous a donné dans le *Correspondant* plusieurs articles sur l'enseignement des mathématiques. Ne trouverions-nous pas parmi nos professeurs un religieux nous exposant simplement sa méthode pour les classes d'humanités ?

Aujourd'hui il n'est pas permis à un prêtre d'être un ignorant en fait de sciences, il ne lui suffit pas de distinguer un bec de gaz d'un bec de clarinette. Il lui faut davantage. Sans doute nous ne voulons pas troubler la hiérachie des sciences, malgré notre bonne volonté, nous ne pourrons donner plus de temps aux sciences dans nos alumnats, mais encore faudrait-il que ce temps fut très bien employé et donnât de sérieux résultats. En somme, un jour par semaine est consacré à l'étude des sciences, et, professeurs et supérieurs se plaignent. Puisse le *Correspondant* traiter cette question, nous parlons de méthodes, d'emploi du temps, de devoirs à faire pendant les études. Le sujet est aussi actuel qu'important.

P. HENRY.

ALUMNATS DE GRAMMAIRE

Devoirs donnés par les Professeurs de Miribel

PREMIÈRE SECTION

ARITHMÉTIQUE

1° — Deux ballots renferment chacun 8 pièces de toile de 38^m05 chacune. Le premier contient en outre 5 pièces de calicot de 31^m04 chacune et le deuxième 7 pièces ayant ensemble 208^m40. Sachant que le premier ballot vaut 591 f. 12 et le second 604 f. 42, trouver le prix du mètre de toile et celui du calicot.

2° — Un orfèvre veut faire un objet d'argent, pesant 950 grammes, au titre de 0,820, avec 250 grammes d'un lingot d'argent au titre de 0,825 et deux autres lingots d'argent, l'un au titre de 0,750, l'autre au titre de 0,860. Combien doit-il mettre de grammes de chacun des deux derniers lingots ?

3° — Comment appliquer la règle d'échéance moyenne dans le cas suivant : Je dois 100 francs depuis 30 jours ; 200 fr. dans 40 jours ; 150 fr. dans 10 jours. A quelle époque devrai-je payer la somme totale de 450 francs ?

4° — Résoudre l'équation :

$$\frac{x}{5} - 11 + \frac{2\,x}{9} = \frac{7}{12} - x + \frac{3\,x}{45} + \frac{4032}{12}$$

5° — *Solution algébrique du problème suivant :*

En ajoutant à un lingot d'or et de cuivre un poids d'or égal au poids de ce même lingot, on en a élevé le titre de 0,05. Quel était le titre primitif ?

Première copie

Nombre de m. de toile .... 1er ballot	$38,05 \times 8 = 304^m40$
Nombre de m. de calicot...	$31,04 \times 5 = 155^m20$

Nombre de m. de toile .... 2me ballot	$38,05 \times 8 = 304^m40$
Nombre de m. de calicot...	$= 208^m40$

Différence entre le calicot du 1er b. et celui du 2me	$208,40 - 155,20 = 53^m20$
Différence entre le prix du 1er b. et celui du 2me	$604,42 - 591,12 = 13\,f\,30$
Prix du m. de calicot....	$\dfrac{13,30}{53,20} = 0\,f\,25$
Prix de 208^m50 de calicot.	$208,40 \times 0,25 = 52\,f\,10$
Prix de 304^m40 de toile...	$604,42 - 52,10 = 552\,f\,32$
Prix d'un mètre de toile..	$\dfrac{552,32}{304,40} = 1\ fr.\ 81$

RÉPONSES { Le mètre de calicot vaut 0 fr. 25
{ Le mètre de toile vaut   1 fr. 81

II. — *Données.*

$$\begin{matrix} 825 \\ 860 \end{matrix}\Big\}\ \begin{matrix} 5 \\ 40 \end{matrix} = 45 \times 1 = 45$$

$$\begin{matrix} 820 \\ 750 \end{matrix} \qquad 70 \times 2 = \frac{140}{185}$$

$$\frac{140 \times 950}{185} = 718,864 : 2 = 359,432$$

$$\frac{45 = 960}{185} \times 231,108$$

825 est supérieur à 820 de 5 ; 860 de 40 ; 40 + 5 = 45. — 750 est inférieur à 820 de 70. Comme nous n'avons qu'un lingot inférieur à 830 et que nous en avons 2 qui lui sont supérieurs, il faudra rétablir l'équilibre en multipliant 70 × 2 = 140 et en ajoutant 45 = 185.

Mais nous devons prendre 140 p. de 950 et 45 de 950, d'où $\frac{140 \times 590}{185}$ et $\frac{45 \times 950}{185}$

Nous avons ainsi :   825   860   750
pour le titre de..... 359,432 359,432 231 g 108.

Mais nous ne devons avoir que 250 gr. pour 825 ; 359,432 — 250 = 109 gr. 432 qui doivent être partagés proportionnellement entre les titres de 860 et de 750. Soit 359 gr. 432 + 231 gr. 540.

$$\frac{359,432 \times 109}{590,540} = 66\,g\,343 \text{ et } \frac{231,108 \times 109}{590,540} = 42.658$$

On devra donner du lingot qui a pour titre 860 :

$$359,432 + 66,343 = 425\,g.\,775$$

On devra donner du lingot qui a pour titre 750 :

$$231,108 + 42,658 = 273,766.$$

RÉPONSE approximative {
1° au lingot au titre de 850, on doit prendre 425 g. 775 ou 426 g. par excès (1).
2° au lingot ayant pour titre 750 on doit prendre 273 g. 766.

III. — L'intérêt de 100 pendant 30 jours est 100 × 30 = 3000 fr.

L'intérêt de 200 pendant 40 jours est 200 × 40 = 8000 fr.

L'intérêt de 150 pendant 31 jours est 150 × 10 = 1500 fr.

100 fr. devraient être payés depuis 30 jours, aussi l'intérêt se retranchera au lieu de s'ajouter $8000 + 1500 = 9500$ fr.

On a donc : $9500 - 3000 = 6500$.

$$6500 : 450 = 14 \text{ jours.}$$

Réponse : *On devra payer les 450 fr. dans 14 jours.* [2]

IV. — *Résoudre l'équation*

$$\frac{x}{5} - 11 + \frac{2x}{9} = \frac{7}{12} - x + \frac{4032}{12}$$

Je cherche le plus petit commun multiple = 180.

j'ai $\dfrac{180 \times x}{5} = 36\,x$, $\dfrac{180 \times 2x}{9} = 40$, $\dfrac{180 \times 7}{12} = 105$

$$\frac{180 \times 3x}{45} = 12\,x \cdot \frac{180 \times 4032}{12} = 60480$$

$$36x - 1980 + 40x = 105 - 180x - 12x =$$
$$60480 + 1980 + 105$$

$$244x = \frac{62565}{244} = 256\,\frac{101}{256} \; [3]$$

$$\text{Réponse} : x = 256\,\frac{101}{256}$$

V. — Supposons un lingot qui pèse soit 1000 g.
Le poids de l'or sera x

Le titre $\dfrac{x}{1000}$

Le poids du second lingot sera $1000 + 1000 + 2000$

Le titre primitif sera $\dfrac{x + 1000}{2000} - \dfrac{x}{1000} = \dfrac{5}{100}$ car

le titre du second lingot est $\dfrac{x + 1000}{2000}$ et le titre du premier est $\dfrac{x}{1000}$: La différence des deux titres égalera 0,05 ou $\dfrac{5}{100}$

Voilà pourquoi on a l'équation

$$\frac{x + 1000}{2000} - \frac{x}{1000} = \frac{5}{100}$$

Je chasse les dénominateurs $x + 1000 - 2x = 100$.

Je fais passer les inconnus à droite et les nombres connus à gauche en changeant leurs signes

$$1000 - 100 = 2x - x$$
$$900 = x$$

x étant le poids de l'or du premier lingot, le titre sera $\dfrac{900}{1000}$ ou 0,90.

(1) Erreur de calcul.

La différence est 434 grammes pour le lingot du titre de 0,860 (par excès), et 266 grammes pour celui de 0,750 (en moins).

(2) Il fallait transformer la question en comptant à partir de la 1re échéance... d'où $45 - 30 = 15$ jours à partir du jour de l'opération.

(3) La marche des opérations est régulière mais il y a une erreur par excès sur la véritable donnée. $256\,\dfrac{101}{244}$

Critique

La composition comprenait 5 questions : un exercice sur les fractions, un problème d'alliage, un autre d'échéance moyenne et enfin deux solutions d'équations algébriques. Dans les 41 copies corrigées, les notes oscillent de 4 (Bien) à 1/2 ou moins encore si on le veut. Sur ce nombre, 15 devoirs vont de la mention bien à passable (2 1/2) : l'immense majorité se classe dans le médiocre (2) : quelques-uns enfin, touchent à la quasi nullité. Je regrette vivement d'avoir à

faire cette constatation, mais en mathématiques, les chiffres ont une éloquence contre laquelle il n'y a qu'à s'incliner.

Les problèmes donnés, n'avaient, je crois, rien d'extraordinaire au point de vue de la difficulté. Du reste, à la fin de leurs études de grammaire, nos élèves doivent connaître à fond le *calcul numérique*, c'est à dire avec les quatre opérations, le calcul des fractions ordinaires et décimales, l'élévation aux puissances, l'extraction des racines et enfin les rapports des nombres qui amènent les proportions dont les applications aux opérations commerciales se résument dans les règles de trois, de société, d'alliage, d'escompte, d'intérêt etc. Or, l'épreuve écrite du mois de juin semblerait démontrer le contraire si on s'en rapportait à l'examen d'un seul devoir, pour juger la force d'une classe sur une matière du programme. Néanmoins, l'immense majorité des copies dénote très peu d'habitude du raisonnement. Les opérations sont mal posées, sinon à l'état rudimentaire, parfois, les résultats les plus invraisemblables sont exprimés d'un seul trait, sans aucun moyen de contrôle de leur origine. En d'autres termes, la plupart de nos jeunes mathématiciens, paraissent aller «*au petit bonheur*» faute de posséder suffisamment les principes qui président aux opérations indispensables à la solution exacte des problèmes. A mon humble avis, le temps me paraît endosser en cette occurence, une grande part de responsabilité. Il suffit d'enseigner le programme actuel pour être édifié et amplement renseigné sur ce qu'il est possible d'exiger de nos élèves mis simultanément aux prises avec l'*arithmétique* qu'ils sont censés repasser et que beaucoup d'entr'eux apprennent pour la première fois, l'*Algèbre* et la *Géométrie* : tout cela traité en 1 heure 3/4 par semaine, avec explication, récitation, des leçons et correction des devoirs.

Les meilleurs efforts échouent devant une impossibilité matérielle absolue ; et dans ce cas pour nous trop actuel, malheureusement, les élèves qui n'ont point pour les mathématiques un goût naturel, en font très volontiers le sacrifice. Du reste, le modeste coefficient réservé dans les examens, à cette partie de l'enseignement, est-il bien fait pour la relever dans leur estime ? On s'est préoccupé à juste titre de cette question, aux dernières réunions, et il reste à souhaiter que l'application des mesures décidées, ait à l'avenir un effet aussi prompt et heureux que depuis longtemps désiré.

Ceci posé, les élèves d'Arras ont droit à une mention spéciale, pour la bonne tenue de leurs copies, et surtout la netteté avec laquelle ils exposent les raisonnements dans les solutions. La plupart ont traité suffisamment bien, les questions données, sauf le problème de l'alliage. Les deux premières copies se serrent de près ; les autres font également bonne figure. ainsi que quelques devoirs du Breuil. Cet ensemble révèle une pratique plus approfondie des principes et des règles de l'arithmétique et de l'algèbre.

Je me plais à le constater en signalant l'écart considérable qui existe entre leurs devoirs et ceux de leurs concurrents.

Le 1er problème, facile, a été généralement réussi. A noter cependant quelques résultats extraordinaires. Pour certains, le prix du mètre de toile varie entre 2 fr. 50 et 3 fr. 50 ; il atteint même dans une copie le chiffre fantastique de

141 fr. 12. Comme on le voit, il y en a pour tous les appétits, depuis l'honnête marchand chrétien jusqu'au plus rapace drapier de la tribu des Lévy, Jacob, Mosé et Cie.

La solution du 2me problème n'a été donnée exactement dans aucune copie. Quelques élèves, ont même fait à tort intervenir en ligne de compte en regard des deux lingots, le 3e dont le titre doit être fourni par l'alliage des 2 premiers.

Au 3e exercice, l'erreur générale vient du manque d'application de l'échéance moyenne, calculant à quelle époque il faut payer le montant d'un billet unique, en remplacement de plusieurs billets payables à diverses échéances. Il fallait faire partir le calcul de la première échéance, afin de simplifier la question par cette transformation.

Sauf dans les premières copies, les deux exercices d'algèbre ont été très-maltraités. Les solutions ne sont cependant pas toutes irréprochables ; quelques-uns des élèves classés de la note 4 à 2 1/2 ont pu se tromper légèrement sur le résultat des calculs ; néanmoins ils semblent posséder la marche des opérations algébriques.

Du reste, leur connaissance suffisante de l'arithmétique doit les rassurer pour l'avenir, car si l'arithmétique peut se passer de l'algèbre, jamais celle-ci ne se passera de l'arithmétique ; elle généralise les formules, c'est vrai, mais dans leur application, un bon arithméticien sera toujours un bon algébriste.

Je fais en terminant, des vœux pour que nos jeunes mathématiciens emploient le temps consacré à l'étude des sciences, de la manière la plus profitable qu'il sera possible. S'il n'est pas nécessaire qu'ils deviennent des savants en x, il importe au moins qu'ils aient des idées nettes et précises dans les connaissances scientifiques mises à leur portée. Ils doivent pour cela, se rappeler que leur avantage le plus appréciable pour la formation de l'esprit est de rechercher la plus sévère exactitude et de ne pas se contenter d'à peu près.

Classement des copies

Bien 4

Jean Saint-Martin, A. — Réné Willart, A.

Presque bien 3 1/2

Antonin Grosdemange, A. — François Tanguy, A. — Florimond Fay, A.

Assez bien 3

Pétrus Domène, A. — Albert Pons, A.

Presque assez bien 2 3/4

Alphonse Parsy, A. — Félix Escudé, B. — Gaston Vergnes, B. — Isidore Boulière, B.

Passable 2 1/2

Aquilin Bouillon, B. — Augustin Coudre, B. — Abel Gauthier, C.

Médiocre 2

Aloys Sontag, T. — Joseph Mees, T. — Théophile, Vendenholt, T. — Ignace Ahimada. B. — Fortuné Badaroux, B. — François Cartier, C.— Alexandre Grégoire, B. — Léonard Burr. T.

Très médiocre 1 1/2

Joseph Espargilière, B. —Auguste Cascnave, S. — Joseph Sauve, S. — Julien Baconnet, C.

Jules Artus, T. — Gustave Généau, S.— Guillaume Riether, T. — Louis Delfortie, S. — Michel Lemoine, S.

Mal 1

Martin Mignolet, T. — Joseph Houtman, S. — Cyprien Demarez, S. — Isidore Gonthier. C. — Albert Grand, C. — Cyrille Jourdan, C. — Désiré Delory, S. — Gabriel Savourat, S.

Presque nul

Constant Cléret, T. — Albert Robin, T.

Corrigé

1er Problème. — Solution : Le premier ballot contient :

$31,04 \times 5 = 155^m\ 20$ de calicot et le second $208^m\ 40$: celui-ci en a $208,40 - 155,20 = 53^m\ 20$ de plus. Comme ils contiennent tous deux la même quantité de toile, la différence des prix $604,42 - 591,12 = 13$ fr. 30 provient des $53^m\ 20$ de calicot que le second contient en plus. Le mètre de calicot vaut donc :

$$13,30 : 53,20 = 0 \text{ fr. } 25 \text{ (1^{re} réponse)}$$

Les $155^m\ 20$ de calicot du premier ballot valent :

$$0,25 \times 155,20 = 38 \text{ fr. } 80$$

Il reste pour les $38.05 \times 8 = 304^m\ 40$ de toile, $591,12 - 38,80 = 552$ fr. 32. Le mètre de toile vaut $552,32 : 304,40 = 1$ fr. 814. (2e réponse).

On peut dire aussi, les $208^m\ 40$ de calicot du second ballot valent $0,25 \times 208,40 = 52$ fr. 10. Les $304^m\ 40$ de toile de ce ballot valent donc :

$$604,42 - 52,10 = 552 \text{ fr. } 32$$

Le mètre de toile est encore de $552,32 : 304,40 = 1$ fr. 814.

2e Problème. — Solution : Le lingot doit contenir :

$$0,820 \times 950 = 779 \text{ grammes d'argent pur.}$$

Le premier lingot lui en fournit déjà :

$$0,825 \times 250 = 206 \text{ gr. } 25$$

Il reste à former un lingot pesant $950 - 250 = 700$ grammes et contenant $779 - 206,25 = 572$ gr. 75 d'argent pur, c'est-à-dire au titre de $572,75 : 700 = 0,8182$, avec deux lingots l'un au titre 0,750, l'autre de 0,860.

La règle ordinaire des mélanges donne :

Titres donnés	Tit. de l'alliage	Différence	Proportions	
0,750	0.8182	682	418	19/50
0,860		418		ou
			652	31/50

Ainsi, il faut prendre les 19/50 ou les 38/100 de 700 gr. au titre de 0,750 ; et les 31/50 ou 62/100 de 700 gr. au titre de 860. Ce qui donne :

Titre 0,750 $7 \times 38 = 266$ grammes.
Titre 0,860 $7 \times 62 = 434$ grammes.

3e Problème. — Solution : Ce problème doit être traité comme toutes les règles d'échéance moyenne ; seulement on compte le temps à partir de la première échéance et l'on transforme la question comme suit :

On doit aujourd'hui 100 fr. puis 150 fr. dans 40 jours et 200 fr. dans 70 jours. D'où cette question :

Dans combien de temps sera l'échéance ?

On a de cette façon :

$$
\begin{array}{r}
100 \times 1 = 100 \\
150 \times 40 = 6.000 \\
200 \times 70 = 14.000 \\
\hline
450 \qquad 20.100
\end{array}
$$

20.100 : 450 = 45 jours par excès

Ainsi l'échéance moyenne devra être placée à 45 jours de la première ou à 45 — 30 = 15 jours après le jour où l'on fait l'opération.

4ᵉ Problème. — Solution : La solution algébrique était la seule demandée :

Soit $\dfrac{x}{100}$ le titre primitif : le nouveau titre

sera $\dfrac{x + 100}{200}$; comme il dépasse le premier

de 0,05, on a l'équation $\dfrac{x + 100}{200} = \dfrac{x}{100} + 0,05$

ou en multipliant le tout par 200 $x + 100 = 2\,x + 10$.

D'où $x = 90$.

5ᵉ Problème. — Solution : La recherche du plus petit multiple commun des dénominateurs donne 180.

En multipliant tous les termes par ce résultat nous avons :

$36\,x — 19,80 + 40\,x = 105 — 180\,x + 12\,x + 60.480$.

La transposition des termes nous donne :

$36\,x + 40\,x + 180\,x — 12\,x = 105 + 60.480 + 1980$.

Après réductions : il vient :

$$244\,x = 62.565$$

D'où : $x = \dfrac{62.565}{244} = 256 : \dfrac{101}{244}$

P. Émilien.

SECONDE SECTION

LITURGIE

I. — Qu'est-ce que les Quatre-Temps et pourquoi l'Église les a-t-elle établis ?

II. — Pourquoi les prêtres disent-ils trois messes le jour de Noël ?

III. — Que signifient ces mots : Jésus-Christ, et de quoi Notre-Seigneur nous a-t-il sauvés ?

IV. — Expliquer quels sont les trois mystères que nous honorons dans la fête de la Purification.

Première copie
pouvant servir de corrigé

I. — Qu'est-ce que les Quatre-Temps ?

Les Quatre-Temps sont des jours de pénitence et de jeûne qui reviennent à la fin de chaque saison. (¹)

Pourquoi l'Église les a-t-elle établis ?

L'Église les a établis pour quatre raisons principales que voici : « D'abord, pour demander à Dieu pardons (²) des péchés commis pendant la saison qui vient de s'écouler ; ensuite, pour remercier Dieu des grâces accordées ; en troisième lieu, pour attirer les bénédictions du ciel sur les ordinations qui se font chaque saison (³) ; enfin, pour demander à Dieu la grâce de passer plus saintement la saison qui va commencer.

II. — Pourquoi les prêtres disent-ils trois messes le jour de Noël ?

Le jour de Noël, les prêtres disent trois messes pour honorer les trois naissances de Jésus.

A la messe de Minuit, on honore la naissance de Jésus selon la chair ; car les trois naissances sont autant d'effusions de la divine lumière ; or la messe de l'aurore (⁴) est l'heure où le peuple qui marchait dans les ténèbres a vu une grande lumière, et où le jour s'est levé sur ceux qui habitaient dans la région des ombres de la mort.

A la messe de l'aurore, la Sainte Église honore la seconde naissance du Fils de Dieu. La première messe a honoré la naissance temporelle du Verbe selon la chair ; maintenant elle honore sa naissance de grâce et de miséricorde, celle qui s'accomplit dans le cœur du chrétien fidèle. Le Christ naquit, par la grâce, dans le cœur des bergers, ces hommes simples ; il y habita désormais par la foi et l'amour. Les bergers sont nos pères dans l'Église, nous devons leur ressembler.

A la messe du jour, l'Église honore la naissance éternelle du Fils de Dieu dans le sein de son Père ; elle a célébré à minuit Jésus naissant dans une étable, à l'aurore la naissance dans le cœur des bergers ; en ce moment, il lui reste à contempler une autre naissance, bien plus merveilleuse que les deux autres : une naissance dont la lumière éblouit les regards des anges, et qui est elle-même l'éternel témoignage de la fécondité de notre Dieu. Le Fils de Marie est aussi le Fils de Dieu. Notre devoir est de proclamer aujourd'hui la gloire de cette ineffable génération qui le produit substantiel à son Père, Dieu de Dieu, lumière de lumière.

III. — Que signifie le mot Jésus ?

Jésus signifie Sauveur.

Le nom de Jésus est un nom plein de suavité et de force, auquel tous les saints Pères ont appliqué cette parole : « Votre nom est une huile répandue, parce que, dit un grand saint : (⁵) « Comme l'huile sert tout ensemble de nourriture et de lumière et de remède, en nourrissant le corps, en activant le feu, et en calmant la douleur ; ainsi le nom de Jésus luit quand on le prêche, nourrit quand on le médite et guérit quand on l'invoque.

Jésus signifie Sauveur : Notre Seigneur s'appelle Sauveur, parce qu'il est venu pour sauver tous les hommes. L'ange indiquant à Joseph le nom du Verbe fait chair, dit : « Vous l'appellerez Jésus, (Vocabitur (⁶) nomen ejus Jesum : ipse enim salvum faciet populum suum a peccatis eorum. » Saint Pierre nous dit qu'il n'y a de salut qu'en Jésus. Enfin saint Paul nous montre la majesté de ce nom en disant : « Qu'au nom de Jésus tout genou fléchisse au ciel, sur la terre et dans les enfers. »

Le mot Christ signifie sacré, consacré par l'huile sainte. Chez les Hébreux on consacrait par l'huile sainte les rois, les prophètes et les prêtres, ils étaient alors oints ou Christs du Seigneur. Or, Jésus a été consacré roi par son Père sur toutes les nations ; il est prêtre selon l'ordre de Melchisedech ; il est prophète, c'est de lui qu'il a été dit : « Un grand prophète a paru parmi nous. » Il est donc trois fois Christ du Seigneur.

Il n'a pas été consacré par les hommes, ni par l'huile sainte, mais par la divinité, qui, s'unissant à sa nature humaine, l'a sanctifiée et divinisée.

IV. — Expliquer quels sont les trois mystères que nous honorons dans la fête de la Purification.

Le 2 février, l'Eglise célèbre la fête de la Purification vulgairement appelée la Chandeleur. Dans cette fête, nous honorons trois mystères ; le premier est la fête de la Purification de la Sainte Vierge qui se rendit au Temple de Jérusalem afin d'obéir à la loi de Moïse qui obligeait toutes les femmes de se présenter après la naissance de leurs enfants au temple de Jérusalem pour se purifier et offrir un sacrifice au Seigneur.

Si Marie considérait les raisons qui avaient porté le Seigneur à obliger les mères à la purification, elle voyait clairement que cette loi n'était pas faite pour elle. Quel rapport pouvait-il y avoir entre les épouses des hommes et celle qui était le très pur sanctuaire de l'Esprit Saint. Vierge dans la conception de son Fils, Vierge dans son ineffable enfantement ; toujours chaste mais encore plus chaste après qu'avant son enfantement. L'Esprit Saint lui révèle qu'elle doit accomplir cette loi, et elle s'y soumet.

Le même plan qui avait exigé que Marie fut l'épouse de Joseph, pour protéger aux yeux du peuple sa virginité féconde, demandait donc que cette très-chaste Mère vint comme les autres femmes d'Israël offrir le sacrifice de la purification, pour son Fils qu'elle avait conçu du Saint-Esprit ; mais qui devait être présenté au temple comme le fils de Marie, épouse de Joseph.

Le 2e mystère est la présentation de Jésus au Temple.

Quoiqu'il n'y fut pas obligé, Jésus le Dieu de toute sainteté, voulut être racheté comme les autres 1ers nés. Car une loi de Moïse déclarait comme appartenant à Dieu, tous les 1ers nés, on devait les racheter. Un Dieu créateur du Ciel et de la terre n'avait pas besoin d'observer cette loi ; mais il voulut nous donner là un exemple d'humilité [7].

Le troisième mystère est la rencontre de Siméon, et d'Anne avec Jésus. Siméon, vieillard vénérable, savait qu'il ne mourrait pas sans avoir vu le Sauveur. Il demeurait près du temple, attendant toujours l'Enfant Divin, il sortit de sa maison, prit Jésus dans ses mains, prophétiza [8] sa mort et les douleurs de la Vierge Marie : la prophétesse Anne, heureuse d'avoir vu le Sauveur, annonça partout.

(1) Et dont l'origine remonte aux apôtres.
(2) Pardon.
(3) Le samedi de chacun des Quatre-Temps.
(4) De minuit voulez-vous dire.
(5) Saint Bernard.
(6) *Vocabis* et non *vocabitur*.
(7) Et d'obéissance.
(8) Prophétisa.

Critique

Le résultat de la composition de liturgie a été dans son ensemble suffisamment bon.

Pour bien traiter ce sujet, les élèves devaient lire bien attentivement les quelques questions posées, et s'efforcer d'y répondre à l'aide de leur mémoire d'abord et de leur intelligence ensuite. De leur mémoire, en reproduisant aussi fidèlement que possible le texte même du catéchisme qu'ils ont appris par cœur ; de leur intelligence en expliquant d'une manière nette et concise le texte appris, ou en y rattachant logiquement sous forme explicative, comme quelques-uns l'ont fait, les questions qui précèdent ou qui suivent celles demandées, et qui s'y rapportent naturellement.

De là, deux catégories de copies. Les unes, peu nombreuses, qui s'appliquent plus spécialement à développer les réponses aux questions posées, mais sans se préoccuper suffisamment du texte du catéchisme. Comme conséquences, manque de netteté, longueurs à côté ou en dehors du sujet, omission de notions importantes données dans le catéchisme.

Les autres au contraire, en plus grand nombre, se contentent de donner le mot à mot du texte, heureux encore quand ils ne le tronquent pas. Deux écueils qu'il fallait également éviter.

Quelques remarques générales sur chaque question.

Qu'est-ce que les Quatre-Temps et pourquoi l'Eglise les a-t-elle établis ?

Deux demandes, deux réponses ; plusieurs ont oublié la seconde. Un certain nombre ont confondu les Quatre-Temps avec les *Rogations*, disant qu'ils étaient établis pour la prospérité des récoltes. Le catéchisme donne 4 raisons de leur institution : pardon des fautes, merci des grâces, ordinations, meilleure vie. Il fallait donc donner ces raisons en premier lieu, et ajouter l'autre si vous voulez ; mais qu'elle ne soit pas la seule.

Surtout ne dites pas, d'après plusieurs copies : Les *Quatres* temps sont 3 jours de jeûne, — qui reviennent *ordinairement* — à la *même date* de chaque année, — au *commencement* de *chaques* saisons, — institués *très probablement* par les Apôtres, — pour attirer les bénédictions de Dieu sur les *fruits de la terre* et sur *ceux* qui sont ordonnés prêtres.

Pourquoi les prêtres disent-ils trois messes le jour de Noël ?

Pour honorer ses trois naissances ; éternelle dans le sein de son Père ; temporelle à Bethléem, spirituelle dans les âmes par la grâce.

Quelques-uns disent que la naissance éternelle de J. C. dans le sein de son Père eut lieu le jour de la chute de l'homme et de la promesse du Rédempteur. Deux autres confondent le mystère de l'Incarnation avec celui de la Nativité, disant que la naissance de N. S. eut lieu dans le sein de la Vierge Marie. Un autre enfin donne la Pénitence pour seule cause de la naissance de N. S. dans les âmes. Autant d'inattentions.

Que signifient ces mots : Jésus, Christ, et de quoi N. S. nous a-t-il sauvés ?

Il fallait donner les deux réponses du catéchisme, beaucoup ont oublié la seconde. Le sens du mot Christ n'est pas dans le livre, mais des alumnistes le connaissent tous, d'autant que le professeur en expliquant le premier mot, Jésus, a nécessairement donné le sens du second, Christ. Quelques-uns seulement l'ont oublié.

Expliquez quels sont les trois mystères que nous honorons dans la fête de la Purification.

Tout un chapitre est consacré à la fête de la Purification ; de plus il était dit d'en expliquer les trois mystères, on n'était donc pas tant tenu à la lettre qu'au développement. Or pour un certain nombre cette question a été au moins aussi courte que les autres. Il est vrai qu'elle était la dernière, et la joie de vite finir fait facilement abréger.

Deux élèves ont confondu la Présentation de Jésus et la Purification de la T. Ste Vierge avec la Présentation de Marie par S. Joachim et Ste Anne. C'est une faute grossière, d'autant plus qu'un instant après ils parlaient de Jésus et du vieillard Siméon.

Il n'est dit nulle part dans l'Évangile que Siméon *embrassa* l'Enfant, mais seulement qu'il le prit dans ses bras.

N. S. ne fut pas *conduit* au temple pour y être *purifié*. La Ste Vierge n'y vint pas non plus pour *se purifier*.

Quelques petits détails et je termine.

Il faut copier en entier les questions avant d'en donner les réponses, et aller à la ligne pour cela. Écrire les nombres en lettres et non en chiffres, ex. : les Quatre-Temps et non les 4 Temps ; les premiers-nés, et non les 1ers nés. Écrire *en tant que* et non *en temps que* ; *afin de* et non *afinde* en un seul mot. Bien observer les règles d'accord des participes. Ainsi la plupart ont écrit : N. S. nous a *sauvé* pour : nous a *sauvés*. A part cela, les copies sont bien tenues et dénotent de sérieux efforts.

Ordre des places

4 1/4

Charles Desmarteau ; Louis Lavoisier, A.

4

Jean-Baptiste De Vadder, T. — Jean Buytaers, A. — Eugène Jouclard, Isaïe Landru, S.

3 3/4

Urbain Belard, A. — Justin Eche, Rémy Houvenaghel, S. — Georges Neusch, Florent Millet, T.

3 1/2

Gaston Guez, Léon Leleu, Arthur Godaut, Henri Mience, Robert Bedoy, Clément Stanislas, A.— Lucien Delannoye, S.— Lucien Debondues, T.

3 1/4

Jules Larmignat, Maurice Patinier, Jean Lesponne, A. — Marcel Rive, B. — Gérard Martin, Alfred Lammer, T.

3

Alcide Duret, B. — Augustin Merlin, S. — Arthur Trine, François Pierson, Alexis Timmermans, T. — Ferdinand Fresneau, A.

2 3/4

Henri Lapaume, Benjamin Barbot, Marcellin Temple, B. — Jean Marie Martin, Marcel Buret, S.

2 1/4

Georges Porcheret, Albert Loizeau, B. — Laurent Henri, S.

2

Escandre, Jules Bernet, B. — Barthélemy Deschodt, S.

1 3/4

Dominique Wild, B.

La maison de N.-D. des Châteaux n'a pas envoyé de compositions.

P. PAUL.

TROISIÈME SECTION

COMPOSITION FRANÇAISE

LA DERNIÈRE CLASSE AU MONASTÈRE

Saint-Pierre d'Albigny en Savoie, possédait, avant la révolution française, un monastère d'Augustins, où l'on vénérait deux épines de la Couronne de N.-S. A l'abbaye était jointe une célèbre école monastique.

I. — Nous sommes en 1792 : devant l'invasion des armées révolutionnaires, les moines se sont enfuis ; et le matin, en entrant, les enfants ont trouvé le monastère désert... Un élève raconte ses impressions et celles de ses compagnons...

II. — Un Père cependant est là, leur professeur..... il leur apprend la triste nouvelle..... puis les menant à la chapelle, leur fait ses dernières recommandations... Les saintes épines, il les confie aux trois plus dignes qu'ils ont eux-mêmes désignés... Scène des adieux...

III. — A ce moment, le monastère est envahi par les bandes du comité de salut public... description... et le Père a peine à s'échapper.

Première copie

Nous sommes en 1792 : la tête de Louis XVI vient de rouler sur l'échafaud, les églises et les monastères sont envahis et pillés, la terre d'Europe est rougie du sang des prêtres et des nobles poursuivis, enfin tous les pays tremblent sous la révolution. (1)

Cependant en Savoie s'élève paisible et riant, un monastère d'Augustin, appartenant à Saint Pierre d'Albigny. (2) Bâti au pied des Alpes, (3) il offrait un panorama admirable. On y vénérait comme reliques, deux épines de la couronne de Notre-Seigneur. Une dépendance de la maison était destinée, à instruire les enfants des familles chrétiennes du village voisin. (4)

Mais tout bonheur passe vite, les armées révolutionnaires ont envahi la Savoie. Les habitants tremblants se réfugient dans les montagnes abandonnant aux sans-culottes, leur maison et leur trésor. Cette nouvelle arriva bientôt aux oreilles des moines Augustins. Voulant éviter une mort si terrible, ils s'enfuirent, et cachèrent les vases sacrés dans un souterrain. Le lendemain, les enfants ignorant ce qui se passait se rendirent tout joyeux en classe, en chantant quelques chants pieux. (5) Arrivés près du monastère, ils se dirent l'un à l'autre : « Tiens le monastère a l'air triste aujourd'hui. » Ils entrèrent, et trouvèrent la loge du portier déserte, ils allèrent demander la bénédiction au supérieur, (6) mais il était absent ainsi que tous les autres moines ; ils firent le tour de la maison, et ne rencontrèrent personne ; seules, les statues semblaient les regarder avec tristesse.(7) Pierre dit à Joseph : « Où sont donc nos chers Pères ? » Celui-ci répondit : « Je l'ignore, mais.... » Sur ces entrefaites, ils aperçurent un moine qui était leur professeur, les yeux rougis et enflés (8) par les pleurs. Aussitôt les enfants se transportèrent à ses pieds, et l'accablèrent de questions. Le pauvre père, le cœur rempli de tristesse, ne put répondre et les conduisit à la salle de classe. Assis près de son bureau, il leur dit : « Mes enfants, c'est aujourd'hui la dernière fois que je vous fais la classe, les hordes révolutionnaires ont envahi la contrée, et aujourd'hui viendront brûler et piller cette maison ». Alors les enfants poussèrent une exclamation de surprise, et versèrent des larmes. Pour les consoler le Père leur expliqua la légende des Saints. (9) Ensuite ils allèrent finir la classe à la chapelle. Là, il leur dit : « Mes chers enfants, le moment de nous séparer est arrivé, les bandes révolutionnaires sont à deux lieues d'ici, laissez-moi vous adresser quelques paroles. Je confie le soin de la relique à Richard, Joseph et Jules, qui sont les plus dignes et ils les feront vénérer ». (10) Ensuite il leur adressa ses dernières recommandations, (11) en disant : « Marchez toujours dans la voie du bien... » Ils n'avaient pas fini, *lorsque* des coups de crosse s'abattirent sur les portes, des hommes *demis*-vêtus, coiffés de bonnets *rouge*, et armés de sabres, de fourches, etc., pénétrèrent dans la chapelle. Le Père, s'avançant vers eux, s'écria : « Citoyens, respectez la maison de Dieu, malheur à celui qui touchera à ces objets sacrés ». Terrifiés par ces paroles vibrantes, ils s'arrêtèrent comme indécis. Les enfants profitant de ce moment s'enfuirent par une porte secrète. Le Père eut de la peine à s'échapper. Ces farouches voyant leur *proies* s'échapper, brisèrent les statues et livrèrent la maison aux flammes.

« Des persécutions, délivrez-nous Seigneur ».

EDME de *Taintegnies*.

(1) Hors d'œuvre, qui a un mérite, celui de n'être pas trop long.

(2) Mettez un *s* à *Augustin*. — Le monastère n'appartenait pas à S. Pierre d'Albigny, mais aux Augustins.

(3) On peut pardonner à un Belge de ne pas connaître la situation exacte d'un bourg de Savoie : il était plus prudent de ne pas préciser, ce n'était pas nécessaire du reste.

Du monastère, on avait, en effet, sous les yeux, un panorama admirable. Mais un monastère ne suffit pas à offrir un panorama ; car un panorama est « une vaste étendue de pays que l'on voit d'un lieu élevé ».

Comme reliques est de trop.

(4) Cette phrase n'est pas française. Une dépendance ne saurait être *destinée à instruire* elle-même des enfants. Vous pouviez dire : « une dépendance.... servait d'école aux.... » ou encore : « dans une dépendance.... les moines faisaient l'école... »

L'école *monastique* dont il est ici question, n'est pas une école *primaire* mais un vrai alumnat où l'on enseignait le grec et le latin à des enfants qui se destinaient au sacerdoce.

(5) Ce petit détail est charmant.

(6) De parfaits alumnistes, ces petits !

(7) Cette manière d'animer des objets inanimés eux-mêmes est bien.

(8) Expression exagérée, ainsi que celle que je lis après : « *les enfants se transportèrent* ».

(9) Cette circonstance est inutile et bien dangereuse. Le moment n'était pas aux récits et aux légendes.

(10) Il s'agissait de *cacher* les reliques pour ne pas les laisser profaner et détruire par les révolutionnaires.

(11) Répétition.

(12) Il faut le singulier. — *que*, et non *lorsque*. — Relisez la règle de *demi*. — Plus loin deux fautes d'orthographe : bonnets *rouge*. — *leur* proies.

Cette copie est d'un français correct et a de la vie.

Cependant, je lui préfère la copie du second, qui a plus de simplicité et surtout plus de sentiment.

Malheureusement cette deuxième composition est déparée par des incorrections, et surtout par de nombreuses fautes d'orthographe.

Je la reproduis ici, — sans les fautes d'orthographe, pour ne pas offrir à mes lecteurs un exercice de *cacographie*, — mais avec ses répétitions et ses incorrections, et par conséquent avec sa vraie physionomie.

Je ne sais pas si tous partageront mon avis et mes préférences.

Voici cependant une petite expérience que j'ai faite. Je lus un jour, en classe la première copie : — qu'en pensez-vous ? demandai-je à mes élèves. — C'est bien ! et l'on me signala quelques défauts de détail. Je lus ensuite la deuxième : eh bien que dites-vous de celle-ci ? — Et tous : — Père, c'est mieux ! C'est dommage qu'il y ait ces fautes !... Malgré cela nous la mettons première. — Et pourquoi ? — Et tous de me donner les raisons que j'ai données plus haut.... Et un malin d'ajouter : — Ce n'est pas étonnant qu'il ait mieux fait, il parlait de son pays !...

Et maintenant, ouvrez vos deux oreilles et jugez vous-mêmes.

Deuxième copie

C'était en 1792, au moment où les armées révolutionnaires envahissaient toutes les contrées de la France, *et qui étaient même venues* jusque dans notre cher et doux pays de Savoie.

Dans ce temps là, j'allais en classe au monastère de Saint Pierre d'Albigny, dirigé par des moines Augustiniens.

Voilà qu'un matin, j'arrivai comme de coutume avec tous mes compagnons au monastère, pour aller en classe.

Quelle fut notre surprise *en rentrant, nous aperçumes* aucun moine dans les salles d'étude. Alors nous commencions à nous dire : Où sont donc nos pères ? pourquoi nous ont-ils quittés, sans nous rien dire ? et surtout notre professeur qu'est-il devenu. Sur ces entrefaites nous entendimes un bruit dans le monastère. C'était notre professeur qui venait à notre rencontre. Alors un cri de joie partit de tous les cœurs. Nous lui demandions ce qu'étaient devenus les autres moines. Il nous répondit qu'ils s'étaient retirés dans les cavernes des montagnes et dans les grands bois environnants pour éviter les persécutions qui les menaçaient.

Mais le bon Dieu nous réservait des choses bien plus dures, car notre professeur nous déclara alors d'une voix entrecoupée de *larmes* que lui même allait nous quitter. Nos cœurs ne purent y résister et nous fondions *tous en larmes*. Ne pouvant nous consoler, il nous emmena à la chapelle. Et ce fut alors qu'il nous dit : Les Saintes Epines sont encore ici dans le *tabernacle*, et je voudrais vous les confier. Alors *tous d'une voix unanime* nous en désignions trois. C'était les plus sages et les plus pieux de notre classe. Le professeur leur confia le précieux trésor avec mille recommandations, d'en avoir soin et de ne pas se le laisser prendre par les révolutionnaires. Ils promirent d'y veiller de leur mieux.

Alors le professeur s'approcha de nous pour nous faire ses dernières recommandations.

Comme N.-S. en quittant ses disciples sur la montagne des Oliviers, il nous recommanda d'être toujours bien sages, de nous aimer les uns les autres, et de prier *pour se revoir* un jour au ciel si le bon Dieu ne voulait pas le permettre sur la terre. Après cela il fit un mouvement en ouvrant ses bras : on aurait dit qu'il voulait tous nous serrer en même temps sur son cœur. *Il nous dit qu'il allait nous quitter*, alors nous nous précipitons tous vers lui pour l'embrasser et pour lui prouver une dernière fois que nous l'aimions bien, nous le tenions par la soutane et nous le priions de vouloir bien nous emmener avec lui, ou bien de *tâcher moyen* de rester avec nous. Il répondit : non, le bon Dieu n'en a pas *décidé* ainsi. Ce fut dur pour nous, car les enfants aimaient beaucoup leur Père, et le Père aimait beaucoup ses enfants, *délices qui sont très rares sur la terre*.

Nous nous préparions à nous quitter, lorsqu'un bruit infernal *envahit* le monastère. C'était l'ennemi qui venait d'y pénétrer. Alors nous voulions tous *tâcher moyen* de sauver notre professeur, mais il nous répondit : non, mes enfants, *tâchez* seulement de vous sauver vous-mêmes et les Saintes Epines.

Alors nous nous dispersâmes de tous les côtés pour échapper aux coups de l'ennemi farouche.

MARCHAND-LIFFOZ, *des Châteaux*.

Ordre des places

4

Edme, T. — Marchand-Liffoz, C.

3

Ludovic Leloir, A. — Victor Kokel, S. — Louis Leygonie, B. — Théodore, A. — Gaston Caron, S. — Pierre Fargeas, B. — Dumoulin, C. — H. Dewaele, T. — Alary, B. — Batsère, S. — Demailly, A. — Aréthens, C. — Demelenne, T. — Morelle, S. — Mercier, B. — Malignon, C. — Herbaux, A. — Vœgélé, T. — Vanmalleghem, A. — Brachet, C. — Ousset, B. — Bochon, T. — Bizet, A. — Robin, T. — Godaut, A. — Milleville, S. — Lourteau, B. — Claes, T. — Camille Robert, B. — Cassagnard, B.

2 1/2

Arassus, B. — Perrissoud, C. — Leroy, S. — Blanc, C. — Vasseur, A. — Fabarès, B. — Maturin, A. — Cazes, B. — Pronier, S. — Favier, A. — Molon, S. — Gautherie, B. — Moors, T. — Rosenzreig, S. — Déléris, A. — Chapuis, C. — Payelle, A. — Verdalle, C. — Marly, A. — Borel, C. — Liss, T. — Pavy, S. — Delecœuillerie, A. — Doërr, A. — Dury, T. — Jacquet, C.

2

Bihel, S. — Ségard, S. — Denoël, S. — Ulysse Leroy, S. — Claudius Dubois, C. — Martel, A. — Vang. S. — Larroque, B.

1 1/2

Claudius Pavillet, C. — Marius Cusin, C.

Mal

Henri Barthe, C.

Remarques et conseils

C'est l'usage : donnons quelques indications pratiques sur la manière de traiter le sujet.

Début. — Il était inutile de reproduire les mots du canevas qui sont en caractères italiques : ils n'étaient là que pour la *mise à point* du sujet, pour vous indiquer *le cadre* dans lequel va se dérouler le récit.... Donc, pas de *tartines* sur la révolution française et ses horreurs ; et comme vous ne connaissez pas le paysage de Saint Pierre d'Albigny, pas de descriptions, pas de panoramas : c'était plus prudent.

J'ai dit ce qu'était l'école monastique, je n'y reviendrai pas. Mais cela vous permettait de vous mettre vous-mêmes en scène, d'entrer dans le drame, de le voir de vos yeux, de le *vivre*.

Avez-vous lu « la dernière classe » de Daudet ? c'est un petit Alsacien qui raconte sa dernière classe de français : simplicité, naturel de l'écolier, avec ses espiègleries, et aussi note patriotique, vous trouvez tout cela dans le récit du petit Alsacien. Et, en l'entendant, on se prend à pleurer avec le bon M. Hamel.... on le sent, c'est un témoin qui parle, et avec lui et tous ces braves gens, on écoute : il semble que nous sommes là avec lui sur les bancs de l'école, et comme le pauvre enfant nous disons : Ah ! je m'en souviendrai de cette dernière classe ! » C'est vécu : donc vivre son récit, premier moyen de le réussir....

Alors, à quoi bon aller trouver un curé, rencontrer en route un vieux moine qui vous raconte sa dernière classe ?... Le récit sera forcément moins simple : ce ne sera plus un élève qui raconte, comme le demandait le canevas. De plus, ce moine sera bien vieux, puisqu'il aura dépassé la centaine, et je penserai davantage à le féliciter de sa verte vieillesse qu'à écouter son récit....

Une copie débute ainsi : « Je suis un vieillard, j'ai beaucoup vu, beaucoup entendu... » très bien ! mes félicitations, vénérable grand-père, ou grand-oncle ! mes respectueuses salutations ! quelques instants, je vous prie : un petit enfant a quelque chose à me conter....

Je disais tout à l'heure : pas de tartines !... savourez celle-ci : — « *Jamais, depuis que la société humaine avait une existence politique, la souveraineté ne s'était signalée par un pareil et plus unanime oubli de ses devoirs....* » hein ! vous entendez !... — « *La France était veuve de son roi.... la tête innocente de Louis XVI avait roulé sur...,* » **Arrête, infortuné lecteur !...** Mais le malheureux continue sur ce ton pendant une page encore. Sauvons-nous !

Le titre porte : « la dernière classe.... » cette dernière classe n'en saurait être une, comme celle du petit Alsacien, parce que les circonstances ne sont plus les mêmes : c'eût été s'exposer sottement et sans nécessité à la fureur des révolutionnaires. C'était pousser un peu loin l'amour de la grammaire : « *pour l'amour du grec, souffrez !...* » se faire arrêter et condamner à mort, et faire maltraiter ses enfants par les sauvages qu'étaient les sicaires du Comité de Salut Public, et cela pour expliquer une dernière fois ses auteurs, c'eût été un peu **bébête**, pour ne pas dire plus, et nous aurions crié au bon Père : « sauvez-vous ! » ou bien comme un brave petit dont j'ai la copie sous les yeux : — « *Venez chez nous, vous trouverez un lieu pour vous cacher, et quand les soldats seront partis, vous pourrez continuer la classe et nous lire de belles histoires....* » **Parfait !**

mon petit, vous avez raison, allons-nous en : la suite à plus tard !

Cependant, pour en revenir au titre, quelques lignes dans le début pouvaient le justifier.... C'est même nécessaire, si l'on veut que nous comprenions la présence des enfants au monastère.

II. — *«Un père est là, leur professeur »* grosse affaire, paraît-il, comment s'appelait bien ce Père ? — Le R. P. Emmanuel, me dit l'un : non ! dit l'autre, c'était le bon P. Joseph. Et celui-ci : — le P. Émile ! et celui-là, le frère X. (soyons discrets !) un petit malin des Châteaux y met bravement le P. *Lefèvre !* Et la liste continue.... Vous n'y êtes pas ! rien de tout cela : c'était le P. *Favre,* célèbre professeur, auteur de plusieurs ouvrages fort estimés, et plus tard, fameux missionnaire des campagnes. Mais vous n'étiez pas obligés de le deviner, et du reste, le nom importe peu, n'est-ce pas ?...

Et comment ce Père était-il là, tandis que tous les autres avaient fui ? Encore une grosse affaire : l'un va le découvrir au grenier, derrière un vieux meuble.... un autre dans un meuble ; beaucoup parcourent la maison en tous sens, fouillent les cellules : *« enfin une faible voix répond, entrecoupée de sanglots : qui est là ? »* demande-t-elle prudemment, et comme on lui montre patte blanche, grince une clef... Rien de tout cela : c'est bien simple, le Père était là, pour faire ses adieux aux enfants, pour leur apprendre qu'il restera dans le pays, qu'ils pourront se revoir de loin en loin.... — Pas de classe, nous avons dit pourquoi. Vous pouvez nommer les trois plus dignes à qui sont confiées les Saintes Épines : les plus sages, évidemment.

Ah ! *les adieux !* quels beaux sermons ils nous ont valus ! et quelles belles phrases ronflantes, sur les commandements de Dieu, de l'Église, les vertus théologales et cardinales, et les péchés capitaux ! si vous entendiez tous ces flonflons ! bon Dieu ! que de Lacordaires et de Monsabrés pour Notre-Dame !

Dormez votre sommeil, puissants orateurs, vous avez trouvé de nobles émules !... Oyez donc et frémissez d'enthousiasme :

— *« L'étoile de la France a pâli dans notre beau ciel d'azur étoilé !... »* que dites-vous de cet exorde ? et plus loin : *« c'est en vain que nos regards éperdus fouillent l'horizon lointain !...»* Je crois bien, le malheureux s'aperçoit que *« l'étoile s'est éclipsée ! »* holà !...

Et cette péroraison qui rappelle de loin la fameuse apostrophe de Bossuet : *« Venez princes, venez, peuples.... »* qui donc oserait ne pas l'apprécier : — *« Venez, enfants, venez chrétiens, défendre votre Dieu honteusement et vilement insulté.... levez-vous et marchez ! — Halte-là !... tonna en ce moment une terrible voix, les républicains sont là !...* Et tous de disparaître. Il était temps !

Plus qu'un flonflon que je tire du même auteur : — *« Ne savez-vous pas que le démon, cet ennemi perfide, ne cherche qu'une chose, combler de cadavres le fossé infranchissable que sa haine irréconciliable a creusé entre lui et la Divinité ?... »* hélas ! le malheureux veut dire aux enfants qu'ils doivent se défier du démon.... à quoi bon ces *cadavres* et ce *fossé infranchissable !*

Je vous tiens quittes de cette littérature ronflante, mais si je vous servais *toute la lyre,* pour lors, mes amis, quel concert !

Le naturel ! le naturel ! et la simplicité ! il n'y a rien de tel pour plaire... Ce n'est pas toujours du premier coup qu'on le trouve le naturel : il faut souvent bien chercher, réfléchir, et encore n'y réussit-on pas. Tandis que les clichés, ça vient tout seul, essayez, pour voir !...

La brièveté du canevas au sujet de l'envahissement du monastère, indiquait qu'il fallait ici de la sobriété.

Inutile donc d'introduire dans la troupe des forcenés *« une vilaine femme au rire moqueur et bruyant, le diable en personne.... »* Et de grâce, dispensez-vous des odieux refrains de ces misérables ! Comment donc un enfant ose-t-il reproduire un couplet de la hideuse Carmagnole ? Et cette horreur que je trouve au bout de la plume naïve et toute fraîche d'un alumniste : — *« Madame Véto a regardé par la lunette »* et il a soin, l'inconscient, de me servir tout le couplet, huit à dix vers, avec ses horribles jeux de mots et sous-entendus !... Nous frémissons d'horreur et d'indignation, en l'entendant ce chant infernal dans la bouche innocente du petit martyr du Temple : mais nous savons que le petit roi était ivre, et qu'il chantait sous les coups de l'affreux cordonnier Simon.... Mais vous !... à moins que vous ne soyez déjà de l'école naturaliste !... *« Maxima debetur puero reverentia »* disait un poète païen.... Faut-il vous rappeler les paroles de Notre-Seigneur ?...

« Et le Père a peine à s'échapper » par une trappe, une porte secrète, un souterrain ?... Comment ? vous l'allez entendre.

Vous trouverez dans le récit *« du Petit Savoyard »* plusieurs circonstances que ne donne point le canevas et que vous ne pouviez deviner : elles sont un embellissement pour le récit, mais point nécessaires. Un témoin seul peut donner ces détails qu'il faut avoir vus pour décrire si bien.

Corrigé

LA DERNIÈRE CLASSE

(Récit d'un petit Savoyard)

« Notre dernière classe de grammaire ! avait dit le P. Favre, notre professeur. Et après, les examens devant tous les Pères de l'abbaye, et les vacances !... Et après, les humanités !...» *Les humanités !* rien que ce mot suffisait à relancer les moins ardents. *Les humanités !* c'avait été pour nous un monde lointain, tout plein de promesses et d'espérances ; et maintenant, nous allions y aborder... Et puis, le Père nous avait dit encore qu'on nous donnerait l'habit Augustinien, comme cela se pratiquait autrefois dans les écoles monastiques. Jugez donc : 12 petits moines ! 12 ! le Père avait voulu que nous fussions 12, comme les Apôtres... Et nous garderions le P. Favre : il était si bon pour nous, si dévoué. Le P. Prieur nous l'avait promis : — « Vous méritez bien cela pour votre application et votre bon esprit. Allez ! mes enfants, aimez bien votre Maître !... » Ce que le grand Aubry avait été content, ce jour là ! et le gros Pierre, avec son sourire qui allait d'une oreille à l'autre, se frottait les mains : nous le garderons ! Et tous étaient contents : car le Père avait répondu : *non recuso laborem !*

C'était la dernière classe ! et je descendais alerte et joyeux le chemin de Miolans. Les oiseaux semblaient heureux de mon bonheur et dans la châtaigneraie, ils répétaient leurs derniers refrains. Et moi aussi je me mis à chanter: *les Enfants de Notre-Dame*, et surtout le couplet qu'un poète de la classe avait ajouté:

> Préservez-nous, Marie,
> Des tristes défections ;
> Gardez, Mère chérie,
> Gardez nos vocations !

Puis je pensais à la joie de ma mère, le jour de la prise d'habit. — « Mon petit, m'avait-elle dit en m'amenant à l'abbaye, je n'ai que toi, tu es toute ma vie. Mais que je serais heureuse de te donner à Dieu et aux bons Pères ! » — Ce sera bientôt, mère; plus qu'une classe, les examens, les vacances : et la prise d'habit !

Dans ce beau ciel, il y avait pourtant un point noir: le Père nous avait appris les tristes événements qui se passaient en France: le pillage des châteaux et des couvents, la fuite des nobles et des prêtres, le roi prisonnier avec sa famille au Temple... Des émissaires du Comité de Salut Public parcouraient les campagnes, prêchant partout la révolte et la haine du clergé... Les armées révolutionnaires entreraient peut-être en Savoie et alors qu'adviendrait-il ?... Il faut bien prier, mes enfants, disait le Père inquiet et soucieux.

Mais la Savoie n'avait-elle pas toujours été l'alliée fidèle de la France, dans les jours de malheur comme dans les jours de bonheur ? ce qu'elle avait produit de meilleur, n'avait-il pas toujours été pour la France? Fermée du côté de l'Italie, par des montagnes inexpugnables, elle était grande ouverte du côté de la France... Pourquoi donc une invasion ? n'étions-nous pas frères ?...

Et je ne pouvais me défendre d'une vague inquiétude.

*
* *

J'étais arrivé: je poussai vivement la porte. Quelle ne fut pas ma surprise de voir tous mes compagnons dans la cour, aux pieds du gros tilleul, tristes et mornes !...

Et Aubry me raconta que les sans-culottes s'étaient emparés de Chambéry, en avaient pillé les églises et les monastères... Les prêtres et les religieux avaient été jetés en prison: un d'entre eux avait pu s'échapper, et dans sa fuite avait passé au couvent de St Pierre, pour avertir les Pères que les révolutionnaires devaient arriver le lendemain... Et les Pères s'étaient enfuis en toute hâte, pendant la nuit... Le P. Favre seul était resté pour mettre en sûreté les vases sacrés, et maintenant il nous attendait à la chapelle pour nous faire ses adieux.

J'étais consterné : — qu'allions-nous devenir ?... qui nous soutiendrait en ces jours d'épreuve ?... Et les humanités ? Et notre bon Maître ?...

A ce moment, le Père parut à la porte de la chapelle : les enfants des autres classes à qui il avait déjà fait ses adieux, voulurent une dernière fois lui serrer la main, et en pleurant ils partirent. Tous aimaient le Père Favre.

L'autel avait été dépouillé de ses reliquaires, et N. S. lui-même avait quitté son tabernacle pour s'enfuir aussi en exil.

Cependant, le Père était monté à cet autel où tant de fois sa parole nous avait édifiés et charmés : et nous étions là, debout...

Il nous rappela ce qu'il nous avait dit si souvent: la nécessité de suivre l'appel de Dieu, la fidélité à la vocation, la persévérance... — « Priez bien pour que toute la classe persévère... »

Et modifiant pour nous la prière des 40 Martyrs, que nous avions expliquée autrefois, il nous demanda de la réciter fidèlement tous les jours; qu'elle servirait de trait d'union entre nos âmes: — *duodecim in stadium ingressi sumus, duodecim item, Domine, corona donemur, ne una quidem huic numero desit!*

Puis, revenant à une pensée qu'il affectionnait tout particulièrement, il nous dit que nous devions nous soutenir et nous encourager mutuellement, nous aimant toujours comme de vrais frères ; et il termina par ces paroles de St Jean à ses disciples: — *Filioli, diligite alterutrum.*

Alors, il descendit de l'autel: — « Mes enfants, vous avez été mon bonheur, ma vie, vous êtes ce que j'ai le plus aimé en ce monde...: que le divin Maître me pardonne si je n'ai pas su réaliser toutes ses espérances sur vous ! Et vous aussi, pardonnez au professeur si parfois dans sa sévérité il a oublié qu'il était Père... »

Et avant que j'eusse pu comprendre ce qu'il allait faire, l'humble religieux s'était jeté à genoux devant moi, me baisant les pieds et murmurant doucement : — Pardon ! Puis se relevant, il m'embrassa : — Allons ! mon petit Lucien !

Et ainsi il fit pour tous. Oh! cette scène jamais je ne l'oublierai. Tous pleuraient.

Pierre criait: — « Père, pardon ! c'est à moi de vous demander pardon pour ma paresse et ma négligence ! » Et Aubry : — « Père, jamais ! » Mais lui: — « Allons, mon brave Aubry, pour la dernière fois, soyons obéissant ! »

Ah! mon Dieu, cet homme comme il nous aimait ! c'était bien vrai : nous étions sa vie !

*
* *

Le Père était allé vers l'autel des Saintes Épines, en avait retiré le précieux reliquaire d'or, tout enrichi de brillants et d'émeraudes, — dons des fameux barons de Miolans.

— « Mes enfants, voici le trésor que nous ont confié les barons de Miolans, et que nos Pères ont gardé pendant plus de quatre siècles... Les Saintes Épines doivent rester à St-Pierre: les trois plus dignes que vous aurez vous-mêmes désignés, en seront les gardiens...

Et tous nommèrent : — Aubry, Jules, Lucien. — Suivez-moi ! reprit le Père, et tous trois, nous le suivîmes à travers le grand cloître.

Et je ne pouvais m'empêcher de penser aux grandes processions de la Passion: St-Pierre en armes, rangé autour de son trésor ; toute la vallée accourant pour vénérer les Saintes Épines : le syndic grave et majestueux, en tête du conseil municipal... Et les Pères et les enfants chantant l'hymne royale : *Vexilla regis prodeunt !*

Et maintenant, c'était le silence, le désert, la fuite !

Le Père s'était arrêté: — « Regardez bien, nous dit-il, et appuyant fortement de la main gauche, il fit jouer un ressort secret: c'était une cachette pratiquée dans le mur. Il y déposa le reliquaire et la petite porte se referma sur notre trésor.

*
* *

Tristes et silencieux, nous revenions, quand tout à coup nous entendîmes des vociférations

mêlées de chants ignobles et de blasphèmes.
— Les brigands ! Père, sauvez-vous !
Mais lui : — vous abandonner à ces bêtes féroces ! jamais !
Et dans le cloître accourait une bande de forcenés, avec des piques et des fusils, et à leur tête, ô Dieu ! un de la classe, Markell.
— « Le voilà ! cria-t-il aux misérables, tenez-le bien, pour qu'il soit sûr de son affaire. »
— « Laissez aller ces enfants, » dit le Père.
— Non ! cria Markell, ce sont les trois qui ont la clef du trésor.◦
O Dieu ! sur les douze, il y avait un Judas.
— Malheureux ! gémit le Père.
— Sang de Maure, sang de traître, cria le brave Aubry. Je t'avais deviné, Judas !
Et poussant une porte qu'il tira vivement derrière lui, il disparut.
Nous étions prisonniers.
A ce moment, au milieu d'un nouveau groupe de révolutionnaires, arrivèrent nos compagnons. Ils avaient vu la trahison : — « Judas ! Judas ! »
Devant le Père s'avança un gros homme, de petite taille, à la figure enflammée par ses *copieuses libations à la Liberté*, (¹) la pipe à la bouche. Il était ceint d'une écharpe tricolore : c'était un représentant du peuple.
La pipe d'une main, et de l'autre gesticulant, il déclama : — « Te voilà donc, vil professeur de fanatisme, suppôt de la superstition, soutien de la tyrannie, fauteur de divisions entre deux peuples frères... Les patriotes ont entendu l'appel de la Liberté, ils accourent pour briser les chaînes de leurs frères de l'Allobrogie.... Tremble prêtre, ta douceur hypocrite ne te sauvera pas. Vois cet enfant; il a secoué les liens honteux du fanatisme, que ce noble exemple soit suivi par tous ces enfants que tu as imbus de tes principes.... Et vous, citoyens....»
Mais du beffroi venait de retentir un appel pressé, alarmé : — la cloche des Saintes Épines qu'on ne sonnait qu'aux jours de fête ou de danger: c'était le brave Aubry.
Et les coups retentissaient plus forts, désespérés, disant à tous la grandeur du péril.
— Plus vite ! clamait-elle, plus vite ! Au nom de Dieu ! pour vos enfants, pour les Saintes Epines !
— Courez l'arrêter ! cria le traître, sinon nous aurons bientôt ici tous les hommes du bourg et de la vallée....
Mais la porte du beffroi s'était refermée sur Aubry, et enfoncer cette masse de chêne à coups de piques et de haches, il n'y fallait pas songer.
Et là-haut, le mugissement aigu, affolé de l'airain : — aux armes ! pour les Saintes Epines !

*
* *

Et la terre trembla. Comme l'avalanche de nos Alpes qui, impétueuse, renverse et entraîne tout dans son élan irrésistible, les paysans accouraient: — Les Saintes Epines ! les Saintes Epines ! le trésor conquis par Geoffroy de Miolans, à la deuxième croisade, et défendu par leurs pères, au prix de leur sang ! Ils accouraient avec des fourches, des faux, des fléaux, tout ce qu'ils avaient trouvé sous la main. Et dans cette trombe humaine, les sans-culottes avaient été balayés, et les coups pleuvaient : les pillards hurlaient de douleur.

— Tiens, Judas, dit un paysan au traître, voilà les 30 deniers !
Et d'un coup de fléau il lui brisa l'épaule et la mâchoire. Markell s'affaissa en poussant un cri de rage.
En vain le représentant du peuple, ceint de son écharpe tricolore, essayait-il de parlementer au nom de la liberté et de la fraternité. Il fut renversé : c'en était fait de lui....
— Au nom de Dieu ! arrêtez ! s'écria le Père qui, de son corps, défendait les révolutionnaires... au nom de vos familles et de vos enfants, arrêtez si vous ne voulez voir vos campagnes dévastées et vos villages détruits par les troupes de la Convention....
Et les paysans, après avoir délivré le Père Favre et les deux prisonniers, et reçu l'assurance que les Saintes Epines étaient en sûreté, s'en allèrent triomphants, laissant les sans-culottes à leur honte et à leur rage, et au milieu d'eux, couvert de sang et se traînant péniblement, Judas !

(Pages d'histoire)

Notes historiques. — Le P. Favre resta dans le pays : sous un déguisement, il put porter dans toute la vallée le secours de son ministère. Souvent un mot mystérieux avertissait les anciens élèves et dans une forêt écartée, dans une grange, le Père revoyait ses enfants, les bénissant, les réconfortant de ses paroles et surtout du pain des forts.... Après la révolution, on se retrouva : tous devinrent prêtres et missionnaires.
Le Père fut chargé de l'organisation de l'enseignement dans les séminaires. Pour cette œuvre il n'eut qu'à faire appel au dévouement de ses anciens élèves. Napoléon Iᵉʳ venait de reconstituer l'Université : le P. Favre ne voulait pas que l'Eglise fut sa vassale et sa tributaire, ni que les études classiques des futurs prêtres fussent les mêmes que celles des futurs médecins ou avocats.... De là, tout un système d'éducation et d'enseignement qui mériterait d'être étudié. De là, surtout une collection complète de classiques et de Pères de l'Eglise, bien supérieure à Dubner et à Monier.
Mais c'est surtout dans les Missions que brilla le zèle apostolique du P. Favre: *evangelizare pauperibus misit me*, aimait-il à répéter.

* *

Quant aux saintes Epines, elles restèrent deux mois dans leur cachette. Mais un jour, un ordre du Comité de Salut Public, appuyé par une troupe armée, exigea la remise des vases sacrés et reliquaires de l'église de St Pierre.
Il fallut se résigner. Le P. Favre averti vint enlever de sa cachette le précieux trésor... Les saintes Epines furent extraites du reliquaire et mises dans une boite de fer blanc, scellée au sceau de la mairie, puis, en présence du conseil municipal, déposées chez le 1ᵉʳ adjoint, dans une brèche pratiquée dans le mur : elles y restèrent jusqu'en 1803, où elles furent rendues à la vénération publique.

* *

Et le traître? me demanderez vous... Il finit comme l'*homme de Karioth: «abiit in locum suum!»*

P. Lefèvre.

---

(1) Style du temps. Ces féroces ennemis de la religion avaient ressuscité les ridicules divinités du Paganisme.

Imprimerie du Petit Alumniste, Miribel-les-Echelles (Isère) 250.
Le Correspondant des Etudes, Juillet 1899, N° 46 — PÉTICLANDE, gérant.